大道
书系·教育

孙杰远 主编

刘远杰 著

# 现代中国教育改革的县域逻辑

广西师范大学出版社
·桂林·

**图书在版编目（CIP）数据**

现代中国教育改革的县域逻辑／刘远杰著. -- 桂林：
广西师范大学出版社，2025. 1. --（大道书系／孙杰远主
编）. -- ISBN 978-7-5598-7495-5

Ⅰ. G639.21

中国国家版本馆 CIP 数据核字第 2024ZS0516 号

现代中国教育改革的县域逻辑

XIANDAI ZHONGGUO JIAOYU GAIGE DE XIANYU LUOJI

出 品 人：刘广汉
责任编辑：刘孝霞
装帧设计：李婷婷

广西师范大学出版社出版发行

（广西桂林市五里店路9号　　　　邮政编码：541004）
（网址：http://www.bbtpress.com）

出版人：黄轩庄

全国新华书店经销

销售热线：021 - 65200318　021 - 31260822 - 898

山东临沂新华印刷物流集团有限责任公司印刷

（临沂高新技术产业开发区新华路1号 邮政编码：276017）

开本：690 mm×960 mm　　1/16

印张：26.5　　　　　字数：312 千

2025 年 1 月第 1 版　　2025 年 1 月第 1 次印刷

定价：88.00 元

# "大道书系"编委会

国家社科基金教育学青年课题

"教育变革的文化基因研究"

（项目编号：CAA200237）

# 总序：时代转型中的教育应对

张诗亚

"大道之行也,天下为公。"广西师范大学教育学部与广西师范大学出版社合作推出"大道书系"。很显然,其所追求的无疑是"天下为公"。

在该书系中,其"大道"的核心内容主要围绕教育和心理两大领域展开。我们现在面临的是一个前所未有的大变局时代,社会、教育,还有我们的心理都面临着巨大的挑战。如今的人工智能技术突飞猛进,ChatGPT、Gemini、Sora等不断涌现。这让我们不禁开始思考,学生学习与教师教学是不是还能安之若素,只注重知识的传授与接收;老师和学生的心理有哪些新变化,心理学应该注意哪些新问题,又该怎样去应对这些新问题。

教育学与心理学均需要重新审视其存在的意义,思考其是否还具有继续存在的合理性,以及在不断变化的时代背景下,是否能够继续推动教育的发展,并深入探讨如何应对新时代变化的教育和心理问题。这个课题不仅关乎广西师范大学教育学部和广西师范大学出版社,更是所有从事教育学和心理学研究的人必须面对的问题。在这个关键时刻,我们需要重新审视传统,从中寻找进一步发展的资源。

于是,我们回顾并梳理传统。"大道书系"便有探索中国少数民族儿童与国际儿童价值观形成的比较的作品。在新形势下,儿童大量接触网络、多媒体及人工智能,他们的价值观发生了哪些新变化? 这个课题不仅关乎中国的儿童,也关乎世界各国的儿童。从这一角度出发,探讨儿童价值观在新形势下的形成,具有更为重要的价值。

广西是一个多元文化交融的地区,孕育了丰富的民歌传统。在这片土地上,民歌作为传统文化的重要组成部分,既面临时代的挑战,也迎来新的发展机遇。面对这些挑战与机遇,我们不仅要深入研究民歌的历史和传统价值,更要审视其在新形势下的育人功能。

学校和课堂在新形势下都发生了很多变化,这些变化涉及学校与社会、教师与学生、书本知识与生活实践,核心在于共生教育。面对共生教育,怎样去构筑师生关系,探寻互动双赢的局面,而不是一味地灌输教育?这个问题在新媒体、人工智能涌入教育之中时尤为突出。所以以共生教育的视角来看待这个新问题,去思索解决这个新问题的途径是十分重要的。

教育是一个多维度体系,涉及学校的实践、社会的实践,以及多个学科的理论层面。因此,需要从教育基本理论、教学论、教育技术、比较教育等方面出发,探寻这些新变化和新挑战。广西师范大学把整个教科院的老师都动员起来,认真思考这些新问题、新挑战,力图寻求新路径去解决这些问题,以推进教育学以及心理学的发展。

教育学、心理学也从不同的层面探索这些问题。例如,微观层面的学习心理、教学心理对学生、老师会产生很多新影响,带来很多新挑战;宏观层面的教育社会学则从相对广阔的视野研究社会变化对人的心理以及社会心理产生的影响,并寻求必要的应对措施;等等。

在人工智能等新技术大量涌现之际,我们需要思考如何应对变化,以促进教育的良性发展。这既是广西师范大学老师的事情,也是全国老师学生共同的责任,也是世界上相关研究者责无旁贷的使命。

这个努力不可能一蹴而就，毕竟新时代带来的是新问题，需要我们在较长时期内认真思考、应对挑战、解决问题。我相信广西师范大学能够坚持下去，立足实际，关注新技术对教育体系的影响，并结合实际情况探索新的发展路径。我相信，无论是在实践上还是理论上，他们都将有所建树。

# 序

  中国是一个古老的文明国度,很早就建立了官学的教育体系,私学也很发达,形成了丰厚而又独特的教育文化遗产。近代以来,在西方科技革命、工业革命和资本主义全球扩张的大背景下,中国教育开始了艰难的现代化转型,在借鉴西方现代教育经验的基础上,力图通过持续的教育改革建立起新型的更加适应社会发展需要和人的发展需要的现代教育体系,服务于国家富强和民族复兴。从清朝末年的"废科举,兴学校"到民国初期"新学制"的建立,从1922年"新学制"的引进再到1949年中华人民共和国成立之后教育上的全面学苏,从1958年之后自觉探索中国特色的社会主义道路到1985年的教育体制改革,从21世纪初的基础教育课程改革到党的十八大以来教育强国战略的逐步形成,中国现代教育史就是一部中国教育改革史,教育改革成为塑造中国现代教育文明的基本动力源泉。在此意义上,开展教育改革的研究,不仅有助于理解中国教育的过去和现在,而且对于把握中国教育的明天也具有十分重要的意义。

  研究教育改革并非易事。这是因为教育是一个复杂的体系,也是一个开放的系统。对教育改革的研究,要充分体现教育工作的系统性和开放性特点。从系统层级上来说,教育是一个多层级的系统,具体的教育活动,如学校的教育教学和管理活动,是镶嵌于一个庞大的教育系统之内的,从国家的宏观教育政策到各省、自治区、直辖市的教育政策再到市域、县域的教育政策。

我们要理解具体的学校教育活动,不能不将学校的教育活动置于教育系统内部来审视。从系统的开放性而言,学校教育从来都不是孤立的社会实践活动,它总是与家庭、社区乃至更广泛的社会政治、经济、文化活动等存在着千丝万缕的联系,家庭、社会乃至国家的状况总会以直接或间接的方式影响到学校的实际工作。以往的教育改革研究,对于教育的系统性和开放性特征关注不够,往往就某一类的教育谈某一类的教育,停留在文本分析的层面,看不到教育变革背后的现实系统性和社会性因素,难以把握教育改革的实践逻辑和本质特点。

刘远杰同志的《现代中国教育改革的县域逻辑》一书是一项以县域为方法而开展的中国教育改革研究,试图突破以往教育改革研究的范式,聚焦县域层次基础教育改革的实践,展现县域教育改革的历史面貌和复杂机理;既有宏大的国家叙事,也有具体的改革行为分析,深刻回答了我国基础教育改革是如何在县域这个层面发生的。

这项研究的重要性不难理解,因为就基础教育而言,县域至今是基础教育管理的主体,是国家层面及省、自治区、直辖市层面各项基础教育改革政策的具体执行者以及自身基础教育改革的主要策划者和实施者。本书以县域为研究单位,为我们观察中国基础教育改革提供了重要的视角和窗口。中国自秦朝开始设县立制,至今已延续两千多年。县域对于国家治理具有关键意义,是国家治理的基本行政单元。中国有两千八百多个县级行政单位,县域层面的教育改革究竟是怎样进行的?是否真的存在一种"县域逻辑"?本书则在一定程度上揭开了中国县域教育改革的这层神秘面纱。

本书的研究方式方法有其独特性。我国县域数量庞大,县域所占的国土面积广阔。要对县域教育改革进行研究,很难穷尽所有县域。加之,改革本身是动态的和间歇性的,县域又是比学校、农村、乡镇等更加宽泛且更加复杂的社区单元,因而,以县域为单位的研究本就不易实施。作者选择以个案研究的方式开展研究工作,力图对县域教育改革一探究竟,不失为一种可取的尝试。应该说,这也是真正能够实际进入县域社会开展研究的有效途径,"个案深挖"总要比"全盘浅描"更有现实感和叙事性,至少它在"解剖麻雀"的意义上更能揭示事物的真实面貌,廓清改革行动的实践场域及其中的力量关系。

本书的研究坚持以马克思主义的方法论为指导,坚持实事求是的思想路线,坚持具体问题具体分析、理论联系实际以及历史与逻辑的统一,力图通过大量翔实的第一手资料来把握县域教育改革的历史逻辑、价值逻辑和实践逻辑,较好地体现了学术工作的历史思维、哲学思维、实践思维等思维方式。历史思维,帮助读者理解县域教育改革的历史逻辑;哲学思维,帮助读者从总体上理解县域教育改革各种行为包括那些看起来"不合理行为"的合理性;实践思维,提供了从实践主体的视角观察和分析各种具体教育改革行为的独特路径,比较好地解决了"外来研究者的独白"的问题,开启了一个比较立体的县域教育改革话语空间。

本书总体上建构了中国教育改革的"县域逻辑"的客观真实性。作者以六个篇章、二十余万字的篇幅,科学回答了"中国基础教育改革到底在县域是如何发生的"这一核心问题。书中提出了不少具有启发性的观点,比如"方法即过程、过程体现方法"的观点,这应该是一个比较能体现教育学立场和教育研究规律的方法论认识,或许这也正是作者花较多篇幅描述方法与过程的重要原因。又如:作者以几个主要教育改革事件作为研究对象,深入分析了县域基础教育改革的多种动因及其发生过程,生动揭示了县域教育改革事件的

"内部运动",为读者呈现出一幕幕鲜活的教育改革事件;作者对县域教育改革背后的发展本质问题的批判性分析,揭开了教育发展的"三副面孔",指出了教育发展主义的问题及其负作用,这对于我们更加辩证理性地认识当下教育改革问题不无启发意义;作者对县域基础教育改革的历史逻辑进行分析,提出了教师主体是教育改革的本质力量、政府是教育改革发生的第一驱动力、教育改革不能简单用失败或成功来判断、教育改革实际上是一种教育实践的"绵延"等观点,这些观点无疑是对我国基础教育改革经验的生动总结;特别是作者在最后提出一种"县域教育改革的空间辩证法",对于当前乃至今后我国推进县域层次的教育改革行动不乏价值论与方法论的参考意义。

总体而言,本书选题有创新性,研究工作"眼睛向下",资料翔实,分析深刻,行文流畅,言之有物,可读性较强。全书反映出作者深切的教育关怀、严谨的学术精神以及较为扎实的理论素养。当然,作为一项学术研究,本书也难免存在不足之处,比如研究的系统性和基于经验研究的理论升华均有待进一步加强,县域教育改革的个性特征和国家教育改革的总体性特征之间的辩证关系也有待进一步阐明。希望作者能够持之以恒,以更加饱满的研究热情和科学精神持续推进这项研究工作,在讲好教育改革的中国故事、凝练教育改革的中国经验方面取得更加丰硕的成果,为推进新时代教育强国建设做出自己的突出贡献。

石中英

2024 年 10 月 3 日

# 目　录

# 导言:背景与问题

　　20 世纪 70 年代早期,教育改革这一重大课题得到宣传、同情和响应的时机成熟了。仅仅在几年以前,许多国家的教育家们对"变革"这一术语深表怀疑,因为变革就意味着对已经建立的教育秩序以及办学形式的某种批评。与"评价"一词一样,"变革"是一个具有威胁性的术语。但是,在 70 年代,整个世界教育界逐渐感到,许多现行的制度和实践的确很陈旧、低效,需要来一次根本的变革。在这种改变了的气氛下,"变革"这一术语一下子被捧上了天——以至于在许多国际会议上,代表们争先恐后地自豪地报告着本国最近的改革。在 70 年代,不论是发展中国家还是发达国家,各级各类教育改革的数量和类型的多样化都是前所未有的。①

　　这是美国教育学者菲利普·库姆斯(Philip H. Coombs)在《世界教育危机》一书中做出的描述。我们也能够感觉到,随后的"世纪之交"更是催生了人类共有的情感兴奋和理性膨胀,人们憧憬新世纪与新时代,渴望摆脱固有束缚,向往自由,满怀着对"过去""陈旧"的厌弃与批判,"改革""创新""发

---

① [美]菲利普·库姆斯:《世界教育危机》,赵宝恒、李环等译,人民教育出版社,2001 年,第 20 页。

展"昭示着整个时代新的精神与价值向往。这在教育领域展示得尤其鲜活沸腾,正如 S. 莱斯克(S. Rassekh)、G. 威代诺(G. Vaideanu)等人指出的:"教育可以做到而且必须做到人们所希望的一切新的事物。"①因此,"在这世纪之交,震撼寰宇的时代交响曲是教育改革"②——无论教育改革是源于教育对时代的经济问题、技术变革、社会发展的主动适应③,还是源于人们对"人"与教育自身价值的理性重申,抑或是源于教育本身的内部矛盾的迫使。

有人如是断言:

纵观今日世界义务教育发展的现状,世界各国,特别是已实行普及中等教育的国家,面对新的技术革命的挑战,都在研究教育改革问题,而且无不以提高基础教育的质量为改革的重点和目标,并把提高基础教育的质量,搞好基础教育的改革提到国家"当务之急"的地位。改革基础教育、加强基础教育已成为许多国家的共同趋势。④

中国基础教育改革的与众不同之处在于:中央政府是以改革开放的伟大历史转折开启了整个中国基础教育改革的进程,国家力量展露无遗。因此,

---

① [伊朗]S. 莱斯克、[罗马尼亚]G. 威代诺:《2000 年人类发展与教育变革》,张春光、马习军、李中东等译,辽宁大学出版社,1990 年,第 103 页。

② 李玢:《世界教育改革走向》,中国社会科学出版社,1997 年,"绪论"第 1 页。

③ 如李铁映在讲话中所指出的,"当前我国的教育改革受到来自两个方面的强有力推动:一方面,世界经济、科技迅速发展和综合国力的激烈竞争,迫切要求教育进行全面改革,以迎接未来的挑战;另一方面,我国社会主义市场经济体制的建立和政治、科技体制改革的深化,也要求加快教育体制改革,要求教育增强主动适应经济建设和社会发展的能力,因此必须加强教育的改革开放"(郭福昌、韦鹏飞等主编:《中国教育改革发展简论》,教育科学出版社,1993 年,第 405 页)。

④ 吴福生:《教育的出路》,黑龙江教育出版社,1989 年,第 121 页。

我们或许可以做出这样的判断:在政治、空间和历史意义上,现代中国基础教育改革的真正发生是以"改革开放"为标识的①,它意味着地理空间框架中全国教育改革范畴的逐步确立,意味着从国家到地方的政治力量在教育改革行动中的充分渗透、统一释放和主导地位,也意味着一种可以借助宏大叙事进行描述的中国教育改革史的产生和国家视角下教育改革现象与问题的呈现。

教育改革实践和教育改革学术是相互作用、伴生的关系。一般而言,教育改革实践需要通过教育改革学术的充分论证,教育改革一旦发生或成为历史事实,便成为学术研究的对象。在此意义上,可以说中国教育改革实践的历史即中国教育改革学术研究的历史。并且,它们同时意味着一种"发展"的指向,因为其基本共识在于解决问题与推动发展。正如很多人所认为的那样,若是在最宽泛的意义上理解教育改革范畴,则教育改革可以追溯至更为久远的历史。然而把教育改革本身作为一个独立的研究问题来看,事实证明,从现代教育改革运动谈起才会显得明智而合法,现代教育改革作为一种独特的科学研究对象、理论,正是在越来越丰富的研究中得以逐步确立的。一种全球性的、愈加普遍和愈演愈烈的教育改革运动吸引了人们对教育改革本身的注意,教育改革本身成了一种理论生长点,构成教育学研究的重要领

---

① 有两个关键:一是,邓小平于1983年提出的"三个面向"("教育要面向现代化,面向世界,面向未来")。可以说,它就是"教育改革开放"的根本动力和指南。王震在中国教育学会第一次全国学术讨论会上就指出,"'三个面向'是新时期教育工作的战略方向,是教育改革的指针。普通教育是基础教育。按照'三个面向',搞好普通教育的改革……意义非常重大"。何东昌在教育部直属高等学校应用软件学术交流和规划会议上强调"三个面向"是"我们整个教育工作的一项根本方针"。张承先在中国教育学会第一次全国学术讨论会上的开幕词中指出,"按照'三个面向'的要求,为完成新的历史任务,我国的教育事业必须进行改革……以'三个面向'为指导,探讨普通教育的改革,是我国社会主义现代化建设中迫切需要解决的问题"。二是,1985年《中共中央关于教育体制改革的决定》(以下简称《决定》)的颁布。正如朱永新指出,"如果说,1985年之前教育的主要工作是恢复和重建,那么《决定》出台以后,教育改革就真正启动了"(朱永新总主编:《中国教育改革大系:教育改革理论卷》,湖北教育出版社,2015年,"总序"第6页)。

域——一旦教育改革成为历史事实、鲜活的当下行动,可以被抽象为一种特定实践类型,那么,它作为一个"研究问题"便随之成为学术研究的对象。

20世纪,英美国家率先形成现代教育改革浪潮,教育改革研究随之兴起。早在1991年,瞿葆奎就已指出:"教育改革论在国外早已开始研究,现在已经成为一个自成体系的独立学科,并形成了各种不同的理论流派。"[1]王宗敏、张武升的研究也同时证明,"在教育科学研究领域内,教育改革论的产生则是本世纪的事"[2],并且,"教育改革论是新兴起的专门研究教育改革的一门学问或学科"[3]。教育改革研究区别于注重观念形态的形而上教育哲学和聚焦教育实践的普通教育学,将研究视角置于教育改革这一行动本身,这似乎正好迎合了20世纪末开启的中国教育改革浪潮及其学术需求。因而,自20世纪末以来,我国教育改革研究发展迅速。

当然,来自国外教育改革研究的影响并不足以构成我国教育改革研究的根本动力。其根本动力源自教育改革行动本身的持续进行——"改革只有进行时、没有完成时",以及逐步积淀的教育改革学术史自身的内部规律。袁振国在《教育改革论》一书中指出:"随着时间的推移,社会改革的深入和国家教育改革的发展,使得我国教育改革理论研究的迫切性越来越明显。"[4]"教育改革作为一种突出的社会现象,开始被作为一个专门的问题来研究,综合各门学科的知识和方法研究教育改革的独立学科正在形成。因为经过20世纪以来多次教育改革的尝试,出现了一些大家共同关心的课题,形成了一些

---

① 王宗敏、张武升等:《教育改革论》,河南教育出版社,1991年,"序"第2页。
② 同上书,第2页。
③ 同上书,第1页。
④ 袁振国:《教育改革论》(新世纪版),江苏教育出版社,2005年,第24页。

对教育改革的共识。"①

　　基础教育改革始终是中国教育改革的主旋律,就基础教育改革而论,诚如周兴国等人在《基础教育改革研究》一书中所言:"也许我们不仅需要一门'基础教育改革学'这样的学科,更需要一门'基础教育改革哲学'这样的学科。"②什么是基础教育改革学或基础教育改革哲学? 如果说此"学"或"哲学"可以纳入一种教育哲学的范畴,那么,根据石中英的教育哲学观点,即从性质上讲,教育哲学是"从哲学的角度对现实教育问题进行的理论批判与反思,对教育知识的批判与反思(注意不是'概括'和'总结'),也是对前者的深化或拓展"③;从方法上讲,教育哲学"是对教育实践中的支配性观念进行的寻根究底的反思性活动",也就是说,"教育哲学的研究对象就是教育实践——历史的与现实的——中的支配性观念"④。我们不妨认为,基础教育改革"学"或"哲学"在学术旨趣上可以被视为这样一种研究:致力于对基础教育改革行动背后的观念等进行批判性分析,这种"观念"往往又通过思维、法则、逻辑或价值取向等体现在实践中。这种研究的关键在于,它是对作为历史事实或实践行动的教育改革本身的研究,是对具体的教育改革进行具体分析,而不是在笼统的、抽象的或观念的意义上进行分析。

　　所谓具体的教育改革,简言之就是特定主体在一定历史时期内根据现有条件实施并完成的教育改革行动。教育改革是人的目的性实践,可以说,改革主体决定了教育改革的启动,并在很大程度上左右着教育改革的过程及其

---

① 袁振国:《教育改革论》(新世纪版),第44—45页。
② 周兴国、朱家存、李宜江编著:《基础教育改革研究》,安徽人民出版社,2008年,"引言"第5页。
③ 石中英:《教育哲学》,北京师范大学出版社,2007年,第26页。
④ 石中英:《作为一种教育哲学研究方法的"论辩"》,《清华大学教育研究》2017年第5期。

结果。这个主体可以是一个国家,也可以是某个人。纵观中国,基础教育改革主要是由各级人民政府发起并施行的,政府(国家或地方)无疑是改革的主体。一般情况下,从国家到地方,教育改革得以逐渐推进。1985年出台的《中共中央关于教育体制改革的决定》和1986年诞生的《中华人民共和国义务教育法》对中国基础教育改革行动具有历史性意义,原因在于前者指出要"把发展基础教育的责任交给地方""基础教育管理权属于地方",后者则明确规定"义务教育实行国务院领导,省、自治区、直辖市人民政府统筹规划实施,县级人民政府为主管理的体制"。这意味着,国家统一发起的基础教育改革方案,严格意义上必须通过若干县级人民政府转化为具体的改革行动,进而覆盖中国广大"地方"或"基层",县级人民政府被赋予一种权威性的教育改革主体地位。

从我国行政区划的历史演变来看,"'县级政权'的存在,见证了我国历朝历代地方行政体制发展的变迁,但无论这种体制如何罔替,'郡县制'也好,'州县制'也罢,抑或'府县制',县自始至终没有消亡,成为我国'最长寿''最稳定'的地方政权组织形式"[1]。县级地方政权之所以具有如此悠久稳固的生命力,源自其自身的功能、职责和角色定位。显然,"县"是实现我国地方治理的核心基层机构,具有"承上启下"的关键作用,尽管"当前在县级政权下设置乡镇一级政权,但是这并不能否认县级政府的基层性质"[2]。权限上,"乡镇政府自身的决策权十分局限,难以成为名副其实的一级政权,难以有效担负起所承担的公共职能。另外,就当前我国县级政府而言,它作为我国地

---

[1] 金强:《县级政府教育政策执行力研究》,西南大学,博士学位论文,2016年,第29页。
[2] 同上书,第30页。

方政府的重要组成部分,作为我国地方政府体系中的重要一环,作为我国行政区划体系中的基础单位,在行政体系中起着承上启下的作用,既要将中央、省、市政府作出的宏观决策具体转化为面向群众的政策,也要结合自身实际制定相关政策,并直接面向农村、面向基层,直接与人民群众打交道……",故"可以毫无疑问地得出,目前县级政府才是当前我国地方政府体系中实至名归的基层政府,才是国家相关政策得以施行和实现的第一'落实者''推动者''体会者''验证者'"。①

从中国基础教育治理、中国基础教育改革和发展上看,县级政治空间所扮演的角色在 1985 年颁布的《中共中央关于教育体制改革的决定》中便已经获得明确规定:"实行九年制义务教育,实行基础教育由地方负责、分级管理的原则,是发展我国教育事业、改革我国教育体制的基础一环。"2001 年《国务院关于基础教育改革与发展的决定》进一步强调"实行在国务院领导下,由地方政府负责、分级管理、以县为主的体制"。2010 年《国家中长期教育改革和发展规划纲要(2010—2020 年)》继续声明:"地方政府负责落实国家方针政策,开展教育改革试验,根据职责分工负责区域内教育改革、发展和稳定。"

回顾中国基础教育改革的历史,尤其是改革开放以来的数次基础教育改革行动,可知县级政府无疑是表征国家力量"落实地方"的真正存在。一个典型表现就是根据改革方案而纷纷建立的以县为单位的改革试验区,比如1993 年原国家教育委员会"燎原计划"办公室主编的《全国农村教育综合改革实验县概览》(教育科学出版社)一书就收集了来自全国共 116 个农村教育综合改革实验县的资料,这些县域教育改革实验区是"燎原计划"的关键。更

① 金强:《县级政府教育政策执行力研究》,第 30 页。

为重要的是,县域教育改革行动不仅是落实国家教育改革方案的关键环节,而且自身还具有改革的自发性、自主性和灵活性,可以很好地将国家改革政策和自身的实际特点与需求结合起来,展开富有创新性的教育改革。从这个意义上说,如果不理解县域基础教育改革,就不能理解中国基础教育改革。

全国范围内,这样的县域教育改革的典范有很多。如河南西平县教育改革,云南楚雄的牟定县、双柏县、武定县教育改革,安徽定远县教育改革,湖南宁乡县教育改革,等等。刘自成主编的《教育改革典型案例(一)》①一书列举了在《国家中长期教育改革和发展规划纲要(2010—2020年)》颁布后的两年时间内全国各地涌现出来的一大批教育改革先进典型案例,其中很多是县级教育改革实验。它们解放思想,勇于创新,大胆试验,各具特点。如宁夏彭阳县、吉林通榆县、广西凭祥市(县级市)、新疆玛纳斯县、浙江嘉善县、江西万年县、宁夏石嘴山市、河北阜平县、重庆巫山县、广西德保县、甘肃酒泉肃州区等。改革开放以来,国家也总以"县域"为基础教育改革与实验的表彰单位,如1986年就表彰了一百个县,时任国务院总理李鹏在表彰大会上就强调指出,"今天表彰的一百个基础教育先进县,在建设'两个文明'的实践中都很重视教育,比较好地处理了教育同社会发展、经济发展的关系,使基础教育取得了显著的成绩……先进县的经验说明,发展教育事业必须坚持从当地实际情况出发,实事求是,因地制宜"②。回顾20世纪,我们还发现了一个重要现象:很多力图通过改革乡村教育而挽救中国的民主人士自发进行的教育改革实验也多是"以县为主"展开的,较有名的有梁漱溟的山东邹县教育改革实验

---

① 刘自成:《教育改革典型案例(一)》,人民教育出版社,2012年。

② 人民教育出版社编:《教育改革重要文献选编》,人民教育出版社,1986年,第337—338页。

和晏阳初的河北定县教育改革实验等。

为何县级行政机构会如此重要且备受重视呢？首要原因恐怕就在于县级行政机构是离我国广大乡村最近且肩负重大职能的行政组织，是我国乡村教育改革的一线"执行者"。"县政府是直接面对广大农村和基层的，具有管理政治、经济、文化等事务职能的、完整的、机构设置齐全的一级行政建制，是我国农村基本的区域性政权设置，是农村经济、政治生活的区域性枢纽，在我国宪政体制和政权框架中处于十分重要的地位"①，它具有"承上启下、连接城乡、沟通条块、上下结合的特点，是党和国家方针政策、法律法规的执行机关，也是一个区域内的政治、经济、文化和社会事务的管理机关，既具有与国家一致的同一性，又有自己相对的独立性"②。从现实来看，1987 年原国家教委、财政部联合发布的《关于农村基础教育管理体制改革若干问题的意见》指出："我国基础教育的大头在农村。据一九八五年统计，县以下（含县）农村小学在校学生约占全国小学生总数的 92%，中学在校学生约占全国中学生总数的 82%……因此，抓好农村基础教育，对我国整个基础教育的发展具有决定性作用。"2016 年相关研究和统计也表明，我国义务教育在校生 2/3 在县城，农村仍然是中国义务教育的大头③，这就决定了中国农村教育发展振兴必须充分依靠县域教育改革。由县出发，我们可以更为紧密而实事求是地把握

---

① 周平主编：《当代中国地方政府》，高等教育出版社，2010 年，第 34—35 页。

② 宋洁：《当代中国县级政府能力及其评估的实证研究》，光明日报出版社，2016 年，"前言"第 3 页。

③ "2016 年我国义务教育阶段在校生 1.42 亿人，其中城区 4 756.6 万人、镇区 5 927.01 万人、乡村 3 558.77 万人，农村在校生占全国在校生总数的 2/3。分学段看，普通小学有在校生 9 913.01 万人，其中农村小学在校生数占全国总数的 67.04%。普通初中有在校生 4 329.37 万人，其中农村初中在校生数占全国总数的 65.60%。"（邬志辉：《中国农村教育发展报告 2017》，《中国教师报》2017 年总第 693 期）

住广大乡村的实际问题和改革命脉,从而更加准确有力地推进乡村政治、经济、文化、社会、教育等事业的改革与发展。

出于上面的原因,我们便可以这样发问:作为一种实践行动,县域基础教育改革到底是怎么发生的? 这个问题里面又包含着若干子问题:动因是什么? 过程与方法如何? 行动背后的支撑性价值观念是什么? 有什么行动逻辑可循吗? 等等。显然,如果要想对中国基础教育改革的实践过程本身构成一种客观解释、认识甚至批判性反思,就不能不对上述提问作出严肃的回答。遗憾的是,人们很少从这个角度去研究中国基础教育改革的历史与实践,一方面是"行动过程"本身研究的阙如,另一方面是"县域"视野的缺失。已有研究似乎对这些都不感兴趣,或者说很少有人注意到它们的重要性。无论从学术还是政治的角度来看,人们都不愿意去触碰中国基础教育改革的"基层现象"。

对上述提问的"回答",构成了本书的核心研究工作。所谓"回答",并非任意的主观判断或经验主义式的笼统概括,它属于科学研究的范畴——关于县域基础教育改革的实证理性和理论理性的共同判断。这种"回答"还需要一种勇气,一种对中国基础教育改革基层事实的求真的勇气,借用美国批判教育学家迈克尔·W. 阿普尔(Michael W. Apple)的话说,"我们必须揭露问题并诚实面对"[1]。除了经验现象的发现,更重要的是我们对县域基础教育改革的实践逻辑及经验现象背后的价值观念等的揭示,继而进行批判性反思和发展性建构。

---

[1] 周文叶、兰璇:《批判教育学与教育改革——美国威斯康星大学阿普尔教授访谈》,《全球教育展望》2010 年第 1 期。

加拿大教育改革研究专家迈克尔·富兰(Michael Fullan)指出:

> 关于应该如何治疗教育病(ills of education)这个问题,历来都不乏真知灼见。但是,如果我们不理解变革是何以得到启动和维持的话,有再多的"应该"也无济于事,补救措施犹如悬在空中的馅饼。①

富兰的话提醒我们,研究和理解教育改革的形成与发生过程,其意义不言而喻。如果说富兰想要理解的教育改革行动主要指向的是学校层面,那么我们将主要致力于对县域层次基础教育改革行动进行解释,并基于这种解释开展必要的批判性反思与建构。

本书要回答的核心问题即为县域基础教育改革是如何发生的,展开来说,就是对县域基础教育改革行动本身所涉及的动因、过程、价值取向等一系列基本问题进行研究。这些基本问题贯穿教育改革行动从启动、实施到完成的整个过程(如图 1 所示)。一个基本假设是:这些基本问题构成了教育改革行动的一般性因素,通过对这些因素及其关系的分析与研究,便可以大概掌握县域基础教育改革行动的一般发生逻辑。②

如果说"解释"属于认识论范畴,那么解释县域教育改革的发生过程显然不是这项研究的全部工作,也不是最终目的。最为重要的是,通过这种解释,我们将对县域基础教育改革进行方法论和价值论的反思与探究,要回答的是

---

① [加拿大]迈克尔·富兰:《教育变革新意义》(第 3 版),赵中建、陈霞、李敏译,教育科学出版社,2005 年,第 51 页。
② "发生"指的是县域基础教育改革行动从启动、实施到完成的过程,又叫"发生过程"。"发生逻辑"指的是这一发生过程所具有或应有的规律性特征。

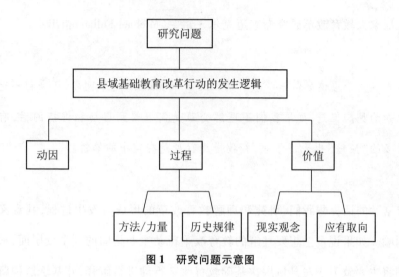

**图1　研究问题示意图**

县域基础教育改革的价值目标从何而来、又将到哪里去的问题。在创新教育改革知识或建构教育改革理论的意义上，也就形成两种县域基础教育改革理论：实然的教育改革理论和应然的教育改革理论。①前者是指在通过实证考察捕捉教育改革行动的现象进而揭示它们的特征、解释它们的成因的基础上，对体现于其中的教育改革逻辑进行论证；后者是指对教育改革应然的方法和价值取向的批判性建构。

应该说，不论是对教育实践、教育改革，还是对教育学术来说，这项研究都有其重要价值。

就学术价值来讲，作为一项"深描"式教育改革研究，它将在某种程度上突破目前已有教育改革问题研究主要停留于一般性理论概括与宏大历史经验总结的现状。这项研究将构建出一种县域基础教育改革研究的理论脚本，

———————

① 关于两种教育改革理论的说法，主要参考了吴康宁在《何种教育理论？如何联系教育实践？——"教育理论联系教育实践"问题再审思》（《南京师大学报》（社会科学版）2019年第1期）一文中关于"实然性教育理论""应然性教育理论"的提法、区分及观点。

为教育改革学术史注入新鲜血液,推进我国教育改革研究的发展。这项研究还潜藏着一种理论想象,即试图基于县域教育改革个案的调查研究,通过解释与分析,挖掘出一些可以反映一般性基础教育改革行动的理论问题,建构更具包容性和解释力的理论框架。

对于教育改革与教育实践而言,这项研究有它可能的实践价值。实践价值,即某研究对与其相关、相对应的实践活动所具有的潜在的解释力或改进意义。马克思在《关于费尔巴哈的提纲》一文中指出:"哲学家们只是用不同的方式解释世界,而问题在于改变世界。"[①]这句话意在强调,解释世界与改变世界应是一种辩证统一的关系——"解释"并非纯粹解释,而是主体对现实生活与实践的解释,它具有"改变"的力量;改变依赖于解释,缺乏解释的改变实践是盲目的,不以改变世界为目的的解释则将游离于日常生活实践之外,无法与实践建立价值关联。这也就是说,当我们在解释县域基础教育改革现象、指出县域基础教育改革问题和建构县域基础教育改革理论主张的时候,其实也正是在为相关行动者提供可供参考的知识基础,这有助于提升他们的思维能力、知识水平、思想观念和改革行动力,进而提高县域基础教育改革的行动成效。这种成效主要体现为县域基础教育质量改进和县域社会进步。某种意义上,中国县域空间主要为中国乡村地域之所在,因而,县域基础教育质量改进实质上也意味着乡村基础教育改革成效,县域社会进步也意味着乡村的社会进步。

---

① 《马克思恩格斯文集》(第 1 卷),人民出版社,2009 年,第 502 页。

# 第一章　方法与过程

一项现代科学意义上的学术活动，一般无不贯穿着作为工具或操作技术方法的意识、选择与运用，进而以行动方法的合理性为研究的科学性证明。相较于此，我更强调一种方法即过程、过程体现方法的观点，认为每一项研究都是一种独特的发生过程——特定研究主体与具体研究对象、问题在研究实践中相遇、互动与统一。教育理论与教育哲学研究面向教育现实，以历史唯物主义和辩证唯物主义为方法论，追求实事求是地解释现实并超越现实开展批判性研究。这就意味着，对方法的思考至少应特别注重两个问题：一是研究方法依据研究对象、研究问题而定，避免"唯方法主义论"桎梏，或是误将"方法"抽离于对象、内容而走向方法的一般形式化；二是强调理论研究与具体社会调查的互动统一，警惕陷入"实证"与"思辨"、"经验"与"理论"的二元对立，或是走向某一方的极端化或狭隘化。

## 第一节　问题意识与个案方法

做研究必然面对方法选择的问题。一般说来，方法选择是在研究问题确定之后发生的事情，它是对如何开展研究所做的工具性回答。合适的方法会有助于研究成效，方法的意义不证自明。不过，这样一种似乎是常规性的行为及其背后的思维方式也往往容易忽略掉一个重要前提——方法选择的前提，即研究问题的选择、确立及其方法。事实上，从研究问题的选择与确立开始，方法意识与思维便作为一个重要因素纳入研究者的视域。是否具有问题意识？为何研究这个问题？问题来源哪里？等等。对这些问题的思考与回答无疑有着极为重要的方法意味。

问题选择应该纳入方法的范畴，所以，如果一项研究缺乏问题意识、所选问题不切合教育学科的性质、问题价值性不足、问题可研究性不强等，我们就可以认为此种研究一开始就缺失了严格的方法意识与思维，其后续的研究过程便不是不可质疑的。应星在反思质性研究方法局限性的时候甚至认为，"要想透过某些特定的社会现象去把握社会结构的枢纽和社会运行的机制，最具决定性的因素并不是田野观察和经验直觉，而是我们的问题意识。这种问题意识又是长期浸润在理论和历史中培养出来的产物"①。

教育学是一门实践性科学，注重研究的实践感、现实感和历史感。它内在规定了即便是有着"理论""思辨""形而上""逻辑"传统的教育基本理论与教育哲学研究，同样需要将目光转向教育实践②和教育的现实世界本身，也就是要关注现实教育问题。否则，其教育学合法性将是脆弱的，因为脱离了

---

① 应星：《质性研究的方法论再反思》，《广西民族大学学报》（哲学社会科学版）2016 年第 4 期。

② 这里的教育实践范畴乃是从马克思主义实践哲学意义上而言的。马克思主义视域中的实践范畴是对亚里士多德、伽达默尔等人创造的实践范畴的批判性超越。马克思主义视域中的"实践"经历了历史唯物主义和辩证唯物主义的辩护证明，代表的是人已经创造出来的和正在创造的赖以生存生活的整全的意义世界，故而，可以说实践就是人的现实。因此，贺来认为，"马克思不是把'现实'理解为超感性的概念世界……而是从'实践'出发去理解'现实'。把'现实'当作'实践'去理解，意味着：第一，'现实'不是静止的'现在'，而是在感性实践中不断自我生成并向未来敞开的历史性过程……第二，'现实'不是永恒的'现存'，而是要在实践活动中不断被改造和超越的对象……第三，'现实'不是价值中立的僵死的'事实'，而是一个在感性实践活动中追求人的自由和解放的价值空间……"（参见贺来《超越"现实"的"现实关怀"——马克思哲学如何理解和关注现实?》，《哲学研究》2008 年第 10 期）

教育实践和教育的现实,研究就难以自洽或自我确证。这不禁让人想起黄济在 21 世纪初所讲过的一段话:"教育科学是一门实践性很强的科学,教育理论来自教育实践,又反转来为教育实践服务,教育理论就是在实践、认识、再实践、再认识,循环往复、不断上升中提高……希望广大的教育理论工作者,特别是正在从事教育研究的研究生,一定要把目光投向教育实践,克服困难,走出书斋,与广大教育实际工作者结合,走一条理论与实际相结合的道路,否则教育科学是很难有所创新、有所发展的。"①

从这个意义上来看,教育学研究选题必须具备问题意识和问题敏感性。这个"问题"作为一个认识论范畴指的是我们将要研究或认知的对象。研究什么? 认知什么? 那就是教育实践和教育的现实内容,无论它是宏观、中观、微观,历史、现在、未来,制度、管理、课程与教学,还是教师、学生、家长等,都是人的现实教育生活与世界本身,而非超出人及其历史实践、日常生活的范畴。"学科的发展应该源自对问题、对生活的关注,围绕着问题发展才是学科发展的内在逻辑"②,而"学科真正要面对的不是概念、范畴、原理、定律,不是思辨中的世界,而是问题,是由问题所构成的流动的、真实的世界。学科发展的真正动力不是来自思辨,而是来自问题"③。如此,致力于教育研究的研究者在选择和解决问题时,就应当强调"微观化的研究对象"、"目光向下的研究视角"、"不确定的问题边界"和"'他者'的研究立场"。④

不确定的问题边界针对的是那种先验的确定性思维,不确定的问题乃是

①　黄济:《中国近百年教育思想回眸》,《北京大学教育评论》2003 年第 2 期。
②　劳凯声:《教育研究的问题意识》,《教育研究》2014 年第 8 期。
③　同上。
④　同上。

真实、鲜活、动态的日常教育生活与教育实践的反映。正因为要研究真实的教育生活与教育实践，我们就不能以自我为中心，而是要有他者立场，走向他者，从认识和理解他者开始（这里的"他者"指的就是"我的中心"之外的教育世界）。即便是教育哲学研究，在方法上我们也必须走向教育实践，而不仅仅停留于哲学。只不过，这种"教育哲学的研究对象是教育理论和实践中的基本性、根本性问题"和教育实践背后的观念。然而，"教育哲学研究要想发现这些观念并对它们进行提问，就必须深入到各种各样的教育生活当中去，接触各种各样的教育资料，通过各种各样的方法——文献研究、话语分析、政策分析、个别访谈、标准分析、案例分析、叙事研究等——来接近研究对象，提出那些前提性的观念问题，然后开展系统的检验和进一步的讨论"①。

　　正是在这样一种作为方法的问题意识的推动下，教育改革问题才进入我们的研究视野。因此，我们进一步确立了"县域基础教育改革"这一具体研究指向。原因在于：其一，教育改革作为一种在特定现实（如主体、历史、空间等）条件下发生过或发生着的实践活动，已经是中国现代教育实践的基本构成，历史地看，一部中国现代教育史可以说就是一部教育改革史；其二，中国教育改革在中国大地上发生与发展，是历史的，也是现实的，这就决定了对于教育改革问题的研究不仅需要在宏观的"国际""中国"等框架中做整体性或一般性讨论，还需要从中、微观层次进行教育改革"深描"，从而更加深入真实地理解中国教育改革的现实景观和实践历程。这种"深描"意味着具体问题具体分析，至少要做到对教育类型的聚焦（如是基础教育，而非高等教育）以及对教育实践历史与空间的聚焦（如是县域，而非大到国家、省、市，小到学

---

① 石中英：《作为一种教育哲学研究方法的"论辩"》，《清华大学教育研究》2017 年第 5 期。

校、课堂）。

问题的选择与确立实际上已经同时规定了进一步研究的方法。如果我们选择的是一个教育学科应有的研究问题，那么相应的方法也就随之变得自明。县域教育改革研究自然不允许我们端坐于书斋而沉迷于想象或局限于概念之间的推理演绎，否则不符合上述教育研究的方法论精神，也就不能称之为一项严格的教育研究。研究县域教育改革这样一种历史活动、客观实践，光靠思辨、推测与想象恐怕是远远不够的，从现实的对象出发做具体考察必然是研究本身的重要环节。如同马克思指出的那样："这种考察方法不是没有前提的。它从现实的前提出发，它一刻也不离开这种前提。它的前提是人，但不是处在某种虚幻的离群索居和固定不变状态中的人，而是处在现实的、可以通过经验观察到的、在一定条件下进行的发展过程中的人……在思辨终止的地方，在现实生活面前，正是描述人们实践活动和实际发展过程的真正的实证科学开始的地方。关于意识的空话将终止，它们一定会被真正的知识所代替。对现实的描述会使独立的哲学失去生存环境，能够取而代之的充其量不过是从对人类历史发展的考察中抽象出来的最一般的结果的概括。这些抽象本身离开了现实的历史就没有任何价值。"①

于是，研究必须"走下去"，接近乃至进入"县域"本身，触摸、感知、体会和探索教育改革的历史与现实。其中蕴含着作为方法的现象学精神、人类学情怀和哲学的反思批判性，体现了一种强调归纳逻辑的认识论路线和观照现实的价值论旨趣。关于"走下去"，这里不妨借用倪梁康描述现象学方法要义的一段话来表达其基本内涵："它通常是'贴近地面的'，而非'大气磅礴的'；

_____

① 《马克思恩格斯选集》（第1卷），人民出版社，2012年，第153页。

是'大题小作'或'微言大义'，而非'大而化之'或'笼而统之'，更不是动辄
'上下五千年、往来中西印'。这里的主宰者不是激情，而是明察；不是虚无缥
缈的思辨和构想，而是脚踏实地的分析与描述；不是高高在上的纲领，而是细
致入微的分析研究；'不是泛泛地进行论证，而是去接近事实本身'。"①

　　既然要"走下去"，进一步的问题就是走到哪里去，这是必须首先做出回
答的。县域基础教育改革研究当然是要到县域去。然而中国地域辽阔，仅县
级行政区域就有约 2 800 个，仅凭本书恐怕不可能穷尽所有县域。即便能，也
并非本研究问题内在要求的研究范式所能契合。理论上，我们研究的问题更
加适合质的研究范式②，大规模、全覆盖式的县域调查可能更属于量的研究范
式的所及范围。换句话说，这一研究更适合选择某县域而采用"微观"研究方
略，也就是通过对一个县域基础教育改革的考察、分析与解释，进而透视中国
基础教育改革实践在"县域基层"的一种投射。

　　这里涉及一个学界长期争论不定的问题，那就是"点"与"面"的关系问
题。具体发问是：某县基础教育改革能够推论到中国整体县域，能反映中国
基础教育改革的地方实践吗？ 如果不能，这项研究的知识意义何在？ 我们的
回答是：严格地说，当然不能。中国地域辽阔，各地自然和经济社会环境差异
巨大，一个县域的基础教育改革状况当然不能反映其他县域的基础教育改革
状况。但是，对某一个县域的基础教育改革研究也具有普遍性意义，即可以

---

　　① 倪梁康:《现象学运动的基本意义——纪念现象学运动一百周年》,《中国社会科学》
2000 年第 4 期。

　　② 如陈向明所作的定义,"质的研究是以研究者本人作为研究工具,在自然情境下采用多
种资料收集方法对社会现象进行整体性探究,使用归纳法分析资料和形成理论,通过与研究对象
互动对其行为和意义建构获得解释性理解的一种活动"(参见陈向明《质的研究方法与社会科学
研究》,教育科学出版社,2000 年,第 12 页)。

为研究或理解其他县域基础教育改革提供一个可资借鉴、比较的案例,研究中所解释的一般性原理也可以用作研究其他县域基础教育改革的理论工具或知识基础。

作为"点"的县域个案,它的"代表性"并不是统计学意义上的,不遵循统计调查的逻辑基础。不过,正如王宁所认为的那样,尽管"代表性"不应成为个案研究的追求,但"扩大化推理"无论如何也是个案研究的意义所在。这里,"扩大化"属于"分析性的扩大化推理,就是直接从个案上升到一般结论的归纳推理形式",它构成了个案研究的逻辑基础。因为"个案研究实质上是通过对某个(或几个)案例的研究来达到对某一类现象的认识,而不是达到对一个总体的认识。至于这一类现象的范围有多大、它涵盖了多少个体,则是不清楚的,也不是个案研究所能回答的问题"①。个案研究者的任务"是根据对个案的分析,借助于分析性的扩大化推理,而直接上升到理论",而"这个理论结论的具体适用程度和范围有多大,需要读者来'接力'完成。也就是说,究竟某个个案研究结论是否适用于其他某个个案或现象,要由读者自己来判定。这个过程,可以称作'个案的外推'"。②

所以,说个案研究追求的是"代表性"问题,不如说它是通过选择具有"典型性"的个案进行研究,从而建构知识"外推"的意义及其可能性。典型性"是个案所必须具有的属性,是个案是否体现了某一类别的现象(个人、群体、事件、过程、社区等)或共性的性质……一个个案,只要能集中体现某一类别,不论这个类别的覆盖范围的大小怎样,都具有了典型性。典型性不是个案

① 王宁:《代表性还是典型性? ——个案的属性与个案研究方法的逻辑基础》,《社会学研究》2002 年第 5 期。
② 同上。

'再现'总体的性质(代表性),而是个案集中体现了某一类别的现象的重要特征"①。这是我们认同的,也构成了我们选择个案研究的理由之一。但这并不意味着我们因此就否认了个案可能具有的"代表性"。固然,关于个案研究的"代表性"和"典型性"问题已经出现很多争论②,但这种"争论"只是不同研究者之间的"话语斗争"而已,在事实层面上,个案研究的意义是显而易见的,它确实"能够在适当的研究目标里发挥价值"③。

　　不过也只能说,我们选择 L 县作为案例,对它进行描述、分析和解释,只是提供了一种外推的可能性,至于这种推广或概括所涉及的范围到底有多大,确实不是研究者本人所能决定的,更大程度上须交由读者去理解与感知,回到理论本身的逻辑延展性以及更大范围的实践验证上。或者,如渠敬东所指出的,"个案只是一种考察社会整体构形和变迁的显微切片,小细胞装载着大世界。只是个案究竟能扩展到多远多久多深,要靠它自身的属性和容量来决定"④。马克思在《资本论》第一卷第一版序言中也如是写道:"我要在本书研究的,是资本主义生产方式以及和它相适应的生产关系和交换关系。到现在为止,这种生产方式的典型地点是英国。因此,我在理论阐述上主要用英国作为例证。但是,如果……以德国的情况远不是那样坏而乐观地自我安

---

① 王宁:《代表性还是典型性? ——个案的属性与个案研究方法的逻辑基础》,《社会学研究》2002 年第 5 期。
② 如王宁的《代表性还是典型性? ——个案的属性与个案研究方法的逻辑基础》(2002)、《个案研究的代表性问题与抽样逻辑》(2007)、《个案研究中的样本属性与外推逻辑》(2008),卢晖临、李雪的《如何走出个案——从个案研究到扩展个案研究》(2007),王富伟的《个案研究的意义和限度——基于知识的增长》(2012),陈向明的《从一个到全体——质的研究结果的推论问题》(2000),柳倩的《从"逻辑"到"意义"的个案研究外推分析——通过与统计调查对比》(2017),张英英、张海东的《论个案研究的代表性问题》(2018)等。
③ 柳倩:《从"逻辑"到"意义"的个案研究外推分析——通过与统计调查对比》,《社会学评论》2017 年第 1 期。
④ 渠敬东:《迈向社会全体的个案研究》,《社会》2019 年第 1 期。

慰,那我就要大声地对他说:这正是说的阁下的事情!"①马克思这段话在方法上的用意是很明显的,"英国"就是他揭示和批判"资本主义"的典型案例。马克思并不觉得这样做有何不妥,他也并没有在论述中就"选择案例"特别做出方法上的说明,反而显得十分自信,他说,"一个国家应该而且可以向其他国家学习。一个社会即使探索了本身运动的自然规律——本书的最终目的就是揭示现代社会的经济运动规律"②。可以看到,马克思是想通过对一个国家社会的考察发现整个现代社会的规律,通过对一个国家经济的考察发现所有资本主义国家的经济规律。毋庸讳言,马克思做到了。因此,恩格斯在《资本论》的书评中还表达了他对马克思的崇敬之情:"只有一个德国人才能攀登最高点,把现代社会关系的全部领域看得明白而清楚,就像一个观察者站在高山之巅俯视下面的山景一样。"③

事实上,L 县作为案例,本身便蕴含了"外推"的可能,因为它意味着一种具有共性的类型存在即"县"之所是。艾尔·巴比(Earl Babble)认为,个案"不需要在每一方面都具有代表性,代表性只需局限于与研究的实质性需要相关的特征"④,这个"与研究的实质性需要相关的特征",正是"县"作为 A 县、B 县、C 县等所共同具有的实质性特征。辩证地看,这即是一种共性与个性的统一、共性蕴藏于个性之中的关系。霍华德·S. 贝克尔(Howard S. Becker)在其名著《社会学家的窍门:当你做研究时你应该想些什么?》中也认为:"每一个研究地点都是某些普遍范畴的个例,所以这个案例的知识可让我们了解一般的现象。"⑤L

---

① 《马克思恩格斯选集》(第 2 卷),人民出版社,2012 年,第 82 页。
② 同上书,第 83 页。
③ 同上书,第 70 页。
④ [美]艾尔·巴比:《社会研究方法》(第十一版),邱泽奇译,华夏出版社,2018 年,第 190 页。
⑤ [美]霍华德·S. 贝克尔:《社会学家的窍门:当你做研究时你应该想些什么?》,陈振铎译,重庆大学出版社,2017 年,第 62 页。

县也好，A 县也罢，不论从时间还是空间的角度看，它的教育改革实践都不是纯粹孤立、自为的存在状态，而首先是"中国"意义上的，是在"中国"这一宏观实践基础与历史背景之中发生的。至少，我们可以在理论和逻辑上看到，任何一个县的教育改革行动无疑都蕴藏着一种共同的"中国"意义和法则，它们在"中国"的逻辑框架中存在一致性。就此而言，"一个个案是根据其逻辑关联或理论意义进行外推的，外推的有效性不取决于个案的代表性，而取决于理论推理的力量……'个案研究中的概括'其生命力正在于此"①。

　　要证明"微观"个案剖析的知识外推性，费孝通的"江村研究"乃是经典案例之一。尽管在这个问题上，《江村经济》也受到过很多质疑，但这并不影响读者对此项研究的认同，并未损伤它的理论生命力及其对中国社会研究所产生的巨大推动作用。费孝通本人也认识到作为个案的"江村研究"的局限性，但他依然坚持认为"从个别出发是可以接近整体的"②，这一研究仍有其重要意义："（1）在事实层面，如果研究是为了认识中国农村社会，那么这一研究方法仍是有效的；（2）在理论层面，如果是为了像利奇倡导的那样去认识一般的文化原理，《江村经济》不愧是功能主义研究的经典之作。也就是说，在认识同一层次事实或探究原理的研究目的之下，微型社区研究仍能'以微明宏，以个别例证一般'。"③"费孝通《江村经济》关于江村的研究，虽然没有明言'江村'对于江苏甚至我国南方农村的代表性，根据读者的'认同性'解读，在读者心中下意识地会把江村作为江苏地区乃至东南沿海地区农村经济

---

① 卢晖临、李雪：《如何走出个案——从个案研究到扩展个案研究》，《中国社会科学》2007 年第 1 期。
② 费孝通：《怎样做社会研究》，上海人民出版社，2013 年，第 107 页。
③ 王富伟：《个案研究的意义和限度——基于知识的增长》，《社会学研究》2012 年第 5 期。

的一个代表和缩影去看待。当然与此同时,读者绝不会将江村作为美国或印度农村的缩影来看待。"①

即便我们在研究方法上不去刻意追求将 L 县基础教育改革推论到中国其他全部县域或者是投射出中国基础教育改革的地方(县)逻辑,但就这个研究本身而言,它所具备的这种意义延伸或逻辑扩展的可能性是不能轻易被否认的,"个案研究本身天然就具有'拓展性'"②。作为中国县域基础教育改革的一个"点",我们很难认定它能或者不能反映其他县域的基本事实,进而作为中国基础教育改革在"地方"意义上的投射。但可以确定的是,描述与解释之后的教育学价值关怀和理论建构无疑是指向中国基础教育改革的,这种价值关怀或许不能自我证明,却有可能在读者之中引起广泛的价值共鸣和理性洞察;这种理论建构或许不是来自更多数量县域的经验考察,但理论本身的逻辑力量可以超越个案经验的束缚。这样的经典案例比比皆是。正是在这个意义上,我们的研究也正如卢晖临、李雪等人所指出的那样,"无论研究者多么谨慎,无论他们多么刻意地限制自己研究结论的适用范围,他们事实上都有'走出个案'的学术抱负。这一点,无须更多论证,只要看看大量个案研究成果的题目就很清楚了"③。在渠敬东看来,"走出个案"还是一种学术责任——"个案研究的目的不在个案本身,而是为社会全体提供一种解释的可能。这种可能不是从关于社会全体直接的假想或判断引发的,而是从社会的发生或发问而引出的关照。因此,个案必须迈向社会全体,这是旨在

---

① 张英英、张海东:《论个案研究的代表性问题》,《济南大学学报》(社会科学版)2018 年第 1 期。

② 渠敬东:《迈向社会全体的个案研究》,《社会》2019 年第 1 期。

③ 卢晖临、李雪:《如何走出个案——从个案研究到扩展个案研究》,《中国社会科学》2007 年第 1 期。

'对因果说明标准有一种独特的满足方式'的研究策略必有的学术责任"①。

因此,我们选择个案的时候可以不考虑代表性问题,但要尽可能考虑个案作为经验基础在多大程度上能产生更有力量的理论。本研究所选择的 L 县是中国西部地区的一个山区县、小县、少数民族县、贫困县,"山区"、"小"、"少数民族"和"贫困"的前缀表明了该县的特殊性。显然,L 县的选择并不能用统计学抽样意义上的"平均水平"来说明,但符合社会科学研究中质的研究方法论精神,也就是个案选择的非标准化、非精准化和人文化。这样的选择有点类似于陈向明所认为的极端或偏差型个案抽样("从一个极端的例子中学到的经验教训可以用来为一般情况服务。虽然这种现象比较极端,不具有'代表性',但是就研究目的而言,对这种独特现象的揭示有可能比一个典型现象更加具有说服力"②),也具有一种机遇式抽样或方便式抽样的意味,因为它蕴含着本人的情感、兴趣和习惯等因素,也趋近于罗伯特·E. 斯特克(Robert E. Stake)所认为的"内在的个案研究"(intrinsic case study)类型,即"研究者研究某个个案,并非因为该个案具有代表性或是具有某种特殊的性质,而是出于对该个案本身的兴趣"。因为这种兴趣,它或许是一个"会使自己获得最大收获的个案③。我来自中国西部山区,具有"先验"的大山与乡土情结,加之多年的学习与生活经历,我与"个案"之间在情感和心理上有着千丝万缕的联系。于是,L 县的选择也是一种"机缘"所致,也就是社会学家

---

① 渠敬东:《迈向社会全体的个案研究》,《社会》2019 年第 1 期。
② 陈向明:《质的研究方法与社会科学研究》,第 105 页。
③ 卢晖临、李雪:《如何走出个案——从个案研究到扩展个案研究》,《中国社会科学》2007 年第 1 期。

所认为的"运气"——寻求合适的个案是极其困难的,"有时甚至需要运气。而运气并非每个人都能碰上,即使你碰上了,也未必意识得到,抓得住"①。

具有一般属性,又能凸显自身特质,因此,L县潜藏着非常丰富的理论生长点和价值可能性,令人向往。然而,情感和心理上的"近距离感"并不意味着它就一定能带来良好的研究效果。作为一种眷念和关怀,它更多是研究过程遭遇挫折之后的抚慰。"田野"熟悉抑或陌生并不像很多人认为的那样重要,真正重要的是研究者如何与"田野"形成对话、理解与共情。

此外,值得特别说明的是,就中国现代基础教育改革而言,它已经有100多年历史。若不是以"百年教育改革史"为主要旨趣做历史学研究,那么我们必须在做个案界定的时候严格划分出研究对象的时间范围,否则将难以把握。如罗伯特·K.殷(Robert K. Yin)在《案例研究:设计与方法》一书中就强调:"无论研究哪方面的问题,都需要明确界定研究对象的时间范围,确定研究始于什么时间点,结束于什么时间点。"②因此,在对L县做了前期预考察的基础上,我们确定以"21世纪以来"作为时间域,通过调查和分析此间的县域教育改革行动进而解释其逻辑问题。这样的时间域划分更有利于研究过程中资料的收集、访谈和观察,也意味着分析视角更为集中、研究精力的使用变得更加有效。如果这种做法同样符合马克思主义的历史唯物主义理论,那么我愿意借用列宁的话说:"在分析任何一个社会问题时,马克思主义理论的绝对要求,就是要把问题提到一定的历史范围之内。"③

---

① 应星:《质性研究的方法论再反思》,《广西民族大学学报》(哲学社会科学版)2016年第4期。

② [美]罗伯特·K.殷:《案例研究:设计与方法》(第3版),周海涛等译,重庆大学出版社,2004年,第29页。

③ 《列宁选集》(第二卷),人民出版社,1960年,第512页。

## 第二节　田野历程及其关键因素

从北京出发去往 L 县,距离约为 2 500 千米,这对于一个长期在校园研究文献的人来说,无疑需要勇气。对于一个未曾经过长期的、个人的人类学或社会学意义上的田野考察训练的人来说,因经验与专业不足而产生的内在怯意要比田野的地理距离制造的压力大得多。事实上,由于似乎潜在地遵循了以往诸多人类学经典研究模式总以"异域"为田野的传统,我所选择的 L 县并非自己熟悉的地方。尽管 L 县与我有着情感与心理上的若干联系,但它于我而言仍是一个陌生的地域和社会。我不认为熟悉的地方就一定有利于调查,也并不认为陌生的异域一定会不利于调查。在此意义上,社会学者应星的提醒是有道理的:现在的质性研究盛行一种所谓的"家乡社会学","似乎家乡自然地就可以成为社会学研究的灵感源泉,以为费孝通回家写出过《江村经济》的名篇,我们也可以回家写出《张村社会》《李庄政治》之类的作品,全然不察我们自以为熟悉的家乡有些时候恰恰可能构成认识的屏障"①。

田野地点确定后,我查阅了许多有关田野调查方法的文献,试图攒上足够多的方法知识以供"下去"时使用,并以此提升信心和底气。然而实践证明,这种方法知识上的准备更多是充当一种方法主义的慰藉,他者的经验至多作为参考与借鉴。真正重要的是自己"下去"之后的一切体验、探索、反思和建构,过程才是调查研究的"方法"的本质所在。费孝通在《社会调查概述》一文中便讲到过:"要知道任何一种社会调查的经验和方法,都是别人从

---

① 应星:《质性研究的方法论再反思》,《广西民族大学学报》(哲学社会科学)2016 年第 4 期。

彼时彼地的具体的社会调查中获得,并加以总结提高的。而接触到的客观事物、现象都因人、因时、因地而异,各有其不同的内在联系,有着千变万化的发展过程,有不同的类型。所以,我们不能用某一个模式去硬套,也不能机械地搬用某种方法去分析具有不同特点的研究对象。"①

换言之,教育实践调查研究的方法应该是开放性的,个同主体和研究问题的调查应该呈现多样性的方法与过程,很大程度上,方法产生于调查实践的过程,源自实践中不断遭遇的问题。O. F. 博尔诺夫(Otto Friedrich Bollnow)在概括教育人类学研究方法时就特别强调方法的开放性问题,认为:"我们的认识不可能达到尽善尽美,我们始终处在不断探索之中,不断有新问题出现,也不断需要有新的方法,因此无论是我们的认识(包括对人的本质的认识),还是我们的方法原则都不应当是封闭的,而恰恰相反是应当开放的。"②

不过,进入田野之前的理论准备无论如何仍然有其必要性。

一方面,不能否认方法准备所具有的益处。事实证明,有些方法上的经验与知识虽说是他者总结出来的,但能在调查过程中即时地、反复地提醒自己所需注意的事项。因此它又似乎超越了他者个体经验界限而获得了一种具有一般性意义的形式特征,如访谈的技巧知识、田野伦理的关注、勤写田野日志等,这些都帮助我一定程度地避免了方法上可能出现的差错以及伦理上可能招致的问题。然而,同时又很需要警惕的是,一定不能被这种作为形式的方法或工具束缚了个人在田野中的激情、想象和情境性行动。根本上,研究者还要在特定现实条件、场景和问题情境中辩证、灵活地处理各种具体问

---

① 费孝通:《怎样做社会研究》,第 313 页。
② [德]O. F. 博尔诺夫:《教育人类学》,李其龙等译,华东师范大学出版社,1999 年,"译序"第 24 页。

题或复杂事物,要破除一种"方法主义"的束缚——"方法主义可以建立一种迷信:似乎越能够寻得一种精巧的方法,就越有信心把握住我们全部的生活经验","认为只要找到确当的方法,便能够发现和解析一切现实经验及其历史过程"。①

另一方面,理论假设(理论框架)和研究问题的准备是"下去"前的一个重要步骤。费孝通认为:"一个研究者不能不对自己研究的对象有一定的看法,有一定的问题,有一定的假定,有一定的已有经验。这须在实地观察之前必须备下在脑子里的东西,就是我所谓理论。"②殷指出:"如果事前没有提出理论假设,研究者就会像无头苍蝇一样,试图把研究对象的所有资料都纳入研究范围,这当然是不现实、不可行的。"③巴比说:"科学研究的三大层面密切相关:理论(theory)、资料收集(data collection)和资料分析(data analysis)。"④这个理论或理论假设在我看来指的就是针对研究问题而为田野调查所制订的理论框架,它不一定固定不变,也不一定在研究结尾仍然有效,但它可以成为田野过程中的基本指南,并且随着田野经验的总结与反思逐步得到调试。"要带着想法与观点进田野,才能带着发现与收获出田野;空着脑袋进田野,通常只能空着双手出田野。"⑤实践证明,理论假设的"缺场"容易使研究者陷入一种实践考察的迷茫。

我研究的核心问题是"县域基础教育改革的发生逻辑",题眼是"发生",涉及的是一个发生学命题,即已经发生的基础教育改革是一种人类历史实践

---

① 渠敬东:《破除"方法主义"迷信:中国学术自立的出路》,《文化纵横》2016 年第 2 期。
② 费孝通:《怎样做社会研究》,第 189—190 页。
③ [美]罗伯特·K. 殷:《案例研究:设计与方法》(第 3 版),第 27 页。
④ [美]艾尔·巴比:《社会研究方法》(第十一版),第 12 页。
⑤ 耿曙:《从实证视角理解个案研究:三阶段考察渠文的方法创新》,《社会》2019 年第 1 期。

活动,则此"发生学"必然是有历史发生学意义的。因此,我也借助马克思主义的历史发生学来确立调查和分析教育改革实践发生过程的理论框架。"马克思主义的发生学方法就是对现实及其发生前提和发生过程进行研究的方法。可以简单概括为'两点加过程'的研究方法,两点就是所研究对象得以发生的起点和终点,过程就是从起点到终点的生成转化。"①于是不妨尝试首先为教育改革行动建构一种大的分析框架:发生起点、发生过程和行动结果。根据马克思主义历史-实践观,又可以将此框架理解为一个连续的过程:包含行动动因和价值追求,行动过程中的方法选择与使用、力量平衡和关系构建,以及行动结果中的实施、状态、评价和可能趋势。

我的田野调查共分为两个阶段。

第一阶段:2018 年 9 月 17 日—10 月 25 日。

第二阶段:2018 年 11 月 15 日—27 日。

L 县基础教育改革调查围绕三件事情展开:访谈②、收集文本资料和走访观察。受访者 31 名(见表 1-1,表 1-2,表 1-3),分别来自教育局、中小学、社区、家庭、高校等,共访谈 40 余次。资料收集单位包括县教育局办公室与档案馆、县档案局、县图书馆和部分中小学。资料的类型为 L 县基础教育改革的政策文件、实施方案、评价方案,L 县基础教育改革的过程性资料和成果资料,L 县教育志、L 县教育年鉴、L 县县志以及权威网站上关于 L 县人口、经济、教育、历史等方面的统计数据等。因为县域基础教育改革一般是在"上

---

① 张乃和:《发生学方法与历史研究》,《史学集刊》2007 年第 5 期。
② 关于访谈,在研究方法的意义上,我比较认同陈向明的解释:"访谈是建立在这样一种信念之上的,即通过语言交流,人可以表达自己的思想,不同的人之间可以达到一定的相互'理解';通过提问和交谈,人可以超越自己,接近主体之间视域的融合,建构出新的、对双方都有意义的社会现实。"(陈向明:《质的研究方法与社会科学研究》,第 169 页)

级"政策背景下进行的,所以收集的资料还包括国家基础教育改革系列政策
文本以及 L 县所属市、省(区)基础教育改革相关政策文本。同时,我还走访
了县城及五个乡镇的 10 所学校(1 所高中,2 所初中,7 所小学)。

**表 1-1　访谈对象基本信息(政府)①**

| 访谈对象<br>(化名) | 性别 | 单位/职务 | 职龄<br>(年) | 教龄<br>(年) | 编　号 | 访谈时长<br>(分钟) |
|---|---|---|---|---|---|---|
| 张　怀 | 男 | 副县长 | 3 | — | L-ZH | 20 |
| 赵　渊 | 男 | 副县长 | 2 | — | L-ZY | 20 |
| 韩丰谷 | 男 | 教育局原局长 | 16 | 18 | L-HFG-1、L-HFG-2、<br>L-HFG-3、L-HFG-4 | 359 |
| 吴永凡 | 男 | 教育局副局长 | 20 | — | L-WYF | 196 |
| 高明海 | 男 | 教育局教研室<br>主任 | 19 | 10 | L-GMH-1、L-GMH-2、<br>L-GMH-3、L-GMH-4、<br>L-GMH-5、L-GMH-6、<br>L-GMH-7、L-GMH-8 | 629 |
| 王　梅 | 女 | 教育局基础教<br>育科科长 | 18 | — | L-WM-1、L-WM-2 | 236 |
| 梁一进 | 男 | 教育局安全科<br>科长 | 3 | 19 | L-LYJ-1、L-LYJ-2、<br>L-LYJ-3 | 123 |
| 徐小雨 | 女 | 教育局资助办<br>主任 | 4 | 10 | L-XXY | 20 |
| 杨　九 | 男 | 教育局基建科<br>科长 | 5 | 13 | L-YJ | 25 |

**表 1-2　访谈对象基本信息(学校)**

| 访谈对象<br>(化名) | 性别 | 学校<br>(化名) | 职务 | 职龄<br>(年) | 教龄<br>(年) | 任教<br>学科 | 编号 | 访谈时长<br>(分钟) |
|---|---|---|---|---|---|---|---|---|
| 成小兰 | 女 | 守镇小学 | 校长 | 17 | 30 | 语文 | L-CXL-1、<br>L-CXL-2 | 209 |
| 薛　琴 | 女 | 守镇小学 | 教师 | — | 34 | 语文 | L-XQ | 120 |

---

① 该表访谈对象均来自 L 县。为保护隐私,均采用化名的方式对访谈对象的真实姓名做了模糊化处理。该表中的"编号"为 L 县首写字母"L"+访谈对象化名首写字母。同一访谈对象,访谈超过 1 次的,编号为 L+访谈对象化名首写字母+序号,如 L-HFG-1、L-HFG-2……以下相同情况,不再作注。

（续表）

| 访谈对象<br>（化名） | 性别 | 学校<br>（化名） | 职务 | 职龄<br>（年） | 教龄<br>（年） | 任教<br>学科 | 编号 | 访谈时长<br>（分钟） |
|---|---|---|---|---|---|---|---|---|
| 程雪凌 | 女 | 守镇小学 | 教师 | — | 7 | 数学 | L-CXL | 120 |
| 黄芳华 | 女 | L县小学 | 校长 | 10 | 22 | 语文 | L-HFH | 111 |
| 柳 叶 | 女 | L县高中 | 校长 | 6 | 30 | 语文 | L-LY | 78 |
| 成 石 | 男 | 花田镇小学 | 校长 | 4 | 25 | 语文 | L-CS | 76 |
| 胡秋飞 | 男 | L县一中 | 校长 | 10 | 23 | 语文 | L-HQF | 177 |
| 黄川山 | 男 | L县一中 | 副校长 | 7 | 21 | 语文 | L-HCS | 149 |
| 孙 芳 | 女 | 青木镇小学 | 校长 | 18 | 31 | 语文 | L-SF | 72 |
| 曹胜东 | 男 | 青木镇稻村小学 | 校长 | 10 | 25 | 全科 | L-CSD | 55 |
| 李潇潇 | 女 | 前乡小学 | 校长 | 6 | 25 | 语文 | L-LXX | 75 |
| 陈明权 | 男 | 前乡小学 | 副校长 | 11 | 26 | 数学 | L-CMQ | 39 |
| 黄立芳 | 女 | 前乡小学 | 教师 | — | 31 | 英语 | L-HLF | 28 |
| 韦华珍 | 女 | 前乡小学 | 教师 | — | 30 | 数学 | L-WHZ | 28 |

表 1-3　访谈对象基本信息（家长、社区与专家）

| 访谈对象<br>（化名） | 性别 | 单位/职务 | 年龄<br>（岁） | 职龄<br>（年） | 编号 | 访谈时长<br>（分钟） |
|---|---|---|---|---|---|---|
| 王 凯 | 男 | 进城务工者 | 51 | 15 | L-WK | 20 |
| 张 九 | 男 | 农民 | 37 | — | L-ZJ | 30 |
| 黄 河 | 男 | 农民 | 36 | — | L-HH | 30 |
| 李兴贤 | 男 | 县城 A 社区/主任 | 46 | 10 | L-LXX | 30 |
| 薛 华 | 女 | 县城 A 社区/副主任 | 40 | 6 | L-XH | 20 |
| 陈 城 | 女 | 县城 A 社区/工作人员 | 39 | 3 | L-CC | 5 |
| 管建国 | 男 | 县城 A 社区/工作人员 | 69 | 4 | L-GJG | 65 |
| 杨家基① | 男 | 仁一教育学院/教授 | 52 | — | L-YJJ | 121 |

　　访谈是核心途径，目的在于了解教育改革作为历史实践在人们（参与者或亲历者）脑中留下的"记忆"及解释，以及他们的有关观念、评判和价值取向。诚如渠敬东所认为的，历史"就是要有各种形式的'物质性'载体，哪怕

---

① 这位访谈对象不是来自 L 县，特此说明。

是存留在记忆之中未曾言说的东西,或是人们习以为常的日常生活状态,都具有潜在的历史性。个案中的访谈,就是将这种历史性调动和实现出来的手段"①。

文本资料即一种关于教育改革历史的文字记载,它以最具权威性的"客观性"为我们研究教育改革实践提供了事实基础。对政策文本、档案史料等的分析无疑是走向教育改革历史"真相"之域的必经之路。在此意义上,我又使用了历史研究的方法。"所谓历史研究的方法,就是借助于对相关社会历史过程的史料进行分析和整理,以探求研究对象本身的发展过程和人类历史发展规律。"②其目的就是以过去为中心的研究,它通过对已存在的资料的深入研究,寻找事实,然后利用这些信息去描述、分析和解释过去的过程,同时揭示当前关注的一些问题,或对未来进行预测。

我走访观察,以视觉直观、亲临其境的方式了解作为教育改革效果的当下样态,借其反观教育改革的历史和展望未来的方向,截取教育改革的效果印证。"一个不理解现实的人也不可能理解历史。"③同时,通过现实直观和理论思维,可以发现教育实践的"危机",为未来教育改革提供现实动力。

然而,无论是访谈、史料还是观察都有其局限性。比如,我难以肯定地判断通过任何一种单独的方式能获得的"真实"性,至少必须承认:受访者有说谎的权利与自由,记忆是有限的,话语具有描述与解释的双重意义;史料难免残缺、遗漏,档案可能"失真";我自身不免也存在思维与视野的局限。于是,

---

① 渠敬东:《迈向社会全体的个案研究》,《社会》2019 年第 1 期。

② 陈志刚:《历史研究法在教育研究运用中应注意的要求》,《教育科学研究》2013 年第 6 期。

③ 陈先达:《历史唯物主义的史学功能——论历史事实·历史现象·历史规律》,《中国社会科学》2011 年第 2 期。

我只有尽可能地使这些方式方法相互配合与印证,从而最大程度地接近事实。"本质上说,所有以往的材料都是'似真非真''半真半假'的,皆因书写和言说主体不同的动机、意向性、意义筹划或评价取向而生出不同的解释,再加上研究者的理解投入,本无绝对'真相'。不过,通过多重事实的对勘、诸种材料的印证以及'主客位'之张力的调适,就有可能找到有脉络、成线索、合逻辑的历史关联。"①

为使得上述每一种获取"事实"的途径充分有效,调查研究中有一项工作始终凸显着它无可替代的重要地位,那就是建立社会关系。②实践证明,跟调查地点相关人士建立起良好的社会关系乃是有效开展田野调查的关键,这里的有效性主要指的就是田野资料的可靠性。人类学者邵京甚至指出:"说穿了做田野就是跟人打交道,一点也不神秘,是我们生活中无时无处不在做的事。"③不过,需特别注意的是,建构社会关系作为"方法",其实质并不在于"如何"建立这种关系,而是其本身作为调查研究的本体性方式的存在意义。如果没有意识到这种"本体性",我们很容易将"社会关系"视为工具,从而一味地追求它的工具意义或功利取向,却忽略了它本身的"存在感"和日常性,而后者意味着与田野的真正融入。一旦将方法剥离出过程,必然面临这样一种危险:过程成了外在方法支配下的程序化存在——这恰恰违背了教育改革研究的历史感和实践感,因为教育改革本身就是一种现实的历史活动或实践。

---

① 渠敬东:《迈向社会全体的个案研究》,《社会》2019 年第 1 期。
② 这里所谓的社会关系,特指一种社会人际关系,也就是人与人的关系,"我"与"他者"的关系。
③ 邵京:《田野无界——关于人类学田野方法的思考》,《云南民族大学学报》(哲学社会科学版)2011 年第 6 期。

下面我从体会较深、认为较关键的几个方面,大概描述我的田野历程。

于我而言,L县无疑是个陌生的地域与社会。行将对该县基础教育改革情况进行调查,我首先想到的便是与该县教育局相关负责人取得联系(这个尚不确定的"负责人"或许就是我将要面对的"守门员")。要联系一个陌生县域的陌生教育行政官员,并非易事。寻求中介不失为良策,正是通过我曾就读过的L县所在省的省属师范大学某教师的对接,我与该县教育局局长取得了联系,这在出发前几日便已完成。由此,我带着兴奋,夹着彷徨,伴着无限想象,登上了南下的列车。

费孝通在《社会研究的关键》一文中有言:"一个实地的研究者在开始工作时,总不免具着一种五花八门不知从哪一条生路打入才好的彷徨的心境。"①这句话正好是我刚入L县着手调查工作时的一种真实写照。刚进县城,我便立即联系了此前已有过对接的教育局局长(正好在外省出差),他让我联系基础教育科负责人王梅。关于我与王梅初次联系和见面的场景,我在当天的日志中是这样记述的:

> 下车后,我联系了教育局基础教育科科长王梅老师。王老师态度不温不火,未显热情,也无拒绝之意。她让我们打车去教育局(约5分钟路程)。到了楼下,再打电话,她让我上去。走错了几个楼梯我才找到正确的上楼路径,在角落处发现了基础教育科。
>
> 县教育局办公楼共两层,黄色格调,二层以上为居民楼。
>
> 教育局下分多个科室,如基础教育科、安全工作科、成教科、教研科、

---

① 费孝通:《怎样做社会研究》,第175页。

电教科等。

......

实在是陌生极了。见面后,感觉对方比我还要拘谨(放不开),谈话时她显得有些不知所措(当然我也是)。或许她以为我们是什么调研组(比如上级政府派来的),故而说话似乎总有顾虑。直到我自我介绍(拿出学校开的介绍信),讲明这是我个人的博士学位论文研究,她才放松了很多,也显得更愿意交流一些。她是一个有几分腼腆的科长。或许这就是初次见面的陌生人之间的交谈。她一直说自己很忙,整个教育局的人都很忙,特别是他们都在忙着教育扶贫的事情。

来到一个陌生的社会,跟陌生人打交道,非常困难。人家不愿意交流太多,并且总是无法亲近。(9月19日)

这里就显露出我一开始调查便遭遇的尴尬情景:面对陌生人时在交际上暴露的笨拙和拘束,以及急于求成、缺乏心理与方法准备导致的见面后的慌乱。如此情形下,当天的"研究工作"没有实现预期目标是自然的事情。但我也不认为这是一种失败,相反,它促成了我在多种问题上的自我反思,使我意识到与人打交道时心态的重要性,以及做访谈时事先有个问题领域和理论框架的重要性,尽管我此次与王梅的接触只是为了初步建立人际联系,并同时做一个关于L县21世纪以来基础教育改革基本情况的大概"摸底"。

"摸底"工作有两个收获:一是我了解到L县前几年开展了一次自发性的基础教育改革;二是通过交谈我也在某种意义上意识到王梅对于L县基础教育改革的基本认知情况。如下是我当天日记里的一段回忆:

谈到基础教育改革,给我的感觉是,她对此并没有什么概念,似乎对所谓"教育改革"没有什么认识和了解。当我说及本世纪以来的一些重要改革问题时,她没有做出任何有效回应。说到他们跟仁一教育学院(化名)合作完成的一个项目,她更愿意交谈,不仅熟悉,而且是他们比较满意的东西。(9月19日)

显然,我的"摸底"工作还要继续进行,但访谈中王梅热切提到的那个改革项目就此进入我的视野,成了后来我重点关注的对象。与此同时,我也意识到王梅或许并非我想象中的那种熟知当地基础教育情况的"负责人"。当天下午的再次交谈使我坚定了这种判断。我了解到,她此前一直从事办公室和人事工作,三年前才调入基础教育科室。特别提到××改革项目,原因在于此项目是在她的"手"上开展和完成的。并且,作为主要负责人,她在项目中收获颇丰。

"摸底"的主要方法是开放式访谈①,主要目的是了解该县到底做了哪些基础教育改革项目,以及识别访谈对象。初尝失败,当天下午我"厚着脸皮"再去了一趟,情景如下:

> 到了教育局,小厅里几个中年男人在交谈。王梅一直在忙碌,也没出来招呼,就在里屋告知我,让我跟厅里的几位老师交谈,说他们都是"专家"。而后她便一直忙碌,直到下班。聊了聊,这几个男子中,一位是

---

① 按照陈向明的观点,研究初期最好使用开放式访谈,以了解访谈对象关心的问题和思考问题的方式。而后逐渐使用半结构性访谈,进入"追问"和问题引导式的交谈。(陈向明:《质的研究方法与社会科学研究》,第171页)

该科室中负责体育的，一位是隔壁间安全科负责人梁一进。男子之间的交谈似乎要容易些，很快，梁老师便与我聊起安全问题来，但他们似乎也显得拘谨，也不愿说太多东西。（9月19日）

实际上，这回我显然比上午放松了些，不那么急躁与羞怯。我不再总想着"研究"的事情，似乎也搁置了"目的"，几乎就是跟他们"套近乎"了。尽管在"摸底"的意义上同样没有取得多大进展，但这种"套近乎"对我后来的研究起到了重要的推进作用。比如，那位体育老师第二天便推荐我去了他此前任教的中学，梁老师则逐渐成为我收集资料时的重要合作者，并且我后来也与他有过几次长时段的交谈。

第一日是在急急忙忙、手忙脚乱中结束的。不过后来我逐渐意识到这种经历也有其必然性。一般情况下，拘束、羞怯、距离、防备等心理感觉应该是与陌生的"他者"最初接触时的正常反应。因此，"摸底"未果似乎也是自然之事，毕竟"初到一个地方，人生地疏，人家不了解你，就不肯向你讲真话"①。在当日日志中，我做了这样的反思：

经历了今日的两次遭遇，信心受到打击，有些失落。不过，也不是没有好处。难道后面还有比这个更猛烈的吗？让它们涌来吧！我会变得更加有勇气，同时会更加平静。我会放低作为"研究者"的姿态，把自己当作小学生向他们去求教学习。这样可能会从容、坦然一些。（9月19日）

---

① 费孝通：《怎样做社会研究》，第275页。

不得不说，这生成了另一种意义。实际上，田野调查就是一个心智与情感接受磨练教化的过程，意味着人的成长和不断获得的社会化，是人生的一种独特体验。这种磨练教化伴随着我后来的所有访谈和"登门"收集材料的历程，第二天、第三天，直至整个调查的结束。随着时间流转，我能够体会到自身的某种潜在变化，这种变化是在我与他人的交流、学习中产生的，是在不断地自我反思中形成的。真实的田野调查不是固定方法与工具操作的程序化进程，而是在复杂、多变和具体的实践中，必须时刻保持用心、虔诚、真意和关怀，不断建立与他人乃至事物的亲近感。

所谓"摸底"，并非人们一般认为的那种正式研究前的、作为前提存在的独立环节。我反而认为"摸底"是伴随着整个调查过程的。试想，改革开放以来，在"中国基础教育改革一盘棋"的宏观政策、历史与实践背景中，有哪个县域不改革、不被改革？我坚信这其中不存在例外，事实也是如此。

第二日，我再与王梅联系，未果。原因是王忙于教育扶贫工作，原话说"教育扶贫，像打仗一样"（9月20日上午电话联系）。重新调整思路，我打算去学校试一试。此时，我又想起之前帮我联系教育局局长的老师，他替我联系了县城小学校长，我便赶了过去。学校大门紧闭，门卫一脸严肃地把我拦在学校铁门之外。校长黄芳华不在校，电话中她一方面表示自己正忙，一方面让我出示正规介绍信（此时还"压在"王梅手里）。下面是短信对话的内容：

黄：有调研证明吗？

我：有介绍信，但还在教育局王梅老师处，持学生证是否可入？

（等待）约10分钟后。

黄:还是拿介绍信来吧!

我:好的,取后便回。谢谢!

取回介绍信时(也费了些周折),校长在电话中答应"请办公室主任带你参观一下校园"(9月20日下午电话联系)。于是,在办公室主任(袁老师)的引领下,我们在校园走了一圈。其间,我提出参观室内和翻阅有关教育改革的资料的请求,未得应允。大概过程,我在当日的日志里做了如下描述:

> 袁老师虽然显得较为热情,但行为和言辞之间,似乎处处皆有保留和提防。她引着我们在校园的阶梯和操场之间转了一圈,约20分钟。未进一屋,未碰一物。我们只听她碎片化地讲了一些有关学校的历史和办学主题的大概,虽然校园设备齐全丰富,学生也都在上课,但她显然没有让我们"接触"的意愿,即便我中途提到相关请求,也被婉拒了。能做的就是给大楼拍拍照,对着学校特色主题的宣传栏拍拍照,听袁老师零碎地讲一些宣传栏中和手机百度中皆可见的内容。显然,校长的"命令"是极具权威性的,袁老师并未越出半点。(9月20日)

当日下午,我又去了县城一中(初中),与上午的经历所差无几。我不打算继续啰唆地描述整个过程中的曲折细节和复杂的心理情感状态。当晚我写下近三千字日志,描述了调研过程,并做了反思总结。主要反思性话语如下:

> 两日的调研,困难是多方面的。我意识到,之所以如此,要害可能在

于在这"陌生"的地方缺了"引路人",直接后果就是无法真正进入"田野"。我似乎一直在边缘徘徊,调研的核心问题未获得有效推进。我向导师表达了这个困惑,导师说"不能太书生气,要多动脑筋,想办法解决问题"。导师的回答让我茅塞顿开,确实,来到这里,我更应该做一个"社会人"。(9 月 20 日)

我在日志里所说的"引路人"并不是指 L 县之外的联系人,而是指本县内能有助于我打开调查局面的关键人物。事实上,目前的县域社会仍然是费孝通在《乡土中国》中描述的熟人社会,紧密的社会关系网和严实的社会结构隐而不露。或许,唯有真正通过当地社会中的熟人而且是在研究对象中占据重要地位的熟人,才能启动教育"这盘大棋局"。因而,"遇见"此人便显得尤为重要,他相当于费孝通眼中的"领袖人物",就如费孝通对学生的告诫:"你到实地之后,一定会觉得茫无头绪,所以我供给你一些入手的办法,你找到了该地领袖人物之后,先得把你研究的目的说明,使他对于你没有怀疑"[1];也类似于巴比言下的"线人"——"通常,线人应该是研究对象的群体中具有代表性的人物"[2]。

做一名"社会人",指的就是要融入所在社会,学会理解这个陌生的社会,并在此社会中不断尝试去建立人与人之间理解、信任与合作的社会关系。要做到这一点,最好的"捷径"或方法就是努力、真诚和用心。也只有这样,才能真正找到那个"领袖人物"或"线人"。正是由于迟迟不能"遇见"此人,我始

---

[1] 费孝通:《怎样做社会研究》,第 186 页。
[2] [美]艾尔·巴比:《社会研究方法》(第十一版),第 186—187 页。

终处在研究的边缘,这让我深刻地意识到这一步在整个调查中的关键性。

两日后是中秋节。我到曾就读过的省属师范大学同师友过节,也想借此间隙"冷静一下"。一个偶然机会,我和参与中秋聚餐的一位老师聊起调研的事。不料,这一偶然而又似乎是必然的"聊天"却成为我整个调查的转折点。他与 L 县副县长张怀有过一面之缘,愿意推荐,尝试联系。很快,我与张怀成为微信好友,自我介绍一番后,得知他是我现在就读学校的校友且专业相同。

次日,我再回 L 县,首先就拜访了这位地方官。借着校友情义,初次见面格外亲切,他表示愿意提供帮助。后来的两日,在他的引荐下,我去了县档案局调阅所需资料。档案局查资料,我花了整两天工夫。所谓"查资料"并不是拿着资料清单去一一索取,事实上,它更是一个挖掘和整理的工作,一些重要资料的获得只能算是"意外的发现"。

收集资料和日常观察的过程也是逐渐熟悉当地社会的过程。来来回回,反反复复,我慢慢褪去了一开始那种蒙头盖面的陌生感和迷茫感。因而也可以说,心灵同时获得了一种独有的沉淀与平静,我想这可能正是使得自己在后来的系列访谈中变得从容淡定的一个重要原因。

一开始,我曾在理论假设的层面将现任教育局局长视为我首要的访谈对象,并设想他为"守门员"。起初几日,他确实发挥了"守门员"的职责。然而,在一个行政系统里,他似乎不得不认真对待来自直属上级的"指示",张怀为我解除了这位"冷漠"①的"守门员"。直到 9 月 27 日上午,应张怀的安排,我才得以过去找他,见面地点是教育局办公室(前面似乎有过碰面)。当时的心境以及见面后的场景如下:

---

① 说其"冷漠",原因在于他似乎一直在有意回避我,表现是不回复信息、不接听电话、不见面。

　　这已经是第五次前往教育局,心里仍然没有底,不知道这次的"命运"将会如何,不知道这趟又会遭遇什么境况。走进大门,院里车较多。办公室里,几个人各忙各的,进进出出。我告知来意后,一名工作人员显出一副不咋情愿的态度,问道:"有什么事吗?"我掏出已是皱巴巴的介绍信递了过去,并告知了情况。她接过后,未吱声,依旧敲击着电脑键盘。桌边站立一人,似乎在哪里"确认过眼神",面熟。不错,应该是前日在基教科见到的那位"熟悉而陌生的局长"。他朝我细声问了一句"你们做什么来的",但眼睛向着他物,问完便坐下了,有些不以为然的样子。我作了答复,他眼睛还是"不愿"看我,不知为何。给我的感觉是,他极其不情愿。他掏出手机,拨了电话,用本地方言说了一通。不一会儿,过来一人,白色上衣,一副谦恭和悦之色。局长说:"有什么事情,就跟他说吧,他是教研室主任。"主任微屈身子,笑着跟我握了手,说"我们去隔壁办公室谈吧",随即领着我们去了他的办公室。

　　日志中对于局长的"感觉"显然是特定事件、价值角度和场景的产物,不能任其构成"刻板印象"或成为后续调查的负面影响因素。事实上,后来从其他人口中得知,局长并非我感觉的那般"冷漠"。"冷漠"一方面是因为他作为"一把手",担着当下教育扶贫的艰巨任务,无暇顾及其他;另一方面是因为他两年前刚从其他部门调任教育局任局长,对本县基础教育的历史和改革情况尚不熟悉。教研室主任高明海[①]就跟我讲道:

────────

① 高明海,男,本地人,53岁,1999年到县教育局教研室工作至今,此前有高中教龄10年。

> 我们局长其实人很好。就是他太忙了,平时连我们这些同单位的下属都基本见不到他人,找他签字啊,说事情啊,还要碰运气。有时候他来单位转一转就走,要"逮住他",我们还要像"抓贼"一样才行。(L-GMH-1)

这里我更愿意表达另一个体会,即在实地调查中学会理解和感恩的重要性。学会理解也就是学会站在"他者"的角度客观地认识事件和考虑问题,减少自我的主观偏见和消极情绪及其所带来的负面影响,比如理解局长的"冷漠"行为。"理解"要建立在不断对事实有更充分了解的基础上,通过其他方式对自己的看法和"感觉"给予证实;"理解"同时也是一种包容,不只是对人的包容,更是对事情本身的包容——调查研究本身具有不确定性、偶然性和可能性。因为这种对人、事和实践本身的理解,我变得更加平和、淡然、谦逊与真诚。学会理解,继而使人更加意识到应该时刻心存感恩。作为"外来者"和"求知人",我没有任何理由对我所"侵入"的地域和请求访谈的对象抱有偏见、埋怨乃至敌意;相反,要感恩所遭遇的一切,哪怕是挫折。事实上,这一切遭遇不仅成为我调查研究的存在与方法的本体,同时还是自我不可多得的成长过程。

社会学家或质的研究者认为每个调查研究都会遭遇"守门员"的阻力,这符合我的调查经验。一些人认为"守门员"往往只有一位,这或许来自他们的调查经验,但以我此次调查的体验来看,"守门员"不止于此。他们认为一旦突破这位"守门员",便可畅通无阻,而我的经验表明,"守门员"是调查过程中常新的存在,每到一个学校、单位就会有其"守门员",他/她往往又是我的访谈对象。由此,我意识到:保持理解与真诚,并不断地努力建立良好的社会关系无时无刻不显得格外重要。费孝通说:"访问的基础是与被调查者搞好关系,使自己成为他们可以信赖的朋友。历次调查经验告诉我们,没有这一层关系,要达到一个好的结果是不可能的。在彼此互不相识、没有一定的关系之前,缺乏信任感,连搭上话都困难,更不要说谈出真实情况了。"①

不过,我的"L县教育改革"调查存在一位"总开关式"的人物,那就是上面提到的L县教育局局长。这个开关是权力的开关,它的启动意味着我将由此通向"光明"。他向我引荐教研室主任高明海一举看似轻描淡写,实是促成了我调查的一次重要转折。高明海待人平和谦逊,说话平缓恳切,热心教育与教研。初次见面的场景我在当天日志中进行了回顾:

> 招呼我们坐下后,我告知了来意,他很乐意提供帮助。约一个小时的交谈中,他讲述了本世纪以来县里面基础教育改革的重要事迹和演变情况。其间,我也不时抓住时机进行追问和互动。可惜他有工作要忙,我们只能在这短暂时间里赶着简要地聊。很幸运,主任对我们非常信任,讲了很多,也让我翻阅了几份重要而关键的政策文件,并主动提出可以给我拷贝相关电子资料。最后,得知我想去学校看看的想法后,他主动帮助联系了两所学校。我很感动,也很感激。我主动要来了主任的联系方式,在短信来往中得知我们还是校友,他还主动称呼我为"师弟",关系似乎瞬间拉近了一大步,这是我主动交流的结果。没有真诚而主动的交流,很可能就会错过一些重要的"偶然"性,而且,要善于在互动中寻找更多的链接点。这或许也是将研究继续推进的重要方法。(9月27日)

由此始,高明海逐渐在我的调查过程中承担起多重角色:在伦理意义上,他是我的师兄、朋友和前辈;在研究意义上,他成了"引路人"、合作者和核心

---

① 费孝通:《怎样做社会研究》,第319页。

访谈对象。作为"引路人",我后来的访谈对象都是通过他引荐或联络,一幅发散式的"访谈图谱"经他的手得以完整绘制(如图 1-1);作为"合作者",

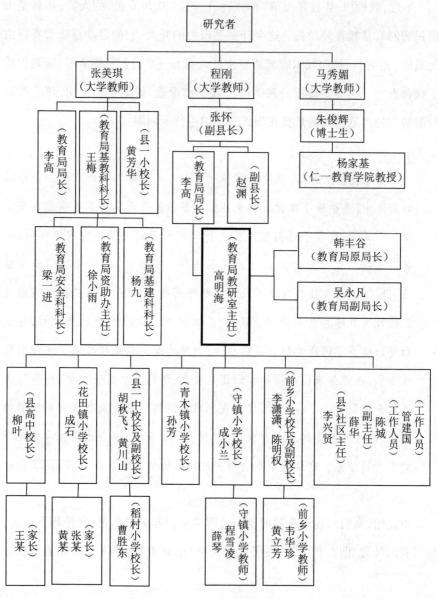

**图 1-1　访谈对象结构示意图**

我们共同讨论县域教育改革的问题与未来；作为"访谈对象"，他与我有多达八次的深入交谈①，尽管其中有几次他只是"陪伴者"，比如一次陪同退休局长韩丰谷，一次陪同副局长吴永凡。

费孝通说："在我们社会主义国家里，由于大家的根本利益一致，调查者与被调查者之间通过交谈很容易建立起真正的合作关系。"②在我的调查经验里，这个根本一致的利益体现为我与访谈对象对教育的共同热爱与关切，它不是个人私利化的，它的意义内在地指向广大青少年的成长与幸福、社会进步与文化传承、国家安定与民族复兴。高明海对我的研究的极大支持不是偶然的，它具有必然性，这个必然性源自高明海对当地教育事业的热爱，在教研室岗位上工作多年而逐渐形成的问题意识和批判性思维，以及对教育改革所抱持的积极价值期待。这种教育情怀、思维和价值取向的建立又可以进一步促进主体对"外来研究者"的认识与理解。至少在高明海看来，"研究者"的来访对地方教育发展是有推动作用的，因此他便会极力帮助相关研究的开展。后来（10月3日）的一次交谈中，高明海就表达了这样的朴素观念：

> 这个事情我也深有体会。因为我也是过来人，做过这个事情。要是没有人引一下，确实很难。而且，不管是你们也好，还是师大、师院的本科生也好，我都会尽力做。这些人会成长，他们以后就会记得有这么一个地方，这对于我们县孩子的成长也是好事情啊！为什么不做呢？为什

————————

① 相对于"访谈"，我更倾向于"交谈"，我认为"交谈"更显示出一种平等、亲近和互动的关系。而"访谈"虽然显得"专业"，但似乎被"专业化"了，在调查研究中采取一种"专业化"的"访谈"姿态，总会给"对方"被动感或压迫感。事实上，在费孝通的研究中，他就很少用"访谈"一词。

② 费孝通：《怎样做社会研究》，第275页。

么不帮呢？也不仅仅是对他们好啊！因为我们本身所做的事情（基础教育），也应该有这方面的接触。所以说，不单单（因为）你是我的师弟我才这样做，其他人也是这样。基本上每年都有的，尽我所能吧！我尽力去"推"这个事情。只要有合适的题目你就来做，从不同的角度你来看一下。做了再反馈给我们，我也知道我们的学校有什么地方可以改进啊！哪怕是提出一条建议也可以啊！这些累积多了，对我们的学校、我的指导都是有帮助的，对于我们全县的教育工作都是有帮助的。比如你以后要是成了专家，那以后至少我们还可以联系啊，对吧？我会尽量地安排时间来做这些事情。（L-GMH-2）

这种"根本利益"的一致性，能潜在地使人产生一种"我们内行人"的共同体意识或"圈内人"划界。高明海时常会强调抑或自然地使用"内行人"一词（8 次访谈有 13 次使用），甚至会有"我们是一个战壕的人，所以这里面的事情都知道"（L-GMH-5）这样的表述。可以推测，由于这种"内行人"意识的作用，高明海后来为我邀请的几位重要"领导"（访谈对象）都是他眼中"懂教育的、对教育负责的、干过教育实事的'内行人'"（L-GMH-5），因为他们"有得聊""愿意讲真话"（L-GMH-5），如韩丰谷、吴永凡、胡秋飞等。"内行人"当然是我访谈对象的核心圈，但同时我也因此而接触不到那些作为"外行人"的教育决策者和教育行政人员，不免遗憾。

费孝通同时认为："调查者与被调查者之间根本利益的一致并不意味着二者一接触就能谈得来，就能建立起互相信任的关系。"[1]高明海本人愿意支

---

[1] 费孝通：《怎样做社会研究》，第 319 页。

持研究者的这种态度也并不必然意味着他愿意给我提供帮助并真诚地与我交谈。很大程度上,他的态度由我的态度决定,他是否真诚待我,取决于我是否首先对他真诚,更取决于我对教育及研究本身的真诚与努力的态度。早已退休的老局长韩丰谷对我的支持(4 次交谈)在某种意义上也跟我的研究态度有很大关系,比如他会说:

> 反正我的观点就是,你们年轻人做学问,那我是非常支持的。做老师的,就是这样一个观念。对学生或对年轻人要做学问,那肯定是高兴的,要支持的。(L-HFG-1)
>
> 我都跟你讲,就帮你这个朋友,给你个参考罢了嘛!(L-HFG-2)
>
> 朋友之间,我就跟你聊聊。(L-HFG-2)

在一次与高明海一同进行的交谈中,韩丰谷又对高明海说道:

> 确实,我今天讲,真正的,现在的年轻人像刘先生那么执着地搞一个研究,而且是必须研究,我觉得不简单,现在不多见啊!所以凭这一点,我知道多少,我一定要讲,有没有用是另外一个事情。第二个,我就是非常怕耽误他的时间。他专门跑一趟,不容易啊,这个我能体谅你们的(我:真的是非常感谢局长),如果你说对你有用的,你问什么我都会讲,我也不怕(大笑),我不怕得罪人,我说现在我是一个退休的"山野村夫",我不怕了(大笑)。(L-HFG-4)

可以说,个人对研究本身的认真态度与执着精神不仅是开展调查与研究的根本动力,同时也能作为一种力量从积极方面影响"他者"对我的态度与认同,进而直接构成影响研究成败的根本性因素。

至此,我认为我已经把田野历程本身的缩影勾勒出来,并特写了其中几个关键因素,如作为研究者主观决定性因素的真诚、主动、理解、感恩与执着,又如构成田野过程本身的合作、信任、开放的社会关系建构。我并不认为田野调查是一个严格遵循某种或某几种既定方法的程序化操作,而是更倾向于将之视为一个独特而生动的自我探索过程,它复杂、具体且充满未知。这个过程既是方法本身,又包含着发挥具体操作性技术的无限可能。其中,主体对田野及研究本身的情感、心灵和价值的投入程度对研究的推进具有根本性的决定意义。

当然,这并不意味着我完全不顾有关技巧技术的运用。访谈作为田野调查最基本的手段,若是缺乏技巧运用及反思,显然会有损于研究。这里,我想特别强调两个问题的重要性,它们一开始就引发了我的重视与思考。如我在日志中所写:

第一,需要注意到被访者的反研究意识和能力。也就是说,这些校长和教育领导者,他们很可能从我的问题中捕捉到我想要获取的信息,故而会采取一定策略来回避、绕过我的问题,甚至是从反面给予我相关信息。于是,当我们在访谈的时候,我往往让他们先说,我以聆听为主,而后我在他们讲述的过程中捕捉其中的关键信息,及时追问与"发难"。

第二,并不是每个人都愿意配合与支持我的研究,也不是每个人都不愿意跟我合作。这可能由个人因素而定。这些配合与支持我的人,或许也是有自己的利益考虑的。比如有些校长便会考虑我可以帮助他们解决某些问题,可以通过交谈提升他自己。不过,不考虑这种特殊的个人因素,我认为调研过程中他们对研究者持拒斥态度的原因在于:一方面是有顾虑;另一方面是他们自认为自己没有水平或者没什么可说,怕暴露自己的"无知"(当然,某种意义上说,由于当地、学校没有形成与研究者合作的习惯与"文化气候",外来研究者很难与当地人建立起合作而互信的关系)。此外,他们自身忙碌而繁杂的工作也是拒斥访谈的充分理由。于是,我也会尝试去探索一些人为什么愿意接受我的访谈,他们凭什么愿意跟我讲实话,而另外一些人为什么不愿意合作、不愿意开口。(10 月 13 日)

关于第一个问题,我很明确地为自己建立了三个基本原则:一是"我少说,他多讲";二是"平等交流,虚心聆听";三是"适时发问,少插话"。诚如邵京所提醒的:"读过书的人多有一个毛病,就是喜欢听自己说话",因此"做田野时一定要记住克制自己爱说话的毛病。倾听远比提问重要"。[1]但也不能只是一味地听,问和交流也很重要。不问,对方便会"词穷"或不知道说什么;不交流,就不能营造活跃氛围,话题也打不开。从伦理意义上讲,倾听、提问与交流都意味着对对方的尊重——尊重其人格、处境、感受、知识和经验。

关于第二个问题,我特别注意两个前提。借用费孝通的话讲,一是"必须知道,自己和调查对象的关系怎样,有多少相同之处,有多少不同之处,思想感情上有多大距离,有多少共同语言"[2];二是"我们去调查别人,其实别人也在调查我们。对方不调查清楚我们是些什么人,为什么来问这些问题,决不

---

[1] 邵京:《田野无界——关于人类学田野方法的思考》,《云南民族大学学报》(哲学社会科学版)2011 年第 6 期。

[2] 费孝通:《怎样做社会研究》,第 279 页。

会老老实实回答问题的。所以我们一定要讲清楚,我们是什么人,为什么来问他们这些问题"①。这两个前提的重要性在于它可以促进信任关系的建立,从而增进访谈交流的真实性和效力。

## 第三节　实证精神、历史思维与理论分析

教育改革的实践本质决定了我的研究不可能是仅仅坐在图书馆或教学楼里就能完成的。截取中国基础教育改革的一个县域的一个历史片段进行研究,从符合教育基本理论或教育哲学的旨趣来看,它一方面意味着要进行严肃的理论分析、逻辑推理和哲学批判,另一方面还意味着它必然蕴含着实证精神和历史思维。从马克思主义的观点来讲,整个研究就是历史唯物主义方法论运用的过程——"历史唯物主义的真实核心、从而历史唯物主义作为历史科学方法论的根本要义就在于:充分而彻底地把握住客观的社会现实,并在此基础上来描述人类的历史运动,来理解各种各样的历史事变和历史现象"②。关于历史唯物主义,陈先达讲:"我们过去在从事历史唯物主义研究时,往往在基本原理的一些概念和范畴中不断争吵,而很少注重历史唯物主义的运用,即历史唯物主义基本原理作为认识工具和认识方法的作用,因而历史唯物主义研究的内容或者流于空洞或者严重脱离实际。"③恩格斯就强调历史唯物主义是研究方法,强调其运用,而不是作为一种套语。"运用是分

---

① 费孝通:《怎样做社会研究》,第 77 页。
② 吴晓明:《作为历史科学方法论的历史唯物主义》,《中国社会科学》2008 年第 1 期。
③ 本刊记者:《谈谈历史唯物主义的方法论问题——访中国人民大学一级教授陈先达》,《马克思主义与现实》2014 年第 6 期。

析,套语是标签。分析,以历史唯物主义作为方法论指导,对具体历史过程、事件,或人物,进行具体分析;……可以说,一个是从事实出发,以历史唯物主义为指导分析事实;一个是从原则出发,以原则来套用事实。"①这就是说,历史唯物主义中又包含着历史辩证法,"没有历史辩证法,历史唯物主义的方法论原则就是无根之谈",这种历史辩证法在历史唯物主义的运用的意义上正体现为"必须考虑到对象的特殊性,结合的特殊性。一切以时间、地点、条件为转移来运用,而不是死守普遍原则"。②

首先是方法上的实证精神。当人们回到、立足教育实践本身,力图从教育现实出发去构建并确证其研究的科学性的时候,实证精神便在他们的行动中展现出来。马克思说:"在思辨终止的地方,在现实生活面前,正是描述人们实践活动和实际发展过程的真正的实证科学开始的地方。"③在这个意义上,中国基础教育改革问题研究只有在中国的具体空间与历史向度中才能真正实现,反过来,只有立足于具体的中国大地和历史脉络(而不是抽象的中国概念)才能现实客观地认识中国基础教育改革的实践过程。诚如恩格斯在《自然辩证法》中指出的:"在自然界和历史的每一科学领域中,都必须从既有的事实出发。"④

实证精神体现在整个研究的开端时刻,也就是马克思所认为的从社会现实出发、凭依于可观察的经验事实,而不是从"人们所说的、所设想的、所想象的东西出发",也不是从抽象的概念与原则出发。因此,它也是"一种符合现

---

① 本刊记者:《谈谈历史唯物主义的方法论问题——访中国人民大学一级教授陈先达》,《马克思主义与现实》2014 年第 6 期。
② 同上。
③ 《马克思恩格斯选集》(第 1 卷),第 153 页。
④ 《马克思恩格斯选集》(第 3 卷),人民出版社,2012 年,第 878 页。

实生活的考察方法"①。某种意义上,马克思主义核心理论体系就是建立在这种考察方法基础上的——如马克思的《资本论》、恩格斯的《英国工人阶级状况》等就建立在对英国社会现实的考察之上。"《资本论》的方法首先意味着'实在主体'在本体论上的优先地位,意味着既定社会的自我活动,意味着任何历史科学或社会科学的任务就是去把捉这样的自我活动过程并将之辩证地叙述出来","这从根本上意味着:对马克思的辩证法来说,深入于既定社会之实体性内容的研究不仅是至关重要的,而且是通达并揭示其本质性的唯一途径"。②而"在马克思那里作为实在主体的社会,不是'社会一般',而是特定的、具有实体性内容的社会,即'既定的'或'既与的'社会"③。恩格斯在《英国工人阶级状况》的序言中表明:"我曾经用了 21 个月的时间,通过亲身观察和亲自交往来直接了解英国的无产阶级,了解他们的愿望、他们的痛苦和欢乐,同时又以必要的可靠材料补充自己的观察。这本书里所叙述的,就是我看到、听到和读到的。"④

我在此使用"实证精神"的概念而不是"实证方法"⑤,用意很简单,一方面是为了避免陷入长期以来人们关于"实证方法"的科学性与价值性、逻辑与经验、主体与客体等关系问题的无休争论,也不想因为冠名"实证方法"而让人误以为我的研究遵循的是一种严格而纯粹的实证研究范式——"positivist

① 《马克思恩格斯选集》(第 1 卷),第 152—153 页。
② 吴晓明:《〈资本论〉方法的当代意义》,《教学与研究》2018 年第 7 期。
③ 同上。
④ 《马克思恩格斯选集》(第 1 卷),第 84 页。
⑤ 实证精神并不是实证方法。人们总是将实证方法与价值、逻辑、理论、哲学等对立起来,这其实并不符合真正的实证精神,至少在孔德看来,实证精神本身代表一种新的哲学。实证方法是在实证精神指引下采取的具体方法,它包含逻辑、科学与价值等,它们是相互的关系,而非对立、决裂的关系。

被广泛接纳,经常与 scientific 互用",因而也容易招致这样一种批判:"它并不够'科学'(scientific)或不够'客观'(objective)",或者是"'可观察的事实'这个概念的模糊性"。①另一方面则是为了表明我所进行的研究不是完全依赖一种"自然科学化"了的实证方法或经验主义路线②,而更像是一种富有实证精神的教育哲学研究。这种实证精神如孔德的阐述:它意味着"与神秘主义,也与经验主义相去甚远。它总得要在这两个同样有害的谬误中走出自己的路来了"③;意味着"决不将逻辑与科学分割开来;方法与科学,每每只有根据二者的真正相互关系,才能加以正确评价"④;也意味着"对现象的研究,不能成为任何绝对的东西,而应该始终与我们的身体结构、我们的状况息息相关",这种研究"必然带有相当的可改动性",然而这"却不表明有任何随意性,而随意性是可能招致更危险的怀疑主义的"⑤,并且在最终意义上意味着"都是为了不断改善我们个人和集体的现实境况,而不是徒然满足那不结果实的好奇心"⑥。

奠基于实证精神的中国县域基础教育改革研究不仅描述现象与解释事实,还要根据事实材料进行抽象和概括。对事实、现象的观察与对材料的把握只能作为整个研究的基础工作之一,更重要的是通过这些观察、访谈、材料收集来研究其中隐藏的教育改革的法则性或逻辑性的事实层面,这一过程必

———————

① ［英］雷蒙·威廉斯(Raymond Williams):《关键词:文化与社会的词汇》(2 版),刘建基译,生活·读书·新知三联书店,2016 年,第 404—405 页。

② 如 E. H. 卡尔(E. H. Carl)所言:"经验主义者的知识理论预先假定主体与客体之间是完全分离的。就像感觉印象一样,事实从外部世界影响着观察者,事实是独立于观察者意识之外的。接受的过程是被动的:接受了事实之后,然后才可以以事实为依据行事。"(［英］E. H. 卡尔:《历史是什么?》,陈恒译,商务印书馆,2007 年,第 90 页)

③ ［法］奥古斯特·孔德:《论实证精神》,黄建华译,商务印书馆,1996 年,第 12 页。

④ 同上书,第 33 页。

⑤ 同上书,第 10—11 页。

⑥ 同上书,第 29 页。

须借助想象力、抽象力、预测力、批判力和理论思维的综合运用。这样的实证精神酷似胡塞尔的现象学态度。一方面如施皮格伯格所总结的,它"非常执拗地努力查看现象,并且在思考现象之前始终忠实于现象"①。另一方面像胡塞尔在《逻辑研究》中的正名:"它不仅仅提供一个纲领(更不是那种高高在上的纲领,哲学总是被视为这样一种纲领),而是提供了现实进行着的、对直接直观到和把握到的实事的基础研究尝试,这种研究是批判地进行的,它自己并没有在对立场的阐释中丧失自身,而是保留了对实事本身和对关于实事的研究的最后发言权。"②

实际上,当孔德将实证精神的主要特征归结为"远非单凭观察而成,它总是趋向于尽可能避免直接探索,而代之以合理的预测"③的时候,其背后就暗含着实证精神"服从于整个社会进步情况"④的批判勇气。于是,实证精神不仅在于尊重事实与解释事实,还内在地蕴藏着一种超越现实、改造现实的积极追求,这或许就是马克思在《关于费尔巴哈的提纲》中所说的"哲学家们只是用不同的方式解释世界,而问题在于改变世界"⑤。所以正如杨耕所认为的,马克思反复强调从"经验的方法""经验的观察""经验的事实"出发的"真正实证的科学",只是为了描述历史唯物主义以经验为基础这一特征,"实证主义从'经验的事实'出发,把经验事实作为无批判的认识对象肯定下来,只是满足于既定的、僵死的经验事实,至多是'解释世界';历史唯物主义也从

---

① [美]赫伯特·施皮格伯格:《现象学运动》,王炳文、张金言译,商务印书馆,1995年,第964页。
② [德]埃德蒙德·胡塞尔:《逻辑研究》(第一卷),载倪梁康主编《胡塞尔文集》(第二版),商务印书馆,2017年,"前言"第8页。
③ [法]奥古斯特·孔德:《论实证精神》,第12页。
④ 同上书,第11页。
⑤ 《马克思恩格斯选集》(第1卷),第136页。

'经验的事实'出发,但它并没有停留在这种经验事实上,而是对这种经验事实及其前提进行批判,'在批判旧世界中发现新世界',从而改变世界"。[①]

有学者指出,"马克思本人并不认为哲学与实证科学之间存在着巨大的鸿沟,而是一直都认为,实证科学是哲学的一个有效环节,并且必须通过这个环节才能实现哲学的现实化与现实生活世界的哲学化"[②]。这是合理的判断。事实上,马克思恩格斯的研究始终秉持一种实证精神,正是这种实证精神指引着他们对传统形而上学哲学体系或"作为观念世界"的哲学展开激烈批判,并创立历史唯物主义和辩证唯物主义哲学。"历史唯物主义虽然是从经验事实出发的,但它本身是对经验事实的一种'抽象',即一种'历史观',而这种历史观的主要内容是由社会结构和社会发展理论构成的。"[③]所以说,"马克思所创立的唯物史观并没有在哲学和实证科学之间形成非此即彼的二元对立,而是在哲学的'逻辑前提'和实证科学的'事实前提'的互动中关注着现代人的生存境况及其历史性命运"[④]。马克思恩格斯的"哲学"因此可以被看作实践的哲学——也就是从方法上看,它是建立于对现实社会与实践的经验基础上的哲学体系。

马克思恩格斯虽然强调从经验事实出发,但并未停留于纷繁复杂的经验材料,而是借助"历史眼光"、"抽象力"和"理论思维"有选择性地获取经验材

---

① 杨耕:《论辩证唯物主义、历史唯物主义、实践唯物主义的内涵——基于概念史的考察与审视》,《南京大学学报》(哲学·人文科学·社会科学)2016 年第 2 期。
② 张廷国、梅景辉:《历史唯物主义是什么意义上的"实证科学"——由俞吾金教授与段忠桥教授之争所想到的》,《学术月刊》2010 年第 2 期。
③ 段忠桥:《质疑俞吾金教授关于"实践唯物主义"的两个说法》,《马克思主义与现实》2008 年第 6 期。
④ 张廷国、梅景辉:《历史唯物主义是什么意义上的"实证科学"——由俞吾金教授与段忠桥教授之争所想到的》,《学术月刊》2010 年第 2 期。

料进而加以分析,最终脱离经验材料的表象层面,揭示出材料之间和材料内部的规律性事实。如马克思在《资本论》第一版序言中指出:"分析经济形式,既不能用显微镜,也不能用化学试剂。二者都必须用抽象力来代替。"①俞吾金因而认为,"显然,马克思这里说的'显微镜'和'化学试剂'都从属于经验直观的范围,而'抽象力'则涉及理论思维"②。可以发现,理论思维在恩格斯的《自然辩证法》中同样备受重视,比如他的如下论述:"经验的自然研究已经积累了庞大数量的实证的知识材料,因而迫切需要在每一研究领域中系统地和依据其内在联系来整理这些材料。同样也迫切需要在各个知识领域之间确立正确的关系。于是,自然科学便进入理论领域,而在这里经验的方法不中用了,在这里只有理论思维才管用。"③"没有理论思维的确无法使自然界中的两件事实联系起来,或者洞察二者之间的既有的联系"④,甚至在恩格斯看来,"一个民族要想站在科学的最高峰,就一刻也不能没有理论思维"⑤。无疑,理论思维在我的研究中,尤其是在收集了大量经验材料之后,将成为主导性的思维形式(相对于经验思维而言),"实证经验"则是理论思维的内容构成或加工对象。所谓理论思维,如果要将其看作一种方法的话,也可以说它就是一种逻辑分析方法,正如有学者所认为的:"在教育改革的研究中,逻辑分析法本质上是一种理论思维方法……逻辑分析有助于将实验法、调查法所获得的实证资料和感性认识进行理论升华,最终形成一套由概

---

① 《马克思恩格斯选集》(第 2 卷),第 82 页。
② 俞吾金:《历史唯物主义是哲学而不是实证科学——兼答段忠桥教授》,《学术月刊》2009 年第 10 期。
③ 《马克思恩格斯选集》(第 3 卷),第 873 页。
④ 同上书,第 890 页。
⑤ 同上书,第 875 页。

念、判断、推理构成的教育改革理论。在教改(教育改革①)研究中,逻辑分析法主要包括分析、综合、抽象、归纳等具体方法。"②

其次,除了实证精神,我的研究还始终贯穿着一种历史思维。简单讲,就是历史地研究问题。在研究对象是作为历史事实而存在的基础教育改革实践的意义上,我的研究属于历史研究的范畴。历史地研究问题首先表明基础教育改革并不是超历史的东西,而是特定空间与时间范围里具体主体(人)在特定条件下的教育改革实践活动及其客观结果。如恩格斯所说:"历史不外是各个世代的依次交替。每一代利用以前各代遗留下来的材料、资金和生产力;由于这个缘故,每一代一方面在完全改变了的环境下继续从事所继承的活动,另一方面又通过完全改变了的活动来变更旧的环境。"③也就是说,我所要研究的对象是客观的教育改革历史事实,而不是"观念的"、虚构的、假想的或捏造的东西,也不是很多人常在一般意义上讨论的那种抽象的教育改革。因此,我同时需要将抽象的教育改革概念放入具体时空中的教育改革内容里才能展现其生动内涵(而不是僵死的规定)。卡尔说:"概念是抽象的、普遍的。但是放入概念之中的内容则随着历史而发生变化,内容随时随地发生变化;这些概念运用的实际问题只有通过历史的眼光才能理解,也才能辩论。"④

然而我并不是专门的历史学家,我所谓的历史研究实际上只是从特定时空界限内的历史资料中分析作为客观事实的教育改革过程。这些历史资料

①　笔者加。
②　王万俊:《教育改革的研究方法及其特征论析》,《乐山师专学报》(社会科学版)1996年第2期。
③　《马克思恩格斯选集》(第1卷),第168页。
④　[英]E. H. 卡尔:《历史是什么?》,第179页。

要么在档案里,要么在教育改革参与者、记录者或亲历者的记忆里。很大意义上,我所做的事情就如柯林武德所认为的,"所接触到的历史事实从来不是'纯粹的历史事实',因为历史事实不以也不能以纯粹的形式存在:历史事实总是通过记录者的头脑折射出来的"①。被记忆和记录的历史是有限的,而有限的资料也显得繁多庞杂、难以穷尽,也无从访遍所有相关人。故而又如陈先达所言,"历史学追求的是被书写的历史事实的客观性,而不是全部历史的客观性",因为"由于时空间隔,历史科学就其被书写的历史来说不可能把握全部事实。客观历史是无数历史事件,包括重要和不重要的、决定性和不具有决定性的事件和人物。历史科学不可能详尽无遗地包括全部历史的客观过程。这不可能,也无必要","科学研究的是问题,是发现问题、提出问题、解决问题,不是无穷的细节。关键是支撑提出和解决问题的事实是不是真实的,而不在于它是否经过选择和过滤。科学不是举例,必须概括、归纳、提升,这样它必然有所取舍,而不是事无巨细、有文必录"。②事实上,经过挑选和过滤得以保存下来的,无论是文字材料还是主观记忆,一般都是重要的或有价值的,值得尊重和信任。如果它们不值得尊重和信任,也就意味着任何有关"历史"的工作将失去意义,历史研究不再可能,也再无所谓"历史"可言。就此而言,"不尊重"和"不信任"也不符合历史规律和学术规律。历史事实之所以能被保存和记忆,说明它们有其客观的生命力,它们是"活"在当下的历史,是历史学家所认为的真正值得研究的事实,"历史学家所研究的过去不是

---

① [英]E. H. 卡尔:《历史是什么?》,第106页。
② 陈先达:《历史唯物主义的史学功能——论历史事实·历史现象·历史规律》,《中国社会科学》2011年第2期。

死气沉沉的过去,而是在一定程度上仍旧活跃于现实生活中的过去"①。

我不是当事人,不是档案记录者,无法追求一种绝对的教育改革历史的真实性和全部事实。我所能做的至多是基于有限的档案与文献、人们的历史叙述和现象观察,通过分析、解释、建构等过程,进而探求规律性的历史事实,"规律是在历史事实发展过程和动因的深处,历史性应该在事实真实的基础上做出规律性的解释"②。在这个意义上,我坚信卡尔的历史观:"历史意味着解释","解释是历史的生命血液","历史是历史学家与历史事实之间连续不断的、互为作用的过程,就是现在与过去之间永无休止的对话"。③长达数年的多次县域基础教育改革,历史资料卷帙浩繁,我不可能尽收眼底。其经历者不计其数,我无法一一到访,也无必要。我只能选择一些既存的政策文件、档案资料和特定人物进行调查,并且这种选择是根据"田野"关系、资料状态和自身能力做出的。实际上,毛泽东当年做农村考察的时候也指出过:"材料是要搜集得愈多愈好,但一定要抓住要点或特点(矛盾的主要方面)。马克思研究资本主义,列宁研究帝国主义,都是收集了很多统计和材料,但并不是全部采取,而只是采取最能表现特点的一部分。"④

最后,可以根据上面关于"方法与思路"的叙述概括出整个研究过程的基本逻辑(如图1-2所示)。那便是,从"问题"到"田野",从"田野资料"到理论分析与解释,从理论分析与解释到理论批判与建构,最终从建构出来的理论反观现实。这个过程,也可以说是一个"把现象问题转换为理论问题,即理

---

① [英]E. H. 卡尔:《历史是什么?》,第105页。
② 陈先达:《历史唯物主义的史学功能——论历史事实·历史现象·历史规律》,《中国社会科学》2011年第2期。
③ [英]E. H. 卡尔:《历史是什么?》,第108、113、115页。
④ 毛泽东:《毛泽东文集》(第2卷),人民出版社,1993年,第382页。

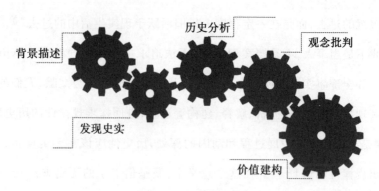

图 1 - 2　研究思路图

论可探究的问题"①的过程。这看似是一个线性过程,实则是一种循环。作为起点的"问题"本身源自现实,只不过它尚未经过"我"的"实证"性检验,还只是一种经验印象和理论假设——教育改革、政策实践、研究文献等共同赋予的事实印迹,或者是教育改革研究共同体提供的理论前提。而作为最后环节的"反观现实"又将理论融化到具体的教育改革时空维度中,成为新的现实的动力和问题源起。这种研究逻辑也符合历史唯物主义方法的基本特点——"'从具体到抽象,从抽象上升到具体',是马克思为社会科学概括的一种基本方法"②。"我们不是从方法来阐述方法,而是从研究发生的过程来阐述方法,从马克思实际的研究活动来阐述方法。这种考察方式实际上是一种发生过程的考察,但又克服了以时间顺序叙述所带来的弊端,因而实际上是对研究发生的内在逻辑的考察。"③从而,"具体→抽象→具体,与其说是一种方法,不如说是一个过程,即科学研究发生、发展的完整过程"④。

① 金生鈜:《教育研究的逻辑》,教育科学出版社,2015 年,第 65 页。
② [美]罗伯特·E. 帕克等:《城市:有关城市环境中人类行为研究的建议》,杭苏红译、张国旺校,商务印书馆,2016 年,"总序"第 1 页。
③ 袁银传、郭强:《马克思的研究方法新论》,《哲学研究》2010 年第 10 期。
④ 同上。

## 第四节 研究思路

基于研究问题和上述方法论精神,我的研究将从以下几个步骤展开。

因为县域基础教育改革必然发生于特定县域空间,所以第一步研究工作便是对 L 县的基本情况进行考察。根据需要,考察内容至少包括当地的经济、地理与社会概况,以及当地基础教育的源起、变迁与现状。这构成本书的第二章。本章属于基础研究,也是后面各章的铺垫与背景。

第三章主要考察 21 世纪以来 L 县发生的基础教育改革行动事件。如果不能在前提上确定县域基础教育改革的行动事实,则研究无从展开。考察行动事实之前,本章的另一个任务是厘清基本概念,概念是把握现实的重要工具。这些"行动"是已经发生的事实,故而本章也具有历史或经验叙事的意味。总体上,本章的任务是对 L 县基础教育改革行动进行描述和呈现,也为后文提供解释与分析的对象。

基于前文发现的行动事实,第四章将对县域基础教育改革的动因与过程进行解释与分析。然而,受限于田野条件、研究方法与个人精力等客观因素,想要穷尽一切"动因"和复杂的过程全景是不可能的。"动因"主要考察的是让县域基础教育改革行动事件得以产生的驱动力。需说明的是,我做的不属于政策研究,也不打算研究利益博弈问题。"过程"所要展现的是这些县域基础教育改革行动发生过程的普遍性"内部运动"。通过本章,我们可能会发现一种县域基础教育改革动因的丰富性或单一性,以及过程的力量构成情况(如推力、阻力或力量的生成)。

在继续思考"县域基础教育改革为什么会发生"这个问题时,我不能仅仅把每个事件作为孤立的思维对象。很重要的是,一方面要把它们串联起来放置于某特定历史阶段上做整体性考察,一方面要思考教育改革本身得以存在的历史必然性(也就是现实必然性)问题,这正是第五章的旨趣所在。本章会有意地使用"历史逻辑"一词,以此表明县域基础教育改革在历史维度上展现的某种必然性,即历史规律。所要探究的问题决定了本章行文上的抽象性或理论性,但这不会影响探究本身依然是对教育改革行动进行探究的事实,因为它源自现实考察和经验反思。通过本章,我们或许可以发现县域基础教育改革的某些历史规律性特征。

教育改革作为社会行动必然受到观念的支配。第六章正是对县域基础教育改革的观念问题进行研究,某种意义上,可以说唯有通过这种观念研究才可能真正认识到县域基础教育改革的发生逻辑。观念蕴藏于文本与话语中,体现在行动过程及其结果之上,因而,观念研究依然建立于经验事实之上。本章除了发现"是什么观念"之外,还要对这种观念及其现实影响做批判性分析。因此,通过本章我们可能会发现县域基础教育改革的观念力量及其存在的消极作用。

第七章旨在基于前文的论述,从方法与价值上探索县域基础教育改革的应然取向。这不是说要在方法上提出某种改革技术以解决课程怎么改、教材如何编等具体的内容性问题,也不是要在价值上提出应该开展何种具体的改革行动,而是要立足于县域空间的现实性,从整体上做出方法与价值的批判性反思与建构。本章属于认识论、价值论的范畴。

最后是本研究的结束语部分,该部分对本研究的理论框架与研究方法做出了概括性反思,也体现了一种研究的自知之明。本部分的核心是对本研究的核心观点进行提炼,指出县域基础教育改革的方法与价值逻辑的应然取向。

# 第二章 L县基础教育的现实基础与历史变迁

基础教育改革一定是在该县特定的地理、社会文化、经济、教育传统等现实条件下进行的。也可以说,县域基础教育改革正是发生在县域空间中的行动,某种意义上,它是县域空间的产物。对L县的描述来自三个依据:实地观察、史料文献以及当地人的口述。根据需要,我将从如下两大方面对L县做简要介绍:一是L县的经济、地理和社会;二是L县基础教育的源起和变迁。

## 第一节 L县的经济、地理与社会

以下标题中使用的概念,如"贫困""山区""小县""各族自治县"等都不是笔者主观创造的,它们来自访谈中当地人的话语,也反映在相关的史、志资料和政策文本之中。这在很大程度上反映了当地人民、官方关于L县的共同认知。这种共同认知作为"本土知识"或传统经验,不仅仅是我认识与分析当地情况的重要基础,随着考察的深入,它们本身也逐渐转化为认识本身的重要构成。因此,我把这种当地人的共同认知和自身知识建构的整合视为一种"集体印象"。

### 一、贫困山区县

"贫困"作为经济学范畴,一般代表经济意义上的贫穷与落后。L县隶属中国广西壮族自治区桂林市,自清朝乾隆六年(1741)始成县一级行政机构,受历史、地理等因素限制,经济发展长期滞后,人民生活贫苦。20 世纪 80 年代,该县被国家列为重点"贫困县"之一。"贫困县"也是一个我在访谈中总能捕捉到的词语,似乎"贫困县"已成为当地人的一种集体印象。

所谓贫困,多数时候是相对意义上的,有时候甚至具有主观色彩。从 L 县自身的历史变迁来看,它的经济实力和人民生活水平在不断提高,也就是马克思主义指出的历史的进步性,这是客观的。特别是在改革开放后,随着中国现代化进程的加速和国家关于西部地区、贫困地区、少数民族地区的系列倾斜政策出台,该县从实际出发,采取"农业稳县"的基本战略,不断推动产业升级和经济结构合理化,工业经济保持增长势头,以旅游业为龙头的现代服务业活力日趋增强,经济综合实力迅速增强,人民生活水平得到不断提升(如图 2-1、图 2-2)。

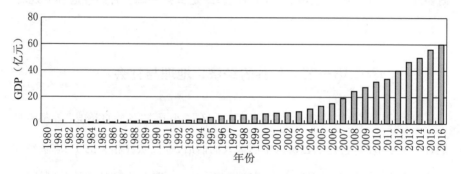

**图 2-1 L 县 GDP 走势(1980—2016 年)**

(来源:中国经济与社会发展统计数据库)

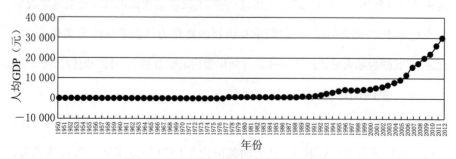

**图 2-2 L 县人均 GDP 走势(1950—2012)**

(来源:中国经济与社会发展统计数据库)

不过,从国家制定的贫困标准来说,尽管如同该县政府工作报告中所说明的那样,"2013年全县多项主要经济指标保持两位数增长,主要经济指标呈稳中上行态势,增速好于预期,主要经济指标高于全市平均水平",然而该县迟迟未能脱去"贫困县"的帽子,这其中当然还有其他因素的影响,如文化、政治、教育等,此处不多做讨论。不论"贫困县"是一种符号,还是作为一种政治,可以肯定的是,L县自古以来都算是中国境内经济水平较为落后的县域。

L县地处东经109°43′28″—110°21′14″,北纬25°29′—26°12′,属于广西东北境域,与湖南交界,坐落在群山之间,总面积为2 470.8平方千米,"万山环峙,五水分流"是其地理表征的形象描写,山区县因此得名。[1]

《L县概况》(1985,以下简称《概况》)有撰:"L县处于南北暖湿与干冷气流的交锋地带,春夏之交雨水绵绵。由于山岭绵延,重峦叠嶂,常降地形雨,秋天也常细雨霏霏,因此雨量充沛……降雨时间多集中于四月到八月之间,正是农作物生长季节。境内是土山,多为黄壤土,沿河一带多是长期以来冲积而成的黑沙土,土层深厚,土地疏松肥沃,适宜亚热带植物生长。高山岭顶和山腰,松杉挺拔,桐茶繁茂,竹木苍翠,牧草丰盛,梯田层层。……L县群山起伏,山涧纵横,溪河密布,水流湍急,素有'地无二里半、水有虎皮险'之称。"[2]

这种地理特征及其伴生的气候既是L县的优势,也是其劣势。优在于它孕育了丰富的物产和极佳的生态环境,为当地人的生活提供了优质充裕

---

[1]　中国山区、丘陵县域约占全国县域总数的69%。

[2]　广西壮族自治区编辑组:《L县概况》,广西民族出版社,1985年,第3—4页。涉及L县的书名做模糊化处理,全书同。

的水、土、空气、木材等自然资源，又是发展旅游经济和矿业的天然基础；劣在于它地形陡峭、重峦叠嶂、地貌复杂，以致交通不便、人口居住分散，成为经济、社会与教育发展的原生屏障。独特的地势地貌加上温和的气候使得 L 县成为旅游大县和全国生态示范达标县，拥有龙脊梯田景观、国家级森林公园、"华南第一泉"的温泉、原始森林保护区等"天下一绝"的国家一级景点。L 县境内，山高，坡陡，谷深，平均海拔 700 米，是一个典型的"九山半水半分田"的高寒山区。①这样的地理空间显然具有其自身的封闭性特点，因而，在很长的历史时间（自秦、汉直至元、明的历史封建王朝）里，它被看作一种"生界"——如宋代朱辅《溪蛮丛笑》所云："去州堡寨远，不属王化者名生界。"②

地理构形决定人们居住空间的布局，L 县人民自古依山傍水而居，L 县城亦有"山城"之名。"桑江是境内横贯东西的主要河流，它从江底入境流经县城到思陇，经石门塘流入三江侗族自治县境内，全长 170 多华里。东区的芙蓉河，南区的和平河，西区的三门河，北区的平等河，以及 480 多条大小溪流都汇集桑江，呈树枝状水系，有利于农田灌溉。"③县城沿桑江南北两岸而建，江中以数座大桥相通。近 20 年来，L 县城发展迅速，已有"北新城，南老城"的说法。伫立桥头，俯可见江水碧绿，仰可观蓝天白云，环顾而赏四周苍翠青山。《概况》是这样描写这座山城的："位于桑江与和平河汇流处，成品字形，石拱大桥和凌空飞架的铁索桥把三个区域连成一体。近处绿水绕流，远处万

---

① 高建华：《民族地区公共政策有效执行研究：以广西 L 县政策执行为例》，中国社会科学出版社，2010 年，第 31 页。
② 广西壮族自治区编辑组：《L 县概况》，第 14 页。
③ 同上书，第 4 页。

山叠翠,城东是山势高峻、形似轿顶的轿顶山;城东北是松杉葱郁、四季常青的迎春山(又名峦山);城北是上尖下阔、形似观音坐的观音山(也叫拱北山);城西是土山石梁、高出云表、形似香炉的香炉山。"①县城以外的其他乡镇、村落多数沿江、河分布,或散落于山岭之间,这无疑是 L 县历史上多次进行学校布局调整的基本原因。

## 二、边远小县

L 县也是个小县。"小县"有两个所指,即地理学意义上县域地理空间范围的小,以及人口学意义上人口数量、规模的小;二者紧密相关,地理是人口规模的重要限制性因素,这里主要强调后者。"小县"既是一种官方话语,也是当地人的自我认同。如教育局副局长吴永凡在访谈中首先就说明"L 县是个小县,山区小县,或者说少数民族地区山区小县"(L-WYF)。确实如此,《L 县志》载,1953 年"进行全县第一次人口普查,查实共22 565户,95 004 人。其中,男 48 882 人、女 46 122 人,苗族 11 418 人、瑶族15 312 人、侗族 25 482 人、壮族 19 137 人,汉族 23 644 人、其他 11 人"②。几十年过去了,目前,全县有 4 乡、6 镇(L 县镇、泗水乡、江底乡、马堤乡、伟江乡、平等镇、乐江镇、瓢里镇、三门镇、龙脊镇)(如图 2−3),共 119 个行政村、1 639 个村民小组。县城设 9 个居民委员会。总人口 17.2 万人,其中乡村人口13.5 万人,少数民族人口 14.1 万人,人口自然增长率为−2.6‰(如图 2−4、图 2−5)。③

---

①　广西壮族自治区编辑组:《L 县概况》,第 8 页。
②　L 县志编纂委员会:《L 县志》,汉语大词典出版社,1992 年,"大事记"第 7 页。
③　L 县人民政府门户网站:《L 县概况》,http://www.glls.gov.cn/zjls/lsgk/202212/t202212-09_2418783.html,2023 年。

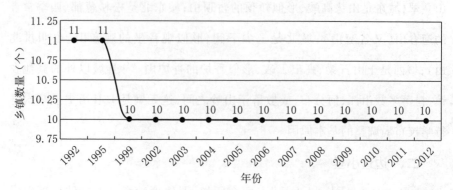

**图 2 - 3　L 县乡镇数量变化（1992—2012 年）**

（来源：中国经济与社会发展统计数据库）

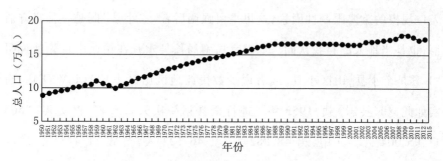

**图 2 - 4　L 县总人口变化（1950—2015 年）**

（来源：中国经济与社会发展统计数据库）

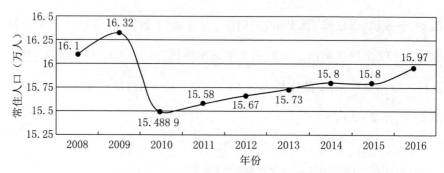

**图 2 - 5　L 县常住人口变化（2008—2016 年）**

（来源：中国经济与社会发展统计数据库）

提及人口问题，原因在于人口、教育、教育改革之间关系密切。人口规模决定教育规模，人口分布影响学校布局。影响人口的因素又跟当地教育生态、教育文化具有某种关联。

L县自古至今人口稀少，原因不外乎三个方面。其一，L县远在湘桂边陲的山野之中，受地理条件限制，交通不便，经济落后，算不上是人类宜居之地，故而人迹罕至。其二，作为贫困山区地带，L县人民自古以来备受各种天灾人祸所困，如虫灾、涝灾、匪扰……有时候，人口的死亡率甚至大于出生率（详见《L县志》）。其三，受社会风俗或文化观念的影响，相关研究也表明"人类生育带有浓厚的社会文化痕迹，社会文化控制对人类生育会产生重大的影响"①。"在经济发展水平很低或发展到较高水平时，文化对生育的作用都比较强烈，甚至超过了经济对生育的作用。当前，就我国总体看，文化对稳定低生育水平的作用正在加强。文化的差异，已经是地区生育水平发展不平衡的主要因素。"②亦有研究者在对侗族的生育习俗进行研究后认为，侗族本有的文化价值理念即追求"人与人""人与自然"和谐共生的价值观念，这正是致使本族生育率不高的一个重要原因。③向春玲的研究也指出，侗族人"为了生存，在人与自然的关系上形成了朴素的自然崇拜和生态保护意识，在他们看来自然与神灵是一体的，它们相互间的作用决定着人的处境。人在两种力量的双重控制下，唯有敬畏与珍惜，竭力实现和谐相处才能获得生存的权利和繁衍的机会……他们立下寨规：'一对夫妇最多只能生育两个孩子，

----

① 钟年：《人类生育、社会控制与文化心理氛围——从民族志材料出发对生育文化的讨论》，《民族研究》2003 年第 3 期。
② 尹文耀：《中国生育率地理波与先进生育文化的区域传播》，《人口研究》2003 年第 2 期。
③ 刘宗碧：《从江占里侗族生育习俗的文化价值理念及其与汉族的比较》，《贵州民族研究》2006 年第 1 期。

即一对夫妇有 50 担稻田的可以养两个孩子,有 30 担稻田的就只准养一个孩子'"①。

我未曾对 L 县各民族生育文化做过专门考察,本研究也不打算进行这项工作。不过,至少就侗族、苗族②而言,从上述研究实际上可以推知 L 县的大致相似处,原因在于 L 县与黔南地区侗族、苗族乃为同宗同支③,他们拥有共同的文化认同与文化基因,从地理与经济角度看,他们的生存环境、经济基础基本一致。"不同的地理环境、不同民族的生产方式与生活方式,造就了不同民族的生育文化模式"④,反过来,同样的地理环境及其发展出来的生产方式等会在很大程度上孕育出类似的生育文化类型。

尽管如此,1949—1979 年,L 县人口呈现大幅增长的情况,《概况》也说:"1949—1979 年,L 县的人口发展一直处于无计划和盲目急剧增长的状态,全县人口由 87 855 人增加到 146 287 人,增长了 66.5%,每年自然增长率平均为 22.5%……这种人口增长速度,无论从全国还是从少数民族地区来看,都是相当高的。人口的快速增长,带来了一系列的问题。"⑤我不想去探究人口增长的原因,只是想强调:此增长趋势很快便得到有效的控制,控制的方法正是由政府施行的计划生育政策。1982 年,中国将计划生育列为基本国策,此国策覆盖整个中国境内,远在湘桂边陲的 L 县山区自不例外。

---

① 向春玲:《汉族与少数民族生育意愿的文化解读——关于汉族与藏族、贵州占里侗族生育行为的比较研究》,《青海民族研究》2003 年第 3 期。

② 如李姗泽的博士学位论文《生育文化的田野调查与教育内涵分析——对炎方苗族生育文化的教育人类学解读》(西南大学,2003 年)所做的分析。

③ L 县地方志编纂委员会:《L 县志:1988—2005》,中国时代经济出版社,2013 年,第 74—78 页。

④ 车文辉:《地理环境与文化生成——云南少数民族生育文化形成与变迁的地理学解释》,《人口研究》2003 年第 6 期。

⑤ 广西壮族自治区编辑组:《L 县概况》,第 8 页。

事实上,在全国实行计划生育之前,L县政府在意识到人口快速增长所产生的问题后便提前采取了计划生育制度——"1975年开始提倡计划生育,1983年开始抓计划生育"①。我在县城A社区进行访谈期间也涉及了这个问题,不妨截取一段我与A社区副主任薛华、工作人员陈城的对话。

> 我:我之前查了一个数据,咱们L县的人口啊,大概从20世纪90年代到现在基本上没什么变化,总是保持在16万多的水平。
>
> 陈:对,都不愿生小孩的。
>
> 薛:我们县在执行计划生育这一块的政策是比较严的,所以我们曾经是计划生育红旗县。那个时候政策就是这样,大家也就是执行政策,反正不能生就不能生。就像我们家一样,只生有一个女孩。当时我们都很响应政策,也不敢怎么去违反,反正大家都基本上接受和遵守。现在就放开了,但大家也不一定生二孩,很少,当然也有。因为之前计划生育比较严,所以我们的人口基本上保持在那个水平。计划生育是1979年,好像今年是第33年,好像是到2016年结束。(L-XH,L-CC)

L县的计划生育非常严格,严到何种程度呢? 不妨看看《概况》中的记载:"实行计划生育承包责任制,从县委、县人民政府到县直机关和各乡镇党委、政府及村民委,从县计生部门到各乡镇计生站、各村计生专干……生育率作为硬指标逐级下达,年终评比,实行一票否决,计划生育任务完不成,不能评先进,还要追究领导责任。从而形成了计划生育千斤重担人人

---

① 广西壮族自治区编辑组:《L县概况》,第8页。

挑、上下左右有人管的局面。"①为什么这么严?从政府的角度看,原因如初——人口增长是当地自然资源、经济社会基础所不能承受之重。历史证明,人口的有效控制无疑是 20 世纪末以来 L 县经济快速发展和社会文明进步的重要条件。L 县严格实行计划生育政策的县域政府行为也引来了中央层面的高度重视与褒奖,《L 县志》有载:1985 年 9 月,国家计划生育委员会办公厅主任、人口理论教授梁齐民到 L 县检查工作。L 县被评为"全国计划生育先进集体",获国务院锦旗一面、金质奖章一枚、计划生育红旗单位证书一本等。

考察中我也发现,L 县政府关于计划生育的这种"严"及其方法上的传统还迁移转用到了后来的"普九""义教均衡""教育扶贫"等教育工作之上,反映出一种作为"惯习"的县域政府行动的逻辑特征(后文会有讨论)。总体看,L 县人口生育率和增长速度的"控制"主要源自作为内部力量的各少数民族文化传统和作为外部力量的国家权力。当然,总人口的"小"根本上是受制于地理环境、经济水平和历史变迁的。

## 三、 少数民族自治县

L 县是一个多民族聚居地,县域内有侗、瑶、苗、壮、汉五个主体民族(按《L 县自治条例》中的民族排列顺序为序)。"生活在境内的少数民族历史悠久,其中瑶族入境时间最为久远。周去非所著《岭外代答》载,在汉代时桑江(今 L 县)已为瑶民所踞。南宋乾道元年至九年(1165—1173),靖江府招抚桑江 52 瑶头首归顺。说明在汉代至南宋时桑江地域已有众多瑶民居住。"据统计,"1988 年,全县人口 163 351 人,侗族、瑶族、苗族、壮族、汉族 5 个主体

①　广西壮族自治区编辑组:《L 县概况》,第 8 页。

民族人口占总人口的 99.98%,其他民族仅有 37 人",其中汉族人口占总人口的 24.65%,少数民族人口占总人口的 75.35%。2005 年,各民族人口的上述占比变化不大。①

县境群山环峙,形成与外地隔离的天然屏障,从而也造成了 L 县在地理与文化空间上的边缘性和封闭性,加之 L 县自古以少数民族世居,故而 L 县在历史上长期不受国家控制,政治力量的渗入是非常晚近的事情。在清顺治年间(1644—1661)在 L 县设置桑江司进行管辖之前,L 县处于一种"自组织,自管理"的政治与社会组织状态,还有"酋长制"的残余,如"合款制"、"瑶老制"与"款首",最高权力者一般是由德高望重、有生产经验的老者担任。清代封建统治者也正是利用 L 县本土的社会组织模式,借助"款首""瑶老"的传统地位,"假以权力、为帮助其统治之助手"②。

尽管境内生存着多种不同民族群体,各民族之间却自始至终极少发生冲突,相安无事。究其缘由,据人类学、文化学者的考究,大概有三个方面:一是各民族文化本就缺少"恶"的或"战争"的基因与图腾;二是各民族皆有特定的生产活动和自足的生活资源;三是具备自组织性的乡土政治传统和社会组织模式——"头人自治制度"。"这种古代社会组织既是民间自我约束、自我治理的民众自治组织,也是民间武装组织。"③这里不再拓展讨论。重要的是,"侗、瑶、苗、壮、汉等民族祖先,披荆斩棘,垦荒拓土,团结互助,联合抗暴,发展经济,创造了灿烂的民族文化"④。随着现代社会的构建、社会主义市场

---

① L 县地方志编纂委员会:《L 县志:1988—2005》,第 73—74 页。
② 广西壮族自治区编辑组:《L 县概况》,第 14—15 页。
③ L 县地方志编纂委员会:《L 县志:1988—2005》,第 74—75 页。
④ L 县志编纂委员会:《L 县志》,"序"。

经济的发展和国家政治治理的完善,各民族间更是互通有无,不断走向开放互助、协作与通婚。"在党的民族政策的长期教育下,L县内各民族都保持良好关系。L县各民族的风俗习惯都得到互相尊重,各民族团结互助,亲如一家。"①因此,L县也获得了一些重要称号,如"全国民族团结进步先进集体"(1988)、"全国民族团结进步模范单位"(1994)。特别是改革开放后,L县旅游经济的快速发展更是有力地推动了当地社会的开放化与包容性,各民族文化与外界文化因素融合共生。

虽然那种原生的乡土政治模式不再作为显性的政治符号、权力框架或社会制度,但它似乎已经悄然内化为当地人的一种文化心理结构(Cultural-Psychological Formation)②,或者作为乡土社会的默会知识,潜在影响着当地人的道德生长与行为规范,推动着社会的和谐与进步。可以发现,它同时也构成了后来建立"L县"的深厚文化基础。不妨简要回顾一下L县的几次重要历史沿革:清乾隆六年(1741)设L县理苗厅,简称L县厅,隶属桂林府;民国元年(1912)改"L县厅"为"L县";1949年L县全境解放,同时成立L县;1951年撤销L县,设L县各族自治区;1953年,改称L县各族联合自治县;1955年,L县各族联合自治县更名为L县,隶属桂林地区;1998年,原桂林地区行政公署与原桂林市合并成立新的桂林市,L县隶属桂林市。③

自治县,特指"中华人民共和国境内以少数民族聚居区为基础建立之行

---

① 广西壮族自治区编辑组:《L县概况》,第48页。
② 李泽厚认为文化心理结构即文化的积淀,"文化谓'积',由环境、传统、教育而来,或强迫,或自愿,或自觉,或不自觉。这个文化堆积沉没在各各不同的先天(生理)、后天(环境、时空、条件)的个体身上,形成各个并不相同甚至迥然有异的'淀'。于是,'积淀'的文化心理结构(Cultural-Psychological Formation)既是人类的,又是文化的,从根本上说,它更是个体的"[李泽厚:《历史本体论·己卯五说》(增订本),生活·读书·新知三联书店,2008年,第122—123页]。
③ 牛汝辰:《新世纪中国市县全览》,人民日报出版社,2002年,第1076页。

政地位相当于县一级的民族自治地方的行政区域单位"，"据 1990 年 12 月
31 日统计,全国自治县现有 121 个,自治旗 3 个(内蒙古自治区境内)"。[1]"自
治县的民族组成以一个少数民族为主,或由两个以上少数民族组成。"[2]考察
中,教育局副局长吴永凡还给出了一种通俗解释:

> L 县是一个多民族聚居地,但又不是单一民族处于绝对优势,苗、瑶、
> 侗、壮、汉,没有哪个民族占绝对优势,所以周恩来总理把 L 县命名为各
> 族自治县。为什么叫各族呢? 就是说没有一个民族占绝对优势,几个少
> 数民族的人数都差不多,在这样的县域里面,大家和睦相处,团结。
> (L-WYF)

自治县和非自治县有什么异同吗? 显然,此"自治"更多是从政治学意
义上讲的,是一个政治话语。可以肯定的是,二者同属于中国共产党统一
领导,同样遵守国家一切法律法规,即具有政治统一性。内容上,对《L 县
自治条例》进行分析可以发现,同非自治县相比较,自治县最明显的特点
在于:

其一,自治县最高权力机构的主要组成人员必须包含主要少数民族公
民,比如 L 县"是广西壮族自治区行政区域内侗族、瑶族、苗族共同实行民族
区域自治的地方","自治县县长由实行民族区域自治民族的公民担任","自

---

① 肖蔚云、姜明安:《北京大学法学百科全书·宪法学　行政法学》,北京大学出版社,
1999 年,第 821 页。
② 《中国方志大辞典》编辑委员会编:《中国方志大辞典》,浙江人民出版社,1988 年,第
11 页。

治县人民代表大会常务委员会组成人员中,各少数民族都应有相应的名额。应当由实行民族区域自治民族的公民担任主任或者副主任"。①不过,同时也可以看到,L县的重要行政机构中并不缺少县外人士或知识分子。据不完全统计,"在L县工作30年以上的外籍干部有270多人",他们"积极投身到L县山区建设","把L县当作自己的第二故乡"。②此次考察中,我的访谈对象中便有两位副县长不是本县人,也不是少数民族。可见,L县的政治与社会有其开放性与包容性,因此也反驳了那些地理决定论者抱持的某种偏见——地理空间的封闭性必然带来当地人社会观念与政治制度的保守性。

其二,自治县在中国共产党领导和遵守国家法律法规的前提下,可以立足于自身经济、社会、文化等实际情况与发展需求,自主制定相关政策或调整相关规定。比如,"自治县人民代表大会有权依照自治县的政治、经济、文化的特点和实际,制定、修订自治条例和单行条例,报自治区人民代表大会常务委员会批准施行。自治条例和单行条例可以依照自治县民族的特点,对法律、行政法规、自治区地方性法规的规定作出变通规定","根据自治县的实际情况和需要,在不违背宪法和法律的原则下,采取特殊政策和灵活措施,加速自治县经济和社会发展……上级国家机关的决定、决议、命令和指示,如有不适合自治县实际情况的,可以根据自治县实际作出变通执行或者停止执行的决定,并报经上级国家机关批准后实施"。③

如此看来,自治县的与众不同处可以简单归结为:国家对民族聚居地具

---

① 《L县自治条例》第二、七、十条,2018年5月31日广西壮族自治区第十三届人民代表大会常务委员会第三次会议通过。

② 广西壮族自治区编辑组:《L县概况》,第49页。

③ 《L县自治条例》第八、十一条,2018年5月31日广西壮族自治区第十三届人民代表大会常务委员会第三次会议通过。

体县情与少数民族文化进行了充分考虑与尊重，并进而赋予其相应的行政自主权和政策灵活性。"自治"的本质是一种国家治理，其背后的价值取向是中国社会的安定、和谐与进步和中国各民族间的平等与团结。"县域自治"是国家价值与权力范围内的自治，是国家治理逻辑的延伸和具体化。就此而言，自治县与其他非自治县并无二致，也就有了《L县志》概述所言："当前，举国上下进行全面改革，深化改革。L县各族人民在中国共产党的领导下，根据民族山区特点，加快改革步伐，其经济和文化的发展，必将沿着社会主义进入振兴、腾飞的崭新阶段。"①因此也可以说，"自治"对于我进行L县教育改革的分析并不会产生实质的"特别"影响，不至于招致人们在方法上对此"案例"妄加质疑或严加驳斥的危险。

不过，我还得简单讨论一下"自治"在教育上的表现，以便判断自治是否或多大程度上影响教育改革，而这种影响很可能引发L县教育改革可以脱离"一般教育改革"范畴的猜想。同样，"自治"并不意味着L县的教育可以自行其是或独享一种完全独立的实践及逻辑，继而在逻辑上也不意味着L县教育改革因为"自治"而显示出某种与众不同。事实上，考察发现，"自治"在教育意义上的主要表现是国家对L县教育发展提供的一些"特别照顾"——优惠政策，而这些政策的价值依据乃是"社会公平"，进一步说是教育公平。正如有学者所认为的，这种"教育公平从来就不是教育本身的问题，而是一个政治性问题"②。原因在于L县经济贫困，且是少数民族聚居的地方，当地教育发展受到经济、地理等方面的较大限制。严格地说，这些政策针对的是L县

---

① L县志编纂委员会：《L县志》，"概述"第3页。
② 王鑫、熊和平：《教育公平为何是个"假问题"：价值哲学的视角》，《教育发展研究》2018年第24期。

各族人民的教育存在与发展的问题,不是改革问题,尽管它对教育改革有影响。正如各个县域教育发展水平呈现差异性是一种普遍的客观事实一样,国家在各个县域所采取的一些促进教育公平发展的政策也具有普遍的一般事实性,这并不存在任何神秘性。在方法意义上,这种"自治"即为从实际出发或因地制宜,是中国政府长期以来一贯秉持的教育发展与改革的基本逻辑,这对于每个中国县域而言具有同等意义。

如下是 L 县教育局教研室主任高明海对"自治"教育表现的解说:

> 在学校层面,我们有民族班,这是其他地方没有的。我们有民族学校,带有民族性质的,它是有照顾性质的,还有国家给予的民族照顾政策。我们初中、高中开班,都有民族政策。所以这些都是具体的表现。关于教育,我们有这个班,我们这个民族地区可以开设这样的学校,有相应的民族政策,这是非常具体到位的,其他地方没有这个政策。就是说,我们的基础教育发展,有很多都是与这个民族政策有很大关系的。所以说,从国家层面来看,对于地方民族帮助很大,特别是中央级别的政策出来以后,我们民族地方教育的发展可以说是飞跃性的发展,这个是其他地方没有的。像我们的民族加分,这个可能其他地方也是没有的。
> (L-GMH-4)

需要说明的是,访谈对象的某些话语有其特定语境,即有它的特定所指。比如"飞跃性的发展"一语,若是不考虑其特定所指,我们很可能会认为它意味着该县教育取得了某种历史性的、整体性的巨大转型或突破。然而,这句话实际上仅仅表明该县高中近几年来在高考成绩方面的某种突破,比如学生

考上了清华、北大等顶尖学府。高明海认为,这正是国家给予的少数民族高考加分政策所直接产生的效益,他如实谈道:

> 我们是民族自治县,我们的学生是降分录取的,我们有 20 分的照顾分,我们在国家录取的时候,是比人家的分数要少的,比如说我们去清华北大,我们的学生就比人家要少四五十分……在 2010 年之前,我们县的成绩还是很弱的。我们中间有 25 年没有人考上清华北大,但近 5 年来,我们连续有学生考上清华北大。(L-GMH-1)

尽管在高明海看来,L县高中近几年高考成绩实现突破的主要推力来自国家少数民族加分政策,但我认为,这种加分政策并没有促使该县的基础教育相较于其他县域而产生某种特别的性质。加分政策只是一种教育发展的促进条件,不是必然条件、根本动因,更非产生某种"教育性质"的机制。高明海也讲道:"在同等的我们民族县里面,它们连续 5 年都没有。"(L-GMH-1)这就表明,同是"民族自治"的县域并不会因民族政策而趋于同质,同时也表明,所谓"民族自治"并不必然构成 L县教育与其他非"民族自治"县教育的本质区别。教育实践与发展本身其实有其内部的规律运动,或许只有这种规律运动的力量才足以解释教育的某种"突破"甚至是"突变"。一种条件性政策只是一股外力的加入,很快便融入整个教育内部的历史运动中,最终,我们只能从这种历史运动中获得想要的解释,而这种历史运动既成为 L县的个性,也成为教育的一般性质。当然,从被访者这里我们也能发现,县域教育发展观或如何认识、评价县域教育发展的问题已经显露出来。

## 第二节　L 县基础教育的源起与变迁

就历史知识而言,当前我们的教育史知识多数是中国教育史、世界教育史等"大教育史知识"类型,通过这种知识,我们能一定程度地认识小社会、小地方的教育史。"小"总是包含于"大"之中,就像中国的不同区域构成了整个中国空间、各种区域性实践汇聚成整个中国历史一样。但是"小史"又不必然同步于"大史",当我们说到中国几千年教育史时,例外情况可能是中国某个县域的教育史甚至不到 300 年。对一个县域基础教育而言,中国基础教育史可以是它的文化源头和政治生态,但它的发生与演变则扎根于当地人的生活与生产实践,这就决定了它可能拥有自己的历史特征。

我在这里使用"变迁"一词,而不是人们常用的"发展",主要有两个原因:一是,我认为对教育历史的描述应该尽量客观,诚如黎成魁在《教育改革》一文中所讲,"教育变迁"这个术语,"意谓在某一情景中最初状态($t_o$)与今后状态($t_n$)之间的差异。教育变迁可能是正向的,也可能是逆向的;当人们使用教育变迁一词时,完全不涉及其动机(即不管是否有意识),也完全不涉及最初状态($t_o$)之前某一个时候的状态($t_{-n}$)"[1]。况且到目前为止,人们关于是否可以用"发展"这个概念来说明教育的历史这件事情还存在不少争论,其中涉及深层次的教育观、教育史观问题。二是,在后文的教育改革问题分析中,我将对"发展的观念"或"进步的观念"做批判性考察,也就是说,我本就

---

① ［法］黎成魁:《教育改革》,载瞿葆奎主编、张人杰选编《教育学文集·法国教育改革》,人民教育出版社,1994 年,第 336 页。

认为这种"观念"值得反思。此处,我主要考察 L 县基础教育源起与重要变迁,不是做详细的历史研究,而是简要描述和分析一些重要的历史事件,继而以"粗线条"的方式勾勒 L 县基础教育的历史轮廓。

## 一、义学与私塾:L 县学校教育的早期实践

L 县在北宋以前算是荒无人烟的边远山区,如果说教育是人类的特有活动,那么很显然,北宋以前 L 县并无教育可言。尽管在诸多的中国教育史籍文献中对春秋战国、秦、汉、唐等古代教育有着丰富记载,但这些跟 L 县并不相干。因为"从北宋淳化庚寅辛卯年(990—991)开始,侗、苗、壮、瑶等少数民族才先后由贵州的兰洞,湖南的通道、城步和广西的三江、临桂、南丹等临近省、县陆续迁来 L 县定居"①。从广义上说,L 县自有人类定居后必然出现教育活动,哪怕是最为原初的教育现象。不过,从狭义上说,有目的、有组织、有计划的制度化教育形式的出现乃是后来的事情。

中国教育史上,制度化教育形式丰富多样,如"官学""义学""社学""私塾""学堂""学校"等(现在人们都统称为学校教育)。据考证,L 县最早出现学校教育是在清朝乾隆六年(1741)。这一年,清廷"划义宁县辖西北地区为'L 县厅',委'理苗通判'治县建署。下设 L 县、广南二'巡检司',并修石城","同年,于县城创义学一所,供官员子弟就读"。②乾隆三十二年(1767年),"平等寨侗民杨寿林、石志超等就地开办私塾,请湖南靖州县杨正铭执教"③。义学和私塾乃是 L 县最早的学校教育。

义学源起于宋朝,兴盛于清代。L 县厅在乾隆六年(1741)建置,恰逢清

---

① L 县教育局《教育志》编写组编:《〈L 县教育志〉(1992)序言》,内部刊物。
② L 县志编纂委员会:《L 县志》,"大事记"第 1—2 页。
③ 同上书,"大事记"第 2 页。

政府大力倡导开办义学。"至清朝,政府鼓励开办,以广文教,以至义学盛行。京师及各省府、州、县均设有,凡孤寒生童及苗、彝、黎、瑶等少数民族子弟之愿学者均可入学。由州、县学中选择'老成谨慎、文品兼优'的生员充任义学之师,并规定:如训迪有方,义学日盛,该生员准作贡生;学生果能通晓文理即准应试,酌取入州、县学。雍正以后,义学发展更快。晚清山东堂邑(今聊城西)人武训,即以兴义学而闻名。"①"清代的地方学校,在州县的称为义学。义学是对省立的书院而言的。凡是州县子弟年在 12 岁以上、20 岁以下者均可入学,贫乏无力者,给薪水。"②与官学、社学等有所区别,义学强调一个"义"字,开办义学正是一种对贫苦儿童的仁义之举,故而,这种学校多数时候也让入学者免费上学。义学多数时候是私塾的一种,《中国方志大辞典》有指:"私人捐款或以祠堂、庙宇的地租收入为贫寒子弟举办的学校谓义学,亦称义塾。"③私塾或义塾是 L 县历史上最主要的学校教育形态,原因在于"私塾开办容易,学制灵活,所费不多,因此在普及初等教育方面发挥了很大的作用。不少庶民百姓,因为读了蒙馆而能识字算数,在生产活动中获益匪浅。因此特别是在少数民族地区和广大农村,儿童教育、基础教育主要由私塾承担"④。从 L 县的现实来看,这种学校类型实际上也比较符合当地贫穷、山区、边远、少数民族聚居等特点。

朱方栩的《桂林教育史》研究表明,L 县于"清高宗乾隆六年(1741),建理

---

① 郑天挺、吴泽、扬志玖主编:《中国历史大辞典》(上卷),上海辞书出版社,2000 年,第197 页。

② 冯天瑜主编:《中华文化辞典》,武汉大学出版社,2001 年,第 492 页。

③ 《中国方志大辞典》编辑委员会编:《中国方志大辞典》,浙江人民出版社,1988 年,第498 页。

④ 朱方栩:《桂林教育史》,广西师范大学出版社,2015 年,第 71—72 页。该书是目前能够查阅到的唯一一部研究桂林市教育史的专著。——作者注

苗义学;清德宗光绪十六年(1890)建瓢里义学"①。按照这个说法,1741—
1890年的100多年中,L县未曾建立新的义学,尽管清廷鼓励办学,私塾义学
也符合L县的实际情况。其中的原因我不准备做详细的历史考究,但从逻辑
上不难推知大概原因:其一,受地理和交通限制,L县长期较为封闭,与外界
接触少,信息闭塞;其二,L县人民生活贫苦,吃穿住行等基本生活问题无疑
优先于文化教育问题,这就好像马克思所发现的作为人类历史发展规律的
"一个简单事实:人们首先必须吃、喝、住、穿,然后才能从事政治、科学、艺术、
宗教等等"②;其三,当然也有其他原因,比如历史上长期存在的少数民族歧
视和偏见。

　　清朝尤其是乾隆以后,L县的私塾教育越来越受到当地人重视。可以说,
L县"历来由于统治阶级的民族歧视和偏见,教育事业极不发达,但随着少数
民族自强、自尊、自信意识的觉醒,入清之后,也开始重视文化教育事业"③,
尽管"私塾设备简陋,教学条件也极差,但其内容能适应城镇乡村的需求,实
用性强,所以受到普遍欢迎"④。至少,从源头上看,L县私塾教育正是发端于
侗族人的自发性行为,这也不妨说成后来L县人民办学的文化源头,反映了
普通大众对于教育与获得文化知识的诉求。考察中我就发现,1767年"平等
乡侗族寨老(相当于部落酋长或寨长)派人到湖南省靖县聘请塾师开馆供本
寨侗族子弟就读"已经成为当地人心目中的一个重要历史事件,又可以说是
当地人关于该县教育起源的一种想象或传说,当问及有关L县"教育传统"的

---

① 朱方栖:《桂林教育史》,第78页。
② 《马克思恩格斯选集》(第3卷),第1002页。
③ 朱方栖:《桂林教育史》,第69页。
④ 同上书,第72页。

问题时，人们总会首先说及此事。这种想象或传说似乎又构成了当地人对于自身教育传统的一个基本文化信念，这种文化信念中至少蕴含着当地人对本族、本乡的教育认同，以及这样一种观念：我们 L 县人热爱教育，可以自主自强地办好 L 县自己子女的教育。某种意义上，这种信念、认同和观念对于 L 县教育后来在变迁中的壮大提供了一种文化力量支持。

于是，至少从上述情况来看，可以说 L 县的学校教育是源起于民间的，而非政府直接行为的结果，尽管开办私塾、义学等是在清廷"鼓励"办学这样的大政治背景下发生的。根本上，L 县学校教育的兴起源于当地人民的"实用"需求，而非外力迫使。"L 县私塾共分蒙馆和经馆两种，也无固定学制。办学形式多样：有私家设馆、富户延师、家族联办、村落合办四种……L 县私塾经费来源，清末有朝廷拨款，还有庙产抽成、官款拨付和公款提留。"①就 L 县域而言，私塾是其主要的学校教育样态，而从桂林境内各县域的比较来看，L 县私塾教育也是有其"千秋"的。

私塾源自当地人的实用需求，但这并不意味着其教、学的对象一定来自本土社会与生活，也不意味着它与"外界"没有丝毫联系。"实用"表达的是人们对于文化知识的诉求，历史表明，这是人类从"初民"进化到"文明人"的一个基本标志。除识文断字，人们也追求生活艺术的表达（如诗歌），这源于人们在生活与生产的交往实践中生发的审美想象。二者皆有普遍意义。此处不妨先看看 L 县《杨氏家塾日课表》所记录的 L 县私塾教育一日：

以十日计，从初一至初十，每日时间分配共分早晨、早饭、餐后、中

---

① 朱方枫：《桂林教育史》，第 70 页。

午、午饭、下午、傍晚、晚饭、夜晚等共九个时段,除早、午、晚三餐外,每日早晨要点读三次,即如今中小学的早读;早饭后,每日习楷书一百字;中午每逢一、六讲鲁经《春秋左传》,二、七讲《诗经》,三、八作文,四、九讲《书经》(《尚书》),五、十讲鲁经(《左传》);下午每日须背诵温习;傍晚每逢一、六讲唐诗,二、七吟诗(学做近体诗),三、八讲试帖(八股文),四、九吟诗,五、十吟诗;夜晚每逢一、六温习,二、七讲时文(八股文),三、八、四、九、五、十都是温习。①

可以发现,即便是远在边陲的山区县域、少数民族聚居地,它们在原初正规教育中所教的东西仍然是中华文化宝库中最为悠久的文化经典。学校教育,至少就中国而言,如果说它从广义原始的教育形式中分离出来的关键表征是对于间接性文字材料的教习,那么通过L县教育的溯源,我们似乎可以看到这种表征的普遍意义。张焕庭的《教育辞典》即指出私塾的学习内容一般分两级,一是以识字、习字为主,读《三字经》《百家姓》《千字文》等,二是以学经为主,读"四书""五经"。②就此而言,不论是城市还是乡村,这已构成一种内在的规定。

尽管私塾教育发生于当地,但"私塾"作为文化符号所表征的意义并非当地产物,从而,L县开办私塾并聘请塾师的行为在文化学意义上属于私塾教育文化的"地方性"接续与转化。对于L县这种历史不长且"边远""落后"的山区县域,这其实也是一种难以避免的文化同构:一方面,他们必须学习"先

---

① 朱方棡:《桂林教育史》,第72页。
② 张焕庭:《教育辞典》,江苏教育出版社,1989年,第416页。

进文化"从而改造自我;另一方面,"先进文化"的政治与教化本性本身就有一种内在的扩张与传播力量。

## 二、 官学与国民基础教育：逐渐确立的强制教育

逻辑上,限于 L 县的地理、经济和历史等因素,古代官学①在 L 县必然不会发达。历史也同时表明,在很长的时间里,官学并没有对 L 县人民给予眷顾。朱方楫的著作《桂林教育史》研究发现,"县学""书院"等正规的古代教育形式在 L 县长期处于空缺状态,而桂林所辖的其他诸多县域则不然,一些县甚至拥有悠久而良好的官学传统。"桂林自唐宋以来,虽是省、道、州、府治所,但所设官学和书院,还是较少的,更不用说那些边远的少数民族居住的地方了。而且官学也无法承担启蒙教育的任务,因此,民间私塾就成了儿童教育的主要场所。"②

L 县最早的"官学",根据《L 县志》记载,可以追溯至 20 世纪初。光绪三十三年(1907)L 县厅设初等小学堂一所,光绪三十四年(1908)增设初等小学堂三所。宣统元年(1909)"春,办师范讲习班 1 期,招生 60 名"③。1912 年,黄祖瑜任县知事(县长),建立"劝学所",吸收地方文人充任其成员。同年秋,设专司师范班(又名师范讲习所),开班 1 期,招生 60 名。④"民国三年(1914),劝学所施行初小四年义务教育,这是桂林 12 个县《县志》所记载的

① 官学"亦称官府之学。与私学相对。指春秋以前被官府垄断之学术和教育。当时文化典籍及礼乐器具皆存于官府,由官吏掌管,世代相传,以教贵族子弟,民间无著述文字,故曰'古者学在官府'(章太炎《论诸子学》)。……春秋后期,随着宗法制之没落,官府之学遂为私学所代替"。一般意义上,官学指"历代各级官府所办的学校"[郑天挺、吴泽、扬志玖主编:《中国历史大辞典》(下卷),第 1985 页]。

② 朱方楫:《桂林教育史》,第 65 页。

③ L 县志编纂委员会:《L 县志》,"大事记"第 2 页。

④ 同上。

唯一的实施义务教育的个例。同年,将县城两所小学堂改为县立高等小学校。民国七年(1918),全县(厅)有初等小学 35 所。"①此时,全县划为 35 个学区,每区设初级小学一所。县政府规定:离小学五里内不得设私塾。1919 年 2 月,平等寨创办高级小学校。此后逐年或隔年,L 县政府办学愈加增多。1933 年 9 月,"全县推行乡、村、甲制,分设 16 个乡,施行军、政、教'三位一体'制,并推行国民基础教育"(同年 6 月,瑶民起义,被国民党围剿)②。国民基础教育在 20 世纪 30 年代得到迅速推广。1935 年,L 县政府"在苗、瑶、侗族地区,设立了'特殊基础学校',与汉族地区一样,每乡镇设中心国民基础学校 1 所,每村街设国民基础学校 1 所。民国二十八年(1939),有中心校 15 所,村校 144 所"③。

　　L 县在清朝末年由 L 县厅设学堂,这意味着由政府主办的"官学"得以正式形成。由上述内容也可以看到,"官学"与"私塾"之间似乎还隐约存在着一种力量的对抗。显然,前者作为政府行为具有某种强制性,它的确立无疑是对私塾的逐步消解,一个重要原因是政府可以对私塾进行明确限制,目的就是实现政府对当地人的治理。事实上,清朝末年,政府已经在广西境内明确实施强制教育。《中国近代教育史资料汇编》(普通教育卷)便有记述:"桂林尚有蒙泉、兑泽、爱日、培风四所义学书院,因故事奉行,毫无成效,近值当道锐意兴学,推广教育,特命将四处义学一律改为初级小学,筹增经费厘定章程,以便实地改良。"④"广西实行强迫教育":"桂省学务近日颇有进步,兹闻

---

①　朱方栩:《桂林教育史》,第 209 页。

②　L 县志编纂委员会:《L 县志》,"大事记"第 3 页。

③　朱方栩:《桂林教育史》,第 209 页。

④　李桂林、戚名琇、钱曼倩编:《中国近代教育史资料汇编》(普通教育卷),上海教育出版社,2007 年,第 101 页。

当道已议定实行强迫教育章程以期普及，并分省城为五区，先行试办，俟有成效，再行推行各府州县，其办法则五区设总理一人提挈大纲，每校设正教习兼校长一员、副教习兼监学四员，五区共设蒙小学堂三十一班。"①

1912 年以后，确立并迅速推广了"国民基础教育"②，实质是辛亥革命成功后南京国民政府推行的教育改革在地方上的落实，也就是说，此时南京国民政府的教育制度已经明显地延伸到广西边陲，诚如田正平在《中国教育通史》中所指出的，他们"改革的着眼点，更多地注意于政治上的考虑"③。1912 年南京国民政府出台系列教育改革政策与法案，如《普通教育暂行办法》《普通教育暂行课程标准》，以及同时制定的《壬子癸丑学制》和各类学校的课程标准，《小学校令》《中学校令》等，其力量对改造中国的普通教育可谓广大而深远，主要表现为通过确立新的教育方针与教育宗旨，施行各种改革，从而迅速建构起新的学校系统④，包括学制、课程标准、教学内容等都力求推陈出新。总之，"民国初年的教育改革，意味着资产阶级的教育理想、教育理论、教育主张获得了教育法的形式，开始以正统的地位立足于中国社会"⑤。尽管一些教育史学研究特别强调"资产阶级"教育或"政治目的"，但我并不想延续此意于此，我更想从教育本身出发，指出这一时期 L 县山区无疑已经开启了一种新式的基础教育形式，较之此前的"私塾""义学"等发生了巨大变化，至少，能够进入学校接受"正规"教育的 L 县人口逐

---

① 李桂林、戚名琇、钱曼倩编：《中国近代教育史资料汇编》（普通教育卷），第 229 页。
② 当时，广西教育行政首脑雷沛鸿主持广西国民基础教育改革运动，他既是一名政治家，又是一名教育理论家，所谓"国民基础教育"，很大意义上也是雷沛鸿教育思想中的国民基础教育。
③ 田正平主编：《中国教育通史·中华民国卷（上）》，北京师范大学出版社，2013 年，第 48 页。
④ 毛礼锐、沈灌群：《中国教育通史》（第 4 卷），山东教育出版社，1988 年，第 301—305 页。
⑤ 田正平主编：《中国教育通史·中华民国卷（上）》，第 48 页。

渐增多。

　　不过,L县正式大范围推行国民基础教育并非是在民国初年,而是大约20年以后的事情,即"民国二十四年至二十五年(1935—1936)推行国民基础教育,村设国民基础学校,乡设中心国民基础学校,实行免费强迫入学,并将儿童教育、成人教育和短期教育纳入国民基础教育"①。可见,虽然国民基础教育在西部边陲最终确立了教育的权威性与合法地位,但这也并非易事。整个广西地区推行国民基础教育的直接力量来自广西当时的教育行政首脑雷沛鸿(1888—1967)所推行的国民基础教育改革运动。1933年9月,雷沛鸿第三次主持广西教育行政②,制定《广西普及国民基础教育五年计划大纲》(次年修改为六年)、《广西普及国民基础教育研究院开办计划》和《广西国民基础教育指导区规程》,并立即付诸实施;首先着手办理"国民基础学校",作为实施义务教育和民众教育的中心机关。据1941年的统计,广西国民基础教育经费占全省总经费的14.46%,国民教育经费占全省总经费的8.86%。董宝良、陈桂生等人在总结评价雷沛鸿的教育改革成效时说道,"在广西这个边远、贫穷、文教基础特别薄弱的省份,尤其是在战时能取得如此成绩,是与他的独创性教育理论分不开的",他"主持起草了有关推进广西省义务教育的文件,并全力推行全省义务教育取得了举世瞩目的成效"。③

　　粗略勾勒上述L县教育史,我主要是想说明:即便是L县这样的边陲山区、少数民族聚居地,也同其他地区一样,受中国现代教育启蒙的影响,较早

---

① 　L县教育局《教育志》编写组编:《L县教育志》,内部资料,1991年,"总述"第2页。
② 　李彦福等编:《广西教育史料》,广西人民出版社,1990年,第653页。
③ 　董宝良、陈桂生、熊贤君主编:《中国教育通史·中华民国卷(中)》,第315页。

确立了现代学校教育体系。学校教育制度在 L 县的确立经历了一个从"私塾"到"学校"的过程，这是一般所谓的学校发展史在 L 县的一种投影。如果说"私学"的力量源自民间，那么经清政府、国民政府不断改革后的现代学校教育的推行则是政府力量所致。不论来自政府的力量属于强迫，或是来自民间的力量属于自发，最终它们都指向一种"正规教育"的稳定确立，这一过程是教育逐渐独立出来并构建自身历史逻辑与实践逻辑，走向一种现代教育文化与模式的过程。同时，它也意味着"教育"逐步成为国家力量统治、规定的对象。某种意义上，教育是一种国家治理的产物，如下选取张斌贤的一段论述作为论证：

> 自有国家之后，任何一个国家和地区的教育就不断受到来自国家机器的种种影响。国家以各种方式（颁布饬令、上谕、法律，建立教育管理机构和开办官学）对本国教育施加影响在历史上也并不罕见。但是，只是从 19 世纪，特别是 20 世纪以来，国家才真正获得了完全控制本国教育的能力，教育才真正从个人权利变成公共权利，才真正成为国家的职能。通过教育立法、建立教育管理机构、支付教育经费、开办学校以及制定相关规定、标准，国家日益全面和深刻地控制了本国的一切教育事业，教育因此日益成为国家意志的产物，人因此也完全成为按照国家意志而培养和造就的产物。①

---

① 张斌贤：《教育历史：本性迷失的过程——对教育发展的"另类"观察》，《清华大学教育研究》2003 年第 2 期。

张斌贤教授的话语中显然还透露着一种对于"正规教育"及其历史效应的批判意味,我对此表示认同。只不过,我在这里并不想延续并强化这种批判,因为后文中我的教育改革分析正是建立在这种客观的教育史实基础上的。当然,这也不意味着我将放弃这种批判,相反,我会在本书的结尾处对这种批判做出积极的呼应。

### 三、现代基础教育:必由之路

沿着国民基础教育的历史,L县基础教育真正意义上迈出了"现代教育"的步伐,同时,"L县教育"作为一种话语或符号,也象征着一种由政府主导的正规学校教育模式的确立。如若从L县最初开办义学算起,至今为止,L县教育还不到300年历史,如《L县教育志》所记:"由于历史原因,L县居住分散,经济落后,生活贫困,所以教育事业起步晚,发展慢,从乾隆六年(1741)官办义学开始,L县教育至今才有244年的历史。"①

从学校规模与条件、入学率和入学人口总数等角度看,L县教育自初创以来总态势无疑是发展性的,尤其是民国时期的L县教育较之前更是获得了快速发展。不过,后来爆发的一系列战争(如抗日战争)一定程度上对这种发展造成了破坏。中华人民共和国成立以后,L县教育得到恢复,一些已被迫撤销的中小学重新开设,一些学校实现改制改造,出现了新气象和新特点。1949年至1966年前的这段时间里,全国性学习苏联凯洛夫教育学、"扫盲"运动等同样辐射到L县,在某种意义上对"落后"的L县教育产生了积极影响。"文革"时期,同其他地区一样,"教育革命""阶级斗争"等对教育造成了重大影响,《L县教育志》载:"'文革'期间……L县教育事业遭受了一场极其

---

① L县教育局《教育志》编写组编:《L县教育志》,第1页。

严重的灾难。"①

改革开放是中国教育的重大转折点,也是 L 县教育的转折点。以"三个面向"为主旋律,大大小小、不同层面的系列教育改革实践汇成一场声势浩大、辽阔深远、持久不息的教育改革运动,L 县教育因此重获新生。如同《L 县教育志》的概述:"自贯彻中国共产党十一届三中全会以来的路线、方针、政策和决定,教育战线经过拨乱反正,进行改革,L 县教育积极而稳步地发展,开创了新的局面。几年来,全县小学招生 43 030 人,毕业 29 400 人;初中招生 19 752 人,毕业 15 450 人;高中招生 4 131 人,毕业 3 822 人,高考录取大专院校学生 234 人;全校少、青、壮年 64 922 人,有文化人数达 60 091 人,占 93%。经地区验收,L 县为基本无文盲县。"②

可以说,以改革开放为标志所生发的基础教育改革运动(包括教育思想传播所形成的力量)在 L 县都不同程度地"落了地"。我暂时不打算对这次改革运动做出评价,事实上这方面的讨论已是汗牛充栋。想特别说明的一点是,21 世纪以前,对于主导整个教育改革与变迁的政府而言,L 县教育无疑最终获得了空前"发展"。比如,《概况》就说:"新中国成立之前,由于国民党反动政府长期实行民族歧视政策,L 县的民族教育几乎是空白。"③而在"新中国成立后,通过整顿、调整,基础教育得到较大的发展","改革开放后,在县委、县政府领导下,L 县的基础教育迈入稳步、健康、蓬勃发展的道路"。④尤其是 90 年代末的"普九""两基"工作几乎可以算作 200 多年来 L 县基础教育的一个集大成性事

① L 县教育局《教育志》编写组:《L 县教育志》,"总述"第 4 页。
② 同上书,"总述"第 5 页。
③ 《L 县概况》编写组:《L 县概况》,第 178 页。
④ 同上。

业——当L县在1998年成为广西28个特困县中第一个"两基"达标县、被评为"全国扫盲先进县",又在2003年被国家评为"两基"工作先进县的时候,当地政府和知识分子一致声称这"在L县教育史上写了最辉煌的一页"①。

我清楚地知道,当政府乃至很多其他的主体有意无意地使用"发展"一词来描述当地教育历史、现状及其趋势的时候,它在很大程度上意味着什么,比如"规范化""科学化""秩序化""现代化"等,或者是更多人可以入学、学校规模更大、学校布局更合理等。这些都是很"合现实"的方面,已经构成一种历史逻辑或规律,若是脱离于此,L县教育就不能说"发展"了,事实上它也不能脱离于此。于是,L县这个边远的、少数民族聚居的山区县也"只能"在"合历史规律"的历史大潮中驶向前方。

## 第三节　L县基础教育的现状

### 一、基础教育管理体系

在正式实行"以县为主"的管理体制之前,L县实行的是严格的"县、乡(镇)、村"三级管理体系,也就是分别成立三级教育管理机构,县和乡(镇)成立教育委员会,村建立教育领导小组。县教育委员会由分管教育的副县长任主任,教育局局长任副主任,有关领导二至五人任委员;乡(镇)教育委员会由分管教育的副乡(镇)长任主任,文教助理任副主任,中、小学校长二至三人任委员;村教育领导小组由分管教育的村干部任组长,完小校长任副组长,推选二至三名家长代表和办学积极分子组成领导小组。各乡(镇)教育委员会由

---

① 《L县概况》编写组:《L县概况》,第179—180页。

县教育委员会领导,负责所在乡(镇)中小学的管理工作。县教育委员会直管县城所辖高中、初中和小学各一所。

1996年,县委、县政府把县教育委员会更名为县教育科学技术局,第一次将教育局和科技局合并。同年10月,又分开两局,独立设立县教育局。2001年,全县机构整编,县委、县政府又将教育局和科技局合并,成立县教科局,二局第二次合并,不过它们是一块牌子,两套人马,两处办公。2004年,县政府再次分开两局,成立县教育局。当时,教育局(教委)共设有秘书股、人事监察股、计划财务股、基础教育股(含教研室)、成职师范股、基建股、教育工会等7个股室和受县政府和教育局双重领导的教育督导室。各股室设股长一名,工作人员不等。2005年后,教育局内设机构进行调整:设教育局办公室6人,其中正副主任各1人,司机2人,工作人员2人;人事股(现称人事监察股)5人,其中管理档案1人;勤工俭股(现称勤工俭学办公室)5人;教研室11人,其中中学组6人,小学组5人;电教站(现称电教仪器站)3人;成职教股3人;基础教育股4人;基建股5人;受县人民政府和教育局双重领导的县教育督导室1人;县招生委员会办公室2人。各股室及其职能可详见图2-6。

2003年后,乡(镇)教育委员会撤销,乡(镇)教办改称乡(镇)中心校,负责各乡(镇)小学的管理。乡(镇)中小学设校长1人,语文、数学教研员各1人,报账员、勤工俭学专干、成职教专干各1人。全县所有初中、小学的人事由教育局直接管理。高中学校校长的人选由县教育局考核,县人民政府下文任命,高中学校二层机构的干部由教育局考核、任命。

在教育经费管理上,1995年以后,教育经费由县统筹,由县教育局下拨各中心校(1991—2003年为乡、镇教委办)和各初中学校。教学业务上,一直由

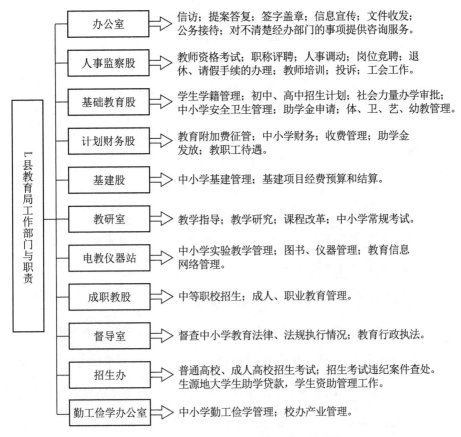

**图 2-6　L 县教育局内设机构及其职能结构**

教育局教研室统一指导。不过,在教学业务上,乡村教学点实质上由各乡(镇)中小学直接管理。因此,就教学业务而言,县统筹下,2003 年以后,L 县形成了"县—中心校—教学点"的基础教育管理体系(如图 2-7)。对此,我们不妨看看青木镇中心小学校长孙芳的叙述:

孙:镇上本来有一个教育机构,像派出所一样的机构,我们叫辅导组,后来又叫中心校。我们县的改革,一个是名称上变得比较多,还有就

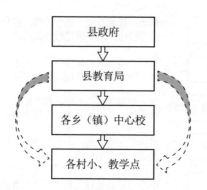

图 2-7　L 县基础教育行政管理体系

是分分合合也比较多。我现在的身份是中心校校长兼完小的校长,好复杂的。现在不像以前那样有一个专门的机构。

我:那镇里面现在还有什么教育管理机构吗?

孙:就是我们这一个机构啊,就叫中心校,管理下面的九个教学点。我既是中心校校长(职责是管理下面的教学点),又是这个小学的校长(本部校长)。最近两年,全县都变成一样了:中心校校长兼乡镇的完小校长。这样以后,有两个好处:一个是管理机构直接参与到学校的日常工作当中,虽然角色不好区分了,但是分不出角色就使得校长更加专业化了。像我这样,我是从一个老师成长过来的,对于教学业务、学生的思想、老师们的业务都可以有发言的一席之地。像以前的话,这方面就被割开了,中心校校长主要是管行政上的东西多一些,而中心完小校长主要就偏向教学业务。现在对于一个校长的要求就更高了,我们必须要有各方面的能力,也就是说作为一个中心校校长,他必须同时是一个优秀的老师。

我:那么中心校校长是由谁来管呢?

孙:我就是由县里面管。

……

我：县里面不用管教学点吗？

孙：县里面直接管中心校，管我们这一级。我们就去管下面的，比如业务、学校管理这些，都由我们去管的。（L-SF）

当然，从理论上讲，县教育局也可以绕过中心校直接对各乡村教学点进行管理，这是毋庸置疑的。但是为了管理的便利，管理者们很少这样做。除非是特别行动，比如考察、慰问。

## 二、学校基本概况

截至 2017 年，该县有中小学、幼儿园共 33 所（不含小学教学点），在校学生 21 497 人。其中：幼儿园 19 所，在园幼儿 4 815 人；小学 10 所，教学点 53 个，在校学生 10 059 人；初中 2 所，在校学生 4 485 人；普通高中 1 所，在校学生 2 145 人；中等职业学校 1 所，在校学生 39 人。

教师数和师生比。专任教师有 1 496 人，其中幼儿园 219 人，小学 796 人，初中 304 人，普通高中 150 人，中等职业学校 13 人。师生比例为：幼儿园 1：22，小学 1：12.6，初中 1：13.9，普通高中 1：14.8。

每万人口在校生为：幼儿园 235 人，小学 565 人，普通高中 121 人。

基础教育普及程度。学前教育 3 年毛入园率为 87.8%，9 年义务教育巩固率为 91.77%，高中阶段教育毛入学率为 90.2%。

基本办学条件。占地面积及生均情况：小学 28.8 万平方米，人均 28.6 平方米；普通初中 8.09 万平方米。校舍面积生均情况：小学 18.26 万平方米，人均 18.1 平方米；初中 7.14 万平方米，人均 16 平方米；高中 4.04 万平方米，人均 18.71 平方米。

　　教育经费收入与支出方面。2017 年该县基础教育经费总收入 33 213 万元，比上年多 2 519 万元，增长 8.21%。其中，财政拨款 31 268 万元，比上年多 3 124 万元，增长 11.1%；预算外资金收入 1 249 万元，比上年少 551 万元，减少 30.63%。总支出中，人员经费支出 13 876 万元，公用经费支出 4 565 万元，基建支出 6 744 万元，其他支出 8 082 万元。

　　2017 年，L 县高中 692 人参加高考，其中文科 243 人，理科 449 人。高考一本上线人数 77 人，一本上线率达 11.13%；二本（相当于 2014 年三本）以上上线人数 447 人，上线率为 64.60%；专科以上上线人数 688 人，上线率为 99.42%。1 人被北京大学录取，4 人被浙江大学录取，1 人被复旦大学录取；被 211 学校录取的有 29 人。根据高明海的描述，最近几年还出现了"生源回流"的现象：一些之前到市里面上学的学生返回县城高中就读。对县教育局和县城高中而言，这无疑象征着本县教育的发展和因此产生的吸引力，因为"中考、高考成绩实现了历史性突破"（L-GMH-3）。

　　长期以来，县域内义务教育均衡发展是 L 县政府实施教育改革的主要目标。20 世纪末率先实现"普九"以后，该县从 21 世纪开始便不断通过增加财政投入、整合教育资源、调整学校布局、引进教育人才、创新教师交流机制、完善财政保障机制和入学公平机制等方式推进义务教育均衡发展。经过多年的努力，该县义务教育校际间配置教育资源基本实现均衡化，并顺利通过国家督导组的评估验收，率先在广西实现义务教育基本均衡发展。同时县政府还充分利用义务教育学校富余的教育资源发展农村学前教育，实施"学前教育三年行动计划"，基本满足了农村幼儿在家门口接受学前教育的愿望。教育扶贫是县域内义务教育均衡发展的核心推手，近几年，教育扶贫成为当地政府、教育管理部门和教育者的重要工作。我们可以看到，该县 2018 年政府工作报告在总结过去一年成绩时就特别强调教育是当地重要民生工程,教育发展的重点为"认真落实教育优先发展战略,稳步改善办学条件,各类教育均衡发展",也就是夯实教育硬件基础,有序推进着各级各类学校校舍和现代化技术设备的建设工程。这些其实都是在解决所谓"教育均衡"或"教育贫困"的问题。因此,在2018年的政府工作计划中,关于基础教育方面,他们突出强调的就是:要坚持教育扶贫是"最长远"的扶贫模式,进一步做好义务教育普及、学校基础设施建设、学生资助体系、教师队伍建设等工作,阻断贫困的"代际传递"。

### 三、 教育教学评价

教学是学校教育实践的核心环节,这决定了对教学进行评价乃是教育管理部门的重要工作。通过评价,管理者能直观地认知教育质量的"好坏"。目前,L县教育局已经形成一套独立适用于本县基础教育教学的评价方法,包括两个部分:教师的教学质量评价以及教师的教学常规考核。教学质量评价是整个考核评价的重中之重,为此,L县专门形成了自己的评价方案《L县中小学教师教学质量评价方案》(详见表2-1)。关于教学常规考核,该县制定了《L县中小学教师教学常规管理规定》,考核内容包括七个方面:教学计划,备课与教案,上课,课堂教具、仪器的使用,作业批改,听课,以及教师教学研究和业务档案(详见表2-2)。通过表2-1,我们可以发现,目前L县基础教育教学评价的核心指标乃是学生在校期间各门学科的期末考试成绩,这个成绩是评判教师教学质量的核心指标,其实同时也是评判学校学习成效的核心指标。话语上是"教师教学质量评价",换一个角度讲也就是"学生学习质量评价"。通过表2-2,我们可以发现,教学常规的考核乃是学校主管部门监察教师教学行为规范的主要方法。

表2-1　L县中小学教师教学质量评价方案

| 项　目 | 内　容 |
|---|---|
| 评价指标 | 1. 综合数据比率。即教师所任学科的期考综合数据÷全县相应学科的综合数据×100%<br>2. 教学常规检查记录 |
| 评价方法 | 1. 教师所任学科每学期期考的综合数据比率达100%，该教师的本学期教学质量分可计满分20分，以此为基数，比率每增加10%，教学质量分可加0.5分，最多可加5分；比率每降低10%，教学质量分减少0.5分，最多可减5分<br>2. 教师所任学科每学期期考的综合数据比率与上一学期相比每提高10%，教学质量分加0.3分，最多可加5分；每降低10%，教学质量分减0.3分，最多减5分<br>3. 以上两种评价方法的结果就高不就低。起始年级第一学期和起始科目第一学期任课教师只能用方法1<br>4. 学校行政领导的教学质量分可按学校全体教师教学质量分的平均值×120%计算。管理人员须计算教学质量分的，可取全校教师平均值<br>5. 同时任几个不同年级不同科目的教师可用综合数据平均值比率计算。但初中兼上科目的比率或比率的升降值须除以2，再统计平均数。中考以各科达市平均分率为统计依据<br>6. 教学成绩、教学常规占比为60%和40% |
| 实施办法 | 每学期期考一周后，各中小学(小学以中心校为单位)分年级、科目、类别汇总后上报县教研室。教研室统计后将全县的综合数据书面通报各中小学，再由各中小学计算出每名教师的教学质量分，列表上报教研室 |

表2-2　L县中小学教师教学常规管理规定

| 项　目 | 内　容 |
|---|---|
| 教学计划 | 1. 教学计划有中心校计划、学校计划、教研组计划、教师学科教学计划。教学计划内容应有学校、学生基本情况分析；素质教育、学科教学的目标任务；主要措施；重要活动；工作进度；教学进度等<br>2. 不能以教学活动安排表或教学进度表代替教学计划。教师教学计划必须在开学后两周内交到校教务处，教研组计划必须在三周内交教务处，学校计划必须在三周内交中心校(中学交教研室)，中心校计划必须在一个月内交县教研室 |
| 备课与教案 | 1. 教案分详案和简案两种，要求教师百分之百有简案，简案内容要写全，可以创造性地利用教案本，也可以在课本上备课，但在课本上备课不能超过30%。改编的电子教案算简案<br>2. 凡上新教材的教师，不论年龄大小，要求百分之百写详案<br>3. 日常的教案检查制度由各校制定，但要有检查记录、签字等<br>4. 县教研室、各乡镇中心校组织中小学教导主任，对中小学学校任课教师备课情况进行交换式的、不定期检查，事先均不打招呼，以促进备课制度的执行 |

（续表）

| 项　目 | 内　容 |
|---|---|
| 上　课 | 1. 教师必须做好课前准备,按时上下课,中途不得离开教室,不做与上课无关的事情。课堂上以身作则,要以规范的普通话为教学语言,教态自然亲切,板书规范醒目,条理清楚。严格要求学生培养良好习惯,坐、立、执笔姿势正确,书写工整<br>2. 课表具有法律的性质,教师必须严格按照课表上课,不得随意增、减课时,未经校长批准,任何人不得停课。教师需临时调课、代课的,应提前一天到教务处申报批准(特殊情况除外)<br>3. 授课必须按进度要求进行,期末上完课的科目,任课教师必须节节到堂,进行复习和辅导 |
| 课堂教具、仪器的使用 | 1. 教师必须充分使用各种教学手段,特别是现代化教学手段上课,努力提高课堂教学效率。普通教具包括:挂图、卡片、照片、黑板画、模型、标本、实物等;现代化教具包括:幻灯、投影仪、电影、电视、录音、录像、计算机等。凡教材上规定有演示实验的,一定要进行,并做好相关的文字记录<br>2. 教具、仪器使用要在教案中反映出来,并在课后自我评价中写明上课时是否已使用 |
| 作业批改 | 1. 作业批改方式有面批面改,全批全改,重点批改,只批不改,只查不改,只评不改,教师指导下的学生互改、自改等。教师批改作业,可以灵活多变,但要求达到:批改或讲评及时;批语得体,讲评全面、具体;批改或讲评有记录<br>2. 对教师批改作业情况的检查主要从两个方面进行:一看学生作业本上的情况;二看作业讲评记录(用教案本写)<br>3. 批改或讲评都算批改<br>4. 作业批改要求:校点小学教师作业必须全批全改,小学教师作业批改或讲评记录每周合计不少于5次,中学教师不少于3次(其中作文批改或讲评每次算3次,单元检测每次算2次) |
| 听　课 | 每一位教师有听课的责任和被听课的义务。专职教研员、辅导员每学期听课40节以上,教师每学期听课至少15节,年级组、学科组组长及以上每学期听课至少20节,小学校长每学期听课至少25节,初中校长、主任每学期听课至少20节。听课必须有听课笔记并进行评课,评课有记录 |
| 教师教学研究和业务档案 | 1. 每个教师每学期都必须达到"四个一":阅读一本(种)教育书刊(检查读书笔记或教学随笔),有一个校本教研实验课题,上一堂研讨课,写一篇总结或论文<br>2. 每个教师每学期必须向学校交业务档案材料:教学计划,教学、教研工作记载、统计,教学成绩记载,教学总结,评优获奖情况等 |

关于 L 县基础教育教学的评价,高明海有如下真实叙述:

我:考评考核这方面也是县里面自己操作吗?

高:自己定的,完全是自己定的。

我:市里面有吗?

高:市里面对我们没有,监管小一点,市里面对我们来说是很松的。

我:那省里面呢?

高:省里面也没有。

我:那你们还是比较独立的。

高:在管理机制上,市里面对我们没有硬性的、特别的单独一条线。当然,对于整个教育局的年终考核是有的,其中也含有教学这一块,但那是非常"务虚"的,它没有一个具体指标。我们只是根据自治区的一个教育教学常规来制定我们本县自己的一个教学常规和教学质量的评价体系。市里面单条线的评价是没有的。

我:县里面制定的这个评价考核方案的依据是什么?

高:依据的是自治区的一个教育教学常规管理方案,那里面有一个具体条例,我们依据那个来做,市里面没有。

我:那我们对自治区的方案会做什么改变吗?

高:肯定有,很大变化的。主要就是教育教学这一块。市里面没有任何单独的条例给我们,所以在我们这一级必须根据自己的实际情况来定条例。所以我们核心是考虑两块:一块是教学质量,这个结果肯定要的。另一块就是教学常规。这两个指标是分开的,教学质量和教学常规共同组成一个教师的教学质量评价。

我:哪一个重一点?

高:教学质量的结果重一些,7:3,大约就是这个比例,但是这个值得商榷,不是很精确。

我:我们县里面自己的评价方案会有变化吗? 比如说近20年或者15年。

高:基本上调整不大,只是里面的具体细节有变化,总的方向不变,权重不变。比如说,到了毕业年级,初中我们是参考中考,高中是参考高考。

我:教育局只是在县级层面上有一个总的方案?

高:是的。比如说教师评价,学校还有个很具体的操作,它是根据我们人事股对于教学年终的考核的一个评价体系来建立的,但是教育教学质量这一块的分是根据这个体系打出来的。所以说,对于教师的评价还不是单一的。相对来说,我们县级这一块还是蛮扎实的,它不像市里面那样管得太宽,太难管。

我:所以市里面要的只是一个结果,可能就是咱们考核完以后给他交一份材料上去。

高:也不用交。因为初中和高中都是全市统一的,小学个别年级全市统一,都是采取无纸化阅卷的方式,就是机器扫描出来,全市统一阅卷,市里面直接知道结果。所以它对于教学监测这一块是没问题的,但是它有一个缺失,就是在教学常规这块管不了,常规这块还得我们自己去做。市里面仅仅得到一个结果,真正各个学校的办学特色、办学过程它无法监管,它自己只能看它市里面的五个城区。但是各个县都是自己在做,所以各个县的差异很大。

我：它最后拿到的就是考试监测所得到的那个分数。

高：对，它得到的只是那个，它就知道哪个县的最后结果怎么样，但这个结果是怎么来的，还得各个县自己去掌控。

我：而且它那里评判某个县的教育质量怎么样也是看那个指标，就是那个分数。

高：仅仅是那个分数，所以说它的管理还是很粗放的，不像我们县里面能考核到各个方面，资料很全面。

我：那么一般我们的评价是怎么操作的呢？能大概讲一下吗？

高：每个学校都是很明白的，我们操作了很多年了。就是学校根据我们这个指标来具体操作，比如说教学常规，平常的检查有很多个方面，累积的成绩打出细分来，占到30%。教学成绩这一块，我们不可能全部监测，县里面有部分检测，学校有部分检测，得到的分数两个累加，占到70%。然后把每个老师的数据传到教研室来，我们做一个存档，我们有一个成绩系统，一个常规系统，存到系统里面。

我：就是学校内部考核完以后，他们会在这两个系统里面填报，然后县里面就看填报的结果，便可以得到一个全面的数据，是这样一个操作过程。

高：对。而且里面的数据是全面的，它自动进行对比。各种比率都很准确的，是很完全的，我们是扎扎实实用这个东西的。比如说县里面评优、评先进，我们就是用这个系统的数据，这些数据其他人是看不到的，我们可以看到，里面包括老师的方方面面。用这个数据来对所有的评优、评先进进行考核，只是这一块，还不是说其他。其他的，比如说我们要求优秀教师在教学这一块必须达到指标要求，否则是一票否决，这个也是很有用的,每个老师都知道要是过不了这一关,评优就没有希望。

我:您指的这一关是?

高:教学这一关。既包括质量又包括常规。

……

高:我们局里面对学校进行考核,是根据平常我们各个股室的工作以及最后到学校去看的结果,得出一个学校一个年度的办学质量评价分。在这个评价体系里面,很重要的当然就是教育教学,这是拉开分数的地方,其他的拉开的分数不大。所以说在这个评价里面,我们教育教研这一块很重,分数也占得很重。这个对于提高全县的教学质量是很有帮助的。

我:每个学校都会去吧?

高:我们不是每个学校都去,我们只考核到中心小学,教学点是由中心校去考核的。

我:但也是用统一的标准。

高:统一的标准,包括教学点。

我:看来中心校的权力也是蛮大的。

高:蛮大的,它要管整个乡的学校。

我:从管理上面来讲,我们就直接管中心校,不用通过乡镇政府。

高:我们不通过(乡镇)政府的。

我:就是从学校这个教育系统来讲,教育局就直达中心校。

高:直达,中心校也可以到校点,我们也可以直接到校点去,不通过它我们自己也可以到校点。(L-GMH-6)

可见，L县基础教育教学评价借助现代网络系统和大数据，已经初步实现对全县教师的全面监测，因此也减少了县教育局管理人员亲赴各个学校现场进行考核的"麻烦"，较之于传统考核方式显得更为便利和易于操作。同时，这些存储在考核系统中的"数据"也自然成为管理者对学校、教师和学生进行各种评价、奖惩的重要指标，甚至是唯一凭证。比如，在《L县中小学教学质量奖励暂行方案》中，当地政府便是根据学校升学率、学生考试成绩、初高中升学情况等对学校、教师和学生给予相应的奖励，奖励方式为颁发荣誉证书和给予物质鼓励。

# 第三章 21世纪 L 县基础教育改革行动

本章主要是对 21 世纪 L 县基础教育的几次重要改革行动做历史性描述，"描述"即呈现一种事实。所谓"重要改革行动"，不仅是我个人的看法，更是相关史料、政策文本和当地人话语的明证。如果它们不重要，则不会成为当地人选择记录的历史，难以成为他们脑海中的记忆。贝克尔认为"那种对社会生活和事件的进程最有影响的历史，就是存在于一般人头脑中的历史"①，换句话说，人们能记录和记忆的作为历史的教育事件、教育改革行动正是对他们的生活与教育实践构成重要影响的历史。描述历史之前，有一项前提性工作是必要的，那就是对"县域基础教育改革"这个关键词进行解释，从而表明我是在何种意义上或范围内使用并讨论它。

## 第一节 县域基础教育改革的概念

### 一、 概念分析的前提

在对"县域基础教育改革"这个关键词进行解释与分析之前，我想先做几点说明。

① ［美］卡尔·贝克尔:《什么是历史事实?》,载［英］汤因比等著、张文杰编《历史的话语:现代西方历史哲学译文集》,广西师范大学出版社,2002 年,第 297 页。

第一,我将从使用者的角度在特定研究语境中对这个词语进行解释,进而,我又是在对特定历史时期该词语的主流意义做出澄清。正如威廉斯在《关键词:文化与社会的词汇》的导言中指出的:"不论过去或现在,意义的变异性其实就是语言的本质。"①或许,我所要澄清的"改革"正是其原初意义的一种"变异"。

第二,就中国而言,具体一点就是中国改革开放以来,对"改革""教育改革"这类词语的使用已成为潮流。它们主要在政府官员、政治家(很多的教育家也是政治家)的"圈子"里或学术话语的层面比较活跃,实践者层面如教师、校长等则很少使用,或者是"被动"地使用。这意味着,我要解释的关键词严格来说算不上是一个大众的或日常的词。但是,当大众或实践者听多、看多了这个词,并且进而有相关行动产生后,也会一定程度地形成自己的认识与理解。因此,我的澄清工作必须让这两个层面结合起来。

第三,教育改革是 21 世纪的事实,历史语境中,它显然是改革开放以来作为政治行动的"改革"的延续。它首先是一种政治话语,然后才是教育话语。因此,我不能仅从概念本质上说明"教育改革"是什么,还要从历史的语境中关注"教育改革"所富有的政治内涵,亦是不只做客观的学理说明,更要考虑其中的价值倾向。诚如有学者所言:"文化和社会的词语在具体使用过程中常常会有或隐或显的政治倾向,读者被期望对某些预设前提做出'正确'反应。如果人文学者只顾埋头穷究'学理',对词语背后的政治学和利益懵然无知,事事套用别人的命名,那是很可悲的。"②当我去考察这个词的时候,甚

---

① [英]雷蒙·威廉斯:《关键词:文化与社会的词汇》,第 40 页。
② 同上书,第 2 页。

至还可能发现使用者的情感特征及使用者的价值态度。

第四，"县域基础教育改革"这个概念为一个词组，也可以说是若干概念的复合，它们包括"县域""教育""基础教育""教育改革""改革"等，甚至还可以继续拆分细化。我不可能对每个概念做出分析，也无必要。事实上，"改革"是核心或种属，其他作为限定，都是"改革"的对象。我只需对"改革"加以分析与说明，便可呈现我所谓的"县域基础教育改革"的本质特征。不过，如若"改革"没有对象，那它便是一个空的概念。因此，"县域基础教育"作为限定，使"改革"变得意义充实。我要特别强调"县域"，因为它使"教育改革"富有一种新的意义。

第五，已有研究和文献表明，有几个词很容易让人混淆，它们是"教育改革""教育改良""教育革新""教育革命""教育变迁""教育发展"等。显然，这些词都各有所指，否则就不会在形式上有所区分。对它们进行考察就如维特根斯坦指出的那样，我将遭遇这样的结果："看到了相似之处盘根错节的复杂网络——粗略精微的各种相似……我想不出比'家族相似'更好的说法来表达这些相似性的特征。"①相似不等于相同，它们仍旧是不同的词，意义各异。但是，我在这里并不打算专门对它们加以辨别和比较，而是选择在后面章节中使用到的地方再做必要的澄清。

## 二、概念的建构

接下来我将至少要做这样几件事情：考察"改革"概念，澄清"教育改革"的基本性质，若是可以发现"改革"的某些被遗忘的意义，并且这种意义可以有被唤醒的价值，那将值得高兴；指出本书所说的"教育改革"的政治倾向；凸

---

① [奥]维特根斯坦：《哲学研究》，陈嘉映译，商务印书馆，2016 年，第 35—36 页。

出基础教育改革的"县域"限定,"县域"既是一种政治主体,又是一个多重属性的空间。这几件事情在以往的研究与文献中极少受到重视。

考察"改革""教育改革"概念,最佳途径之一是查询最具专业性与权威性的词典或辞典。"词典显示当时大众所认为的适当解释,虽然这些词义会因时间空间而不同,但这并无损词典的权威性"①,权威性,无疑指的是编写词典或辞典的人都是专业人士,他们通过合力而完成了对某个词的系统性考察和厘定,以此为使用者(包括我在内)提供参考。就中国而言,《辞源》(商务印书馆)、《汉语大词典》(汉语大词典出版社)、《辞海》(上海辞书出版社)、《教育大辞典》(顾明远主编)等"大部头"一般是我们进行词语考究时的支撑性工具书目,如果没有它们,将"没有几个人能够自信地去探讨"②。

目前,我们常用的"改革"概念基本没有超出上述几部词典或辞典所作的定义,甚至只是选取了其中某一种或两种定义。比如"改革"本质意义是:"改去;革除"③,"变更,革新"④。"改革"的整体意义又由"改"和"革"各自某方面的意义复合而成,即变更,改正,除去。总之,无论改还是革,在中国词源意义上,它们同时意味着除旧迎新、推陈出新或是革故鼎新,《易·序卦》所谓:"困乎上者必反下,故受之以井。井道不可不革,故受之以革。革物者莫若鼎,故受之以鼎。"《易·杂卦》说:"革,去故也;鼎,取新也。""后遂称除旧立新为革故鼎新。"⑤故而,"改革"由两方面构成:除去旧的和确立新的。从

① [英]雷蒙·威廉斯:《关键词:文化与社会的词汇》,"导言"第31页。
② 同上书,第32页。
③ 辞海编辑委员会编:《辞海》(中),上海辞书出版社,1979年,第2470页。
④ 汉语大词典编辑委员会、汉语大词典编纂处编写,罗竹风主编:《汉语大词典》(五),汉语大词典出版社,1990年,第400页。
⑤ 吴泽炎等编纂,商务印书馆编辑部编:《辞源》(修订本)(四),商务印书馆,1983年,第3364—3365页。

我国各个领域的改革实践来看，基本可以断定，改革的观念都反映为对上述"改革"概念原义有意或无意的遵循。

对象上，改革"现常指改变旧制度、旧事物"①。强调"现"，即是表明"改革"的具体指涉已经发生变化。事实上，改革一词最初还有一个重要所指，那便是人对自己道德、行为等方面的改正，即"革除恶习劣行"②，比如"洗心革面""痛改前非"。《南齐书·刘祥传》有言，"上别遣敕祥曰：'卿素无行检，朝野所悉……我当原卿性命，令卿万里思侃。卿若能改革，当令卿得还'"。但这种指涉并没有在当前的"改革"话语中得到发挥，在此意义上，"改革"其实是被简化了。

威廉斯的考察发现，reform（改革）"在早期的大部分的用法里，要区别它所包含的下述两种意涵是很难的：（i）恢复原来的形状；（ii）制造一个新的形状。每一种意涵在早期都有明显的例子可资佐证，但在许多的语脉里，这两种概念——'将某事物变得更好'与'恢复较早、较不腐败的状态'——息息相关"③。随着历史变迁，"然而，reform 最普遍的词义持续带有'修订现存的事物状态'之意涵——这种修订根据的是已知的或现存的原则。于是，reform 的词义可以是'恢复'（restoration）也可以是'革新'（innovation）"④。可见，中西"改革"一词的相同点是"革新"，而"reform"中的"恢复"一义则为中文的"改革"所不具有。

由此看，词义的演变是不能不承认的。同时，人们在特定历史语境和"使

---

① 辞海编辑委员会编：《辞海》（中），第 2470 页。汉语大词典编辑委员会、汉语大词典编纂处编写，罗竹风主编：《汉语大词典》（五），第 400 页。

② 汉语大词典编辑委员会、汉语大词典编纂处编写，罗竹风主编：《汉语大词典》（五），第 400 页。

③ ［英］雷蒙·威廉斯：《关键词：文化与社会的词汇》，第 445 页。

④ 同上书，第 446 页。

用"角度对"词义"的修剪似乎也是事实。此处我想说的是,既然我们可以在"语言游戏"(维特根斯坦语)中通过简化的方式使某词发生"变异",那么同样,我们也可以在相反的方式上找回某词已被遗忘的具有积极使用价值的意义。维特根斯坦指出,"一个词的应用并不是处处都由规则限定的"[1],这就好比说我可以在我所使用的"改革"中赋予某种意义。不是处处受规则限制,不代表没有规则限制。如果"赋予的意义"只是个人的主观独断与臆想,那就变成了不尊重规则,也就是不尊重语言的规律(词是语言的表达形式)。一方面,这种"意义"是值得加的,代表它有积极价值,比如"改革"的"恢复"一义我就打算在使用"教育改革"的过程中将它唤醒。尽管它属于"reform",但这并不能成为妨碍我积极传播与发扬它的理由。另一方面,这种"意义"不是妄加的,它曾在很长的历史时间里富有活力。当然,这种有意识的行为归根结底源于我整个研究的需要,严格说是一种价值取向。

关于"教育改革",不妨先来看看词典定义。《教育大辞典》指出,教育改革(educational reform)即"改变教育方针和制度或革除陈旧的教育内容、方法的一种社会活动。目的是使教育适应社会发展和人的发展的需要,以提高教育质量"[2]。此定义围绕三个要素进行:性质、对象和目的。此定义在性质上更强调"改变"与"革除",看上去似乎不太注重"革新"或"创造"。"目的"中隐含了这样一个逻辑:把"教育适应社会发展和人的发展的需要"置于"提高教育质量"的前面,这是值得引起思考的,此处只提出来,后文会有讨论。这一逻辑与该定义不注重"革新""创造"是否具有某种关联?后文中对此也会

---

[1] [奥]维特根斯坦:《哲学研究》,第43页。
[2] 顾明远主编:《教育大辞典》(增订合编本)(上),上海教育出版社,1998年,第745页。

有所涉及。

　　一般研究文献中，人们也会对"教育改革"或"基础教育改革"下定义，也就是分析教育哲学家谢弗勒（Israel Scheffler）在《教育的语言》一书中所冠名的"规定性定义"（the stipulative）——研究者根据自己研究的对象、目的等做出适用于本研究的定义。下面试举几例。国内较早对教育改革进行系统研究的文献是王宗敏、张武升等的《教育改革论》一书，该书认为"教育改革是对落后的教育状况或教育思想乃至教育理论进行有计划有目的的变革，使其获得预期的进步与发展的过程"①。袁振国的《教育改革论》认为："教育改革可以理解为按照某种预期的目标以改进实践的有意识的努力，它包括制定同旧目标无关的新目标、新政策，或赋予过去的教育以新的职能。教育改革的实质是对未来的反应。"②吴恒山的《教育改革论》指出"所谓教育改革是指对教育思想、教学内容和方法诸方面陈旧的、不合理的弊端与缺陷进行的有计划有目的的变革、完善和创新"，或者说"教育改革是对过去传统教育及性能的反思，是对现实教育弊端进行的变革，是对未来教育发展进行的探索"。③21 世纪的教育改革研究中，人们对教育改革的解释延续了 20 世纪末形成的上述基本传统，"基础教育改革""高等教育改革""职业教育改革"等无不如此，只是"对象"不同，性质一样。试举一例，它们有超越词典定义的一面，比如会较之词典而更让人注意到"革新""超越"的意义，但核心仍然是"革除旧的"，"改去坏的"；有各自的表述风格，同时又显得不如词典那么简练精致。不过，这些还不是我最想说的。我想特别指出的是，在我目所能及

---

① 王宗敏、张武升等：《教育改革论》，第 1 页。
② 袁振国：《教育改革论》（新世纪版），第 28 页。
③ 吴恒山：《教育改革论》，大连教育学院印刷厂，1999 年，第 38—39 页。

的文献里,人们还未触及威廉斯所发现的那个"秘密":"改革"具有"恢复原来的形状"的意义。这不是说我们要否定和抛弃既有定义中所凸出的那些方面,而是我们还应该尽可能挖掘人们极少注意到的方面,进而丰富它的内涵。"恢复"一词表明,旧的、过去的不一定意味着全是"坏的"或不值得再次拥有,有时候改革可以作为一种恢复的行动。

在众多文献中我同时也发现,人们似乎不太愿意严肃或批判性地讨论"教育改革"这个概念。很多情况下,他们只是罗列一堆前人的定义,常规操作般地加以一通点评后得出自己的定义。遗憾的是,这种"点评"又时常不痛不痒,所获结论也很难令人捕获到"新意"。窃以为,多些点缀或修饰便是"丰富"了既有传统,然而这至多只是使外延得到了某种扩张,而对内涵却无所增益。当然,或许他们并不认为需要对"教育改革"进行批判性分析或者挑战既定内涵,因为他们找不出任何理由要这样做。结果是众多文献仅是将"定义概念"列为研究的准备环节,作为一种惯例,它很少被视为研究的重要组成部分之一。借用威廉斯的话说,"希望从词义的主流定义之外,还可能找出其他边缘的意涵"①的事情便少有发生。

对于以往众多的定义,我不打算对其问题的每一个方面逐一分析,也无须举出太多实例来佐证便可以轻易发现如下两个较为明显的问题。其一,人们很少会在乎"主体",似乎"教育改革"是在真空中发生的,而不是一种实实在在的人类活动。或许存在一种"主体"默认,比如"国家"。然而,当这种默认发生并成为习惯,后续研究便缺失了应有的历史思维、实践感和主体温度。其二,毋庸讳言,当前"教育改革"这一话语产生于中国改革开放这一伟大实

---

① [英]雷蒙·威廉斯:《关键词:文化与社会的词汇》,第40页。

践进程中,改革开放便成为教育改革的历史背景,同时也是政治背景。"改革"首先就具有某种政治属性,正如有研究指出的那样,"'改革开放'这个中国共产党的核心政治概念是在改革开放以来理论和实践的双重互动中演进的"①。而改革开放作为中国社会的一个转型时期,正如威廉斯所指出的那样,它正是可以使一个词发生变异或被重塑的重要时机。威廉斯的研究发现,18世纪以后,reform常用来指"政治上的一种潮流",它与社会主义运动密切相关。②在此意义上,我们在使用"教育改革"概念时就不能忽略这种"改革开放"本身所蕴含的政治价值取向。然而,真实的情况并不是如此。这种政治价值取向我们深知是"中国特色社会主义",如1985年《中共中央关于教育体制改革的决定》的申明:"教育必须为社会主义建设服务,社会主义建设必须依靠教育。"但也总有一些研究坚定于"客观中立"的姿态,或是不自知地偏离了这一根本的价值立场。

回到第一个问题即"主体"的问题。我的研究中,县域政府被视为基础教育改革的主体,但县域政府代表"国家"和当地人民的统一,在此意义上,县域基础教育改革指的就是由县政府主导的基础教育改革。"县域"作为一个具有多重属性(如历史、社会、文化、地理、教育等)的空间,它意味着所谓县域基础教育改革一定是在"县域"这一空间框架中进行的具体的实践活动。因此,我的研究便始终围绕"县域"的限定或者说"县域"这个"度"来进行。在此意义上,县域基础教育改革指的就是发生在特定的县域空间中并指向整个县域空间的基础教育改革。加入"基础教育"这一教育对象

---

① 张旭东:《"改革开放"概念源流考》,《毛泽东思想研究》2016年第1期。
② [英]雷蒙·威廉斯:《关键词:文化与社会的词汇》,第446—447页。

后,需要注意的是,这里的基础教育一定是有具体所指的,如制度、管理、课程、学校布局等,进而"改革"才能成为一种行动,而不是观念,也不是看不见、摸不着的模糊印象。

概括起来,县域基础教育改革便可以这样表述:由县域政府当局主导的以该县域空间为范围且以该县域基础教育为对象的一种改革行动。性质上,它可以是除去弊端,改造创新,也可以是一种恢复或守护行为。关于恢复或守护,王策三的如下观点一定意义上可作为一种佐证——"教育改革必须继承教育传统,在既(现)有的教育基地上并从这里出发"①。

最后,我想简单讨论一个田野考察中发现的现象:教育实践者(如教师、校长乃至个别作为"教育内行人"的教育局官员)并不愿意言说"教育改革",甚至有的人会厌弃使用"教育改革"的概念。比如我在与退休教育局局长韩丰谷谈到 21 世纪之交的素质教育改革问题时,他就特别强调说:

> 我不是轻易什么事情都要套一个"改革"的名字,有的时候也不是多大的改革嘛!就把那个弊端去掉,把那个传统发扬起来,事情发展了,也就行了嘛。都是口号,都贴个标签,我对这个东西都不感兴趣的。当时我也不是说什么改不改革,就是要搞这个东西,搞这个东西才对我们的学生、对我们的下一代人有帮助,他们综合素质提高了,这就是教育质量。(L-HFG-2)

显然,在这位局长的身上我们可以发现一种朴素的实干态度。做着教育

---

① 王策三、孙喜亭、刘硕:《基础教育改革论》,知识产权出版社,2005 年,"前言"第 12 页。

改革的事情,却不屑于使用"教育改革"这样的词语或符号,难道是"教育改革"本身有什么问题? 恐怕不然。还有多位校长与教师,他们对于"教育改革"也总是闪烁其词,貌似"不敢"说,又像是"不能"说。总之,在教育实践者那里,在类似于"改革"的意义上,他们更倾向于使用"改进""改良"等词语,不轻易使用"教育改革"。进一步考察发现,在他们看来,"教育改革"大概只有政府官员、大学专家这种"上面"的人才有资格谈论,或者这样的话语只能呈现在政策文本、研究报告等书面形式中。不过,不使用"教育改革"不代表他们不懂得教育改革的意义,实践者心中仍然有其对于教育改革的理解,这种理解与"教育改革"的官方语言、学术话语和词典定义又总是有不谋而合的地方。并且,当我们一同说起"教育改革"时,仍然可以交谈自如,他们的话语总会让人收获各种"意外"。

由此,我立即想到威廉斯一个颇有意思的观点:"书面语言(written language)过去被视为权威的真正源头,而口头语言(spoken language)实际上被认为是源自书面语言。然而,现在我们可以清楚地了解到事实正好是相反,并且情况复杂……我们很快就得承认,每一个时期的词义演变,在进入书写记录之前,必定早已在日常生活语言里发生过了。因此我们必须承认书写本身有其局限　　这种现象不只出现在《牛津大辞典》里,而且发生在任何历史文献中。"①事实上,"改革""改进""改良""改正"等,本是我们日常生活中早已存在的词语,只是不知从什么时候开始,它们逐渐成为书面语或官方语,成了制度化的概念——"就是指概念从特殊的、随意的、不固定的表达转化为一般的、规范的、固定的表达的过程,在这个过程中也是对概念形成共识,并

---

① [英]雷蒙·威廉斯:《关键词:文化与社会的词汇》,第 33—34 页。

经过党的机构和国家权力机构加以确认的过程"①。制度化概念似乎超越了实践与生活,但是它本源自实践生活,从语言的本质上讲②,它们仍然是一个共同词语。只不过就具体的"教育改革"概念而言,谁源自谁的问题不易进行简单判断,毋宁说是威廉斯所谓的"情况复杂"。最后,我以田野考察中一位小学校长(成小兰)的"教育改革"理解结束本部分的讨论,从她的理解中我们能发现实践者所具有的改革智慧:

> 我的理解,改革不应该是抛弃传统吧! 应该还是要根植于传统,继承我们好的东西,学习一些新的东西。不断地更新自己,使自己向一个高度、一个宽度去发展。但是我就觉得,过去我们学习山东那个"杜郎口"(注:杜郎口教学模式),那时候我就有个观点,就是学习"杜郎口"绝对不是把我们的"大厦"推倒重建,应该是把"大厦"装修得更好、更漂亮。所以,不论怎么改,还是要根植于自己。(L-CXL-1)

## 第二节　四项教育改革行动事件

改革开放开启了中国基础教育现代化改革与发展的新的历史进程。③此

---

① 杨彬彬、马玉婕:《"改革开放"概念内涵的演进逻辑研究——纪念改革开放风云激荡的40年》,《邓小平研究》2018年第3期。

② 马克思说:"语言是一种实践的、既为别人存在因而也为我自身而存在的、现实的意识。"参见《马克思恩格斯选集》(第1卷),第161页。

③ 以改革开放为本研究的一个历史时间节点,主要根据的是王策三《恢复全面发展教育权威——王策三新世纪教育文存》(人民教育出版社,2018)一书的前言《世纪之交的教育论争》中的观点,依据他的看法,新中国成立60多年来,我国教育理论与实践可以分为五个时期或阶段,依序为:新中国成立初、1958年教育革命、"文化大革命"、20世纪80年代前期、20世纪80年代后期至今。(参见王策三《世纪之交的教育论争》,《中国教育科学》2017年第4期)

历史是"中国"意义上的大历史,如果把它比作一个"故事"的话,那么其中还包含着若干生动的故事情节。从逻辑上看,县域基础教育改革正是这一个个"故事情节",它们在时间上是改革开放 40 年历史的组成部分,又在中国地域空间中展示着种种独特姿态。

社会的改革开放是个大背景,某个地方某个社会领域的改革开放是这个大背景上的独幕剧,与大的宏观的改革有相同的主题,却有不同的情节,有其独特性、独立性。毫无疑问,L 县域基础教育改革便是独幕剧之一。历史学家柯林武德说:"历史是一场戏,但这是一场即席演出的戏,是由它自己的演员互相协作即席演出的。"①L 县域基础教育改革的历史正是由参与改革实践的所有"演员"互相协作而即席演出的。无论这些演员来自哪里、是否为本地人,他们都是这一历史的创造者和演绎者——创造着县域教育改革个性的同时,又在一定程度上反映着中国教育改革的共性。

这里所谓 L 县基础教育改革的历史并不是由教育改革绵延无界的实践所构成的教育史,而是特指构成这种教育史的一个个教育改革行动事件。这些"事件"即为我所谓的教育改革的历史。这跟一些学者在历史学或教育史学角度上研究的"教育改革史"不同,比如:中国百年教育史始终是在改革与变革中行进的,因此又被这些学者称为百年教育改革史。我在此处只想呈现作为历史事件的一个个独立的县域教育改革行动,因此我也把即将要做的这件事情称为对 L 县基础教育改革历史梗概的描述。用柯林武德的话说,"这种简化了的梗概不是情节,而只是情节的基本轮廓"②,在历史"研究"的意义

---

① 　[英]科林武德:《历史哲学的性质和目的》,载[英]汤因比等著、张文杰编《历史的话语:现代西方历史哲学译文集》,第 179 页。
② 　同上书,第 181 页。

上,我在此所做的事情只不过是呈现 21 世纪 L 县基础教育改革的基本轮廓
而已,它由若干教育改革事件勾勒而成。如果说我在前面做的关于"故事"与
"故事情节"的比喻只是一种逻辑上的假定,那么接下来要描述的这些历史事
实则是基于我的田野考察所得。某种意义上,"考察"可以被视作对"假定"
的一种验证。

## 一、素质教育改革

20 世纪 80 年代末到世纪之交,中国大地涌现出一股声势浩大的"素质教
育"热潮。从中央政府到大学、科研机构,再到中小学,乃至社区,"素质教
育"成为人们口中最为炽热的话语之一。可以说,关于"素质教育"的讨
论①已构成一种社会现象,这表明人们对教育问题的普遍关注(至少在那个历
史时期),同时也反映出中国基础教育再一次走向新的历史转折点。

至于为什么人们要呼吁"素质教育",我们需要历史地看,也就是从教育
现实中寻找原因。很显然,"素质教育"的出现并不是一种从概念到概念或者
马克思所批判的那种"意识内部运动"的产物,它是历史的产物。王策三指
出:"对于素质教育的概念,虽然不能说它是错误的,但确实应该说它是一个
没有达到科学认识的经验层次的朴素概念。"不过,王先生对于人们倡导素质
教育这一行为背后的价值取向则是充分认可的,那就是纠正现有教育弊端并
追求一种提高人的全面素质的教育。现实弊端是素质教育提出的根本原因,
王先生对此做了详细深入的历史考察,指出这种弊端表现为教育中普遍存在
的片面追求升学率现象——从 20 世纪 50 年代末到 20 世纪 80 年代存在的历

---

　　① 各种讨论或争论可以参见王策三《恢复全面发展教育权威——王策三新世纪教育文存》
一书。王先生本人就是素质教育问题争论的中心人物。该著中,先生系统地论述、评价了这场声
势浩大的教育争论,延伸出诸多相关重要文献。

史现象——"从无到有,由初露端倪到日益明显,一度'被消灭',又重新出现,并越来越表现出严重片面性",并且这种"片面追求升学率的严重后果和危害性,在我国广大教育工作者中认识是一致的"。①

我在这里不打算对这种争论以及素质教育本身的是非曲直、正误好坏做出评价。只想指出的是,这场讨论在某种意义上促成了后来中央政府发起的素质教育改革运动。当然,客观地讲,教育改革运动并非单独是政府力量在起作用,教育理论的讨论与传播本身就是教育改革的力量构成。同时,我也很难对教育理论与教育改革政策之间的"话语"作用关系做出清晰的判断,不过可以肯定的是,两种话语是一种历史互动生成的关系。很难说在中央政府正式使用"素质教育"概念之前,没有其他人提出来过,也很难说中央政府在进行素质教育改革之前我们的广大教育实践者没有做出相关变革行为,这些都有待做出严肃的历史考据。简单说,据我所知,中央教育改革文件中正式使用"素质教育"一词是 1997 年原国家教委发布的《关于当前积极推进中小学实施素质教育的若干意见》,1998 年教育部发布的《面向 21 世纪教育振兴行动计划》也明确提出要"大力推进素质教育",1999 年 12 月国家正式出台《中共中央　国务院关于深化教育改革全面推进素质教育的决定》。而在此之前,直接论及"素质教育"的文献其实已纷纷出现,比如 1987 年原国家教委副主任柳斌就在《努力提高基础教育的质量》一文中使用了"素质教育"概念②,王海在 1989 年发表专论《从升学教育到素质教育》(载《教育研究与实

---

① 王策三:《恢复全面发展教育的权威——三评"由'应试教育'向素质教育转轨"提法的讨论》,《当代教师教育》2017 年第 1 期。
② "素质教育的概念、内涵及相关理论"课题组:《素质教育的概念、内涵及相关理论》,《教育研究》2006 年第 2 期。

验》),等等。但在"素质教育"作为一种教育观念的意义上,作为"素质教育"核心词语的"素质""民族素质"等在中央政府文件中早已有之,如 1985 年《中共中央关于教育体制改革的决定》第一条便开宗明义:"教育体制改革的根本目的是提高民族素质,多出人才、出好人才。"1993 年《中国教育改革与发展纲要》中也指出:"中小学要由'应试教育'转向全面提高国民素质的轨道。"此后,但凡国家层面做出的重大改革政策几乎无一例外地会凸出此类用语。

全国范围内以"素质教育"为名的基础教育改革运动由 1999 年 12 月发布的《中共中央 国务院关于深化教育改革全面推进素质教育的决定》(以下简称《素质教育决定》)直接推进形成。回顾历史,我们不能不感叹国家力量的强大。当素质教育还处于理论的纷争之中,政府之名的素质教育改革即已如火如荼地开展起来,城市、乡村、山区、平原……素质教育的"花"开遍中国大地。

L 县的素质教育改革行动在 1999 年正式启动,具体时间甚至早于《素质教育决定》的出台。我在 L 县档案局、教育局档案室、办公室等重要部门没有发现有关当年 L 县素质教育改革的正式政策文本和行动过程的官方档案(这并不代表没有)。"素质教育"一词作为核心意义被提出来是在 2000 年之后的一些具体措施性文件中,如《中共 L 县委办公室 自治县人民政府办公室关于加强和改进中小学德育工作的意见》(2001)明确将素质教育具体化为德育问题,指出:"进一步加强和改进我县中小学德育工作,全面推进素质教育。"苦于政策文本的缺乏,在 L 县档案局查阅相关资料的当日,我便在日志中记述道:

告知管理人员我的来意后，他拿出来三本目录册，让我们在上面寻找自己想要的文件或材料。但档案局目前保存的教育局相关文件材料全属于2004年以前的。"2004年以后的材料还没有移交过来。"管理员说。在纷繁的目录中，我们挑选着想要的东西，但有价值的东西很少。可以发现，2004年以前，县里进行的基础教育改革项目是极少的。在这三本目录里，内容最多的有这样几项：教育部门的人事调动与任免、教师工资变动、人事与招生统计、教师资格认定、各种表彰的决定、花名册、政府文件答复等。（9月26日）

大部分有关素质教育改革的信息直接来源于L县教育局原局长韩丰谷的口述。韩丰谷在教育局的任职经历为：1989年入教育局，1990—1992年任教研室主任，1992—1998年任副局长，1998年年底—2004年任局长。在此之前，他长期任教于中小学，所教科目为语文，从他的口中，我能明显感受到他对教育的热爱与执着。多次谈话中，他偶尔也会声称自己是"教育的内行人"。同时还可以发现，这是一位个性鲜明的局长，干实事，不乏魄力。第一次交谈中，当我们谈到该县在县一级层面实施的教育改革行动时，作为原局长，他首先谈及的便是素质教育改革问题（在他的心目中，这是他任职期间所做的最重要的工作）。如下是他对于当时L县开展素质教育改革行动过程的一个大概描述：

这个问题，我可以提供以前我们的做法。当时是国家提出来一个素质教育的问题嘛！素质教育是在我手上做的。我刚当上局长，当时国家好像只有一个大的方向，好像还刚开始讨论这个问题。1999年我在当局长，第一件事情我就想全县要怎么样实施这个素质教育。当时就召集开了一个大会，做了一个总动员，县领导都参加。局里面操办，县里面领导都来。下面的校长、管理层都来。就是一个动员大会嘛。我就做了一个专题报告。我就讲我们县作为一个山区县怎样开展素质教育。那时候我们在 1999 年就开始搞，做了几年。（L-HFG-1）

这位教育局原局长有其关于"素质教育"的个人理解。当然，所谓"个人理解"并不是绝对意义上的，不能排除当时素质教育理论热潮的影响（访谈中，他对此有所提及）以及有关政策的影响，如 1994 年《中共中央关于进一步加强和改进学校德育工作的若干意见》中就有这样的明确表述："增强适应时代发展、社会进步，以及建立社会主义市场经济体制的新要求和迫切需要的素质教育。"但不论如何，这种理解在很大程度上决定了 L 县实施素质教育的基本内容，由此也可见县域教育局局长及其教育理念对于县域基础教育改革的作用之大。

当时我的理解的核心是，素质教育还是德育，不要喊口号，德育就是要渗透。当时我的关于素质教育的一个观点就是渗透教育。事实上没必要搞那种多大的改革，我就觉得没有什么多大的改革，就是重视规范的、日常的管理和教学，把素质教育的观念和要求渗透到各个工作环节当中，这才是真正的素质教育。（L-HFG-1）

上述是韩丰谷对于素质教育的理解。这其实也从侧面反映出"素质教育"概念的某种模糊性，正是这种模糊性为中小学实践者赋予了巨大的理解空间,同时又暗自规定着素质教育实践的多种可能性。回顾 21 世纪的素质教育争论,其中一种主流声音即是对素质教育概念的讨伐,这种声音的核心观点就是认为"素质教育"空泛而不易把握,现在看来无疑有其合理的一面。韩丰谷的理解是个个例,事实上,在中小学更为广泛的实践中,素质教育正是普遍作为"德育"而被理解的。

基于自己的理解,韩丰谷领导的 L 县素质教育改革做了这样几件事情:

第一,先抓常规。把教育的规矩,各种教学、活动、管理的规矩这个平台打好;第二步再进行各个方面的具体的一些改革。我的观点就是,首先要有平台,常规的东西,学校的规矩搞好了,才能谈素质教育。第二,搞素质教育,我们就是要把培养学生的素质作为核心渗透到学校的各项工作当中。先搞常规管理,然后把素质教育的一些理念渗透到学校的各个工作当中。当时有一个口号就是"学校无小事"嘛!学校的每项工作,教师的一言一行,可以说都是在搞素质教育。你就是要把你的观念,把培养学生的素质这个观念渗透到里面去。第三,补短板。比如说当时我们县里面,山区教育啊,当时的情况就是艺术教育是个"短腿",在学生的审美能力的培养方面可能稍微欠缺一些。(L-HFG-1)

从政策的角度看,1999 年开始,L 县后来有关基础教育改革或发展的重要政策文本中总会有"全面推进素质教育"的话语,而且表征为"根本目的""宗旨"等意义,如最早的《L 县关于加强中小学管理的若干规定》(1999),但是,始终没有一个直接以"素质教育"为文头的政策出来。从中央到地方,教育改革的政策是逐级"具体化"的过程,中央层面提出的"素质教育改革"可能到县级政府时就变成了更为具体的管理方案或"减负"的具体措施。我们可以来看这样一条政策文本的脉络:中央层面于1999年年末出台《素质教育决定》,随后教育部迅速制定《关于在中小学减轻学生过重负担的紧急通知》(2000),而后广西壮族自治区政府发布《关于转发教育部在中小学减轻学生过重负担的紧急通知》(2000)并同时制定广西壮族自治区《关于切实减轻中小学生课业负担的十项规定》,广西壮族自治区教育厅紧接着发布《关于印发〈关于切实减轻中小学生课业负担的十项规定〉的紧急通知》(2000),最后市、县逐级转发。

## 二、 新课程改革

本质上,新课程改革是素质教育的一个具体方案。"新世纪初,我国基础教育以实施素质教育为鲜明旗帜,掀起了一场盛况空前、全面深入的课程改革。"①尽管课程改革与素质教育改革的关系极其密切,但在作为一项教育改革行动的意义上,"新课程"与"素质教育"又具有相对独立性。因而,新课程改革也可以作为我考察范围中一个独立的教育改革事件。

2001年5月,中央层面发布《国务院关于基础教育改革与发展的决定》,明确提出:"深化教育教学改革,扎实推进素质教育";"加快构建符合素质教育的新的基础教育课程体系";"实行国家、地方、学校三级课程管理";"中小学要按照国家规定开设艺术课程,提高艺术教育教学质量";"教材编写核准、教材审查实行国务院教育行政部门和省级教育行政部门两级管理,实行国家基本要求指导下的教材多样化";等等。随即(6月),教育部出台《基础教育

---

① 郝德永:《新一轮课程改革:我国基础教育的"长征之旅"》,《课程·教材·教法》2013年第2期。

课程改革纲要(试行)》,并向"各省、自治区、直辖市教育厅(教委)"下发《教育部关于印发〈基础教育课程改革纲要(试行)〉的通知》,明确指出:"为贯彻《中共中央 国务院关于深化教育改革全面推进素质教育的决定》(中发〔1999〕9号)和《国务院关于基础教育改革与发展的决定》(国发〔2001〕21号),教育部决定大力推进基础教育课程改革,调整和改革基础教育的课程体系、结构、内容,构建符合素质教育要求的新的基础教育课程体系","新的课程体系涵盖幼儿教育、义务教育和普通高中教育"(也就是现代基础教育的范畴)。7月,教育部推出《全国教育事业第十个五年计划》,指出:"实施素质教育尚未取得突破性进展,现行的课程教材体系和考试评价制度不适应素质教育的需要。"

同年10月,"为贯彻落实《国务院关于基础教育改革与发展的决定》(以下简称《决定》)和《基础教育课程改革纲要(试行)》(以下简称《纲要》),扎实推进素质教育,加快构建符合素质教育要求的基础教育新课程体系,教育部决定从2001年秋季开始组织基础教育新课程实验,用五年左右的时间在全国实行基础教育新课程体系"。教育部制定了《开展基础教育新课程实验推广工作的意见》(以下简称《推广意见》)并向"各省、自治区、直辖市教育厅(教委),新疆生产建设兵团教委"发去《教育部关于印发〈开展基础教育新课程实验推广工作的意见〉的通知》。《推广意见》中有一个重要附件——《国家基础教育课程改革实验区名单》,这是对课程改革做出的进一步规定与规划,由此足见国家对新课程改革所下的决心之大。实验区名单中包含了广西壮族自治区的三个市(南宁、柳州和玉林),相较于其他省份这算是最多的。遗憾的是,其中并没有L县及其所属的上级行政区桂林市。这其中有一个中国基础教育改革的空间逻辑问题,后面会有专门讨论。不过,这并不意味着L

县因此就不搞新课程改革,只是在时间上它来得较晚一些。

同年,广西壮族自治区人民政府迅速做出响应,首先制定《广西壮族自治区人民政府贯彻落实国务院关于基础教育改革与发展的决定的意见》并根据教育部实验区名单部署第一批广西新课程改革实验区域。2002年,桂林市制定《桂林市人民政府关于基础教育改革与发展的实施意见》,L县政府则在2003年发布《L县人民政府关于基础教育改革与发展的实施意见》。桂林市以及L县没有首先被划为改革实验区,但这并不影响从中央、教育部、省政府、省教育厅、市政府、市教育局逐级下发(或转发)的系列文件一份不落地抵达L县教育局办公室的案头(详见附录)。只不过因为还没有"轮到自己",L县域课程改革迟迟不能也不会得到全面启动。

L县新课程改革正式全面启动是在2004年秋,恰值当地最美季节,稻谷成熟,梯田金黄。L县是广西壮族自治区第三批"基础教育课程改革实验县"(为何仍是"实验"?为何是"第三批"?后文会有讨论),依据是广西教育厅下发的《关于公布2004年自治区基础教育课程改革实验区名单的通知》(直达县级教育局,明确指定L县为第三批实验县)。改革的大致情况正如《L县基础教育课程改革实验自评自查总结报告》(2006年10月)所写:"我县中小学自2004年秋季期开始实施基础课程改革,目前,全县一至三年级学生4 628人、七至八年级学生3 569人进入课改实验,参与实验的教师1 200多人。随着新课程的实施,我县中小学在教学内容、教育模式、教师的教育观念、学生的学习方式和学校教学管理等方面正经历着重大变革。"自2004年起,L县收到若干上级下发的课改文件。同时,县政府、县教育局也发出了多份文件。如政府发出的《L县人民政府办公室关于印发L县普及实验教学工作方案的通知》(2004)、《L县人民政府办公室关于印发L县基础教育课程改革实验工作方案的通知》（2004），还配套制定了《L 县基础教育改革培训方案》和《L 县基础教育改革经费预算方案》。教育局也相继下发了《L 县基础教育课程改革实验工作实施意见》《认真学习〈走进新课程〉、〈课程标准解读〉丛书的通知》《关于进一步加强对课改实验的研究和指导意见》等，这些都是自治区教育厅制定的新课程培训材料，在教育厅下发的《关于认真做好我区义务教育新课程改革工作的通知》（2005）中有明确的规定。

除了多项政策文件的制定发布，L 县于 2004 年 7 月成立了以主管教育的副县长为组长的课程改革领导小组和专家指导组，当年拨出 6 万元课改经费。8 月 2 日，召开了全县基础教育课程改革实验工作启动会，做动员和改革工作的具体布置。教育局多次组织召开中小学校长会，进行培训与交流。从相关文件和访谈的情况来看，L 县在 2004—2006 年进行了三年的课程改革实验，有一定成效。课程改革的第一步工作是进行课程改革培训，在 L 县人看来，唯有管理者和教师首先懂得新的课程理念、标准、方案以及教学方法等，真正的素质教育才能得以实施，即所谓"切实加强师资培训，提高教师的整体素质，为开展课改实验夯实基础"。培训对象、目的、方式等都力求顾及县域各个层次相关人员，培训贯穿整个课程改革过程，并且始终作为改革的核心工作。这里，我们不妨简要看一下《L 县基础教育课程改革培训方案》，其中就把培训时间分为三个阶段：2004 年 5 月—2005 年 1 月，2005 年 2 月—2006 年 1 月，2006 年 2 月—2007 年 7 月。培训方式多样，如专题讲座、运用现代媒体手段进行培训、互动式学习、课堂即席研讨、以研究为主渠道的培训、以"课后记—小结—论文"的形式链接科研与培训、合作交流等。培训对象为 L 县全体参与实验的教师、校长、教研员和县教育行政部门有关领导、工作人员。培训内容可见表 3－1：

表 3-1　L县新课程改革教师培训计划

| 阶　　段 | 内　　　容 |
|---|---|
| （一）通识培训 | |
| 第一阶段 | 新课程理论与创新　新课程与学生发展<br>新课程与教师教育　新课程中的教与学 |
| 第二阶段 | 新课程与教育评价 |
| 第三阶段 | 新课程与学校发展 |
| （二）学科培训 | |
| 第一阶段 | 各学科新课程标准解读　走进新课堂——新教材教学感知 |
| 第二阶段 | 如何对教材进行二次开发 |
| 第三阶段 | 教材与教学审视 |
| （三）教育教学研究能力培训 | |
| 第一阶段 | 教育科研方式、方法论　如何确定研究方向 |
| 第二阶段 | 科研阶段成果评析 |
| 第三阶段 | 科研成果总结与展示 |

　　必须承认，无论是素质教育还是新课程，它们都是一个长期实践的过程，不可能一蹴而就。在L县，轰轰烈烈的新课程改革搞了三年（2004—2006），直至广西教育厅对桂林市开展新课程改革的评估工作。在L县档案中，我发现一份重要文件——《桂林市教育局转发自治区教育厅开展基础教育课程改革评估调研的通知》（2006），或许正是因为这份文件，才有了同年10月生成的《L县基础教育课程改革实验自评自查总结报告》。相信很多人不会反对我的如下判断：评估是中国政府"改革""实验""工程"等行动的终结性步骤（此处我暂时不讨论这种评估本身的必要性、合理性问题）。因而，当2006年评估过后，L县新课程改革可谓是告了一个段落。L县教育局教研室专门做了新课程改革档案（评估时存留下来的），其中有两个档案盒的标签分别是"课改通讯、课改刊物"（通常认为这是"阵地"或传播思想与知识的重要工

具)和"课改成果、课改总结"。我尤其关心"课改成果",然而事实验倒了我的好奇,我想象的"成果"并非盒中所存的"成果",这话也可以反过来讲。盒中的目录页清楚简明地写着(钢笔字迹)3 项内容:(1)教师获奖光荣榜;(2)中小学阶段性总结;(3)L 县课程改革实验总结报告(2006.10)。剩下的便是相应的三份简明材料,"成果"仅为三份名单——《2006 年广西中小学教育教学优秀论文评比结果》《2003 年桂林市中学物理教师说课竞赛决赛评选结果》(这可能是个错放)以及《桂林市 2005 年教育"叙事研究"故事光荣榜》。对于这些材料(同时也是评估验收时的材料),教研室主任高明海直言道:"事实上,这个材料从我们现在的角度讲是非常幼稚的。虽然整个过程看起来很完善,但是里面的内容在什么地方呢? 没有!"(L-GMH-7)

我不能草率地评价 L 县新课程改革的成败,但在教研室主任高明海看来,这场改革显然算不上成功,从下面两段对话便可窥见一斑:

第 一 段

我:我还没有机会去观察课堂,之前去学校都是跟校长聊,昨天是跟两位老师聊,我总体上的感觉是这个新课改或者新的教学改革在学校层面的发生还是比较弱的,不知道我的判断对不对?

高:对的,对的,这就对了! 我讲一下我的看法,我们县新课改是 2004 年,第三批,是最后一批进入新课改的。这个课改涉及新课程、新教材,现在不管你到哪一个地方去看,几乎没有达到所要求的效果,它有两个难点:第一个难点就是教师中真正能够理解新课程这个东西的并不多。

……

第二个问题，现在我们不是有国家课程、地方课程、校本课程，三级课程嘛！我们的老师对于课程开发的能力不够，这是肯定的，那还是老师的问题。课程开发的能力不够，仅仅有一些老师有一点点意识，或者说我们学校重视不够……

第二段

我：您当时是参与者吧？

高：参与了。

我：那么到现在为止，您觉得我们的课改或者教改在县里面的一个成效或结果怎么样？

高：我觉得老师的认识基本上发生了变化，但执行度要大打折扣。应该这样判断：执行度要大打折扣，观念还是有变化。

我：教材都换了啊？

高：都换了，全是新的。但是真正有能力把握这个新教材的人，我认为是很少的。包括我们市里面，我们自己学科内的东西，我们自己去参加这个学科内的活动，市级的教研员都说了"我们这个学科真正能完全把握这个教材的人，全市都没有几个"。说这个话肯定是有分量的，他也知道。我也认为我对这个教材没有很好地把握……（L-GMH-7）

评估结束，据高明海说，后来"上面"再没有对 L 县新课程改革做过评估。然而，素质教育、新课程与教学等理念并不会因评估的结束而在教师们心头散去，"新"的教育实践也不会因评估结束而昙花一现。当地人依旧在"新"的道路上继续探索,展示着他们自主与自强的一面。2008年3月至2009年年末,L县政府组织开展了一次大规模学习山东"杜郎口教学模式"的教学改革运动。使用"运动"一词似乎略显夸张,然而我想不到什么更好的词可以形容这一次由县政府牵头、县教育局组织、历时一年多、规模涉及全县中小学的教学变革,由学校至政府,牵一发而动全身。其间,他们专门制定《L县教育局"学习杜郎口教学模式,推进L县课程改革"实施方案》《L县中小学学习杜郎口教学改革基本要求(试行)》《关于举行"学习杜郎口,我们怎么做"教育论坛的通知》等政策文件,组织全县中小学教师多批多次赴山东杜郎口学习,开展研讨、教学改革实验等活动。这里只说明有此事发生,不再做详细回顾,后文中还会专门涉及其中一些基本问题的讨论和评价。

当然,如同上面的课程改革一样,在当地教育局管理者和中小学校长眼里,对杜郎口教学模式的学习显然不太令人满意。访谈中,人们基本是从反思的角度言及此事,"总结学习杜郎口教训"是当地教育工作者高度一致的话语。尽管在后来的一些政策文件中会不时出现"在学习杜郎口教学模式的基础上"等类似表述,但需要注意的是,政策表述与现实情况在某些时候并非全然吻合。某次改革成功或失败也不是政策或个人的一面之词所能概论,还需要辩证地看待。

补充说明一点,素质教育抑或是新课程,都反映在非常具体的教育行动细节上。在新价值理念、标准等的支配下所发生的若干或大或小的教育革新行动才是教育改革的真实印迹。教育改革发生在无声、细微之处。在这个意义上,要研究教育改革本身则是件非常困难的事情。然而,若不打算做细节"深描"式的微观历史研究,那么当我想要从整体上研究"县域教育改革"的时候,便可以不必纠缠于无数行动细节,而是在一种"高位目光"①中来观测与审视作为一项历史事件的县域教育改革。因此,对于素质教育改革、新课程改革等的把握、描述也只能是概念式的和结构性的。

### 三、学校布局调整

学校布局调整是贯穿整个 L 县教育演进历程的重要事件,抽象的意义上,这种"贯穿"已构成 L 县教育一个显著的历史逻辑。历史上,L 县基础教育的多次学校布局调整都是在县域范围内进行的,实话讲,这或许是 L 县这个山区县、贫困县、小县所独有的现象。但是这也不影响我把 L 县的学校布局作为一项县域教育改革列为考察对象,它在性质上依然属于我在前面所定义的"县域教育改革"范畴。以中华人民共和国成立为起点,下面可以看一看 L 县历史上的学校布局调整的情况。

就小学而言,1950 年,全县划为东、南、西、北四个区,按区设校。东区(含 3 个乡镇)设中心校 1 所,村校 23 所;南区(含 3 个乡镇)设中心校 2 所,村校 20 所;西区(含 2 个乡镇)设中心校 1 所,村校 11 所;北区(1 个乡镇)设中心校 1 所,村校 25 所。1953 年,全县划为 9 个学区,按学区设置完小 11 所,每所完小负责领导辖区内的村小。全县共有村小 157 所。1958 年,完小、村小按公社大小设置,全县有完小 31 所,村小 181 所。1961 年,完小改为中心校,全县按公社大小分设中心校 33 所,村小 210 所。20 世纪 60 年代到

---

① 这里借用了余清臣在《培育对教育实践的高位目光与普遍视野》(《南京社会科学》2017 年第 2 期)一文中使用的"高位目光"一词。作者认为,在认识现实教育实践上,"高位目光""意味着对教育实践的形式和要素占有尽可能多的具体认识,并通过对这些认识的反思来获得对教育实践的整体性把握","意味着对教育实践要聚集广阔的思想认识资源","意味着要通过反思获得同时包括教育实践统一性和多样性的整体性理解"。我借用这个概念,主要是想强调对于教育改革的认识和把握的整体性和结构性。

80 年代初是 L 县完小、教学点最多的时期,也是办学形式最为丰富的时期。比如,1974 年,L 县调整学校布局设点。全县除 9 个公社所在地设中心校以外,大队完小 80 所,村小(含高小点)424 个。1985 年,县人民政府决定,距大校(点)5 里以上,学生达 10 人的教学点可实行巡回跑教、早晚班等多种形式办学。是年,全县 9 个乡(镇)设中心校 12 所,村完小 89 所,初小校(点)343 个(含多种形式办学)。①

　　1991 年,L 县有完小 102 所,教学点 267 个,学生总人数 18 762 人,小学专任教师 1 058 人。1995 年,本着"相对集中,提高质量"的原则,全县完小调整为 104 所,教学点调整为 226 人。2001 年,全县小学适龄儿童数量减少,全县小学教育布局进行重新调整。3 月,撤并了 15 所完小和 38 个教学点,全县保留了 88 所完小和 109 个教学点。由于相对集中,撤点并校,开办的村完小出现了低龄寄宿(三年级以下最小的只有 6 岁)的状况,县教育局及时制定了《中小学寄宿管理规定(试行)》,并给寄宿学校安排生活管理教师,规定了生活管理教师的职责,改善了寄宿学校的条件。2004 年,全县的村完小调整为 82 所,教学点调整为 64 个;之后又逐年调减,至 2008 年,全县完小保留 33 所,教学点保留 61 个,全县的小学在校生为 9 303 人,小学入学率保持在 99.99%。

　　从中学来看,L 县的普通中学起步较晚,直至 1940 年才始建第一所中学,并且还不属于 L 县独办,是两县合办。整体上,L 县普通中学的变迁是比较小的。第一次比较重大的调整始于 1978 年。此前,L 县的中学有逐渐增设校点的"布局",但还称不上是"调整"。1978 年,广西壮族自治区提出

---

① L 县教育局《教育志》编写组编:《L 县教育志》,第 38—39 页。

"调整中学、加强小学"的原则,同年 L 县制定十年教育规划,L 县教育局开始对中学进行调整。1980 年秋,"调整全县中学校点,将 19 所高中缩减为 1 所;87 所初中(含附设初中班)缩为 13 所。仅保留蒙洞小学和布弄小学戴帽初中"[①]。1983 年,全县高中已压缩为 1 所,初中压缩为 13 所,小学附中只保留 3 个点。1985 年,全县完中为 1 所,普通初中为 14 所。1991 年,全县有独立初中 12 所,附设初中 4 处,有 113 个教学班,学生 4 502 人。1995 年,全县附设初中增至 5 处,当年全县有 132 个教学班,学生 6 314 人。1998 年,L 县"两基"工作通过自治区的验收,全县取消了初中学生入学考试,小学毕业生一律就近入学,全县扩招初中班 6 个,全县有 154 个初中教学班,学生 7 642 人。

21 世纪,L 县中小学布局调整依然持续进行。这里不再做具体描述,从图 3-1、图 3-2 可以比较直观地看到 L 县中小学每年的数量变化。两图显示,2010 年前后,该县新一轮撤点并校完成,L 县中小学数量出现"拐点",学

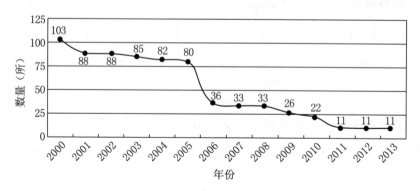

**图 3-1　L 县小学数量变化(2000—2013 年)**

(来源:中国经济与社会发展统计数据库)

---

① L 县志编纂委员会:《L 县志》,"大事记"第 12 页。

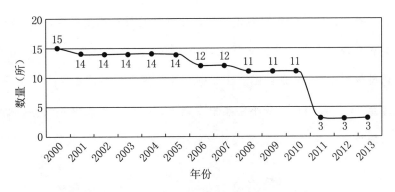

**图3-2　L县普通中学数量变化（2000—2013年）**
（来源：中国经济与社会发展统计数据库）

校数量锐减。根据此次考察，2011年以来，L县的学校数再无变化。不过，未来的3年内，L县将增设一所高中和一所县直管小学（皆是在建中），以满足L县人民不断增强的教育需求和教育竞争的客观趋势。

出现"拐点"必然是有原因的。直接原因正是被L县教育管理者和校长等视为一项重要教育改革内容的学校布局调整，该项布局调整始于2006年。该年，教育部发布《教育部办公厅关于实事求是地做好农村中小学布局调整工作的通知》（以下简称《通知》），要求全国各地科学地、从实际情况出发进行中小学合理布局调整。该《通知》经由广西教育厅直接转发至L县教育局，受到L县政府、教育局高度重视，迅即开启了学校布局调整工作。在《L县推进义务教育均衡发展工作汇报》（2011）中，中小学布局调整作为2006—2011年L县教育改革的核心项目被L县政府列于首要位置，标题为"以科学调整中小学布局结构为抓手，全面推进义务教育均衡发展"。又在《以布局调整为抓手，多措并举促均衡——L县推进义务教育均衡发展自评报告》（2012年9月，简称《自评报告》）中特别指出：

我县把学校科学布局作为教育可持续发展的根本出路,作为实现我县教育跨越式发展的关键因素之一。县人民政府出台了全县教育布局调整规划方案,明确全县学校布局结构调整的总体思路是:在"十一五"末至"十二五"初,实现小学集中乡镇办,初中、高中集中县城办,利用富余的校舍和教师资源发展农村学前教育,扩大学前教育规模。

《自评报告》中叙述了此次布局调整的基本情况:

几年来,全县共撤并初中11所,完全小学41所,教学点15个,如今,全县所有初中生全部集中至县城两所中学寄宿就读,全县10个乡镇中有条件的乡镇的小学三年级以上学生集中到乡镇中心小学寄宿就读,余下的一、二年级学生集中至村校点或片区小学就读。学校布局调整规划实施后,全县义务教育阶段学校为小学67所(其中完全小学11所),初级中学2所。各学校的办学条件得到极大改善,校容校貌发生了翻天覆地的变化,为全县各族子女提供了舒适、优美的学习和生活环境,从而缩短校际、地区之间教育基础设施的差距,使农村孩子和城镇孩子享受到同样的优质教育。

很显然,此次学校布局调整的直接动力来自上级政府的政策指令,除教育部的《通知》,还有广西壮族自治区政府下发的《广西壮族自治区人民政府办公厅转发自治区教育厅等部门关于广西壮族自治区教育布局结构调整指导意见的通知》(2010)。后者强调"实施教育布局结构调整,是全面落实科学发展观,适应推进工业化、城镇化、社会主义新农村建设要求的战略性、基础性、全局性工作",并且"按照试点先行、同时推进的步骤",明确将L县选为学校布局调整综合改革试点,以"为其他市、县(市、区)开展教育布局结构调整综合改革提供多样性的经验借鉴"。

政策推动只是直接动力,根本原因还在于L县教育的实际问题。正如教育局提交的《民族农村义务教育均衡发展的里程碑探索——L县实施农村学校布局调整,促进义务教育均衡发展的研究报告》中所说:"由于多方面的原因,L县长期以来,人民群众对优质教育的强烈需求与优质教育资源供给严重不足之间的矛盾,始终困扰着民族教育事业的进一步发展。2006年,L县委、县政府针对人口负增长、学校布点分散、办学效益不高、教育教学质量难以大面积提高和教育发展不平衡等现状,创造性地提出了'初中集中县城办、小学集中乡镇办、扩大学前教育规模、大力发展高中和职成教育与农村社区教育,全县统筹规划、分步合理推进'的学校布局调整总体思路。"L县之所以在2010年被广西壮族自治区政府选为试点县,一个重要原因就在于自2006年起L县立足自身实际情况进行学校布局调整,成效良好,L县"做法"(前面提到的"初中集中县城办、小学集中乡镇办"等原则)受到上级政府的认可和重视。教育局副局长吴永凡①如实讲道:

这个做法,在全区来说都是比较早的,这是我们自己的做法。当时,自治区教育厅也是支持我们这个做法的,所以当时还给了几千万支持我

——————

① 吴永凡,男,55岁,本地人。1998年到L县教育局工作,2002年任副局长至今。据他本人和高明海的说法,工作上他早已是"退居二线",主要原因是身患重病,且行将退休。接受访谈时,他刚做完一次大型心脏手术。为此,我深为感动,心怀感激。也因此,我后来便不再邀请他做访谈,尽管对于学校布局调整的问题,我仍存在多方面的疑问。

们做这个事情。区里面也希望投入我们这样一个小县来探索县域的教育布局改革究竟该怎么搞,既提高教育质量,又尽可能节约教育成本。也是基于这样的考虑,想走出一条新路。(L-WYF)

### 四、 教师专业化发展项目

教育总在行进变迁中,此即为历史。人们有意识的改革行动让这一切变得自然而然,所谓"自在"的教育变迁只能是一种话语的想象或概念的意义。随着学校布局调整的结束,L县教育改革迈出新的步伐。2012年,L县迎来一个重要项目——我考察所到之处,无论是中小学校长、教师,还是教育局管理者,该项目都是他们热衷谈论的教育话题。他们侃侃而谈、胸有成竹,个别校长甚至慷慨激昂,总能情不自禁地对自己的学校在项目中获得的成绩夸耀一番。在当地人的眼里,此项目的开展是近几年L县基础教育发展的可喜表现之一。

不过,项目的具体名称在被访者话语中却没有形成统一,多数人称之为"学校特色发展项目",部分人又叫它"教师专业化发展项目",甚至在政策文本和相关文字材料中的表述也常有混淆、不一致的情况。不同的人对同一件事情的认识存在差异。教育实践者不会过于关心"话语""概念"及其准确使用,因为他们更专注于事情本身及其效果。唯有必须认真对待"形式"的人才会用心琢磨表述的准确性和统一性,如学者、政策撰写人、材料汇报者,因为"文字"的重要功能是传播、共享与存档,政策文本通常赋有一种"上下统一"的原则。然而,在这个项目中,"形式"降到了次要地位。

另外,其中已经很明显地呈现出一种实践、政策和学术之间的话语张力,我倾向于认为这种张力源自实践的鲜活性、具体性和复杂性,诚如石中英所指出,教育实践拥有自身的逻辑,至少它"不是一种纯粹理性活动的过程"①。显然,实践、政策、学术是有某种逻辑区分的,意识不到这一点我们时常就会犯这种错误:在政策与学术上构成一种对实践的无形压迫。因此,作为研究者,我更需要对实践保持理解和尊重,而不是用一种学术姿态或理性思维来对"实践"妄加检视、评判甚至"裁剪",我想这应该是推进与实践形成良性对话的一个重要前提。

抛开话语上的模糊性,必须承认的是,实践者们清楚地知道这是一次波及全县中小学教育的教育改革。正是他们这种强烈的改革认知和认同,使我对这个项目产生了浓厚的兴趣。随着考察的推进,我发现并不是人们对这个项目的认识问题导致话语不同,而是项目本身就包含了"学校特色发展"与"教师专业化发展"两个部分。逻辑上,该项目的理念是以学校特色发展为方法与过程,进而实现教师专业化发展的目的,其中也包括校长管理专业化和领导力提升,最后提高教学质量。显然,人们对行动方法与过程的感知与理解程度一般要高于其背后的价值取向或目的,这就是行动的基本性质。因此,校长、教师和管理者分别"说出"的重点存在一定差异,实在是正常不过的事情。

事实上,这个项目的全称叫作"L 县中小学教师专业化发展项目"(又简称 TPD 项目)。项目的产生有两个重要背景。一个我称之为政治背景,即广西壮族自治区政府对中小学教师素质问题的高度重视,比如《广西壮族自治区中长期教育改革与发展规划纲要(2010—2020)》(以下简称《纲要》)中即明确提出:"建设高素质教师队伍""强化教师职业道德建设""促进教师专业

---

① 石中英:《论教育实践的逻辑》,《教育研究》2006 年第 1 期。

发展""以农村教师为重点,全面提升中小学教师专业化水平"。《纲要》的效力不言而喻,随即教育厅相继出台《关于印发广西农村教师素质提升行动计划(2010—2012年)的通知》(2010)、《关于启动实施"基础教育教师素质提升综合改革实验项目"的通知》(2010)等重要的具体改革政策。另一个我称之为专业背景,也就是具备了一定的专业技术与人才基础,那就是已经在广西境内开展了多年的"中英西南基础教育发展项目"①。2012年之前,该项目在广西已经实施多年,据该项目首席专家杨家基讲述,教师专业化发展项目的启动处于该项目的尾声阶段。处在尾声阶段的好处是前面已经有过"很多的经验,很多的做法,很多的理念,包括一些管理上比较受到认可的东西"(L-YJJ),劣势是项目经费已使用殆尽。

广西壮族自治区教师培训中心是该项目主管单位,拨付一定的项目配套资金,委派项目专家,并对该项目实施评估和验收。L县财政出大部分经费,双方通过协议《L县中小学教师素质与学校质量综合发展项目合作协议书》(以下简称《协议》)促成项目的启动与实施,项目执行周期为三年。可以看到,教师专业化发展项目与那种纯粹由上级政府"迫使"产生的改革行动有一定区别。而在L县人心目中,这个项目属于他们自发自主的行动,被视为"自己的项目",这也一定程度地解释了他们谈论此事时流露出来的自信与自豪。

---

① 该项目由教育部和英国国际发展部联合实施,2006年11月2日在京启动。该项目主要针对的是我国西部贫困地区基础教育发展问题,包括学校管理优化、教师专业成长、校长领导力提升等,辐射西南地区的云南、四川、贵州、广西的近30个贫困县。资金由英国政府提供,总额达到2 700万英镑。该项目的前身可以追溯到1999年的"中英甘肃基础教育合作项目",当时是由"中国教育部部长陈至立与英国国际发展大臣肖特(Clare Short)分别代表本国政府签署换文,2000年正式开始,执行期5年,是中英两国政府间第一个基础教育合作项目",最开始是在"甘肃最贫困的4个少数民族聚居县实施"(详见史静寰、郑新蓉、工蓉《西部贫困地区基础教育发展路径探索——"中英甘肃基础教育合作项目"的启示》,《教育研究》2003年第8期)。

事实上,尽管这个项目并非行政"迫使",从参与力量、启动、实施与评价来看,也算不上所谓"自己的"项目,为何L县人会普遍认为这是自己的项目呢?首席专家杨家基下面的这番话可能在一定程度上对此给出了解释:

> 杨:广西教师培训中心想要复制这些(注:指的是"中英西南基础教育发展项目")国外的经验、项目、技术,然后想生成我们广西自身的一些做法。广西教育厅跟底下的县,大家谈,大家聊,看看哪个县有这样的一些想法,然后达成一些协议,双方都投入一些经费,县域也投入一点,培训中心也有一些支持、配套。当时就选了两个县和两个区,其中一个县就是L县……这几个县区有积极性,局长他们就亲自上来,有的政府(注:县政府、区政府)也有积极性和支持,也到教育厅去谈。你有这个积极性的,你愿意出一点的,那教育厅可能也配一点,相当于有点鼓励,底下可能也看好这样的一种机遇。
>
> 我:当时选L县这边,主要是出于什么考虑?
>
> 杨:L县跟鹿寨(隶属柳州市)这两个县在整个广西基础教育里头是比较特别的。特别在哪里呢?就是比较得到教育厅的喜欢。为什么喜欢?因为这两个县比较积极,做什么事情都积极,然后也都比较容易做成。所以局长跟教育厅这边来往很密切,双方互动特别好,关系好了,又熟了,然后积极性又高,这是很重要的因素。(L-YJJ)

通过杨家基的叙述(当然还有一些值得进一步思考和分析的内容,留待后文补充)加上我后来的考察可知,教师专业化发展项目被视为"自己的项目",简单讲应该有这样两个原因:首先,县财政自己出了大部分经费,这意味着他们是用自己的钱办自己的事情,L县人向来有自力更生的文化传统;其次,该项目是县教育局主动"上去"申请下来的,不论这是教育局领导政绩目的的产物,还是因为它是L县教育实践的真实需求,有一点毋庸置疑——它是L县人"争取来"的。更重要的是,事实证明,几年下来该项目确实引发了L县中小学的较大变化,校长和教育局管理者对此非常满意。

《协议》明确指出项目目的是:"进一步树立正确的教育观念,促进素质教育在L县各中小学的具体落实,进一步提升L县中小学的办学效益,提高学校教育质量,为广大中小学提供公平而有质量的教育环境及教育机会,使之获得适合其自身发展需要的教育,以促进其身心的健康发展。"时限为3年(2012年4月—2015年4月),这个时间又叫作"合作时间"。项目过程分为四个阶段。第一阶段:2012年4月—2012年5月,启动项目,进行项目设计和确立项目逻辑框架;第二阶段:2012年6月—2012年7月,制定项目行动计划、检测方案及预算方案报批;第三阶段:2012年8月—2015年1月,各产出开展活动,项目执行与检测;第四阶段:2015年1月—2015年4月,项目检查评估与成果验收。

协议的签署意味着项目合作正式生效,随之而来的是各种文件、章程、规范的制定与发放,举办各种形式的会议(培训、研讨、汇报、评估等)。项目是有管理、有组织的特定活动,因此主管部门广西教师培训中心发出第一份文件《关于成立L县"中小学教师专业化发展项目"领导小组的通知》(2012年5月),确立了项目的组织、机构和制度,并任命L县教育局局长为组长。紧接着要对这些人员进行项目培训,几日后主管部门便发出《关于召开广西中小学教师专业化发展项目(L县)启动会暨开展项目行政管理人员培训的通知》。为确保项目有序合法地进行,《广西中小学教师专业化发展项目项目管理实施办法（试行）》随之出台，含 6 章 34 条，全面而具体。为保证经费使用有节有度，同时制定《广西中小学教师专业化发展项目财务管理实施细则（试行）》对项目经费实行了精确切割并对使用作出规范。待一切制度性措施准备完毕，项目才正式开始实施。根据项目要求，各个学校要确立一个独特的学校主题（特色）及其理论逻辑框架，严格遵循项目设计的既定方法与程序，制定本校项目行动方案。过程中，各个学校定时撰写项目进度、反思与总结，制作宣传手册、画报等，接受专家团队指导和上级领导监测。历时 3 年，最终由县教育局向主管部门提交项目终结材料，接受主管部门的最后评估与验收。2015 年 5 月，县教育局成立的项目办做出项目终结评估材料，1 个月后，收到主管部门发来的《关于开展广西中小学教师专业化发展项目终结评估的通知》，随即做出《L 县迎接"中小学教师专业化发展项目"终结评估准备工作方案》并下发各中心校和县直学校。2016 年 4 月 23 日至 27 日，主管部门及其组织的专家团队对教师专业化发展项目做出最后的实地考察与验收（4 月 7 日下发《关于开展 L 县"广西中小学教师专业化发展"项目产出一终结验收专家实地评估工作的通知》），至此，本项目正式宣告结束。

按照项目原初设定，项目结束时应有两个成果，也就是所谓的"产出一"和"产出二"。前者体现为：提升校长能力，改善学校管理系统，建设学校特色文化，提升学校办学品质，促进学校内涵发展；后者体现为：构建学习型课堂、参与式教学，关注教师课堂行为，提升教师课堂教学参与度、有效性和学生自主参与学习能力。两个"产出"都列在终结性考评指标体系中，有详细的"一级指标"、"二级指标"、"观测点"和"验证材料"。县教育局最终形成的评估材料主要由"产出一评估材料"和"产出二评估材料"两部分组成。不过，评估、材料和实践之间却未能形成一种统一、吻合的关系。多方面的考察告诉我,评估更多针对的是可评估的对象,如表象的、可见的方面;材料则根据评估要求力求全面与整齐,却不是实践的全部真实反映;实践则有其自身的逻辑,时常不在计划之中。最后通过的验收成果主要是"产出一",因为"产出二"很难直观地检测,况且评估时间仅为短暂的 3 天(其间还有各种会议)。所以,严格地讲,教师专业化发展项目通过的验收是一种价值选择基础上的验收。然而,这又是实践的现实反映,被选择验收的部分也正是实践者最具认同感和成就感的部分——"产出一"的最显著成果就是各个中心校、初中都形成了自己的学校特色或办学理念,在这个过程中,校长们普遍认为自身的领导力和管理能力得到显著提升,教师在参与学校特色建设(又称学校发展计划)的过程中实现了专业成长。其核心环节是:围绕学校特色和办学主题,校长和教师可以按照特定的模式和逻辑制定每年的学校发展计划,因此,学校运转就变得有条不紊、井然有序。如同 L 县镇小学校长成小兰所述:

> 这个项目对我们教育教学方面有很大促进作用。还有一个就是学校管理方面的,我们觉得现在最好用的还是学校的计划。我们每年都要做年度学校发展计划,每学期也有学期计划。这个计划对我们校长的成长有很大帮助。原来好像又要管理,又要教学,还有安全、后勤等方面的管理工作,我们作为校长觉得是应付不过来的……现在基本上,这个计划做出来以后,如果我这个校长要去哪里,出去一两个月都没有关系,因为我们的工作都在这个计划里了。整个学校的老师也要围绕我们这个计划(重音)——我们这个计划先是校长做,然后到副校长,到学校二层机构,然后到各个教研组,到各个教学团队,再到个人,大家都围绕学校这个中心、这个计划在转。(L-CXL-1)

由此，也就不难发现实践中人们实际上是根据自身的意义体验、学校的现实变化来言说这个项目的。比如让成小兰感受最深的自然就是"管理"的意义。但是换一位校长，比如黄芳华（县直小学）就认为"教学"的改进是该项目最有成效的地方。感受源自他们各自在项目改革实践中的体验与收获，进一步说，这种感受其实蕴含着主体在整个项目实践过程中的"情感、意愿、理性、直觉、想象等意识形式，而且以理性与情意、体验与直觉、直观与想象、认知与评价之间的交融或交织为存在形态"①，当他们向我言说的时候，更重要的是在这种感受的基础上做出意向性的、选择性的和评价性的说明。尽管人们的感受与评价有所差异，不同学校中项目意义的维度和意义实现程度不尽相同，但是，项目行动本身有自身预设的价值内涵与目的规定，这使得它在不同实践者和实践场域中仍然存在着意义的普遍性，这种普遍意义正是教育改革的项目行动的基本旨趣所在。

## 五、小　结

本部分从四个教育改革事件对L县21世纪基础教育改革的历史梗概做了粗线条式的勾勒与描述。这些事件很清楚地表明，即便是一个"边远-山区-贫困-少数民族自治-小"县，教育改革依然是其教育历史中最为活跃的组成部分。尽管这里将教育改革视为一个个独立的事件加以陈述，但必须看到的是，这些事件从发生那一刻起便已融入教育实践，它们事实上又是密切联系在一起的。进而也可以说它们尚且活在当下，正如柯林武德（即柯林伍德）所认为的："过去的历史今天仍然存在着，它并没有死去。"②历史和已有

---

① 杨国荣：《人与世界关系中的感受》，《社会科学》2018年第10期。
② ［英］R. G. 柯林武德：《历史的观念》，何兆武、张文杰译，中国社会科学出版社，1986年，"译序"第18页。

研究同时表明,教育改革具有"国家"的逻辑,教育改革受国家意志、政府机构的支配[①],我的考察也印证了这一点。但是,与其视之为"支配"的关系,毋宁说是县域教育改革处于国家之中,这样更符合事实。因为"支配"一词容易让人产生这样一种误解:"地方的"或"具体的"教育改革实践只是一种缺乏灵活性、自主性和需求性的机械的服从与执行。然而,真实的情况并非如此。

本章的主要目的是呈现教育改革事件的基本情况,很少对事件本身做出评价或价值判断,不过这不代表我能够做到纯粹的"客观中立",因为"所谓历史事实,它本身就是主体对客观历史事物的真实状况、关系、过程的描述或判断,其中普遍渗透着主体评价性的认识因素"[②]。我也很少涉及事件中诸多深层问题的分析,比如价值、理念与逻辑等问题。既然是"梗概",便少不了对教育改革事件诸多细节的忽略,从而也就不可能面面俱到地呈现完整的教育改革事实。"梗概"作为脉络,蕴含着事件中关键的"节点"和整体形貌,亦能较好地反映出特定时间中的历史进程。描述的几个事件看似相互独立,实则有着不可分割的实践勾连和历史关系,在此意义上,它们构成"一个"教育改革史。杨国荣认为:"历史生成于人所作之'事'。离开了'事'的多样展开,历史将流于抽象和空洞,脱离了具体的'事',历史主体也将虚幻化。"[③]从引申意义上,我们便可以说县域空间中的 21 世纪教育改革史正体现为不同的县域教育改革事件,中国空间中的 21 世纪中国教育改革史则是由不同县域教育改革的"事"编织而成的。

---

① 阎亚军:《中国教育改革的逻辑:对改革开放以来我国基础教育改革的反思》,浙江大学出版社,2016 年,第 13 页。
② 邓京力:《事实与价值的纠葛——试析历史认知与历史评价的关系问题》,《求是学刊》2004 年第 1 期。
③ 杨国荣:《"事"与"史"》,《学术月刊》2019 年第 1 期。

　　我在此忽略了细节,却不代表我放弃了细节。诸多值得深究与讨论的问题其实正暗藏于事件的细节之中,于是恰好相反,后文中我时常会立足某个细节展开我的理论分析,具体也可以说是对隐藏在事件背后的某些看似不经意的"小问题"展开一种具有教育哲学意味的讨论。事实上,所谓"小问题"不见得真小,它往往能以小见大,反映出事件的诸多"奥秘"。此处我没有专门对这些教育改革事件做出评价,也不意味着我放弃了这种评价,事实上,评价将成为后文的主要旋律。如果说本章主要是在回答 L 县基础教育改革"是什么"的问题,那么后面的章节将立足于这些"所是之事"依次对"为什么""应当如何"等问题做出讨论,主要涉及教育改革实践背后的思想与价值观问题;如果说本章在方法上主要属于经验意义上的描述,那么后面的章节则要么深入经验的内部,要么超越经验的表象,进而形成一种教育改革历史哲学的研究以及教育哲学意义上的批判性分析。正如柯林武德所认为的,如果"哲学是反思的"①,那么"重要的是要记住:首先出现的是经验,其次才是对那种经验的反思"②。

---

① ［英］R. G. 柯林武德:《历史的观念》,第 1 页。
② 同上书,第 9 页。

# 第四章　县域基础教育改革的动因与过程

县域基础教育改革已是历史事实,并且这种事实是由多个具体的教育改革事件串联交织而成的。从本章开始,我的分析视角将伸入这些教育改革事件的"内部",如若每个事件存在所谓的"内部运动",那么我将对这些"运动"做出考察与剖析。"运动"指的就是教育改革行动从发生到完成的过程本身。人类社会中,无论是个人的还是集体的行动,过程无疑都包含着动因、方法和价值目标等最基本的要素,这是无须反复证明的事实。因此,我的考察将主要从动因、方法和价值目标这三个要素展开。考虑到篇章结构的安排,本章仅讨论动因和方法的问题,价值目标留待后文讨论。

## 第一节　动　因

说到"动因"一词,我们可能会首先想到某人做某事的动机或出发点,这是完全合理的。"动因"一般只对人而言,当我们在追问"动因"的时候,肯定意味着某个行为(无论是心灵的还是实践的活动)将要发生、正在进行或已经结束,同时假定行为者是一个具有一定理智的常人,是一个人而非一群人。这种"动因",显然是典型的心理学意义上的观念,即个人行为的"内部动因"。一群人的行动最终也必然聚焦到个人身上寻找"动因",即便是古斯塔夫·勒庞《乌合之众》一书中所谓的"群体"也是如此——"群体中的个人不再是他自己,他变成了一个不受自己意志支配的玩偶"。但是,就群体行动而言,"思想和感情因暗示和相互传染作用而转向一个共同的方向,以及立刻把暗示的观念转化为行动的倾向,是组成群体的个人所表现出来的主要特点"①。这就是说,群体行动的倾向或动因首先是个体的,而后才是群体的。

然而,我对县域教育改革动因的考察却并非在这个意义上进行。我所要考察的是一项业已完成的教育改革事件的历史起因或者说是什么原初性驱动因素促使这项改革行动事件得以发生。这其中当然也包含着心理学上的个人动机,但在一项县域教育改革行动中,个人动机已经与该行动的其他客观因素统一起来。可以说,县域教育改革的动因指的是该改革事件发生的动力因素,无论它是外力还是内力,都促成了行动的必然性。也可以说,当我试图去考察一项教育改革行动是如何启动的时候,很大程度上也是在对动因进行考察。之所以特别用到"事件""一项""一种"等词语,主要是为了表明:县域教育改革并不是一个笼统的范畴,而是具体的行动(历史的事件);不同的行动,动因很可能不同。下面我就 L 县的几次教育改革行动的动因做出解释,动因自然是复杂、多方面的,我只注重主要的方面;各改革事件的动因内部也存在交叉和相似的地方,我将主要探讨它们之间形成主要区分的部分。

## 一、 问题驱动:以素质教育改革为例

如前所述,实施素质教育已然是世纪之交 L 县域基础教育改革实践的一次重要行动。从时代背景来看,它无疑是当时全国性素质教育改革理论热潮及国家教育改革政策影响之下的产物。因此,我们有理由认为,发生在这一

---

① ［法］古斯塔夫·勒庞:《乌合之众:大众心理研究》,冯克利译,广西师范大学出版社,2011 年,第 56—57 页。

贫困山区小县中的素质教育改革乃是一种"自上而下"的结果,这是我们习以为常的判断。因为我们的思维中已经存在这样一种逻辑前提:县域作为中国行政机构的基层单位,主要是执行上级的任务,况且这是一次涉及全县基础教育的改革行为,况且此县为"小县"(总有人会不假思索地认为它缺乏力量,原因是县域经济实力弱、社会文明程度不高、政治状况不够民主与开放等)。当然,这种"判断"无疑是符合一般性情况的——表现为政治的逻辑——以中央政府为改革意志顶端、逐级逐层体现这种意志的政治实践。然而,这只能是在政治实践的意义上而言的,因为一项改革行动本身并不只有"政治"的意涵。这种"判断"也符合全国素质教育改革的大部分情况,即中央政府发布的《中共中央关于深化教育改革全面推进素质教育的决定》(1999)(以下简称《决定》),而后,各地方政府、学校纷纷响应,进而采取行动。

遵循这种"判断",我可以合理得出 L 县素质教育改革行动的启动逻辑,事实证明这也是真实情况。然而,若是停留于此,那么这个结论将变得没有多大意义,因为这似乎是只要懂点中国行政常识的人都会明白的道理。当然,更重要的并不在于此,而是如果不进一步做出考察,我可能会错失一个补充这种"常识"的可能性,同时也就无法真正发现素质教育改革在县域实践过程中的生动性和丰富性。那么,L 县素质教育改革行动的真实动因(如果有的话)是什么呢?假如政令驱使只是它的一种动因或是外部动力,那么它是否存在一个主要的、内部的动力?

事实上,L 县素质教育改革有它"自我"的一面。从广泛的逻辑上看,每个县域教育改革都有其独特的一面,因为"县域"本身是异质的存在,这为各自的教育改革行动提供了必然所依的"本土"条件。"本土"条件的异质性生成教育改革的独特场域,其中,县域行政系统的效力、县域教育与文化环境、个人能动性等任何一个因素都有可能使一项教育改革与众不同。比如,L县素质教育改革之所以能够发生于中央政府正式出台《决定》之前,一个很重要的原因就是当地教育局局长的行动领导力及其实事求是的行事风格和坚定的教育信念。局长个人可能只是个偶然,但其行动却是促成教育改革历史必然性的重要因素。尽管在《决定》出台之前,若干教育政策中已出现了"素质教育"的概念与主张,但只要尚未出台正式的"改革"政策文本,一般来说,县域政府机构便不会轻易施行县域改革行动。因为"改革"本身是一种冒险——它意味着强组织性和计划性,损耗县域政府财力和人力,同时牺牲其他必须做、常规性、可控性强的活动的时间,关键是这种改革无法预见行动的显性成果。不过,这种"冒险"却"意外"地发生在L县这个"小县",直接推动力便是时任教育局局长韩丰谷。就个人动因来看,教育情怀与教育信念构成了L县素质教育改革行动的思想或价值的重要动力,韩丰谷的如下叙述可以反映这种"主观因素"的某些重要特质,他说:

　　我是一心一意搞教育的,因为我对政治的东西不太感兴趣。还有一个,我这人比较实在,喜欢搞一点实在的东西。

　　说实在的,要做点事情,还要敢"顶"("上面")一些东西才行。有些"太花"①的东西,我就"顶"。

　　可以说,我能够做到对这个教育研究这么感兴趣,全部是自学的。

---

① 他认为,教育事业应该是扎扎实实,立足实际情况。光是喊口号、贴标签、玩概念,而不能将理论、理念转化为具体的、可操作的、实际需要的行动,那是不可取的,是不务实的行为。

我讲个故事给你们听吧,我出来(注:参加工作)的时候是 20 多岁,当时我是在乡下一个初中教学。生了小孩,那时候工资低啊!三四十块钱(一个月),那是很困难的,两个人在一个学校。生了小孩呢,家里的老人又不能来帮忙带,那就非常难办了。我甚至用背带背着女儿去上课,那个上课的情况就不一样啊!没办法,学生要上课,我这个小孩没人带。所以课堂上学生都鸦雀无声,鸦雀无声呀!再吵的都不敢吵了,这种情况下都不敢吵了,也不敢讲话了,这时候学生也很感动。我是经历了这样一个过程。所以我对这个教育算是搞了一辈子。所以我当局长的时候,确实对这个教育还是有点想法,也有点想把这个山区县搞好。特别是它又是少数民族地区、小县,三个都全了嘛,教育最难搞。我觉得,如果说 L 县的教育(有困难),比较难的客观条件就是这三条,这三个东西制约着很多方面,很难做。所以我就想根据 L 县的实际情况做一些事,当时也做了一些事。(L-HFG-1)

因此,我认同历史学家柯林武德的如下观点:"历史上无论发生了什么事情,都是作为人类意志的直接结果而发生的,并且有某个人是要对它直接负责的,要看它是好事还是坏事而对他加以赞扬或谴责。"①某种意义上,韩丰谷是 L 县素质教育改革行动的直接负责人,而且就结果来看,实践者(教师)对他是持赞成态度的。如果说 L 县素质教育改革行动的"外部形式"是由一系列事件组成,比如"课堂教学大比武""教师业务培训""德育观念日常化"(L-HFG-1)等,那么这种行动的"内部形式"便是改革者的思想、理念或价

---

① [英]R. G. 柯林武德:《历史的观念》,第 47 页。

值观念的集合,它是改革者长期教育实践经验的延续和积淀,也是素质教育观念在改革者思想体系中的转化性生成。进而我也相信柯林武德的断言,"历史的过程不是单纯事件的过程而是行动的过程,它有一个由思想的过程所构成的内在方面"①,因此也可以说"历史过程本身就是思想过程"②。如同何兆武先生所指出的那样,"归根到底,历史的进程是不以人的思想为转移的;个别地看,每桩历史事件虽然贯穿着当事者的思想意图,但整个历史运动却又与每个当事人有意识的思想关系不一定很大。在历史上,一个人的有意识的思想倒往往像是一幕偶然的插曲、一种假象"③。但是就这一项作为历史的具体教育改革行动而言,在其启动发生的节点上仍旧充盈着难以抹去的个人思想色彩。

不过,改革领导者的个人因素只能作为使改革行动发生的行动者的力量,或者称之为"导火线"。这种力量只不过是教育改革行动本身的实践必然性在行动者身上的反映。在这里,教育改革发起人成了教育现实的反映者,教育现实本身的变革必然性转化为行动者思想与思维的实质内容。简言之,属于教育实践本身的力量才是 L 县素质教育改革行动得以开展的根本诱因,我暂且将这种情况称为"问题驱动"。所谓"问题",指的就是 L 县基础教育实践中存在的被改革者视为问题的教育现象,或者说刚好是素质教育理念所批判的事实构成。历史地看,在可考察的范围内,这些成为问题的教育现象部分是 1999 年之前当地政府"狠抓普九与两基"工作的"副产品",韩丰谷称之为"普九"工作遗留下来的"教育内伤"(L-HFG-3)。根据他的看法,这种教

① [英]R. G. 柯林武德:《历史的观念》,第 244 页。
② 同上书,第 257 页。
③ 同上书,"译序"第 38 页。

育内伤是由"狠抓普九"与当地落后的经济发展水平之间的矛盾所致,主要表现为"教师们不能专心于教学,教育太折腾"(L-HFG-3),他如是说:"我就发觉一个最大的问题,为什么我要搞这个素质教育?就是发现了我们的老师已经很浮躁,做工作已经不能落到实地,形式化(注:人们普遍批评的形式主义,也就是教师不干本职教学工作,而是做其他事)太严重了。"(L-HFG-3)这或许正是 L 县素质教育改革行动把重点放在"师德培训"和"提升教学基本功"上的主要原因。除此,则是教育实践中长期累积的一些沉重"弊端",如"应试与分数至上",正如韩丰谷所说:

> 当时,我也不是说什么改革不改革,就是要做这个事情啊!这样才对我们的学生、对我们的下一代人有帮助,他们综合素质提高了,这就是教育质量,看那个分数没有用。当时那个"分数"(注:只看考试分数的现象)也很厉害嘛!考好分数嘛!那弊端也是很明显的嘛!我搞了几十年教育,我就真知道它的弊端了嘛!我觉得从这个方面搞是非常必要的。所以我们搞这个素质教育,确实没有行政的推动,我们是自发地搞的,就是说"对教育的负责",(基于)这种责任来搞的。(L-HFG-2)

显然,尽管政策驱动是 L 县素质教育改革不可忽略的基本动力,但这种驱动力在全国范围内的各种改革行动事件中似乎同样有效。然而,我的考察表明,L 县域素质教育改革却源于当地教育现实中的种种问题。这些问题或许不是 L 县的独有现象,但发现它并采取改革行动则有赖于当地改革者敏锐的教育问题意识和坚定、果敢的改革行动力。从更为充分的角度看,若是改革者本身缺乏必要的教育热情和教育信念,那么他不一定能真正意识到和认识到教育的问题所在,进而也无法成为真正的教育改革领导者或发起人。

## 二、 任务驱动:以新课程改革为例

伦理与政治生活、生产与职业分工是人类社会秩序化的基本维度,同时又是推进这种秩序化的方法。如果逐步的社会①秩序化意味着社会发展,那么在这个过程中,人作为历史创造者或历史的主人,其愈加多元丰富的社会"角色"无疑是这一发展的重要体现——角色意味着任务,人们各司其职,履行规定任务,扮演相应角色,社会系统因此趋于稳定。"任务"一词就像辞典所定义的那样,是"指被指定的工作、职责、责任等。其特征在于有明确的责任性,即无论是团体、阶级、国家委派给某个人的任务,无论是他人委派给某个人的任务,还是个人自己向自己委派的任务,都有明确的责任目标,一旦个人接受这种任务,就必须依靠个人的努力去实现这种责任目标。人们在社会生活中面临着种种任务,如政治任务、法律任务、工作任务、历史任务等"②。

社会的构成不仅以个体的人为单位,同时还以各种异质并存的系统或机构为组件,根据不同的功能,这些组件同样被赋予特定的任务,从而推动社会大系统有序运转。国家空间中,这些"组件"多数时候是在"流水线"上运转。拿行政机构来说,中央政府以下的各级地方政府就如同一栋大厦的楼梯,若是中央政府要施行某个政令,那么它需要将此政令从大厦最高层逐级往下传递,每一级的传递过程都是政令"落实"的一个环节,直至底层。若是把 21 世纪中国基础教育新课程改革比作一个政令,那么它正是通过此"楼梯"转化为

———————

① 此处为大"社会"概念,包括政治生活、伦理生活、经济生产、教育实践等基本结构维度。

② 罗国杰总主编:《中国伦理学百科全书·伦理学原理卷》,吉林人民出版社,1993 年,第 413—414 页。

具体的改革行动的。对于"下级"来说，这个过程就是完成"上级"部署的任务的过程。这是一种普遍的社会逻辑，也是政治逻辑，本身就意味着社会的秩序化运动。

政府位序上，L县政府处于中国行政体系中的第三级序列，完成上级政府下达的任务是它的固定机制。同时，作为地方政府，它还具有管理和造福地方社会的天职，在这个意义上，不同于"被要求"的任务，它由政府的本质属性决定，而不仅仅因为它处于行政体系的下级序列。众所周知，21世纪中国基础教育新课程改革是中央政府发起的全国性教育改革行动，与其他任何常规性政府行动一样，它正是借助完善而庞大的行政体系而实现的。L县的新课程改革正如我在上一章描述的那样：它是在逐级下发的"政令"中施展开来的。上级政府的"实验方案""实施要求""启动会议"等构成不可或缺的启动环节，一旦上级政府"评估验收"结束，行动随即停止。L县"试验"正诠释了这种秩序感和程序性。

上级下达的"任务"有一个重要特点，那就是执行的强制性。正如教研室主任高明海所说："我们也是受到上面推动，整个是被动带起来的，是带入式的。"（L-GMH-1）这就意味着可以忽略现实基础，也可以不用考虑行动结果，核心在于完成"任务"本身——开展这项行动，促成一个事件。事实上，尽管L县在新课程改革中是全国及其所在省份的最后一批"实验点"，但当地政府和教育现实并没有对此做好"准备"，人们普遍认为新课程的内在要求远远高于当地教育基础（如师资力量、教学条件）的承受力。从高明海的话语中我可以做出这样的清晰判断，即L县新课程改革自主性与能动性明显不足。很难说随之产生的所谓"背后的东西我们不知道""教师无从适应""教师还是转不过来""难以调和的价值冲突""改革的阻力特别大"（L-GMH-1）等问题与这种能动性、自主性的不足没有关联。因此,我能理解在当地政府教育档案中新课程改革记录寥寥无几的客观现象,也能一定程度地体会高明海的坦白——"我们的新课程改革是最大的问题"(L-GMH-1)这句话背后隐含的挫败感和无力感。校长们也不认为这次新课程改革有多大成效,青木镇小学校长孙芳便直言:"反正这次课改我觉得是不成功的。"(L-SF-1)

我将 L 县新课程改革的主要动因称之为"任务驱动",并不是否认 L 县基础教育现实本身需要进行新课程改革的客观必然性,也并非完全忽略整个启动过程中当地人民为此进行的艰难探索。只是想表明,从让"新课程改革"这个事件在 L 县域发生的原初推动力来看,它是"迫于"完成"任务"的直接效应。换言之,若没有上级政府的"要求"和指定,这个事件不会发生,或者说不会以那种形式发生,或者说会发生得更晚一些。

三年,是执行此项"任务"、完成这件"事情"的时间跨度。然而,L 县教育实践者和管理者的观念和行动表明,这个"任务"结束之后他们"自己想要"的教育改革才真正到来——学习"杜郎口教学模式"——尽管是一种模仿,但行动的自发性、自主性让他们感到自豪,这似乎符合当地人民"自强"的文化传统。当然,无论从历史还是逻辑的角度讲,从教育改革行动本身来看,这种"自发自主"的教育改革尝试无疑很大程度上得益于刚刚结束的新课程改革行动——思想与观念层面上留下的"新教育"文化印记,以及已经渗透到教育实践脉络的"新教育"行为。

### 三、 环境驱动:以教师专业化发展项目为例

关于人的活动与特定环境的关系问题,历史上有过非常丰富的讨论,众说纷纭。不过也有共识,那就是特定环境中人类的一切实践,包括物质的和精神的生产活动都与环境本身密切关联。马克思甚至断言:"环境的改变和

人的活动或自我改变的一致，只能被看作并合理地理解为革命的实践。"①马克思的这句名言有其特指对象，不过我也不妨大胆引申出一种说法：环境与人是相互生产的存在关系，环境的改变意味着人的改变，反之亦是如此。也可以说，任何一种教育改革活动都产生于特定环境，如政治环境、经济环境、文化环境、社会环境、地理环境等；反过来，教育改革活动同时也在改变其周围环境，比如教育、社会与文化。

我接下来要指出的"环境驱动"中的"环境"并不是一般意义上的"environment"，它更像是"context"或"circumstance"。可以用"氛围"（atmosphere）一词作为替代，进一步也可以说是文化氛围或文化环境，这比较符合中国人的话语传统。这个"文化"（culture）不是指所谓的物质文化，不是作为知识类型的文化，如文学、艺术，也不是指与"文明"（civilization）一词共同分享的"有教养、有礼貌"的含义。"文化"其实是对"环境"的修饰与限定，需要在具体对象上予以表征，如思想氛围、价值氛围、情感氛围、道德氛围、政治氛围等，这样显得明了直观。我所说的"文化环境"被我称为教育项目的观念和实践所营造的文化环境，这种文化环境一旦生成便会影响特定时空范围内的教育活动，甚至引发教育改革。

回到 L 县基础教育改革问题上，我想说明的是，这种"文化环境"催生了L 县教育改革历史上的某次事件——当地人总能津津乐道的教师专业化发展行动。需要重申的是，这种"文化环境"仍然只是在事件启动的意义上说的，并且属于主要的、直接的方面，它不代表全部，也不意味着所谓的"根本"。简言之，作为事件的改革行动的启动并不代表行动内容本身的内部动力。举例

---

① 《马克思恩格斯选集》（第 1 卷），第 134 页。

来说,中小学做课间操这件事情,就做操本身来看,根本动因必然是调节和促进身心健康,而从把做课间操作为一个学校机构的事件来看,动因可能是学校管理的常规,可能是应付一次上级检查,也可能是学生组织、团体的一个创意,或是受到其他学校影响而为之。我所说的"驱动"或"动因"属于第二种意义。

如同我在上一章中所讲,这个"项目"作为 L 县基础教育改革的一次重要行动,其实是缘起于"中英西南基础教育发展项目"在广西地区的广泛开展。重要的是,当这个项目在广西地区开展多年后,广西壮族自治区政府和相关专家团队试图对它实施改良,具体方法就是在各市、县(区)进行实验,最后实现项目的"本土化",首席专家杨家基坦言:"我们经过改良、本土化之后的这套技术,最突出的一个特点就是它能接地气,能落地,能够在学校里头生根、开花、结果。最后落在哪里呢? 通过 SDP(注:项目简称),它可以落在学校的任何一个领域,任何一个育人的板块里头。"(L-YJJ)然而,此项目的本土化行动并没有以政府任务的形式推动,也并不是专家的主动"上门服务"。严格地说,它只是一种作为计划的"项目契机"或作为思想与知识的项目经验——也就是我称之为"文化环境"的实质,这为每一个潜在的项目对象提供了平等的可能性,关键在于认识并把握"契机"或经验。L 县成为首批两个项目县域中的一个,如同上一章所指出的,主要是靠当地教育局领导的"争取",领导者的政治资源和行动积极性在其中发挥了重要作用。文化环境为领导者的个人动因赋予实质内容,教师专业化发展项目作为改革事件本身则是由文化环境直接驱动的。

不妨看一看项目主要负责人王梅和高明海关于项目源起的叙述:

王：这个项目，现在想起来，我们那时也是好淳朴啊！我们前一届局长，他那时就是想弄一个项目、一个载体，把学校的管理、教学提升一下。然后就去了教育厅，可能他也是从什么地方了解到教育厅师范处那里有项目推荐、有专家指导。当时他就带着我和高主任去了，还不知道要做什么，稀里糊涂就去啦！到教育厅之后，教育厅就安排杨教授和另一个搞课程教学的教授出来。当时，他们就给我们介绍这个项目，我们还没有听懂。

我：没听懂？

王：是啊！都听不懂。然后我们局长就拍板了，就说要做。还签了协议，还给他们钱，一年几十万。

我：县里面自己给钱啊，主要给谁呢？

王：给师范处。师范处来管这个项目，然后师范处请这些专家来指导……（L-WM-2）

高：自己主动去做，难度还是很大。所以，当时刚好有这样一个契机，教育厅有个项目，当时局里就派我去教育厅学习、对接这一揽子事情……再加上国家政策也是在 2012 年，所以随着教育环境的改善，现在慢慢地在营造好的环境，我们整个工作都在抓紧。（L-GMH-1）

可以发现，若不是作为文化环境的项目契机本身已经首先存在，教师专业化发展项目便不会产生。这里面暗含两个逻辑：首先，文化环境促使 L 县教育局领导萌生了"项目"的念头；其次，文化环境决定了教师专业化发展项目的形式与性质。也就是说，如果没有文化环境的事先存在并在时空中得以传播，那么主体便不会生出相应的念头，这是文化环境的感染力所致。进一步说，即便主体在主观上本就有实施教育改革的个人动因，也不会产生后来这个"教师专业化发展项目"，有可能是其他某个"项目"，或者根本不会产生任何"项目"。

因此，我将教师专业化发展项目的动因简单称为"环境驱动"，完整表述为"作为项目契机的文化环境的驱动"。值得注意的是，如同前面的素质教育改革，教师专业化发展项目的发起同样深受教育局领导者个人动力的关键影响。我的考察发现，两位领导者抱持着迥异的政治追求和教育态度，这又无疑在某种意义上导致了两者在教育问题意识、教育认识和教育情怀等重要个人因素方面的差异。根据访谈情况，我们可以看到，该项目启动时在领导者个人层面还存在很大程度的盲目性，而这与前者形成了鲜明对比。

### 四、发展驱动：以学校布局调整为例

学校布局调整是 L 县基础教育改革历史上比较频繁发生的事件，如同前面的历史描述所表明的，这些事件并不完全是中央政府或上级政府的"政令任务"所致。更大程度上，它们是由 L 县经济贫困、山区地形、人口少而居住分散的现实条件所决定的。立足最近一次学校布局调整来看，我们尤其不能轻易排除其中隐含的历史惯性和经验的驱动力。尽管历史上当地进行的多次学校布局调整行动更大意义上是作为县域人口、经济与政治战略的"附属"，但是当地政府显然在历史经验中发现了它的教育价值。多次学校布局调整行动让行动本身获得了稳固的逻辑合法性和价值正当性，同时生成了一种以"发展"为本质属性的历史逻辑：每一次行动意味着对上一次行动结果的推进，意味着这是"本县"教育的一次发展。换言之，对当地政府而言，学校布局调整并不是一次充满悬念的教育冒险或解决某种"教育问题"的方案，而是一种走向"更好"的标志。因此，我们便可以理解为何教育部发布《关于实事

求是地做好农村中小学布局调整工作的通知》(2006)(以下简称《通知》)后，广西壮族自治区率先采取的行动中的重要一步便是将 L 县列为学校布局调整的"典范"县域。历史地看，L 县此次学校布局调整属于自发的行为。

不妨来看时任教育局副局长的吴永凡对于学校布局调整启动过程的描述：

> 我刚过来(到教育局工作)的时候就面临着要动员学生入学(的任务)，主要精力放在这个上面。经过五六年时间，群众的教育意识提高了，送子女上学的积极性也提高了。2004 年之后，我们就觉得群众送子女入学的积极性提高了，于是我们就开始筹划在全县搞学校重新布局调整。经过一段时间的调研，2006 年正式着手搞这个事情。用了一年多时间进行调研，我们就提出"初中集中县城办、小学集中乡镇办"这样一个义务教育思路，然后提交到县里面(注：县政府)，县里面就进行进一步的调研(当时就是由县里面组织各个机构代表参加调研)，最后，县人大通过了这个布局调整的方案。2007 年正式启动。

> 这个做法在全区(省)可以说是最早的，而且是我们自己的做法。当时，教育厅也是支持我们的，还给了几千万支持我们做这个事情，希望投入一个小县来探索这个县域的教育究竟该怎么搞，既可以提高教育质量，又能尽可能地节约教育成本。也是基于这样的考虑，想走出一条新路。上面来的资金(的利用)也必须符合我们这样一个教育规划，否则我们宁可不要拿那个钱。必须按照我们这个规划来投入。现在来看，反正不管怎样，我们已经做成了。(W-WYF)

由此看，L县学校布局调整的启动并非"问题驱动"，也就是说，不是L县教育实践本身出现了类似素质教育改革所面临的"师德""分数至上""教师教学能力"等方面的"问题"或"麻烦"。它主要也不是"任务驱动"，因为在政治学意义上这并非上级政府的指令或旨意所迫，而是一次明显的县域政府的自主自发行为。它看上去更像是一个事物到了一定历史阶段的一次自然过渡，而这正体现在学校布局行动本身的历史逻辑之中，也成为当地政府鲜明的"发展"取向的产物，"发展是县域政府的根本目标和最高价值"①。"自然过渡"指的是政府顺应了当地人口逐渐集中于城镇的客观趋势；"发展"取向指的是此次行动的出发点是"教育公平"——不论是在官方话语，还是在学术话语、实践话语中，"教育公平"一词一般是作为"发展目标"而被使用的。回溯历史，教育公平作为人们愈加普遍的追求，其实从未真正得以实现，或者只能说是相对地实现过，并且这种情况会一直延续下去。因此，教育公平同时也是一种"想象的现实"，不过，正如新锐历史学者尤瓦尔·赫拉利（Yuval Noah Harari）所说，"人人都相信，而且只要这项共同的信念仍然存在，力量就足以影响世界"②。若它只是作为一种"追求"或"想象的现实"而存在，那么它也就不能成为"问题"，因为某事物成为问题的前提在于该事物已经作为事实而存在。

以下是吴永凡和我的简单对话：

　　吴：在这（次）集中（学校集中到县城、乡镇）之前，已经有不少学生

---

① 樊红敏：《转型中的县域治理：结构、行为与变革》，中国社会科学出版社，2013年，第75页。
② ［以色列］尤瓦尔·赫拉利：《人类简史：从动物到上帝》，林俊宏译，中信出版社，2014年，第33页。

到乡镇所在地去就读了,他就跟着哥哥姐姐在那里住了,哥哥读三年级,他就读一年级,好像还可以。

我:觉得好像还可以,然后咱们就干?(笑)

吴:对对对!我们也没有请什么教育方面的专家,教育厅也有领导曾经建议我们找多方面的专家做详细论证。但是说实在的,我们好像也迫不及待了。

我:怎么会迫不及待呢?

吴:就是想把这个事情做下来。只要群众同意,政府有决心。

我:为什么那么迫不及待呢?

吴:就是说,主要是想消除那种城乡的教育差别啊!原先这个乡和那个乡是有差别的,这个学校和那个学校是有区别的。让我们群众的子女处在一样的起跑线上,我们是出于这样的考虑。(W-WYF)

除了这种"教育公平"上的发展驱动,还有两种意义上的"发展驱动"也是显而易见的。一是政府意图为当地学校布局调整的历史与实践进行一次理论抽象,进而制造属于本县的教育符号象征,那便是此后他们在正式文件和口头表达中总会言及的"初中集中县城办、小学集中乡镇办"一语,其中饱含着政治智慧、文化智慧和教育智慧。二是从政府角度上看,学校布局调整显然首先是从经济事实出发的,若不是优先考虑经济学意义上的"教育发展",他们便没有理由为此大费周章。因为,除了教育资源维度的证据,没有任何其他证据可以表明学校分散与教育公平之间存在必然的正向关系,而且他们事实上已经预知学校布局可能会带来的若干"负作用"(如文化、心理与伦理的问题)。这种教育资源作为证据维度的有效性(也通过权威性而成立）直接产生于对"人民对教育优质资源的需求"的满足及其"公平配置"。无疑,这首先给政府制造的麻烦便是财政上的压力,于是正如更广泛的研究所表明的那样:"农村学校布局结构调整是农村学龄人口锐减、农村学校布局分散、规模小、质量低等多方面原因共同作用的结果,但不容置疑的是,各级政府尤其是县级政府在面对巨大财政压力的情况下,对教育规模效益的追求则是农村中小学布局调整的初始动力。"[①]当地教育局撰写的《L县实施农村布局调整、促进义务教育均衡发展的研究报告》(2010)中的"农村学校布局调整的意义"部分首要强调的就是"促进了教育资源的合理配置,有利于提高教育资源利用率":

> 在布局调整之前,各乡镇中小学普遍存在布局分散、校点过多、学校规模过小、需要改造的危房多等问题,往往一个校点学生不多,年级却有好几个,教师则身兼数职,既是班主任,又是生活指导老师,既要上语文,又要上图、音、体,甚至既是校长,又是教导主任兼炊事员,真乃"麻雀虽小,肝胆俱全"也!教育资源的投入具有整体性和不可分割性,学校无论规模大小,都要有校舍建设和教学设备等固定资本投入,都要有教师、行政管理人员等人力资源投入,这使得本来就短缺的农村教育资源过于分散,难以形成规模效益。当规模小的学校和一些教学点被撤并以后,就能将有限的教育资源集中使用,从而避免了过去分散办学时普遍存在的教育资源利用效率低下的问题。

---

[①] 白亮、张竞文:《农村学校布局变化三十年的制度原因分析——基于农村基础教育投入管理体制的观察》,《教育发展研究》2014年第10期。

### 五、小 结

通过历史的、具体的思维来把握一个县域的基础教育改革动因,我发现,它呈现的是一种难以预知的丰富性和生动性,弥补了我的"无知",同时纠正了我的偏见。"无知"乃是一种想象——对一个边远山区县域教育改革的想象,它毫无内容;"偏见"则表现为这样一种揣度:"地方政府"只能亦步亦趋地依据"文件"行事,缺乏自我革新的力量。我也坚信,这种无知与偏见是广泛存在的。也就是说,当人们思考或言说某种事物时,若是其中含有"基层"的特指,那么它多数时候容易被视为中国行政链条上的一个"细胞",而不是一个完整的生命体。

被我视为县域教育改革主体的是县域政府及其领导的一切行动者,而不是某个个人,这两者虽有不可分割的联系,但仍然区别巨大。若仅从"个人"出发,那么恐怕我也难以相信那是在做县域教育改革动因的分析。然而,我也多次提到"个人"及其关键意义,但此"人"充当的是县域教育改革事件的行动者,他受制于县域自身的结构与逻辑的整体性,如迈克尔·彼得斯(Michael Peters)所说:"在最强的意义上,作为个体,我们被社会构造,并且,这个过程是意识形态自我生产的一部分。"①个人主观动机不能作为"县域事件"本身的动因——尽管每一个县域事件都是人的实践——而只能与事件的必然性构成互动,并最终融入事件进程之中,成为事件本身的一种内部动力因素。

---

① 〔新西兰〕迈克尔·彼得斯:《后结构主义、政治与教育》,邵燕楠译,北京师范大学出版社,2018 年,第 69 页。

# 第二节 过 程

对过程的分析,我将采取另一种略微不同的策略,即抽取各改革行动过程的共性。这种"共性"是可以直接感受和理解到的,可以说它是被发现的,也可以说它是我在受访者的解释中和文献资料记录中进一步做出的解释。尽管对"发现"的过程与方法我已经尽量做到客观,但不能否认其中仍然隐含着关于"我认为重要"的价值判断,正如皮埃尔·布迪厄(Pierre Bourdieu)所指出的:"解释者的作用必然有其倾向性。"[①]这种"共性"指的是 L 县基础教育改革行动过程中隐蔽或表露出来的方法与力量,也是当地改革者(同时也是实践者)认同或反思的内容中较为突出的部分,它的特点是稳定、符合当地实际。由于研究视角、思维和价值取向等方面的限制,我只能做到部分地发现它们。

## 一、管理先行

教育改革行动(且涉及一县)是一种具有特定目的的行为,为达到这个目的,行动者必须充分理解这个目的,并达成理解的一致性。这个理解本身构成了行动的过程与方法。为促成这种理解,行动的组织者或领导机构又需借助某种辅助的技术。教育改革作为一种实践活动必将面临实践本身具有的不确定性、复杂性,进而意味着实践可能出现的混乱局面,为控制混乱并走向行动的秩序化和统一性(尽管无法完全做到),如社会学家齐格蒙特·鲍曼

---

① [法]皮埃尔·布迪厄:《实践感》(新编版),蒋梓骅译,译林出版社,2012 年,第132 页脚注。

（Zygmunt Bauman）所言，"秩序就是非混乱；混乱乃是无秩序"①，改革者同样需要借助某种技术，并且因为行动具有持续性，这种技术将成为行动本身始终不可或缺的一部分。此技术我称之为管理。简单讲，管理作为技术是对教育改革行动固有矛盾的化解，或者用鲍曼的话说——"矛盾性的削减是一个发现并运用恰当技术的问题：一个管理问题"②。

作为技术或方法，管理包含于教育改革行动过程之中，却不属于"教育改革"实践本身，它只是教育改革行动这个"事件"的构成要素。因为"管理"与"教育"并非一回事。这一事件里，管理充当的是教育改革的推力或环境，若是缺乏管理的力量，则教育改革的实践难以有效进行。就好像课堂上教师要通过不断整顿纪律来实现教学目的一样，整顿纪律属于管理行为，教学才是教育行为。教育改革行动亦是如此，管理行为总是充当行动秩序的调节机制，以确保教育改革实践的预期实现。尽管从逻辑上讲，管理并非教育的必要条件，但历史表明，二者之间时常展现出极为密切的关系。

县域基础教育改革实践正是伴随着一系列的管理行为才得以真正展开。这里有必要首先区分"实践"和"行动"，前者主要用来强调学校场域中实质意义上的教育改革的发生，后者主要用来指教育改革作为一个事件的全部过程。行动包含实践，涉及的时间和空间范围更广；实践则仅是用来指称由教育改革政策与理念转化而成的"教育行为"。一个完整的县域教育改革行动事件至少包含教育改革管理行为和教育改革实践两个过程，如上一章中呈现的"实施方案""章程""规范""条例""通知""意见""动员大会"等便属于管

① ［英］齐格蒙特·鲍曼：《现代性与矛盾性》，邵迎生译，商务印书馆，2013 年，第 7 页。
② 同上书，第 6 页。

理行为的事实;编制新教材、对教师做新课程培训、学校施行新教育理念、校园文化展现新气象、教师课堂教学行为变化、学校空间发生位移等则属于教育实践的事实。

县域基础教育改革行动不同于个人行为,其最大特点在于它由政府发起和组织,体现出强组织性、目的性和计划性。因此,我们可以看到,不论是素质教育改革、新课程改革、学校布局调整,还是教师专业化发展项目,一般都是把政策作为行动起点。政策(各种形式)的本质在于对行动做出各方面的规范,包括目的、对象、方法、人物、资源、时间、空间等。规范即限定,是对行动进行最大程度的控制。以政策为先行的技术机制同时作为行动的起点,教育改革行动将在"规范"或"限定"中走向秩序和高效。政策正是管理的一种技术形式,如同古典管理理论学派大师 F. W. 泰勒(Frederick W. Taylor)对管理技术所下的定义"确切知道要别人干什么,并注意他们用最好最经济的方法去干"①。亦如决策理论学派代表人物西蒙(Herbert Simon)、马奇(James March)等人所认为的,"决策贯彻管理的全过程,管理就是决策"②。然而,政策作为管理技术的先行并不意味着它的效力是即时性的;相反,政策一旦确立,它将"统治"整个教育改革行动的全部过程。

从方法的本质上说,县域基础教育改革行动管理先行体现的是一种"因地制宜"或"从实际出发"的方法论精神。它的内在前提性假定是:若超越本县域条件的可承受水平、若不符合本县域教育需求,那么这种教育改革本身就是一个"矛盾体",它意味着无法控制的混乱和难以想象的不确定性,结果

---

① [美]F. W. 泰勒:《科学管理原理》,胡隆昶、冼星海、曹丽顺译,中国社会科学出版社,1984 年,第 33 页。
② 同上书,"前言"第 11 页。

是可能给原有的教育实践带来创伤。因此,管理又是县域教育改革行动本身的方法论之一,它的最大意义在于使得县域教育改革既合目的性又合规律性。在这里,我仿佛看到了"以县为主"的基础教育管理体制的某种先进性。对此,韩丰谷有其切身体会:

我:"以县为主"的管理体制提出好像是 1996 还是 1998 年开始的吧? 此前是以乡镇为主。

韩:如果你想了解这个管理体制的话,当时我在场,我是落实的参与者。当时我们走在前面,国家还没有提出正式文件之前,我们已经把管理权升上来了。

我:就是 L 县?

韩:对,已经走在前面了。那时候我还不是局长。当时教育管理权限放在乡镇,那种乌七八糟的东西很多、很乱,主要就是对教师管理、对教师的提高很不利。整个县的教育资源不能合理地利用,特别是教师这个资源。最难的就是调教师,从这个乡到那个乡,教育局没有钱。比如我们从 A 乡调到 B 乡去,但是 A 乡不同意,它有方方面面的关系(注:关系就是社会学讲的关系资本)。这就难做了,影响了教师资源应用的效率。要调动教师,教育局只能做两个乡的"和事佬",人家还不一定买你账。

我:然后县里面就?

韩:把它收上来。

我:自己搞?

韩:当时就是县里面自己规定,自己搞。

我:县里搞了多久,国家文件才下来呢?

韩：大概有一年吧。我们县这一点搞得还是比较好的。L县的教育，说实在话，也不是很落后，还是可以的。当时主要就是统筹，然后就是管理。这是两件大事情。收到县里来管理，确实顺畅得多。

……

我：看来国家当年把基础教育管理权放到县一级还是很好的。

韩：这个是很好的决策啊！当时我们就呼吁这个东西。县一级是个基层，它能够很好地进行教师和各种教育资源的统筹与调配。如果在乡镇那就麻烦太多，如果在市一级那就管不了，反而出问题。市里面是要宏观一点点，或者中观一点点。县里面主要是基层一点，是微观的。（L-HFG-1）

L县基础教育有一个重要现实：大量学生寄宿、教师长期不足和办学物质条件不发达。这一现实伴随着21世纪以来L县基础教育改革的整个历程。对于政府和学校领导机构而言，学生寄宿首先是管理问题，教师不足则是资源问题。教师不足体现为两个矛盾：教师需求量递增与新入职教师不足之间的矛盾，以及县域内有限教师数量在城乡、校际间调配的矛盾。学生寄宿制之所以首先是管理问题，原因是它关系着学生的人身安全和学校的办学秩序。物质条件不足使得当地政府长期将改善物质条件作为优先行动。因此，历次L县基础教育改革所呈现的一个共性就是"管理先行"。L县政府非常清楚地认识到只有以管理为手段实现学校协调稳定，才能进一步实现课程与教学、道德与文化等教育核心内容的改革，他们深谙马克思主义的教导——社会和物质的基础决定教育作为"人格"事业的开展。即便是素质教育改革，也正如韩丰谷所言："第一，先抓常规，把教育的规矩，各种教学、活动、管理的规矩这个平台打好；第二步再进行各方面的改革。"（L-HFG-1）

而从 21 世纪以来 L 县基础教育改革的历程来看,学校布局调整、教师专业化发展项目等改革行动实际上也首先给人一种浓厚的"管理"的印象。比如教师专业化发展项目,当它在中小学校中普遍实行并取得一定成效时,在改革者看来"最好用"之处莫过于它产生的管理效应,项目负责人王梅为此满怀成就感,她说:

> 学生和老师都认可,无形中就形成了学校的凝聚力,形成了一种文化。其实我们 L 县的教育真是转变很大,以前都是通过制度、规定(来管理),但现在已经慢慢地变成了一种文化的管理,就跟外面(发达地区)慢慢地接轨了。它不仅仅是通过那种刚性的制度去管理的,它现在是从文化的角度去管理了,肯定就上一个档次了。(L-WM-2)

作为本部分的结束,我想指出:"管理先行"是县域基础教育改革行动的现实逻辑之一。尽管"管理"与"教育改革"看上去似乎不是同一回事,但是这种现实逻辑的存在显然有其地域的、历史的合理性。因此,我们不能仅凭观念上建构起来的"教育逻辑"去否定它。很多时候,高居学术殿堂的教育学者们总会犯这样一种通病,那就是用一种所谓"教育本质"的东西去评判生动具体的教育现实,试图用教育理论的逻辑替代教育现实的逻辑。然而,严格地说,多数情况下人们口中的"教育本质"其实只是他们心目中那个应然的教育,具有一定程度的"乌托邦"意味,它反映了人们对于美好教育的想象和向往。但是这种想象和向往的实现必然要建立在现实基础上,它必然是历史的和具体的。也可以说,教育没有普遍的本质,"本质"所代表的规律和价值乃是一种"具体"。L 县基础教育改革"管理先行"是其直面的诸多现实境遇

"逼迫"所致,否则县域教育改革便很难推进,作为实质的学校教育则无从正常开展。很大程度上,学校管理的好坏决定着学校的运行。

## 二、政府推动

政府与教育的关系似乎无须再进行过多论证。历史已经证明,政府是教育的支持者,同时也是受益者。教育经由政府而变成大多数人的教育,尽管教育此时往往以"被控制"之名被诟病;政府借助教育实现社会治理,这个事实似乎无可辩驳。目前来看,在最普遍的意义上,毫无证据表明无政府支持的教育会更为优良。相反,缺乏政府力量支持,公共教育常常无力运转,甚至沦为社会动荡之源。不少历史事实表明,缺乏教育意识的政府终将走向溃败。亚里士多德早在其《政治学》中就有过精辟论证:"大家当一致同意,少年的教育为立法家最应关心的事业。[这种论断具有两项理由:一,]邦国如果忽视教育,其政制必将毁损。一个城邦应常常教导公民们使能适应本邦的政治体系[及其生活方式]……现在,教育应该订有规程(法制)以及教育应该由城邦办理这两点已经明白论定。"①

亚里士多德同时指出,作为政体的城邦必须是最优良的城邦,否则它将把教育带入败坏的深渊。"只有具备了最优良的政体的城邦,才能有最优良的治理;而治理最为优良的城邦,才有获致幸福的最大希望。"②"城邦之为政治团体不仅使人类可得更广泛的经济自给,而且使他们能够进而向往优良的道德生活。"③但是,政体必须在宗旨上为着一切城邦的人民,即"凡顾及全邦

---

① [古希腊]亚里士多德:《政治学》,吴寿彭译,商务印书馆,2013年,第412—413页。
② 亚里士多德政治思想的重要公式:(一)政体＝人民生活方式;最优良的政体＝最优良的生活方式。(二)优良(善德)＝幸福(快乐)。合并两个公式而言,则最优良的政体＝最幸福(快乐)的生活方式。同上书,第388页。
③ 同上书,第441页。

人民的共同利益而为之图谋优良生活者列为正宗政体;反之,仅图统治阶级的利益者为变态政体"①。"城邦的目的不仅是求人类的生存,而且要实现共同的优良生活,必须是对这种目的有所贡献。"②不考虑亚里士多德话语的历史局限和政治立场,我认为他很好地说明了善治政府与教育的应有关系。

现代以来,西方无政府主义和自由主义在教育领域中盛行的一股流行话语是弱化政府力量和无限抬升教育实践者和其他社会团体的力量。这种话语的积极意义在于对校长、教师和社会力量的辩护、尊重和鼓舞,以及因此发展起来的正当的民主教育秩序和一定程度的自由教育实践。这对我国教育学术研究、教育改革和教育实践产生了积极影响。我们同时也能看到,近年来,一些学者开始借助这种话语及其背后的"正当价值"批判政府对教育的"干预"与"控制",呼吁在教育改革中削减政府力量,认为除了自上而下的改革路径,还需要同时辅以自下而上的改革路径。不过,在这个过程中也出现了过分夸大自下而上的教育改革力量的现象,甚至把政府与学校做了二元对立的划分,这显然值得我们警惕。此处最想说明的是,我们不能仅仅停留在学术话语及其内部的观念中打转。若缺少历史思维,任何即便是逻辑上正当的论调都会经不起推敲。

无论从历史还是逻辑的角度,人们应该不会否认教育改革的力量来自如下三个方面:政府、学校和社会。我的考察尤其表明,就一个县域的基础教育改革行动从启动到实施的全部过程而言,政府的力量在其中何其强大。很难想象缺乏政府支持的教育改革的状态和后果会是如何。回顾历史,即便是梁

---

① [古希腊]亚里士多德:《政治学》,第447页。
② 同上书,第448页。

漱溟的邹县改革、晏阳初的定县改革,也并非完全依凭个人和社会。如果有人说某学校可以脱离政府的"控制"而自主地进行教育变革,那么我首先想到的最佳例子只能是尼尔(Alexander Neill)的夏山学校(Summerhill school)、约翰·杜威(John Dewey)的芝加哥实验学校(the Laboratory School)和瓦西里·苏霍姆林斯基(Vasyl Sukhomlynsky)的帕夫雷什中学(Pavlysh Secondary School)等少数存在。然而,它们在历史上又是多么富有"个性",以至于只能作为历史的"特例"而被人们奉为教育的"伊甸园"。

我们已在学术殿堂里研制出各种无与伦比的关于"学校自主"的理论模型,同时,很多人似乎不对政府发起一番批判便无从表达他内心热烈的"自由精神"。但是,当我们迈出脚步,走进历史,走向"田野",便会惊异地发现自己反复求证过的理论仍然漏洞百出,而政府将会在你面前展示出它对教育现实的巨大召唤力和改造力。对 L 县的考察让我看到了教育者对于当地政府力量的渴望,以及当地政府在教育改革上的积极作为。回顾 L 县教育改革的历史,没有哪一次不是由县域政府推动与施行,一些人因为政府力量的强制性而啧有烦言,同时又在沾沾自喜地享受着政府行动带来的实惠。可以发现,充满矛盾心理的大众始终是政府行为的动力源泉,不能否认的是,大众对于政府的依赖始终如一,不论这种依赖是被动的还是主动的。

多次访谈中,高明海回顾了他在 L 县近 20 年的教育工作历程,关于政府"推力"对于县域教育改革的重要性,他深有感触。不妨看看他的叙述:

> 我:改革过程中,我们主要遇到了些什么困难呢?
>
> 高:我们觉得,首先的困难来自我们的整个系统,整个系统要上下一心,首先是领导对这个事情要高度重视,要是领导不推的话,相当难。要

是一件事情仅仅是我们一个教育部门做，还是没办法做。还得要局里面的领导、县里面的领导重视，这个事情才能搞。（L-GMH-1）

……

谈起教师队伍建设和激发教师内生动力问题时，他看到了县政府激励机制所发挥的效力：

以前我们用教研室发的证书是没有力度的，用行政（县政府）的力量来推，那个力度很大。现在，虽然说要搞教学去行政化，但事实上在管理上，我们国家的情况还得要靠行政（政府）来推，这个方面是很重要的。至少，它开一个会，各个层面的一把手都来了，就也都知道该怎么去做，知道全县的教育形势、教育发展是怎样的了，以及现在县里面政策对教育的支持是怎样的了。（L-GMH-2）

被问及"国家的教育改革政策与理念在县里如何'落地'"时，他答道：

县级的话，一般都要以政府的力量来推。（L-GMH-2）

杨家基是教师专业化发展项目的首席专家，他认为县域教育改革的实施与推进主要依靠两条齐头并进的路线：一条为"技术路线"，即专业支撑；一条为"行政路线"，即政府力量的扶持。尽管是项目主管部门委派的首席专家，但他的经历告诉他自己：没有当地行政力量的支持，任何项目都会寸步难行。关于"行政路线"的重要性，他是这样描述的：

行政这条线是保障,保驾护航。我要行动,但我搬不动那些人。从技术层面来讲,在中国是没有办法动得了(人的)。动到经费,动到人家的时间、人员,要调拨这些人出来开会、培训,要是没有行政的这个保障是不行的。它为我保驾,服务于技术,让技术能够往下走。要实现技术的目的,必须要有行政这个推手,行政力度越到位,我搞技术就越顺畅。(L-YJJ)

事实上,在这个项目的推进过程中,不仅专家感受到了行政力量的强大,参与项目的教育局工作人员(如王梅、梁一进等人)也直言,如果没有行政力量的迫使,这个项目根本无法推进。下面的对话片段生动而真实:

我:做的过程当中,不是有不同意见和态度吗?后来是什么因素让它们统一起来的啊?

王:行政压力呗!

我:哈哈……

王:是啊!就是局长压着他们做,一定要做!不做就约谈。

梁:推啊,慢慢地推啊!今天交材料,明天开个会,就是这样逼出来的嘛。

王:对,都是逼出来的。(L-WM-2,L-LYJ-3)

政府力量集中体现在三个方面:一是财政经费供给,二是权力赋予,三是权力强制。从 L 县基础教育改革历史来看,三个方面未曾有过缺席。多数时候它们同时存在,由于无法量化,我也无法准确说出它们各自的分量或比例。

如果我们在一般抽象意义上不能理解马克思主义关于经济基础在人类社会变革中具有决定性意义的重要观点,那么 L 县基础教育改革则为这种观点提供了一种鲜活的历史证明,它告诉我们,财政经费在县域教育改革行动中具有不可替代的支撑性作用。权力不是任何可以传递的可见实体,"权力赋予"表达的是一种政府与学校间的良善政治关系,它意味着学校因为政府的信任和鼓励而变得自主与勇敢,反之,则会因为政府的强制和限制而蹑手蹑脚、畏首畏尾,一个重要表现是学校革新精神和实践创造力的提升。"权力强制"这个词似乎不太动听,"强制"首先意味着仅凭权力或力量迫使某个对象做出反应或发生变化,或者如同伯特兰·罗素(Bertrand Russell)所说:"'强迫'是一个拟人化的概念:一个人被强迫做某事,但他想做其他的事。"①比如政府要求学校做出改革,或者强制行动者服从某项教育改革的计划。虽然"作为政治动物"的人天生具有抗拒"强制"的本能,随着人们对这种本能的自觉,越来越多的人在观念和行动上反对"强制",但是这并不意味着"强制"因此消逝,也不意味着"强制"全无意义。在具体的历史情境和行动事件中,必要的强制往往使得行动变得顺畅和富有效力,特别是在行动者被惰性、畏惧与习惯裹挟之时。教师专业化发展项目便是最佳例证。

我在考察中发现,人们总是使用"推"字来形容政府在县域教育改革中的样子。力是"受力者"与"发力者"之间的作用关系,发力与受力存在于时间和空间之中。从时间先后来看,不出意外的话,任何情况下都是发力在前,受力在后。从二者的空间关系看,"推"这个动作显然不同于"举""拉""挤""摁"等,"推"在空间方位上意味着由后向前发力。于是,就 L 县基础教育改

---

① [英]伯特兰·罗素:《哲学大纲》,黄翔译,商务印书馆,2017 年,第 113 页。

革而论,我试着将政府比作"车夫"——推着改革的马车前行,把持其行进方向,或扬鞭,或扶轮,或牵绳。

### 三、合力生成

如果革新意味着冒险、改变原有舒适状态并无法预知行动后果的话,那么或许只有极少数探险家、改革家或对新鲜事物充满好奇的人才愿意主动尝试这样的行动。惰性、恐于变化似乎是人的一种生存惯性,这为不轻易尝试革新提供了一种人性论解释。一些革新行动源自外力迫使,行动者因此不得已走上"探险之路",如同被"车夫"驱赶的"马",挣扎与痛苦在所难免。

> 我们本来在学校有一种懒惰的思想,有人来逼你做,是能得到很大成长的。女孩子还可以,比较勤快,比较细心。男孩子就有点惰性,但是有这样的行动刺激让你去做,那么也是可以做得出来的。大家有这个氛围,有这个环境给你,所以慢慢地摸索出来了,到了一定的程度,自然而然就做得出来啦。(L-WM-2)

上面这段话是王梅对教师专业化发展项目过程的一个简单描述。除了这种惰性,王梅在更多描述中还提到了行动者(校长、教师和教育行政人员)一开始就表现出来的若干负面情绪,如"不思进取""觉得没意思""很累""很烦"等。项目启动之后的举步维艰、进度缓慢与行动者的"不积极"直接相关。然而,对此做人性论的归因显然太过抽象,回到他们的日常生活与工作来看,原因似乎并不复杂:其一,他们面临大量常规工作和常态化的阶段性"攻坚"任务,前者主要是日常教育管理,后者有近年逐渐紧迫的"控辍保学"和教育扶贫等;还有一项日常工作便是处理上级下发的各种文件,如王梅所说:"我们基层真是'文山会海'(指各种文件和会议多),办公室一天就堆很高一层文件。"(L-WM-2)校长、教师主要负责学校日常管理与常规教学任务,教育扶贫与"控辍保学"也是在不断增加的重要工作内容。一边是常规工作和各种阶段性"政治任务"①,一边是突如其来的教育改革,冲突由此发生——表现在时间、人力、工作(或教学)性质等方面。其二,习惯了常规活动和稳定的工作模式,人们并不愿意轻易做出改变,习惯作为长期养成的思维、观念和行为方式,也不易改变,杜威甚至有言:"人既不是理性的生物,也不是本能的生物,而是一种习惯的生物。"②

然而,正如杜威所认为的,"当习惯受到阻碍时,就出现了思考;当难题出现时,就开始了探究的过程"③。王梅的话同时也表明,负面情绪并不必然导致坏的过程与结果,阵痛或许是改革行动的必然反映。如果改革本身富有意义,行动的技术得法,政府力量自始至终发挥效力,改革无疑会持续进行。甚至,改革的阵痛还会激发行动者的反思意识、革新精神,磨练斗志,培养坚韧的品格,这不仅生成行动过程本身的"教育"意义,也让行动者从"被动者"逐渐转化为行动过程的积极力量构成。

我:这个过程顺畅吗?

王:很波折!累死啦。

徐(徐小雨):而且经常是周末加班、晚上加班,并且还要上课。老师

---

① "政治任务"是教育管理者的话语,在他们看来,"控辍保学"和"教育扶贫"是当下最重要的政治任务。

② [美]约翰·杜威:《杜威全集·中期著作》(第十四卷),罗跃军译,华东师范大学出版社,2012年,第78页。

③ 同上书,"导言"第4页。

们有很多不满的情绪嘛,后来也都调整过来了。

王:有几个学校就落后了,就说"我们就这样啦!反正我也是天天上课,那不照样是在培养学生"。但是专家的要求很高,他们都有很多牢骚,不配合、不愿意做,很累很累,还要动脑筋,头发都白了。

我:那么现在是都做了吗?

王:都有啦!

……

王:那几年,我觉得我们真的是培养了多个优秀校长。

梁(梁一进):改变了学校很多面貌,这是真的。

杨(杨九):而且校长的精气神也变化很大。

王:校长、老师和学生的精气神。(L-WM-2, L-LYJ-3, L-XXY, L-YJ)


事实上,通过这段对话以及王梅的上一段叙述,我想表达的重点并不在于这种"阵痛",而是想说明"阵痛"乃是改革行动本质的一种反映,属于改革的客观性因素。更为重要的是,这种"阵痛"具有催生新力量的可能性,必要的条件将使这种可能性转化为现实。以教师专业化发展项目为例,我似乎发现了这样的逻辑:改革行动的形成依靠行动者思想和行为的转变,但是这种转变本身又需要外力的逼促。逼促的力量可以使本来充满惰性的个体逐渐重生活力,旧的习惯在新行动及其条件下成为新的习惯。逼促的力量不仅是一种纯粹的行政外力推动作用,更是一种在行政力量推动下形成的行动文化氛围——行动者相互之间产生力量作用关系的氛围,也可以称之为"力量场"的生成。

于是,可以说改革行动的整个过程是合力逐渐生成的过程。需要进一步解释的是,这种"合力"不是一开始就存在的,也不是既定的,而是在行动推进过程中逐渐凝聚生成的。因此,这样一种时常出现的理解便需要加以纠正:力量来自改革方案的"规定",或者说,在行动之初便汇聚了共同力量。然而,这种规定的和初始的"力量"只是一种预设或可能性。它们只是"人"或"单位"亦即力量生成条件的一种假定,并不是力量本身,因为力量只能在行动过程中、事件之中以作用关系及其结果的形式表现出来。因此,只能说合力是在行动或事件进行的过程中生成的。它不是既定的、"先验的",而是行动本身"化学反应"的产物。

如果我们把一项改革行动从启动到完成的全部过程称为"历史",那么这个"历史"是由生成于其中的各种力量共同创造而成的。马克思指出:"无论历史的结局如何,人们总是通过每一个人追求他自己的、自觉预期的目的来创造他们的历史,而这许多按不同方向活动的愿望及其对外部世界的各种各样作用的合力,就是历史。"①恩格斯又讲:"历史是这样创造的:最终的结果总是从许多单个的意志的相互冲突中产生出来的,而其中每一个意志,又是由许多特殊的生活条件,才成为它所成为的那样。这样就有无数互相交错的力量,有无数个力的平行四边形,由此就产生一个合力,即历史结果,而这个结果又可以看作一个作为整体的、不自觉地和不自主地起着作用的力量的产物。因为任何一个人的愿望都会受到任何另外一个人的妨碍,而最后出现的结果就是谁都没有希望过的事物。所以到目前为止的历史总是像一种自然过程一样地进行,而且实质上也是服从于同一运动规律的。但是,各个人的意志——其中的每一个都希望得到他的体质和外部的、归根到底是经济的

———————

① 《马克思恩格斯文集》(第4卷),人民出版社,2009年,第302页。

情况(或是他个人的,或是一般社会性的)使他向往的东西——虽然都达不到自己的愿望,而是融合为一个总的平均数,一个总的合力,然后从这一事实中决不应作出结论说,这些意志等于零。相反,每个意志都对合力有所贡献,因而是包括在这个合力里面的。"①可喜的是,在一个县域的教育改革行动中,人们通过合力达成目标上的共识,又以共同的目标促使合力的生成。人们固然各有意志、愿望和特殊的条件,但过程中无数生成合力的契机不断产生,这种契机甚至包括强迫、惰性、习惯、反思和意志。

## 四、小 结

对于教育改革行动过程的描述性解释,我只是在方法(技术、力量)维度上进行的。教育改革行动必然以特定方法作为支持。行动过程持续则方法常在,反之亦然。方法是行动的构成,也是行动发生发展的力量,过程与方法互为一体。也可以说,过程产生方法,方法成就过程。县域基础教育改革过程研究只能在改革行动作为事件的意义上进行,并且始终以"县域"为限定。我们不得不以在学校与个人等微观层面的教育改革行动的若干方法(手段、技术等)作为牺牲,以此换来"县域"整体性视角的空间。

管理先行、政府推力、合力生成是我在观察、访谈和感受基础上做出的推论,它们并不代表县域基础教育改革行动过程的全部方法或共性。只是在 L 县域教育改革行动的实际条件与情境中,这几个方面在我的研究过程中才得以"凸显"出来。管理先行不仅仅意味着改革行动秩序化或行动可控性,更重要的是,L 县基础教育资源匮乏、学生大量集中寄宿的现实特点内在地规定了管理的优先性。政府推力的支撑性作用是 L 县经济与社会基础的倒逼效

---

① 《马克思恩格斯选集》(第 4 卷),人民出版社,2012 年,第 605—606 页。

应,同时也缘于教育实践者改革意识与能力的缺乏。合力生成是每项教育改革行动过程中最为生动的一面,它给我最深刻的感受是:过程即方法,方法即力量。稍加留意,我们还可以发现这三者之间有一种重要的内在关系,那就是政府在其中所表现出来的核心地位。

然而,我仍然尚未从历史与实践的本体维度去探索这些教育改革行动之间的关系。上述的"共性"只表明了反映在各行动事件中的共同性特征,这主要产生于我使用的静态视角。所缺乏的是,将这些发生在 L 县不同时间的教育改革事件串联起来看待,也就是将它们置于一个历史片段中进而把握其间的关联性,可以说是时间绵延中的延伸性。显然,这项工作是富有意义的,否则就好像是在说这些行动是割裂的或毫无瓜葛的,然而,它们却发生在同一个作为"县域"的地方——21 世纪的 L 县。下一章的旨趣正在于此。

# 第五章  县域基础教育改革的历史逻辑[①]

本章将在21世纪以来这个历史时间中把握县域基础教育改革的整体性特征——改革行动之间的内在关联,我暂且称之为"内在逻辑"。它体现为两个主要特征:在根本意义上,改革行动是教育实践的一种本体性特征,县域基础教育改革亦不例外;县域基础教育改革具有行政受控性,然而行政却很难控制改革实践的暗流。如果说,形成教育改革内在关联或内在逻辑的是一种无形的"力",那么它无疑正是历史与实践的内在法则——时间的绵延与空间的稳定。借用罗素的话说:"真正取代'力'的概念的是'关联定律'(laws of correlation)。事件通过关联关系可以集合成一群。这是旧式因果概念唯一正确的地方。这不是'假设'(postulate)或'范畴',而是一个可观察的(幸运的,而非必然的)事实。"[②]这个"一群",既是历时的,也是共在的。

## 第一节  教育改革的历史本体论

我将改革视为教育实践的一种本体性特征,原因在于教育实践的存在、

_____

① 目前,以"历史逻辑"为题的文献已经很多,"历史逻辑"一词的使用也非常广泛。然而极少有人对历史逻辑概念做出界定,这个概念至今缺乏一种统一说法。根据人们的使用习惯,可以大致推知历史逻辑实际上是关于历史规律的表达,指的是特定历史实践进程中的必然性特征,包含动力、存在方式、运动规则、方向等内容。

② [英]伯特兰·罗素:《哲学大纲》,第115页。

演变与发展都是通过改革并在改革中实现的。下文将对此做出论证,方法是"历史回溯法",因为教育实践本身是一个历史过程——教育在历史时间中展开,历史时间因此具有教育的内涵。这种方法的根本要旨正在于通过历史回溯可以发现某事物的历史必然性,即"能够理解事物演化的来龙去脉,把握事物发展的内在必然性"①,因为"历史规律或必然性本质上是一个实践问题"②,"实践具有历史本体论的意义"③。

## 一、人类历史的教育本体性

人类的历史本质上可以归结为人的自我变革与创新的实践历程。马克思主义哲学深刻地揭示了这一历史进程并将其解释为一种人类的自我革命与生产的实践,概括为自我解放的历史抑或人类从自然的必然性控制中走向以实践为本体性存在方式的自由历史。恩格斯在《反杜林论》中说:"自由就在于根据对自然界的必然性的认识来支配我们自己和外部自然;因此它必然是历史发展的产物。最初的、从动物界分离出来的人,在一切本质方面是和动物本身一样不自由的;但是文化上的每一个进步,都是迈向自由的一步。"④恩格斯此段论述尤其是其中的最后一句话表明:人的历史是实践的历史,实践的历史即为文化创造的历史⑤,它表明人类历史的不断进步性,同时,

---

① 顾海良:《中国特色社会主义的历史逻辑和理论逻辑探索》,《教学与研究》2013 年第10 期。

② 杨耕:《马克思主义历史观研究》,北京师范大学出版社,2017 年,第 113 页。

③ 同上书,第 3 页。

④ 《马克思恩格斯选集》(第 3 卷),第 492 页。

⑤ 马克思的历史唯物主义正是从实践理解历史的意义上建构出了"历史"这个体现、表征人的实践的历史性特征的"总体性"范畴。它强调两个主要问题:其一,历史不是别的什么东西,而是作为历史主体的现实的人的实践活动,是历史上人的本质力量对象化的体现;其二,历史不仅是人通过实践而实现自然的"人化"的过程,同时"历史"又是以实践为基础的、中介的、自然界向人的生成过程,自然的"人化"和人的自我生存统一构成历史总体。(参见侯继迎、倪志安《实证·总体·实践:历史唯物主义理解三题》,《哲学研究》2018 年第 1 期)

这种文化的不断创造与进步又在同一进程中转化成人的本质力量和内在规定性,实现着人的自由全面发展和社会文明的进步。作为一个通过对自然界或周围环境的改变、创造为前提进而同时"生产"自我的过程,人类历史包含辩证统一的两个基本方面:其一是人以生存需要为原始动力而开启对自然界的实践改造,在获取生存养料的同时,建立起作为实践产物和实践力量的各种社会关系;其二,人类在改造世界的同时,理智与思维得以形成发展,而文化作为实践的产物则逐渐成为人类自我塑造的历史前提。如马克思在《关于费尔巴哈的提纲》中所指出的,"人应该在实践中证明自己思维的真理性,即自己思维的现实性和力量,自己思维的此岸性",而"环境的改变和人的活动或自我改变的一致,只能被看作并合理地理解为革命的实践"。①但人并不是盲目地改变环境和创造历史,恰恰相反,人类实践作为人类历史的前提又作为历史的本体,是一种有目的的价值性活动。马克思说:"历史不过是追求着自己目的的人的活动而已。"②所谓"追求自己目的的人的活动",本质上就是马克思一贯认为的"通过人的类本质力量的对象化和对象的扬弃实现自身的活动"。这就是"自成目的的人的生活过程……实践的创造性或生产性源自又表现为人们'社会的''文化的'生存方式,即产生并体现普适规范和卓越典范的'人文化成'的族'类'活动,它像一条红线贯穿着人的目的建构与实现的过程中"③。人的生命尤其是文化与精神生命的自我实现真正构成人类实践的根本性价值。从历史作为一个时间概念来看,也可以说"作为历史的

---

① 《马克思恩格斯选集》(第 1 卷),第 134 页。
② 《马克思恩格斯文集》(第 1 卷),第 295 页。
③ 张曙光:《价值论研究:问题与出路》,《华中科技大学学报》(人文社会科学版)2002 年第 4 期。

时间是由人的生产性活动所奠基的属人的社会性时间,即人及其世界的'人文化成'的展开与实现过程"①。

这个不断自我实现的进程正是人类最为原始、普遍的人类学意义上的教育形式。中国传统文化正是将这种"人文化成"的自我实现过程称为"教育"。《周易·贲卦·彖传》云:"刚柔交错,天文也;文明以止,人文也。观乎天文,以察时变;观乎人文,以化成天下。"以"人文"而"化人",亦即"以文教人",指的就是最为普遍自然的教育形式。此"人文"指"人伦社会规律,即社会生活中人与人之间纵横交织的关系"②或"社会典章制度"③,它虽然强调"人文"对人的塑造乃至规约性,但人并不是毫无能动性的机械之物或毫无创造性的木偶而被动僵化地接受既有教化,"出现在历史中的人不仅是一个被决定的存在,而且(甚至首先)是一个创造性的存在。人的被决定性只是作为某种历史条件的制约因素出现在人的创造活动之中"④。人的本能需求促使人类必须不断进行劳动,付诸改造世界的创造性实践,而基于这种需求创造的文化成果又不断产生着新的文化需求。如此,"以文化成"便成为一个绵延不断的历史进程,意味着文化与人类在不断地相互塑造中延续和进步。诚如蓝德曼(Michael Landmann)在《哲学人类学》一书中所指出的:"人总是保留人的开放性和适应性,但人也为了完善性和确定性坚持不懈地奋斗……人与其他存在物不同,人不是纯然地存在着,而是好奇地询问和解释自己。人的概念本身包括着人类学。这不仅只是任意的理论的思索,它源于人必须塑造自己并需要以理想模式为榜样这一极深

---

① 张曙光:《人的存在的历史性及其现代境遇(上)——对马克思关于人的存在思想的重新解读》,《学术研究》2005 年第 1 期。

② 张岱年、方克立:《中国文化概论》,北京师范大学出版社,2004 年,第 2 页。

③ 陈鼓应、赵建伟:《周易今注今译》,商务印书馆,2005 年,第 212 页。

④ 杨耕:《马克思主义历史观研究》,第 3 页。

刻的必要性。"①甚至如卡塞特所认为的,"人在两方面是自己的创造者,人创造了自己,人还决定着把自己创造成一个什么样的人"②。

　　我将人类历史这个在一定意义上可以称之为"人文化成"的实践进程或人不断进行自我创造与革新的过程称作广义教育。它是一种本体性存在,是人类历史演进的本体动力,是人类文化与价值实践的基本性质。因为人类历史作为人的本质力量对象化活动的展开,它的一个基本方面就是人将自身作为其本质力量的对象,它意味着人的本质力量如理智、情感、伦理、道德等方面的全面塑造,也就是马克思所阐明的人从原始状态逐步走向自由全面发展的历史进程,即人的本质力量逐步解放的进程。或许正因如此,赫尔巴特(Herbart)在其名著《普通教育学》中明确写道:"人类不断地通过自身产生的思想范围来教育自己。"③很多人将这里的"思想范围"理解为现代科学主义范式下的知识形态,无疑是狭隘化了赫尔巴特的思想,其问题就在于没有真正走进赫尔巴特的哲学视域。在赫尔巴特的宏大实践哲学视域中,"思想范围"实际包含了人类丰富的思想力量及其产物。如赫尔曼·诺尔(Herman Nohl)在《不朽的赫尔巴特》一文中就指出这种"思想范围"在赫尔巴特看来"也不只是知识的东西,而且是包括感情经验、我们的价值和目的体系的东西。我们并不始终意识到这种业已获得的思想联系,但它作为一种力量在我们身上起着作用,调节着我们的思想、感情与志向"④。

　　广义教育实践是人类历史本体性存在方式,它是人类历史的必然性构

---

① ［德］蓝德曼:《哲学人类学》,彭富春译,工人出版社,1988年,第10—11页。
② 同上书,第8页。
③ ［德］赫尔巴特:《普通教育学》,李其龙译,人民教育出版社,2015年,"绪论"第15页。
④ 同上书,第174页。

成,故而也可视其为一项人类历史的"自然性"。但人类文明与社会的演进史表明,教育实践只是人的存在方式之一、人类进步的基本动力之一。换言之,教育实践只是人类总体实践的一种基本构成。除此,还有构成人类实践根本性存在方式的经济实践,以及随着人类社会产生与复杂化进程而同时产生的政治实践、伦理实践、审美实践等。总体上看,它们源自人类演进历程中人在处理人与自然、人与社会、人与自我这三大基本关系的过程中不断生成的矛盾与问题的需要。比如在大致区分的意义上可以看到:经济实践在于解决人类生存的物质基础问题,政治实践与伦理实践则始终是为了谋取人与人之共存或人类社会秩序的稳定,审美实践产生于人的精神生活需要,而教育实践则在于传承文化知识并塑造人的良善性格。可以说,人类总体实践是由经济、教育、政治等相对独立的不同实践形式共同构成的,它们相互作用和相互协调,共同构筑着整个人类历史的存在样态。就教育而言,正如有学者认为的那样,至少"在问题史的视角下,教育既不能仅仅被视为附属于其他共存形式的现象,也不能被理解为单纯遵循其他实践方式(本书注:如经济的、道德的、政治的、审美的和宗教的实践)的实践形式。如同其他基本行动形式一样,教育本就是人类的基本实践领域之一","教育实践不能从其他实践形式中推导出来,其他实践形式缺少教育的支持也难以为继。既然人通过学习而获得的技能不能被遗传,那么就没有哪种实践形式可以脱离教育的作用而得到发展"。①随着人们对于这种教育实践形式及其功能特性的认识的发展,教育实践逐渐浮出人类整体性实践的混沌"水面",成为人类本质力量的对象化

① 彭韬、[德]底特利希·木纳:《现代教育自身逻辑的问题史反思》,《北京大学教育评论》2017年第3期。

活动之一,亦即自觉的对象。

## 二、学校教育改革的自觉显现

从人类以一种作为"反思"的自觉行动洞识并揭开了作为历史本体的广义教育实践的神秘面纱后,"教育"遂而成为人类的认识对象和自觉的实践对象,亦即一种人类本质力量的对象化活动。[①]教育作为一项独特的人类实践形式由此凸显出来。人类因而开启了一种"新"的教育形式:它逐渐脱离广义教育实践的自在状态而渐变为一种独立自觉的教育实践。起初,这种教育实践只表现为劳动场所、氏族群体与家庭之间的口耳相传或手把手的技艺传授;而后由于人口增长、社会分工、社会发展需要、文字的发明与教育内容迅增等原因,一种具有特定教育目的[②]和稳定的组织与场所的制度化教育形式[③]得以产生——学校教

———————

[①] 在《1844 年经济学哲学手稿》中,马克思指出"劳动的对象是人的类生活的对象化:人不仅像在意识中那样在精神上使自己二重化,而且能动地、现实地使自己二重化,从而在他所创造的世界中直观自身"(《马克思恩格斯选集》(第 1 卷),第 57 页)。实际上,这种对象化活动指的就是实践,所以人们一般也在此意义上认为马克思主义哲学乃是实践哲学,也就是说,所谓"对象化活动"指的就是"实践把人的目的、知识、能力等本质力量对象化为客观实在,创造出一个属人的对象世界。对象性活动使人们有目的地把自身的本质力量凝结在客体中,使其取得客观实在的形式,同时又通过对象来认识和确证自己的本质力量"(杨耕:《马克思主义历史观研究》,第 55 页)。

[②] 这里使用"教育目的",而不用"目的",主要用意在于强调一种作为目的性实践的教育,它区别于此前自在的教育形式。虽然自在的教育形式也是人类的目的性活动方式,但这种"目的"与后来的将教育本身作为目的的教育形式是不同的。

[③] 有关历史考察已经证明最早的制度化教育形式并非使用"学校"这个概念,比如中国古代各时期就有"党""庠""序""辟雍""城均""太学""国子寺""书馆""私塾""书院"等。而西方最早的制度化教育形式被指认为一种叫"青年之家"的场所,如苏联教育学者沙巴耶娃在《论教育起源和学校产生的问题》一文中就指出,人类历史上最早的儿童公共教育机构并不是学校(像教育史教程中通常所断言的那样),而是"青年之家"——"原始社会全体成员的儿童都在里面受教育的一种原始社会制度的特殊机构",而"学校在文字出现的时候才产生"(瞿葆奎主编:《教育学文集·教育与教育学卷》,人民教育出版社,1993 年,第 125 页)。如美国教育学者伯茨所言:"通过书面文字进行文化传承并教授一些人学习写字开始变得重要,这意味着也最好地证明了正式学校的出现……但是,试图要明确学校究竟在何时何地出现是没有结果的。主要的观点是,当某种文化开始越来越多地处理书面材料时,它发展成为正式教育也就越来越必要。"([美]R. 弗里曼伯茨:《西方教育文化史》,王凤玉译,山东教育出版社,2013 年,第 10 页)总的来讲,不同国家、地区、民族的制度化教育实践是存在差异的,并且在不同历史时期也有所变化。

育实践。①

学校教育实践的出现与发展意味着：首先，教育跃出了"原初"且自在隐蔽的自然状态，成为一种人类本质力量的对象化活动或自觉实践形式，教育实践由此以独立的形式进入人类历史长河。其次，学校成为人从其孩提时代开始在自然生成的环境（如家庭）之外的一种新教育环境——用杜威的话讲，学校即"总是明确根据影响其成员的智力的和道德的倾向而塑造的环境典型"或社会机构，随着社会日益复杂，它愈加不可或缺。②学校成为促进人性发展的专门的特殊力量，涂尔干《教育思想的演进》一书的导言即述："诚然，是家庭首先从整体上承纳了孩子，全面包容他，以自身的方式来形塑他。但是，如果我们考虑到在他第一次上学后，他身上所发生的那些重大变化，我们就会认识到，他的存在方式已经改变了，甚至连他的天性几乎都改变了。从那一刻起，他的身上就包含了一种名副其实的二重性。"③再次，一种专门的社会职业由此得以产生，即教师——"教师职业是跟学校共始终的一种职业。自从有了学校，就出现了教师……只要学校存在，或者说只要人类社会存在，教师的职业也会永远存在下去"④——他们根据特定教育目的或教育价值取向，在特定场所（学校）针对特定受教育群体而专门从事教学活动。随后，人类便进入一个自觉的教育实践史的创构进程：以教学行动为中心的学校教育

①　此处只是论及一个学校的产生及其历史演进的历史逻辑问题，不涉及具体教育历史事实的详细论述。本文所谓"学校教育实践"，主要在一般意义上指代制度化教育形式，也就是人类自觉通过特定方式而实现某种特定目的的教育行为。具体学校起源或发展史不是本文所讨论的范围。

②　[美]约翰·杜威：《民主主义与教育》，王承绪译，人民教育出版社，2001年，第25页。

③　[法]涂尔干：《教育思想的演进》，李康译，商务印书馆，2016年，"导言"第3页。

④　许椿生：《简谈历史上教师的作用和地位》，载瞿葆奎《教育学文集·教师卷》，人民教育出版社，1991年，第3页。

实践史的无限运动。赫尔巴特坚称:不存在"无教学的教育",不承认"无教育的教学"。①应该说,赫尔巴特的这一认识无疑是对学校教育实践之普遍形式的合理总结。

人类相较于动物的特殊性不仅在于人类可以自觉地认识世界,并在此认识过程中通过与世界的互动塑造自身的理智与文化性格,还在于人类凭借这种认识活动及自我提升,进而为了满足生存与实践的各方面需求与目的,最终改造世界。马克思所谓"哲学家们只是用不同的方式解释世界,问题在于改变世界"②,正是对此的最佳阐释。此"哲学家"不是指传统哲学意义上的哲学家,相反,马克思正是在批判这种传统"贵族哲学""少数人的哲学"的意义上让哲学回归到现实的人及其实践,其言下的"哲学家"可以说是从事着特定历史实践活动的现实的人,譬如教育实践中的教育实践者。只有这种"现实的人"才能真正做到"改变世界",因为他们乃是实践的主体、历史的创造者。此"改变世界"有两层意思:首先是人类在知行合一的意义上改变与塑造自身的行为方式、实践习惯,同时又实现对客观世界的改造;进而是人类在不断演进的进程中创造着各种独特的实践形式,它们随着历史时间的推进(也就是人类实践的推移)积淀形成相对稳定而独立的具有自身特定逻辑、实践目的、基本关系与文化传统的实践类型。这些不同的实践类型一经人类创造并作为历史本体而存在,便转化为一种社会力量,成为人类历史实践的新起点、新动力。关键的问题是,在新的时代与实践起点上,人们必须以历史为条件,历史是新实践的前提,这就赋予了特定实践形式以必然的历史延展性。

———————

① ［德］赫尔巴特:《普通教育学》,"绪论"第6页。
② 《马克思恩格斯文集》(第1卷),第502页。

正如马克思所说:"人们自己创造自己的历史,但是他们并不是随心所欲地创造,并不是在他们自己选定的条件下创造,而是在直接碰到的、既定的、从过去承续下来的条件下创造。一切已死的先辈们的传统,像梦魇一样纠缠着活人的头脑。"①而要使历史成为当下实践的真正前提的前提就在于,人们必须牢牢地把握它,否则历史将变成永久的"过去",或者作为一种自然力在无形中束缚着人类的实践和进步。如恩格斯在《社会主义从空想到科学的发展》中所指出的:"社会力量完全像自然力一样,在我们还没有认识和考虑到它们的时候,起着盲目的、强制的和破坏的作用。但是,一旦我们认识了它们,理解了它们的活动、方向和作用,那么,要使它们越来越服从我们的意志并利用它们来达到我们的目的,就完全取决于我们了。"②学校教育实践正是人类历史与总体实践的重要维度:作为一种具有自身属性(价值性、逻辑与规律、主体身份等)的实践类型,学校教育实践经由历史塑形而成为人类总体实践的重要组成部分;作为一种社会力量,学校教育实践自产生之日起便不断发挥作用推动人类文明进步,同时伴随着历史进步,其本是人类文明要素之一,成为人类历史文化传统的浓墨重彩的一页。如果可以将学校喻为人类社会的一个独具教育功能的器官,那么它将如同任何其他社会器官一样具有自己的生命和相对自主的演进,并且在历史进程中始终留存前身的结构特征与文化精神。

作为一种文明要素或实践形式,学校教育本身不是且不能是僵化不变的,它随着人类历史的整体历程而变动不居。如同其他实践形式一样,教育

---

① 《马克思恩格斯文集》(第 2 卷),人民出版社,2009 年,第 470—471 页。
② 《马克思恩格斯选集》(第 3 卷),第 811 页。

实践同样遵循马克思主义所揭示的基于矛盾运动的发展规律：教育实践与经济实践、政治实践、伦理实践等共同构成人类实践总体，它们固然具有相对独立性，却无时无刻不处于相互作用的矛盾运动之中——为适应人类整体文明的进程，教育实践必须不断自我变革以与其他实践形式协调发展，"无论在什么时代，教育的器官都密切联系着社会体中的其他制度、习俗和信仰，以及重大的思想运动"①，同时，教育实践又须跨越时代局限，通过培养人和传承优秀历史文化而为其他实践释放进步的力量。根本上，人类历史进步伴随着人们对于教育的认识水平的进步与教育思想的演进，不断变化、丰富、发展的各时代不同主体的教育需求以及人性本身的变化性②和丰富性，共同构成了教育实践自我变革的内在动因与必然要求。对于这一规律，马克思实际上是在将其作为必然的"自然规律"的意义上指出的。关键在于，经此"指出"，它便迅速成为人们自觉认识、把握与运用的对象，成为人们借以认识世界、创造历史的力量。于是，历史极其生动的一面出现了：改革（或变革）在人们"反思"的力量之下或作为一种反思性行动，逐渐凝合于自觉的教育实践之中。换言之，教育改革作为自觉的行动，经由历史的沉淀转而成了教育实践的必要构成。人类历史（如我国自近代以来至今学校教育实践的不断"自我革新"史，又如美国自 19 世纪末以来一个多世纪的学校教育发展史可谓就是学校教育变革史等）已生动表明，自学校诞生尤其是现代学校教育实践发生的 200 多年以来，不同国家、民族、地区的学校教育实践史无不是在不断自我变革的历

----

① ［法］涂尔干：《教育思想的演进》，"导言"第 3 页。
② 关于人性可变性问题，已有很多论述，如杜威、梁漱溟等。梁漱溟在《人心与人生》一书中就指出："人性显著可见者独在其最富有活变性（modifiability）与夫极大之可塑性（plasticity）耳。是则所以为后天学习与陶铸留地步也。"（参见梁漱溟《人心与人生》，上海人民出版社，2011 年，第 26 页）

程中行进的。对于这种变革本身,相信已经很难有人可以将其分离出"教育实践"之域,除非有人硬要在一种主观臆断的意义上将其视作柏拉图式遥不可及的"理念世界"或康德式的"先验形式",但这实际上已经不可能,因为教育改革已是教育实践史中不可剥离的现实力量。如果说人类教育史可以被看作一部教育问题史或教育自身的无限矛盾的运动进程,那么不妨也可以说,人类教育实践的历史进程是一个不断进行自我革新的过程。教育改革的历史逻辑就在于,教育改革乃是历史积淀与内化而成的一种学校教育实践的本体构成,这是由学校教育实践本身的矛盾运动规律决定的,是人们反思性实践的必然结果。

审视一个多世纪以来我们的教育现实,学校教育实践长期备受诟病,尤其是进入 21 世纪以来我们甚至不断在批判现代学校教育如何偏离教育本质与压抑人性等,素质教育改革、新课程改革等行动应运而生。暂不论此种诟病与批判本身的合理性问题,可以确定的是,这种诟病与批判本身作为人们自觉的"反思性实践",无疑是基于并针对学校教育实践中作为"问题"的历史事实、客观现实和作为动力的教育需求而产生并持续存在的,它本属于教育改革的意义范围。我们必须承认的一个基本事实是:学校教育自产生之日起就已经成为人类整体实践的一部分,并伴随着人类社会的历史进程,成为人类文明传递与创造的必要组成部分,直至当下,乃至未来。纵然新时代人类技术革命与社会转型所带来的新教育方式(如网络自主学习、终身学习等)在冲击着"传统"学校教育实践模式,知识的生产、储存与传播方式也一定程度影响着学校教育实践的稳固进程;但是学校教育作为传承文化传统、传播知识、塑造人格、成就共同价值的实践形式,不会消弭于历史巨轮,仍将继续随轮扬帆。正如《反思教育:向"全球共同利益"的理念转变?》报告所阐确指出的那样:"正规教育系统变化缓慢,目前的状态与过去 200 多年间的情况依然非常相似,这也是事实。但学校教育的重要性并没被削弱。学校教育是制度化学习和在家庭之外实现社会化的第一步,是社会学习——学会做人和学会共处——的重要组成部分。学习不应只是个人的事情。学习作为一种社会经验,需要与他人共同完成,以及通过与同伴和老师进行讨论及辩论的方式来实现。"[①]而一切教育批判与革新,都将一并成为学校教育实践丰富内涵的积极表征,这就是新时代人们最为自觉的教育实践——教育改革。

教育改革同样被历史证明为教育实践的合理之维,是教育实践发展的必然性内在动力。可以说,没有人们不断进行的自觉的教育改革,便不存在学校教育实践的历史进程。正如马克思所揭示的,历史的进步性是必然的,因为现实的"人们必将追求并创造更加美好的生活","历史不过是追求着自己目的的人的活动而已",而为了实现这种追求,人们必须"通过批判旧世界发现新世界",同时"由于社会生活的实践性和知识的不断积累,这种追求的收获必将日益增多"。[②]这就是说,恰恰是学校教育实践本身所固有的矛盾本质决定了教育改革的实践必然性:为满足不同历史时期人们的教育需求、历史目的和不断处理教育与政治、经济、文化等实践领域的复杂运动关系,这也正好反映为人类自我革新的基本性质。或如教育哲学家丹尼尔·约翰·奥康纳(Daniel John O'Connor)指出的,教育改革的一个重要辩护"恰恰是这样一个颇为合理的希望——改变了的社会条件将会带来由其他的教育机构掩盖或

---

[①] 联合国教科文组织编:《反思教育:向"全球共同利益"的理念转变?》,联合国教科文组织总部中文科译、熊建辉校译,教育科学出版社,2017 年,第 40 页。
[②] 成林:《马克思主义历史进步思想的基础命题和原则立场》,《中国社会科学》2017 年第 5 期。

阻碍着的人性特征",而"通过改变条件,我们能够提供此前原本隐藏着的促使能力得以发展的新机会"。①所以说,学校教育实践本质上就是一个不断实现自我批判与革新的历史进程。这种批判与革新亦即教育改革的实质,是教育实践进步的永不枯竭的动力源泉。由此,我们必须更加理性地认识到:要从整个教育实践历史进程的视界中,历史辩证地将一种自觉的教育改革行动看作内在于教育实践历史进程的必要事件——它在某种意义上构成教育规律或教育实践发展的基本因素。教育改革体现的是一种教育实践的必然性,而非偶然性。表面上看似偶然的教育改革行动,实则为学校教育实践发展到一定阶段由于特定问题与需求并基于人们一定认识水平与客观历史条件而"遭遇"②的特有实践形式,是整个教育实践必要的、不可或缺的组成部分。

以上论述略显抽象,论证过程偏于理论推理,但这种推理不等于主观臆断和纯粹形而上的空想。理论推理反映的是历史的逻辑,此历史是教育实践的历史。因此,理论即是关于教育实践的理论。具体来说,我对于教育改革上述逻辑特征的解释与说明实际上源于我在 L 县的田野考察,我把它称为基于观察的理论想象或经验之上的理论反思。也就是说,所谓"历史逻辑"实际上是 L 县基础教育改革的历史"告诉"我的——当我在脑中追问"L 县为什么

---

① [英]丹尼尔·约翰·奥康纳:《教育哲学导论》,宇文利译,中国人民大学出版社,2015 年,第 84 页。

② 德国教育人类学家博尔诺夫基于存在主义哲学、实践哲学和生命哲学等提出"非连续性教育"的重要思想。而所谓"遭遇"正是其提出的非连续性教育的主要形式。他认为,"所谓遭遇指的是一个人突然碰到某些事物","遭遇往往使儿童生活和教育发生突变",但"教育学应当把遭遇视为必然的东西,我们无法回避各种遭遇,也不应当回避各种遭遇"([德]O. F. 博尔诺夫:《教育人类学》,"译序"第 10 页)。本文借用"遭遇"概念意在表明,教育改革行动也可以说就是教育实践的一种"遭遇",我们应将其视为整个教育实践进程中的必然的东西。

发生基础教育改革"这一问题时,不仅是在反思一种具体的历史事件,同时也超出具体经验而走向了理论的层面或教育改革的本体论维度。①此时,正如安东尼·吉登斯(Anthony Giddens)所认为的:"理论的实践就是概括化(generalization)的实践。"②如果说"改革作为教育实践的本体性存在"以及"学校教育改革的自觉显现"这两个命题代表普遍逻辑,那么它们同时也是 L 县基础教育改革历史实践的特殊逻辑,因为普遍寓于特殊之中。

## 第二节　作为教育改革实践主体的教师

从对象上看,基础教育改革行动涉及紧密关联着的方方面面,内容非常广泛。不过,我若是将学校中课程与教学实践的改革视作教育改革的核心内容,或是根本方面,应该不会有人反对。因为,学校教育改革的最终目的是使学生受益,用沃夫冈·布雷钦卡(Wolfgang Brezinka)的话说:"教育目的就是人格理想,是一种对应然人格的观念。"③或者说:"教育就是试图在某些方面改善他人的心理特性构成(亦可称为人格)。"④进而,任何方面的改革实际上最后都需要反映在具体的教学实践中,转化为具体情境中教师素质、课程内容、师生关系和教学行为的变革,否则,这种改革在严格意义上就算不上是

① 本体论不是指柏拉图、亚里士多德、黑格尔等人所说的作为"存在"的"形而上学本质",而是马克思主义关于"存在"的历史唯物主义哲学。
② [英]安东尼·吉登斯:《社会的构成:结构化理论大纲》,李康、李猛译,生活·读书·新知三联书店,1998 年,"译序"第 9 页。
③ [德]沃夫冈·布雷钦卡:《信仰、道德和教育:规范哲学的考察》,彭正梅、张坤译,华东师范大学出版社,2008 年,第 4 页。
④ [德]沃夫冈·布雷钦卡:《教育目的、教育手段和教育成功:教育科学体系引论》,彭正梅译,华东师范大学出版社,2008 年,第 223 页。

"教育改革"。因此,我将教师视为教育改革实践的主体,应该也不会有问题。

## 一、必然性论证

马克思创立的历史唯物主义认为:实践是历史的本体,实践又是人的实践,故人是历史主体。构成人类整体历史的总体性实践中的那些相对独立的实践形式由相应的主体所创造,同时实践又反过来塑形相应的主体身份类型,形成了"主体"与"历史"的辩证统一关系。"'历史'是表征实践改造'自然、社会和人自身'三大基本维度统一的'总体性'范畴。就人改造社会的基本维度说,社会历史也是在实践活动中生成发展的,社会历史就是人改造社会的实践活动的历史,它是在实践中生成发展的、本质上是实践的。"① 由此推知,教育实践正是一种以现实的人为主体的特定历史活动。"人作为主体,可以有不同的存在方式,有不同的层次,每一个层次的主体、每一个主体,都是一种相对独立、相对完整的存在,都可以与种种对象发生价值关系"②。就像政治实践有"政治人",经济实践有物质"劳动者"一样,教育实践也有其特定主体作为教育实践史的创造者或"生产者"。在此意义上,"不是主体创造了社会历史,而是社会历史建构了主体"③,也就是说教育实践史建构了教育实践主体。涂尔干认为,社会分工创造整个社会的不同职业,进而产生不同的职业主体和职业伦理:"我们可以说有多少种不同的职业,就有多少种道德形式。从理论上说,每个人都只能履行一种职业,于是这些不同的道德形式便完全适合个人所组成的不同群体",并且"在每个社会里,我们都可以找到

---

① 侯继迎、倪志安:《实证·总体·实践:历史唯物主义理解三题》,《哲学研究》2018 年第1 期。

② 马俊峰:《马克思主义价值理论研究》,北京师范大学出版社,2017 年,第 131 页。

③ 王晓升:《"主体"的概念献疑——马克思主义哲学研究中的主客体框架批判》,《华中科技大学学报》(社会科学版)2012 年第 4 期。

并行起作用的各种各样的义务"。①学校教育实践正是一种社会分工的产物——随之产生的便是教师职业,"教师"②即一种专职于学校教育职业的功能群体,同时也被赋予相应的伦理身份属性——它"构成了界限明确的实体,不仅具有自己的统一性,还有自己的特殊规定,而且专门机构也会遵照指令保证这些规定得到强化"③。

简言之,教师即教育实践的主体或功能群体,教师的产生是教育实践史演进的必然结果,同时教师又是教育实践史的创造者。必须指出,此"主体"不是在"主客体"关系意义上而言的,它是一个本体论范畴。也就是说,"教师是教育实践主体"这一判断,是基于这个基本前提而获得的:任何一种历史的、稳定的实践活动都是由某一些实践者所创造、坚守和推动的,此实践者即为实践的主体,它构成实践形成与发展的本体力量。随着这种实践类型的不断演进,其主体又往往被历史塑形为有着特定伦理规范、义务、实践规则乃至情感认同的群体或共同体。纵观人类历史,教育实践的演进历程无不是以教师为实践主体展开的。学校教育的目的或价值目标可能并非源自教师,但它无不依托于教师得以实现:无论是传递知识(学校最原初的功能),还是人格培养(理想的学校教育目的),都展现了教师在学校教育实践历史进程中的主体力量。教育实践史足以证明:教师(作为学校的表征)是一种推动社会文明进步和人自由全面发展的特殊力量。

历史赋予教师极高的地位,人们亦总是对教师力量无限赞美。中国自先秦便有"天、地、君、亲、师"的尊位排列,中国历史与文化中"教师"的崇高地

---

① [法]涂尔干:《职业伦理与公民道德》,渠敬东译,商务印书馆,2015年,第5页。
② 本文所谓的教师指学校教育实践者,是学校中教师群体和校长的总称。
③ [法]涂尔干:《职业伦理与公民道德》,第9页。

位由此得以确立。韩愈在《师说》中称:"古之学者必有师。师者,所以传道授业解惑也……是故无贵无贱,无长无少,道之所存,师之所存也。"韩愈已然肯定了教师作为教育实践的主体力量,同时解释了这种"力量"的特定范围。如果说韩愈的"传道、授业、解惑"只是展示了教师力量中"教"的维度,那么还有一种作为"传道"的力量之维乃是学校教育实践中教师力量的灵魂——潜藏于师生交往关系中的教化力量。学校中儿童的成长很大程度上正是在与教师发生的道德、伦理、情感、文化与政治等关系的形式中完成的。教师的品格、思想和智慧本身作为教师文化性格的基本构型,乃是教化力量的源泉。可以说,此教化正是学校教育实践最为本质性的教育存在。赫尔巴特就曾以教师惩罚学生这一行动为例对这种教化的重要性进行论证,指出:"它通过学生中表现出来的具有遵守秩序的能力的榜样所起的作用,远远大于通过直接阻止各种恶习所起的作用,而后者却常常被人戴上过于崇高的桂冠——纠正过失。"也就是说,"假如学生在惩罚自己的教育者的情绪中看出对自己失德的憎恶,对于自己爱好的不满,对于自己一切恶作剧的反感,那么他就会转向其教育者的观点,不知不觉地用这样的观点来看待一切,而且这种思想将变成为一种对付自己倾向的内在力量。这种力量只需要得到足够的加强就能战胜自己的倾向"。[1]赫尔巴特所强调的即在于:学校教育实践中,教师的"眼光"、思想与行为等折射出来的内在倾向的力量会在与学生的关系中转化为学生对待自己思想与行为的内在力量或价值尺度。概言之,教师至少在"传道"的意义上体现出两种教育力:在"学高为师"或"教"的意义上传授作为文

---

① [德]赫尔巴特:《普通教育学》,"绪论"第 8 页。

化知识形态的"道",以及在"身正为范"或"榜样"的意义上释放作为人格与精神力量的"道"。二者统一于以教师为主体的学校教育实践,如是可言之:教师的高度决定着教育和学生发展所能达到的高度。[①]

列宁指出:"不提高人民教师的地位,就谈不上任何文化。"[②]加拿大学者珀金赞美道:"教师是高尚的,因为教师与家长一道,对改造世界所做的贡献要比其他任何社会集团都大,尽管他们不能活到亲眼看到他们为之作过努力的、更为美好的世界。"[③]杜威甚至基于"教育是社会进步和社会改革的基本方法"[④]和"社会通过学校机构,把自己所成就的一切交给它的未来的成员去安排"[⑤]的教育信条,指出:"为了提醒社会认识到学校奋斗的目标,并唤起社会认识到给予教育者充分设备来进行其事业的必要性,坚持学校是社会进步和改革的最基本的和最有效的工具,是每个对教育事业感兴趣的人的任务。"[⑥]根据杜威的观点,学校乃是一种变革社会的方式,教师即为此种变革的执行者。进一步说,若学校存在的价值在于变革社会,那么学校首先必须进行自我改革,而此种改革仍是通过教师而实现的。也就是说,无论是学校变革社会还是学校自我改革,其核心要义都在于教师首先要能真正作为一种力量而存在,这种力量的首要价值就在于完善学生人格与能力,培育学生能动发展的力量。莱瑞·库班(Larry Cuban)在美国公立学校教育中经历半世

---

① 石中英:《师道尊严的历史本意与时代意义》,《当代教师教育》2017 年第 2 期。
② 中国大百科全书出版社编辑部:《中国大百科全书·教育》,中国大百科全书出版社,1985 年,第 227 页。
③ [加拿大]珀金:《论教师的作用》,载瞿葆奎《教育学文集·教师卷》,第 22 页。
④ [美]约翰·杜威:《学校与社会:明日之学校》,赵祥麟、任钟印、吴志宏译,人民教育出版社,2004 年,第 13 页。
⑤ 同上书,第 25 页。
⑥ 同上书,第 14—15 页。

纪多的教学生涯与不断的教育研究探索之后,如此反思道:"我一度认为,公立学校是社会改革的手段。现在我认为,尽管优秀教师和学校能够促使青少年个人在智力、行为和社会方面发生积极的变化,但是要改变社会不公,学校是无能为力的,而且一向如此。"[1]但"我一度认为教师对于学生和学校两者的成功起着举足轻重的作用,我现在也仍然这样认为。我从不怀疑教师在学生学习和学校发展中扮演的核心角色。多年教学经历、担任教育主管人员、回到课堂听课、研究课堂教学的经历使我坚定地相信,教师具有影响学生心智的力量,是教师给每个学生的生活带来了改变,而且持续不断地让改变发生。我对于学校教育有所保留的乐观就建立在这个信任的基础上"[2]。

至此,我似乎只是在讨论教师作为一种"教育力"在学校教育实践中的主体与本体地位的问题,这其中并未涉及"教育改革"或教师力量与教育改革的关系问题。然而,事实果真如此吗? 如果是这样,那么就必然犯了这样的前提性错误:我无疑割裂了教育实践与教育改革的历史本体统一性关系,继而其实还未真正认识到作为"教育力"的教师力量与作为"教育改革力"的教师力量的内在统一性。换言之,我仍然未能从教育实践的特性上认识教育改革的本质。

但事实并非如此。事实是当我在指出教师作为教育实践主体的同时,其前提在于首先已经承认教育改革作为教育实践的本体构成,教师同时成为教育实践史的创造者和教育改革的主体,进而我承认了教师作为教育实践"教育力",其本身就是一种教育改革力且具有主体力量的现实性。这其中蕴藏的关键问题就在于"如何理解教育改革"。一般理解的教育改革,指由学校

---

① [美]理查德·F.埃尔莫尔主编:《二十位教育先行者对教育改革的反思》,张建惠译,商务印书馆,2017年,第19页。

② 同上书,第23页。

（校长、教师等）贯彻落实由政府发起的一系列主要针对学校教育中表现出的落后因素（机构、人力与物质资源、课程内容与目标、教学方法或模式、行政关系等）的改进措施和一系列勾画未来的方案或蓝图。此理解中有两个值得注意的问题：其一，所谓教育改革其实很大程度上只是作为教育的条件性改革，而不是教育本身的改革；其二，是国家、政府要改革教育，它的力量是由外至内、自上而下的。但何谓教育改革？学校教育实践是一种以教学行动①为核心、以教育性为本质的实践类型，故教育改革的实质无疑首先体现为改变教师，也就是改造教师的教学行动本身——作为教育实践的本体力量构成，它在根本上的生成与变革都并非由外力促成，而是必须依赖教师的自我革新。形式上，这种教师的自我革新即为教育改革之所是的东西；实质上，教师的自我革新就是教师在价值观念、思维习惯、能力素质、品行德性等方面不断自我改进，进而实现"教育力"的过程。教师教育力量的不断革新意味着什么？它首先意味着教师在不断满足教育实践中学生的发展与成长需要、时代的文化传承与创造的需要和教师自我专业成长的需要；进而意味着国家、学校、教师等要不断创造各种物质条件、文化条件与技术条件等来促成这种教育力的实现；最终意味着整个教育实践的不断革新与进步。所以说，教师的自我革新不但是教育改革的本质内容，而且体现为实践中教师"教育力"与"教育改革力"的合二为一。此种意义上，教师的教育力就是教师的教育改革力，教师的教育改革力即为教师的教育力。

在学校教育实践中，所谓教师的主体力量就体现为教师"教育力"与"教

---

① 根据赫尔巴特的观点，教学不仅仅是狭义上的传授文化知识，而是"通过教学进行的教育，把我们将某些事物作为学生观察思考对象的这一切工作都视为教学。我们使学生接受的训育本身也属于这个范畴"。也就是说，教学其实也发生在让学生观察思考某对象并在此过程中对学生产生积极影响的一切工作中。（［德］赫尔巴特：《普通教育学》，"绪论"第8页）

育改革力"的统一,并进而集中体现为教育实践生产力①,最终指向教育实践的本质特征——教育实践的生产性:知识创造与塑造新人(学生成长与教师的自我生成),以及实现知识力量向人的本质力量的转化。②这里的"生产力"是一个历史唯物主义概念,马克思将其看作"力的概念的具体化",而又"把力定义为能力、可能性和潜能",因此他是从可能性和现实性相互关系的角度研究"生产力"这个概念的。③从这个意义上理解,"生产力的发展就与人的才能的发展、人的个性的发展统一起来,就与人的创造历史的活动统一起来"。"从最一般的意义上说,生产过程应是人的生命活动的积极展现的过程,生产力的发展就是人'自身的自然中沉睡着的潜力发挥出来'的结果……生产力的发展对人的发展的意义也不仅在于不断地把人的原始潜能发挥出来,而是使人的潜能越来越丰富,越来越高级,使人自身的自然随着生产力的发展而不断地成为真正属人的自然。"④所以,对于何谓"生产力"的回答可以概言之:"生产力不是别的,它就是无数活生生的个人之生存意志的现实承担者。在一定意义上,生产力就是人的生命力、人的热烈渴望、永恒的创造冲动以及

---

① "生产力"是马克思主义理论的经典概念,一般在经济学意义上被广泛理解和使用,但它在马克思的论域中有多种含义和用法。有研究认为,当我们在讨论和使用马克思主义的"生产力"概念时,至少要有意识地在经济学与哲学或历史唯物主义之间做出区分。本文就是在哲学或历史唯物主义意义上使用"生产力"概念的。

② 我国哲学家夏甄陶先生曾论及"'知识就是力量'的一种重要奥秘,知识之所以能够给人以力量的一个重要源泉,就在于知识能够指导和帮助人自由地利用蕴藏于事物及其形式(关系)中的各种潜能"。所谓知识力量向人的本质力量的转化,大概是这样一个过程:"知识力量经过技术性物化,变成了人的实践力量,变成了人的实际活动和实际生活过程的直接器官。这样就会优化和强化人的素质与能力,改变人的活动方式与生存方式,为人类参与的物质、能力、信息的变换开辟新的领域,推动人类在现实力量的基础上追求理想、实现理想,从而积极地改变着人类世界的面貌,促进人类社会的发展。"(夏甄陶:《知识的力量》,《哲学研究》2000年第3期)

③ [苏]Г. А. 巴加图里亚:《马克思恩格斯理论遗产中的"生产力"范畴》,李树柏摘译,《哲学译丛》1982年第2期。

④ 储小平:《马克思的生产力范畴与历史唯物主义》,《哲学研究》1987年第3期。

所有这些东西的外显。生产力从不意谓非人的物性,它直接和本来体现的就是人性,它本来就可以被看作是人的理性和激情的现实统一。"①既然如此,"生产力"就不是"复制力"或机械的加工力,其根本上是发源于人的理性、激情和意志的无限创造力。教师主体力量的内在根据正是这种无限创造力,其实现逻辑在于改革力取决于创造力,教育力的增强依赖于教育改革力(教育变革力的实现又体现为教育力的实现)的提升。

## 二、 基本标志：改革者身份与批判教育学

如何确立教师的教育改革主体地位? 立足现实,首先就在于积极改造现行我国教育改革"自上而下"的基本逻辑,同时纠正既有教育改革观念的认识论误区。之所以是改造与纠正,而非否定与抛弃,原因在于当前我国教育改革中出现的那些问题虽然有教育改革逻辑的归因和教育实践者认识论的归因,但根源并不在此,而在于教师未能真正成为教育改革实践的主体。如何改造? 如何纠正? 一种可行的方案是在首先肯定由政府及社会所推动的教育改革方案及其理念、价值之合理性的基础上,由教师主动将这种改革方案转化为自身能动的改革动力与职责,进而付诸积极的、有计划的改革行动。

涂尔干在《教育思想的演进》中认为:"理念是不能通过立法的形式就变成现实的;它们必须由那些担负着实现理念的职责的人去理解,去珍视,去追求。"②但前提是教师必须认识到"一套方案究竟具有多少价值,完全有赖于以什么样的方式去实施它",而"要害在于,那些担负着落实这一方案之重任的教师们,既要赞同它,也要关心它。他们只有去身体力行,才有能力让这个

---

① 成林:《马克思主义历史进步思想的基础命题和原则立场》,《中国社会科学》2017 年第 5 期。

② [法]涂尔干:《教育思想的演进》,第 17 页。

方案富有生机。因此不能仅仅是严谨细致地规定好他们必须去做什么,他们必须有可能就这些规定做出自己的评价和鉴别,把握它们的要点,认清它们所应合的需要。简单地说,他们必须熟悉这些规定是针对哪些问题而给出了应急之策。这就意味着,关键在于不仅要引导他们去了解对于自己将要担负职责的教育过程中所牵涉的那些重大问题,建议采用什么样的方法加以解决,并且要在同等的程度上引导他们去了解这些问题本身"。①此种改造方案的一个重要产物在于它会形成一种以教师为内力、以国家与社会力量为外力的合力,此合力才是真正推进教育实践变革与发展最现实的力量。

不过,这里有一个重要前提不能被忽略,即教师需充分认识和理解由政府发起的教育改革行动的必然性,这种必然性恰恰反映了学校教育实践矛盾运动规律的客观性。因为,教育现实性的基本特征就在于它具有国家性、民族性和文化性,学校教育实践史必然是特定国家与民族的学校教育实践史。在现代中国,政府发起的教育改革行动的一个根本特性在于它反映的是中国教育实践的时代要求、人民的教育诉求。在此意义上,政府力量正是人民的力量,政府也就是教育改革行动的主体。只不过,此"主体"更多指的是一种行政主体,而不是教育改革的实践主体。因此,对作为教育改革主体的教师而言,关键在于要积极认识并承认政府力量及其发起的教育改革行动的必然性,同时自主地将相应的先进思想与技术等转化为自身的教育能量和实践智慧。涂尔干在论述公民与国家的关系时就指出:"对人类来说,自主意味着理解他不得不承受的必然性,并基于对各种事实的充分认识去接受它们。我们不可能违背事物的本性去制定事物的法则,不过我们却可以通过思考它们而

① [法]涂尔干:《教育思想的演进》,第12页。

让自己自由,也就是说,通过思考把它们变成我们自己的东西。"①这里的核心问题不在于如何思考与理解或思考能力与理解能力本身,而是要在行政主体与实践主体之间建立一种积极且持续不断的沟通关系,从而实现力量转化,最终形成教育改革的实践合力。因此,对于教师来说,"国家才不会像是一种对他们注入完全机械推动力的外力。正是因为他们与国家可以持续进行交流,国家的生活才会与他们的生活紧紧连接在一起,就像他们的生活也离不开国家一样"②。要说明的是,此前言及的"国家与社会力量作为外力"只是相对意义上而言的,也就是说"外力"只是在它不作为改革实践主体力量的意义上得以成立。事实上,如果教师、政府以及社会之间能够真正保持良性的沟通,并因此而充分实现力量转化和合力构建,那么所谓"内力"(主体力量)与"外力"的区分将不再可能,或是变得没有意义。

学校教育实践中的教师主体是"教育力"与"教育改革力"的统一,这意味着作为现实实践者的教师至少具有两种身份属性:"教师"和"改革者"——作为教师的改革者,或作为改革者的教师。现在的问题是,教育实践中广大教师群体似乎并未明确意识、认识到乃至理解这种身份属性尤其是作为"改革者"的力量存在。反过来讲,这就要求发展出一种源自教师作为改革者的身份认同与力量自觉,即自觉认识到自身作为实践改革者的现实要求和蕴藏于自我身体、灵魂和实践中的巨大力量,建立改革自信与力量自信。正如富兰在《变革的力量:透视教育改革》一书中所指出的那样:"教育工作者必须把他们自己看作,也被别人看作变革动力的专家。为了成为变革动力的

---

① [法]涂尔干:《职业伦理与公民道德》,第100—101页。
② 同上书,第101页。

专家,教育工作者——行政人员和教师也是这样,必须成为熟练的变革力量。如果他们真的成为具有道德目标的熟练的变革力量,教育工作者将使各种背景的学生的一生发生变化,这样做将使社会更有能力对待变革。"①成为自觉的改革者意味着教师必须改变以往"混口饭吃""和尚敲钟"的工作惯常和消极态度,也意味着教师不再是一种被动的改革执行者或"沉默的大多数"。它意味着广大教师或将成为教育实践改革的主人,教师才是主体力量。教师既是教育实践者,也是教育实践的改革者。正因如此,联合国教科文组织在《反思教育:向"全球共同利益"的理念转变?》报告中向世界与未来教育提出明确宣言:"教师和其他教育工作者依然是促进学习的核心力量,以实现所有人的可持续发展"②,"我们需要比以往任何时候都更加重视教师和教育工作者,将他们视为全面推动变革的力量"③。

根据荷兰教育学家格特·比斯塔(Gert Biesta)在《教育的美丽风险》一书中的观点,这种关于教师成为自觉改革者的行为可以被称作一种教师在教育实践中的自我主体化进程。主动的教育改革行为可以被视为教师主体化发展的一种契机。所谓"主体化",指的就是教师可以借助这种契机发展并释放自身的改革力量,从而不断塑造和确立起一种除"教师"之外的新身份,即"改革者"。比斯塔说:"主体化是关于'出现'的——如我在别处所说的'来到当下的存在'——一种存在方式的出现,而这种方式在事物的已有秩序中没有位置,也不是其中一部分。因此,主体化是对已有秩序的补充,因为它对

---

① [加拿大]迈克尔·富兰:《变革的力量:透视教育改革》,中央教育科学研究所、加拿大多伦多国际学院译,教育科学出版社,2004年,第10页。
② 联合国教科文组织编:《反思教育:向"全球共同利益"的理念转变?》,第29页。
③ 同上书,"序言"第2页。

这个秩序有所添加；而且恰恰是这个原因，这样的补充也划分了已有的秩序……主体化'解构并重构怎么做、怎么存在和怎么说之间的关系，而这些关系界定着共同体的可感知的组织形式'。"①这就是说，通过这种"主体化"进程所实现的教师作为"改革者"的身份塑造，其实正是对传统教育改革逻辑或秩序的补充。不仅仅是补充，某种意义上它更是一种秩序重塑。

　　教师成为改革者，实质是指教师要成为反思性实践者。也就是说，实践中的教师不应是僵化的、墨守成规的、沉默的、消极的形象，而是一种灵活的、创造性的、勇敢的、积极的形象。梁漱溟说，"整个人生正在于争取主动而已"②，教师的人生亦应是一个争取主动的人生。何谓争取主动？梁漱溟认为，就是要把客观存在的条件视为"旧因素"，而将人的努力、争取等主动性视为"新因素"，不断实现人主动地对客观条件加以改造的趋向与能力的发展。对于教师而言，一个最为基本的起点就是不断地改造和塑造自我。教师只有首先成为自我革新者，不断自我重塑，才能在复杂而充满不确定性的教育实践中真正成为主体——认识和把握教育实践的运动规律。成为自身革新者，这是教师塑造自身教育力与改革力的起点，也是构建教师主体地位的中心。

　　成为自我革新者，意味着教师必然要具有反思与批判③的理性精神，这种

---

①　［荷兰］格特·比斯塔：《教育的美丽风险》，赵康译，北京师范大学出版社，2018年，第123—124页。
②　梁漱溟：《人心与人生》，第30页。
③　"'批判'一词之通常的用法包含着一般所谓'拒绝'或'否定'的涵义，这样的涵义在各式各样对现代性有所批判的观点和见解中是确实存在的……但是，'批判'一词较为纯正的哲学涵义则是由德国古典哲学（首先是康德）制订的，其原初的和简要的方式可以用'澄清前提、划定界限'来表示"（吴晓明：《马克思哲学与当代世界》，《世界哲学》2018年第1期）。而"福柯同意像康德一样的启蒙思想家的观点，认为批判'由分析和反思限度构成'"（［荷兰］格特·比斯塔：《教育的美丽风险》，第107页）。

精神要求教师将教育信念(它不是一种作为教条的真理性知识,而是一种对于教育必将给人的成长、幸福生活和社会进步带来力量的态度的坚守)与现实教育实践的客观条件联系起来,将学校教育目的与学校客观条件联系起来,考察它们的关系,继而判断教育实践结果的合理性与可能性,以及何以生成最佳的教育行动。这种精神的对立面如杜威所指出的,就是墨守成规和任性。杜威说:"墨守成规的行为把习惯的事物作为预料未来可能发生的结果的全部标准,而不顾他所做的特殊事情的种种关联。任性的行为把顷刻的行为作为价值的标准,不顾我们个人的行动和环境势力的联系……这两种行为,对目前行动所产生的未来的结果都不负责任。反思就是承担这种责任。"①也就是说,反思"就是识别我们所尝试的事和所发生的结果之间的关系"②,"反思也指对事件结局的关切,把他们自己的命运和整个事件进程的结果富有同情地、戏剧性地看作一件事",或者说它就在于要"考虑所发生的事情对可能产生的、但尚未发生的事情的关系"③。

成为自我革新者,不但意味着教师要对教育实践进行客观性、现实性的反思,因为教师的"自我"本身就体现于他与自身职业、实践条件、社会环境与文化传统之间的关系之中;更意味着教师首先要对自我价值观念、思维习惯、教育方式、知识水平、道德品质等进行批判性反思,也就是教师对自我认识局限的认识,它建立在教师的勇气和判断力中。如康德所说:"要敢于认识。"福柯解释道:"批判会说,这与其说是我们或多或少勇敢地从事什么事情的问题,还不如说是我们对自己的认识及其局限有什么看法的问题",也就是说,

① [美]约翰·杜威:《民主主义与教育》,第 160 页。
② 同上书,第 158 页。
③ 同上书,第 161 页。

"这种勇气必然要敢于承认认识的局限"。①然而,认识到自身认识的局限性并非终点,它只是反思的开始,进一步的事情是教师要把对自身认识的批判和对实践、条件的批判相结合,找出它们的关联性。事实上,教师认识上的局限性往往产生于其所遭遇的实践习惯与逻辑的支配作用。一旦教师找到这种作为"支配"形式的关联性,教师作为自我革新者的最后批判才能真正开启,此时的批判就如福柯所言:"批判也是一场运动:主体自己有权质疑真理的权力效果和权力的真理话语。这样,批判将是自愿的反抗的艺术,是充满倔强的反思艺术。"②福柯将这种批判理解为一种"真理政治学"。对于教师而言,所谓"真理政治学"其实就在于要回答这样一个问题:真理产生于自我的判断与创新,还是真理是既定的或教条的认识。于是,批判的意义就在于实践中的教师要摒弃那种既定真理观和服从于教条的习惯,回到现实实践与社会条件当中,让传统真理在实践与现有条件下接受检验,又让自己成为真理的改造者和创造者。至此,不禁让人想起陶行知先生在《试验主义与新教育》中那段发人深省的阐述:"夫教育之真理无穷,能发明之则常新,不能发明之则常旧。有发明之力者虽旧必新;无发明之力者虽新必旧。故新教育之所以新,旧教育之所以旧,亦视其发明能力之如何耳。发明之道奈何?曰,凡天下之物,莫不有赖于其所处之境况。境况不同,则征象有异。故欲致知穷理,必先约束其境况,而号召其象征,然后效用乃见。"③他又在《第一流的教育家》中慨言:"我们在教育界任事的人,如果想自立,想进步,就须胆量放大,将

①　[法]米歇尔·福柯:《什么是批判》(福柯文选 II),汪民安编,北京大学出版社,2015 年,第179 页。
②　同上书,第 177 页。
③　陶行知:《中国教育改造》,人民出版社,2008 年,第 1 页。

试验精神,向那未发明的新理贯射过去;不怕辛苦,不怕疲倦,不怕障碍,不怕失败,一心要把那教育的奥妙新理,一个个的发现出来。这是何等的魄力,教育界有这种魄力的人,不愧受我们崇拜。"①

在比斯塔看来,这种批判的实质就在于对强势话语的批判以及对实证主义文化所带来的"强势证据"的批判,而这种批判正是通过正面上对教师判断能力的强调而实现的,因为"教育判断在教师的教育教学中具有绝对核心的角色"。当然,批判不等于完全否定,比斯塔在批判实证主义文化所产生的知识作为一种"过去的知识"具有其局限性时,也指出这种知识"可能会充实我们的判断,但是它不能替代我们的判断"。比斯塔继而强调:"判断之所以重要,还因为在某个教育维度起作用的事物,实际上可能对另一个教育维度而言会有损害效果。"②与比斯塔相似,杜威给出的建议也是中肯的:"人们并不真正抛弃所有流传的有关现实生活的种种信念,而是在他们私自独有的感觉和观念的基础上重新做起。如果他们想抛弃一切流传的信念,他们也做不到;如果可能抛弃这些流传的信念,唯一的结果只能是普遍的愚蠢。人们总是从被批准为知识的东西出发,并批判地考察这种知识所依据的基础……所有修正的净结果,等于先前关于世界的许多概念的一场革命。所出现的情况便是对先前种种理智习惯的改造,这种改造比摆脱一切联系所可能产生的情况更有无穷的效果。"③其实在杜威看来,教师作为自我革新者的一个基本意义就在于:通过这种"批判""反思"的实践,不仅可以修正、扩充已有知识,甚至教师可以通过观察、判断等方法("这种方法是把教条当作真理强加于人的

---

① 陶行知:《中国教育改造》,第 14 页。
② [荷兰]格特·比斯塔:《教育的美丽风险》,第 187 页。
③ [美]约翰·杜威:《民主主义与教育》,第 313—314 页。

方法的唯一替代办法,而强迫人们接受教条作真理就是使心理在形式上默认真理")"形成他们自己的理论,并且亲自检验这些理论"①,而这种理论很大程度上代表着教师自主形成的对于教育的理解;还在于:它可以发展教师的实践判断力并确立起教师的实践自信,即是说:"通过思维的批判过程,真正的知识得到了修正和扩充,我们对事物状况的信心得到了改造。"②

概言之,作为"改革者"的教师主体力量的发挥,其实就是要求教师要在实践中构建一种作为"教育哲学"的"批判教育学"——这不仅是实践的方法,更表示一种实践态度和进行教育判断的价值尺度。石中英将教育哲学定义为:"从'哲学的角度'帮助教育者对困扰自己的任何教育问题的理论'批判'与'反思',其目的不是为了获得'高级的教育知识',也不是为了实验教育哲学家们的某些理论观点,而是为了唤醒并促使教育者更好地理解与他们密切相关的教育生活,使之不断获得认识、了解和重建教育生活的意识、知识、能力与信念。"③对于教育实践者或教师而言,这种教育哲学正可谓一种批判教育学。而努力构建自己的批判教育学应成为 21 世纪教师的重要使命之一。德国批判教育学家温克勒(Michael Winkler)在谈及"今日我们为何需要批判教育学"之时就指出:"对于年轻的教育家和教师来说,他们不太在乎理论,他们要的是教育的'处方'和技术(recipes and techniques)。他们想得很务实,他们被训练去考试,而且有时候对具有主体性的行动根本不感兴趣。那样是危险的。"④温克勒进而认为,批判教育学必须反对这样的态度:教育

---

① ［美］约翰·杜威:《民主主义与教育》,第 312 页。
② 同上书,第 313 页。
③ 石中英:《教育哲学》,第 23—24 页。
④ ［德］温克勒,陈泫翔:《批判教育学的概念》,《华东师范大学学报》(教育科学版)2017 年第 4 期。

实践者僵化、孤立、静止地理解教育或看待教育实践本身。因为教育与社会的关系、教育实践都是复杂的、变动不居的和情境化的,同时每个教育中的人都是鲜活而富有文化特征的生命存在。故而,批判教育学的要义就在于它思考要采取历史方法的取径,把世界视为一个整体,并且把所有现象都看成历史事实,如杜威所说的"哲学的态度反对孤立地对待事物;它设法把行动放在它的背景中——这个背景就构成它的意义"①;它的"核心关怀就是去理解教育,去理解教育是如何运作的"②。换言之,这其实就是一个教师建构自己教育概念的过程,包含了教师对于教育的理性认识、价值判断和实践诊断,以及教师对教育传统的吸收和通过检视实践而获得的新洞见。如此一来,当我们再回看教育实践本身时就可以发现,教育的活力与可能性将得到极大释放。因为,教师的自我改革本身就意味着教育处于一种持续的运动状态,而不是在僵化的教育理解中循环往复;意味着教师在抱持着某种教育信念、知识观念和价值准则的同时,又基于现实,将它们置于具体教育实践与情境中加以检验,进而继续抱持或对之不断修正、革新,使其成为教育行动的能量之源。

不过,我们也要注意到教师作为教育改革实践主体的限度,否则可能不但不能有效地发挥主体力量,甚至有可能走向它的反面,致使教师陷入"无谓的折腾"和"无限的疲惫"之中。这种限度包括:其一,教育改革的根本是教师的自我完善,但这种自我完善是在具体的行为情境、社会与文化空间中进行的,它们既是改革的对象,又是改革的限制性条件。因此,改革不能笼统、随意和机械,应该实事求是,富有历史思维和人文理性。改革的价值与目的

---

① [美]约翰·杜威:《民主主义与教育》,第 345 页。
② [德]温克勒,陈泺翔:《批判教育学的概念》,《华东师范大学学报》(教育科学版) 2017 年第 4 期。

最终指向学生的幸福成长和文化传承,那么这种价值与目的的实现程度就成为教育变革的根本限度。于是,进一步的问题就是改革中创造的"新"东西就必然不能是瞬时性的,它必须在一个相对稳定的实践中经受这种根本限度的检验。其二,也是最为关键的是,教师的主体力量须以"教育"为尺度得到确立。当前,一个主要危险就来自人们将教师力量的范围进行无限扩大(除教学外,还有物质、财务、行政、安全、卫生等工作),这是对教师力量的亵渎与摧残。必须指出,教育改革实践中教师主体力量发挥的主要方面是教师对于自身教育力的改造与提升,属于自我道德品格和教学能力与智慧的改革范围。斯坦利·阿罗诺维茨(Staley Aronowitz)和亨利·A. 吉鲁(Henry A. Giroux)在《被围攻的教育:保守派、自由派和激进派在学校教育上的争论》(*Education Under Siege*:*The Conservative*,*Liberal and Radical Debocte over Schooling*)一书中就主张:教师虽然是教育改革进程中的关键力量,但如果认为教师必须"既是学者又是活动家,他们不仅要介入学校领域,而且还要介入整个社会中",那无疑夸大了教师的力量。克里夫·贝克(Clive Beck)认为"如果真的要在校内校外都实现重大变革,教育工作者必须与处于发展中的社会的其他成员处理好合作程度问题",而不是让教师承担所有责任或者说苛刻地要求教师成为"全能的人";对于教师,"我们应该对他们少一些责备,认识到他们作用的限度,并且在我们希望他们多作出些贡献的情况下,为他们提供更好的条件,并在道德上给予更多的支持"。[①]教师的主要贡献或力量应该在于,必须变成比现在更加独特的"知识分子",必须有探究的精神和能力;同时,教师也必须

---

① ［美］克里夫·贝克:《优化学校教育:一种价值的观点》,戚万学等译,华东师范大学出版社,2003 年,第 50—52 页。

认识到他们所做的工作不可避免地具有政治性质,故而就要努力去提高自身的政治能力,从而"有助于推进广泛的社会变化,这些变化反过来又会对他们在校内的政治工作发挥辅助作用";最重要的就是"教师们必须比现在更加尊重学生"。最后,"教师们必须在社会、道德和精神特征方面不断发展"①。

### 三、 现实境况

高明海在谈起当地艺术教育改革成效时,首先自豪地认为"我们县的艺术教师的配置是市里面 12 县 6 城区最强的"(L-GMH-1),他将"最强的"教师视为艺术教育改革成功的首要原因。在反思新课程改革失败的原因时,他说道:"我们现在仅仅是依靠教研部门来推这些事情,因为教师他本身不改,拿他没有办法。"(L-GMH-3)"基础教育改革走到这一步,我认为关键还是老师。要是老师不变的话,学生没法变。最大的难点就在这里。""当然,最重要的原因还是老师们传统的东西太多,自己创意性的东西太少。""老师们的观念还是转变不过来。""制约我们县教育改革与发展的瓶颈,就是没有优秀教师。"(L-GMH-1)显然,高明海已经认识到教师在当地基础教育改革中的关键作用。在这样的反思性意识中,高明海认为 L 县基础教育改革至今仍然只是停留在"硬件层面",而那种直接关系学生人格发展、教学质量提升的教师素质、教学行为等核心意义上的教育实践改革还未真正发生。作为行将退休的老教研员,他十分感慨:

> 现在我们扪心自问,我们县里面万事俱备,只缺人。要是我们有好的老师,能够培养出好校长,我们的教育还会上新的台阶。但是我们现在的教育还仅仅是一个起步,我们仅仅是做了一个尝试。在良好政策的

---

① [美]克里夫·贝克:《优化学校教育:一种价值的观点》,第 52—54 页。

支持下,我们仅仅做了一个开头。要让真正的基础教育改革、教育发展走向一个比较好的水平,应该是内涵发展、人的素质提升、学校特色凸显。现在我们仅仅是迈开了第一步,"软实力"不足,还是"软实力"不足(重音强调)！到学校去看,很多时候我们还是在抓事务性的东西,还没有真正地沉下心来把业务(教学)处理好。我的结论是这样,虽然可能没多久我就要退休了。(L-GMH-1)

当我在各个学校观察和访谈时,我能够深切地感受到高明海言谈中的忧虑、反思和期许。在一个西部贫困山区县域,或许我们可以想象教师作为"改革者"的力量能够展现到什么样的程度,可以想象他们自身固有的构成改革阻力的种种消极心理、情感与能力(包括知识)因素。事实证明,这种想象并非完全不符实际。但是,似乎只有当这种阻力真正形成时,人们才会意识到它的关键性,形成行动后的反思与自觉。同时,我们也不能任凭这种想象肆意蔓延,因为即便这些阻力构成客观性,然而若不经由教师力量,教育改革实践(不论成功或是失败)便不可能发生、存在,或者说教育改革只能悬浮于实践上空。

事实上,积极抑或消极都因具体条件和情境而定。L县基础教育改革实践中教师主体力量的发挥并不能一概而论。重要的是要立足当地教育基础、经济条件与文化环境,进而看到教师自身的生命与精神、生活与职业的具体境遇,在一定的"度"①中培养、激活和发挥教师的实践创造力和改造力。从L

---

① 李泽厚认为,"实践"作为人类生存—存在的本体,就落在"度"上。"度"隐藏在技艺中、生活中。这个"度"好比中国思想中的"和""中""巧",讲的就是实践要在具体历史条件中展开,掌握分寸、恰到好处。"度"是实践本身的合规律性与合目的性的体现。(李泽厚:《哲学纲要》,北京大学出版社,2011年,第130—132页)

县 21 世纪以来的教育改革历程来看,教师主体力量是愈加富有活力的,但这并不代表教师能够真正主宰自己的教学实践,能根据时代和情境的变化而及时革新自我。当 L 县基础教育改革受限于当地经济发展水平、社会文化条件而始终以"硬件改革"为主时,我们自然不能苛求教师一定要在"自我"和"教育本质"的意义上谋求所谓的变革与创新。很多时候,教育惯例也是制约教师能动性的重要因素,比如家长对教育的看法及其形成的干预总是令教师们深陷于难解的矛盾——家长的要求与教育实践、教育观念的冲突,"读书无用论"与"义务教育"的冲突,等等。这种"矛盾"似乎已经成为一种社会学家们所说的"结构",循环往复。这就是说,教师作为教育改革的主体力量,它一定具有历史性和情境性,必须在具体的历史和现实条件下才能得到体现。

下面,我将呈现一段富有"故事性"的集体访谈对话作为本部分的结尾。通过对话,我们可以看到一个贫困山区县域中教师们的某种"境遇",进而便有理由指出:要想实现教师"改革者"身份的建构、激活教师的教育改革自觉和发展批判教育学,就必须立足于当地现实的各种条件,甚至"阻力"也可能纳入条件的范畴。而对这种"境遇"的反思也恰恰表明,教师在教育改革中的"主体力量"亟须受到尊重和解放。


我:大家对目前县里面的教育是怎么看的啊?

王:**管得太过**(太严)啦!

梁:一句话,**推给学校的责任太大**。

王:现在就是老师的责任无限扩大,你说现在哪个愿意当老师。你看现在的"控辍保学",第一责任人就是老师。先是老师劝(劝学),然后是校长劝、局里面劝、县里面劝。

梁:两个初中(县里面的两所初中,实行寄宿制管理),他们都是星期五晚上要回家。有条件的来接可以回去,没条件的没来接就不能回去。有些学生,看到一个宿舍有条件的都回家了,剩几个人在宿舍,他就感觉不安心啦! 然后就想办法啦! 就跑到老师那里去,(说)"老师,你必须放我回去"。老师说"我没有权力放你回去",(学生说)"你没权力放,我就从这里跳下去"。老师就没办法啦,"你必须叫家长来接你才能回去"。但是家长也没来。半夜三更,他就用床单一个一个接成绳子从窗户那里吊下去。过后,(领导、家长)又来查老师,质问:"怎么没管到学生,让学生爬出去啊!"

王:**没人敢做老师。**

梁:所以说,这样的责任太大啦。现在,反正只要学生稍微出了什么问题,家长就来找你学校。

王:有个家长就告(状告)学校,说他儿子得了病,检查说是因为被蚊子咬了,染了什么病,然后就告学校有蚊子。学校就说,学校是要求挂蚊帐,但学生没挂。然后家长就说,"那你为什么不帮我儿子挂蚊帐"。有的家长就是这样"拽"的。

王:现在的**校长和老师都变成弱势群体**了。 比如说乱收费,其实它的比例非常非常小,那媒体也是好过分、好没有良心的。(在媒体眼里)一个老师搞个有偿补课,好像所有老师都搞有偿补课一样。我今天收到一份材料,要求每个教职工都要写承诺书——不搞有偿补课,不去培训机构兼职。好难过的,听到这种要求,真是好伤心的。

杨:现在真的是搞得太过了。

梁:我们那个小学有个老师,暑假就是应了家长的需求给孩子搞了补习。后来多了几个家长，人家也愿意给钱，老师就辅导了几个学生。好! 另一个没有补课的老师就状告了他。结果，学校处理了他——上交所有辅导学生得到的钱，还要被通报批评。但是，这不是老师(主动)找的(补习)，而是家长有需要请老师帮助的。

王: 现在还有哪个敢来当老师。 (L-WM-2，L-LYJ-3，L-YJ)

## 第三节　断裂与绵延中的教育改革

县域教育改革作为一个个行动"事件"，显然是不同的"事件"，具有区分性。这种"区分"是如何形成的，意味着什么? 这是本书需要回答的重要问题。很多时候，特别是从历史时间的角度看，"区分"近乎等同于"断裂"，然而，断裂是表象的还是实质的?(如果不是实质的，那又意味着什么?)这同样需要做出分析与澄清。这些问题涉及一种"改革的政治学"，更重要的是涉及教育改革的时空关系及其意义，因而对于我们进行教育改革评价的意义也是不言而喻的。

### 一、行政控制下的行动断裂

教育改革的"行政"，我们一般在两种意义上同时使用: 一是作为实体的部门或机构，即所谓的"行政机构"，如县政府、县教育局等; 二是代表一种职能或权力，如所谓"行政职能""行政权力"，主要表现为教育改革的决策、组织与管理。合起来说，就是特定的行政机构行使特定的行政职能。比如，县教育局作为县级教育行政机构，与交通局、计生局、财政局、人事局等并列，各自行使自身规定性的和常规性的职能。就中国"基层"而言，行政机构与行政职能的对应关系及其构成的区分性在很大程度上制造了特定行政领导人的政治角色与权力,这种角色与权力的统一性又可以进一步孵化"领导者"本身的影响力。这种"影响力"通过构成其自身的条件可以实现代际传递,因而持续作用于它所属的功能指向。

我在前面已经讲过,教育改革是一项作为行动的"事件"。这里我要特别说明,教育改革之所以是"一项"作为"行动"的"事件",正在于它固有的目的性、计划性和组织性,简单说就是教育改革的"制度化"性质——尽管它在根本上源自"改革"本身作为教育实践的本体性存在,但是就"制度化"而言,它是人们创造出来的行政系统分工的产物。这种"制度化"在某种意义上意味着多重"限定":第一是制度化在具体行政系统中的功能性限定,比如教育系统便有教育制度(形式多样),教育系统中的子系统又有相应的制度生产;第二是制度化在具体行政系统中的行动限定,比如教育局有某项教育行动,这种"行动"本身就是一种限度,体现在行动的目的、对象、时空、主体、规则、方法、财物等方面;第三是制度化在具有普遍性的意义上以行政系统为载体,进而建立起各个系统在功能和行动上的区分,如教育系统、交通系统,尽管它们也存在"交集",但前提是各自的制度与意义空间的独立性。回应前述,正是这些"限定"使得教育改革成为"行动事件"——即行政控制的有限行动。

一次教育改革行动往往具有鲜明的目的、对象和方案(如经费数额、时间安排或步骤、人事部署、操作技术、法律或规则等),这就是一种制度性"限定",是理性、权力和资源通过行政机构在特定教育改革行动上的集中体现。而且,如同吉登斯所说,"资源是权力得以实施的媒介"①,这在县域教育改革行动中表现尤其显著。于是,某项教育改革行动结束或停止的时候,也就是

————————

① ［英］安东尼·吉登斯:《社会的构成:结构化理论大纲》,第77页。

某种限定失去效力的时候。但是,至多是伴随着这次行动的限定消失了,而非限定本身消失了;或者说是限定的内容暂时"悬置",限定的形式仍然有效——只要限定所依赖的条件也就是行政机构及其制度化性质继续存在,那么限定本身将在下一次行动中得以恢复生机。吉登斯的结构化理论认为,"结构"(structure)作为特定社会系统的社会活动的"产物"和"再生产物",是"被循环反复组织起来的一系列规则或资源","对于循环反复组织起来的实践来说,既是后者的中介,又是它的结果"。①从吉登斯的观点和思路来看,"限定"正是一种"结构",它"再生产"出来之时也就是另一次教育改革行动启动之时。形式上同样作为"规则"与"资源",只是具体内容上发生了变化(理论上也存在无变化的可能性)。如此循环往复,也就产生了我所说的"一项一项"的教育改革行动事件及其相应的作为"限定"的种种规则与资源。这一点不用举例说明似乎也容易明白,或者回头看看"历史"便可以一目了然。

我在上面所提到的"领导者"及其影响力同样也属于这种"限定"。以县域教育改革来说,一项教育改革行动事件中的主要领导人(如教育局局长)既是"限定"的生产者、推动者、执行者,同时也是它的结果。某种意义上也可以说,领导人的影响力就是"限定"本身——领导人可以更迭,"影响力"具有再生产性。因为,严格来说,这种"影响力"不是个人意义上的,而是政府意志、改革理性、制度力量在具体社会行动中的统一表征。我们可以在县域教育改革历史上发现,当教育局主要领导发生更迭时,一般情况下,既有的教育改革行动便随即终止,但是已经产生的作为限定的影响力会在下一任领导者那里

———————

① [英]安东尼·吉登斯:《社会的构成:结构化理论纲要》,李康、李猛译,中国人民大学出版社,2016 年,第 23 页。

得到展示,从而也成为下次改革行动的限定。此时,改革行动的终止与领导者的个人政治意图或其他主观因素或许构成一定程度的因果关系,但本质上说,行动的终止是由"行动"本身的性质决定的,这种性质也就是作为限定的"规则"与"资源"。

毋庸置疑,教育改革的上述性质意味着政府行动的目的确定性、过程秩序化和对资源高效利用的追求,进而充分体现为一种行政的控制力,优点显而易见。在此意义上,教育改革作为"行动事件"实际上遵循的是行政逻辑。在这种逻辑的支配下,县域教育改革就会有一种一般模式,正如副县长张怀的描述:

> 各种改革都是一样的。县里面政府开会布置这个事情,比如说财政(部门)如何保证经费,人社(部门)保证人员的工资、社保。一般由教育局牵头来做这个事,然后底下的人就是进行一些具体的运作了。比如,有些人是不符合条件的,就会清退出去,有些符合条件的就可以保留下来,等等。大致上就是有一个这样的模式,这是任何一项改革都会经历的一个过程。(L-ZH)

但是,正如有关研究所表明的那样,"行政控制是保证政策目标得以实现的必要手段,但其运作逻辑有着原生的局限性,因为行政本身是事本主义的,需遵循常规的、程序性的方式处理问题,以减少不确定性"[1]。所谓"事本主

---

① 王诗宗、杨帆:《基层政策执行中的调适性社会动员:行政控制与多元参与》,《中国社会科学》2018 年第 11 期。

义",简单讲就是"完事即可"——它在教育改革上的表现就是把教育改革当作一项"政治任务"或行政工作来"做",严格按照"限定"执行,一旦达到限定之内的时间、经费、流程等方面的限度,行动便立即终止。其弊端之一就在于让教育改革行动因此出现断裂。"事本主义"以具体"行事人"为载体,从而它又因人而异,或者很大程度上说是因"领导者"而异。不过,如同我在上面所讲,"领导者"是被生产和再生产的,故而"事本主义"也是如此。因此,改革行动的断裂便成为客观,而这种"客观"同样是循环反复的。

教育改革的断裂,我指的是一项教育改革行动因为上述"限定"或行政逻辑而不能得到延续。换言之,不论该项教育改革本身在意义上是否还有延续的必要性和合理性,它都必然严格受制于"限定",进而在行动上"自然"终止。这在 L 县基础教育改革中有较为显著的表现。对此,我可以试举素质教育改革和教师专业化发展项目的例子来加以说明。

就素质教育改革而言,我们不妨先看一看韩丰谷在两次访谈中的叙述:

第一次访谈:

> 韩:我当时抓这些东西(素质教育改革),我感觉到我们的老师的一种(积极)向上的氛围已经出来了,大家有一个奋斗的目标,真的是形成了。但是在我刚刚要深入的时候,50 岁"必须"要下课(退休)。
>
> 我:那您所要做的事情怎么办?
>
> 韩:没办法做下去。说实在的,如果说再给我 5 年,或者说 10 年,那绝对会有一个最后的总的成果出来。我花了很大的功夫打基础,当时我就说了嘛,基础一打好就会有一个惯性的。所以,这个教育局领导不能轻易换。我也非常反对校长老是换。这个校长当得好,让他当一辈子都

可以,校长不是官。你说很多名校,那校长是能随便换的吗。我们有体验,学校换一个校长,那学校就变一个样。(L-HFG-1)

**第二次访谈(电话访谈):**

我:您可以指导我们这些晚辈去做一些事情。

韩:指导谈不上,您太客气了。有些深层次的东西,可能不光是一个县域的事情,它是普遍性的一些事情。确实是这样。我感觉也是这样。我搞那个素质教育改革嘛,本来是挺好的一件事,老师也很高兴,学生家长都很满意,但是我到50岁的时候就**硬要下了**(按规定退居二线),下来以后(所做的事情)就中断了,新来的肯定不管你这一套了。当然还有其他的很深层的原因,这一下也说不清。

我:电话里您可以简单讲讲吗?

韩:简单地说就是,比如我退下来以后,有个"50岁"的政策,这是地方搞的,这个也没问题,反正做不做局长都无所谓。我是想,教育改革还是要搞下去,让它有连续性。但是后面什么事都不叫我了,不要我参加了,我也没办法去做这个事了,事情只能停下来。停下来,很多事情就说不清楚了。反正是一个核心的问题,就是说,新来的局长,肯定有他的一套,就是这个问题。这个问题比较深层,还不仅仅是个人的问题,这和整个人事组织有关,人事制度就那样,你没办法。新来的局长"他"不能在"你"的空间下做事,这样做他很难有成绩。

……

我:教育改革的路上有阻力吗?

韩：阻力也是有的。另外一个就是说，**最危险的是没有连续性**。

我：这个怎么讲呢？

韩：噢！这个来做一套，那个来做一套，最后老师们无所适从。今天搞这样，明天搞那样，搞来搞去，他们（教师）也就没有信心了，也就是应付着做了。你（让我）填表我就填表，都是形式上的，90%都是形式上的教育行政管理，都是搞形式的东西多了。这个问题，当然还有一些具体的情况。尤其是教育局局长，县一级的教育局局长这个位置，它的作用是很大的，也是很重要的。就是说他能够把全县的教育资源调配起来，调动起来，把老师积极性调动起来，他所起的作用是很大的。但是，如果他的心不在教育方面，那就不得了，他的导向也是不得了的。（L-HFG-2）

韩丰谷的话语中所隐射的内容显然很丰富，用他的话讲又叫"深层"，但我不打算对此展开过多的讨论。不过，他谈到的"核心问题"恰恰表明了我前文所分析的县域教育改革的逻辑特征。这个核心问题正是韩丰谷多次强调的"官场"：① 教育局局长换届是地方制度的"硬性规定"；② 新官上位总有自己的"一套"行事规则与方式，与前一任形成区分；③ 并非每一位教育局局长都热心于教育事业，因而关于教育改革的观念和能力有所不同，甚至迥异。

他认为，这是造成县域教育改革不能延续的关键原因。这也是我前述的"行政逻辑"的断裂。遗憾的是，韩丰谷之后的新任局长始终不愿意接受我的采访，不过有一个现实情况是客观存在的——随后紧接着展开的新课程改革如韩丰谷所述，已是另一种全新的行动模式。尽管，作为"任务驱动"的产物，它似乎有抛弃既有素质教育行动惯例的合法性；然而，作为地方性行动，其中显然少了继承传统经验的维度和方法论上的"在地化"考量。值得补充的是，三年的新课程改革在程式化操作中如同浮光掠影,校长和教师们将其描述为"打了一仗,做了一梦"(L-SF)。还未喘过气来或是正睡眼惺忪之时,改革便又一次踏上新的"征程"——"学习杜郎口教学模式"。

再来看教师专业化发展项目。如下是我分别和王梅、杨家基的对话:

> 我:你们有没有做得比较有特色的教育改革活动呢?
>
> 王:以前做过,但是(我)过来(调任到现在的基础教育科)两年就没做了。以前我在人事股就牵头做了,学校管理方面和课堂教学方面(教师专业化发展项目),但是已经两年没做了。
>
> 我:那个挺好的,已经结束了是吗?
>
> 王:对,已经结束了,没有后续了。
>
> 我:那个做了多久呢?
>
> 王:做了三四年,就是一个项目(教师专业化发展项目)都很希望(校长与教师们希望)我们(教育局)做下去。
>
> 我:那个项目是属于县里面自己做的?
>
> 王:是的。是我们去找的他们(指项目管理单位和大学专家)合作,做了三年,第四年结题。本来是可以做下去的,但是后续有很多原因就做不下去了,加上**我又调走了**。(L-WM-1)
>
> ……
>
> 我:就搞了3年?
>
> 王:只是搞了3年,如果再继续搞,就会做得很好。
>
> 我:持续搞下去,当时有想法吗?
>
> 王:有啊,怎么没有!

我：有愿意的，咱们还是支持？

王：如果我是局长，我就这样做啦！可惜我不是局长。（笑）

我：这个项目每年都坚持嘛，现在还检查吗？

王：现在不检查了，不搞了。当时我们还把它做成年终绩效考评的内容，真正列进去的，比如校园文化要围绕它的主题来做，我们都要考评的。

我：那中断的原因是什么呢？

王：换了领导嘛，人事变动嘛，再有就是这个教育扶贫。

我：所以现在我们也不用检查了。

王：不检查了。（L-WM-2）

……

我：总体上感觉这个项目进展还是非常顺利的？

杨：经费没有太大问题，最多就是到了第二年看是不是要再口头上重新谈一谈经费比例，最多就谈这个。教育厅有钱，你要是做得好，他兴许还给多点。这里头**最怕就是人员变更，人员变更，这个马上受到影响**。

……

我：这种项目一旦截止，后面还会回去做指导吗？

杨：不好去，除非是搞研究。不搞研究，如果还是按项目的概念就不会再去。

我：也不会去看他做得怎么样了？

杨：很少有机会，因为毕竟人也变了，除非完全是自己私下去的。不然，人家教育局领导是不好意思的，因为这个是**他的前任做的事情**。

我：一般，如果这个项目机制不好，项目本身的价值不高的话，项目结束也就什么都归零了，这很糟糕。以前，包括做国际项目也都是那样，精力时间都白费了，当时很有效果，但是一结束之后，人全换了。**校长换了，局长换了，之后就全部归零，特别可惜**，没有一个可持续的（办法）让学校一直能够用下去。（L-YJJ）

作为项目负责人和首席专家，他们不约而同地认识到了由"领导更迭"直接导致的项目断裂及其后果。根据吉登斯的结构再生产理论，我完全可以将教师专业化发展项目"领导更迭"及其影响力看作素质教育改革"官场"逻辑的再生产。它们都一致性地反映了县域教育改革的断裂性特征。就教师专业化发展项目而言，根据多位校长和王梅等人的描述，三年行动只是实现了学校管理的提升和学校特色化建设。当他们在改革中觉察到需要走向课程建设和参与式教学的深化改革时，项目却因领导更迭而不得已终止。如同校长黄芳华所描述的：

教育局这一块就是出现人员变动的时候，有些东西就脱节了，比如我刚才讲的，股室人员变动之后，就会出现一些工作脱节，就没坚持，这样的话，就使得我们这些学校变得被动……我们学校还是要坚持做下去，但有的学校就不一定坚持做了。原来是这个人负责这个项目的，因人事变动调到另外一个股室去了，另外一个人来接手的时候就不做了，就结束了。（L-HFH）

不论是素质教育改革还是教师专业化发展项目，我的访谈对象似乎都有一种向我倾诉改革中的一种"政治学"的意味,甚至副县长张怀也向我坦言:"如果你光从教育的内部考虑问题,我觉得你很难得出一个符合这个当前的政治框架的结论"(L-ZH),因为正如另一个副县长赵渊所述,"政府部门做任何事情,有几条最重要的规律,第一条是领导重视,第二条是人、财、物,后面才是技术层面的"(L-ZY)。事实上,整个考察过程中我能够感知到这种"政治学"的存在。但这显然是一个复杂的正统政治学话题,我无意、无力对此做深入研究。实际上也无必要,因为我只需要表明县域教育改革的这种逻辑特征,便已经达到我的研究意图。

韩丰谷的下面这段话用来作为本部分的结束语,我认为十分恰当:

教育改革如果不是十年八年的功夫,它怎么出得来成果呢?教育改革不是一下子能够出成果的。做的事情还在一半当中,像烧开水才到50℃一样,换一个人来又重新烧一壶。这个做法就有两个危害:第一个就是即使原来的改革是正确的,也落得半途而废;第二个就是给老师们的导向是**要命(严重)**的,老师们就看你这个改革是不是为了真正的教育,如果这个改革是应付,那他们就跟着应付,这个后遗症是很大的,太大了。(L-HFG-2)

## 二、 实践中的意义绵延

教育改革是一个从"行动"走向"实践"的过程。为了方便论述,我有意在分析上从话语角度对"行动"和"实践"做了概念区分。中国教育改革的话语语境里,"行动"一词更符合政府的口吻和习惯性表达图式。在学校场域中,校长和老师往往充当"行动"的实践者,彰显的是"做"的意涵和行动本身的意义。这种区分的意义在于，我可以用"行动"来表明作为政府行动事件的教育改革的断裂性，然而这种断裂性并不一定同时意味着"实践"事实的断裂。当然，这个"实践"概念我也是从人们常说的"实践者"概念反推而成的，因为在目前人们的话语习惯中，"实践者"往往指的是具体做事情的人而非政策制定者、行动组织者。"实践者"类似于"劳动者"，这在中国语境里更有一种深刻蕴涵——对空想、唯心主义、懒惰、缺乏能动性的批判，反之则主张实干、勤劳、坚持不懈、奋斗等"劳动实践"的积极品质。

所谓行动事件的断裂，这里再次申明，它仅仅是指某项有明确目的、意识、组织、计划的教育改革行动因"限定"而终止。比如 L 县素质教育改革的断裂，具体指的就是以素质教育改革为名义的"教学大比武""教师基本功训练"等一系列的行动模式不再继续；又如教师专业化发展项目的断裂，其实是意味着"改革"符号以及作为项目标志的政府力量、组织、资源、审查、严密流程等方面的退场。简言之，就是作为符号的"改革"及其行动模式的终止或退场。这也许会导致相应实践意义的断裂，亦即"改革"因此不再是实践者的自觉、反思性行为，比如个别学校教师专业化发展项目"学校发展计划"的停止。但是，符号的意义和行动本身生成的意义可能已经深埋于教育实践的土壤或实践者的经验之中。

也就是说，教育改革一旦在学校场域里发生，那么它便不再仅仅是原先那个负载着各种"限定"的行动，而是变成了"教育实践"。此时，即便这项行动因为"限定"而终止，这种"教育实践"却依旧可能在校长、教师和学生的行为中释放着活力，因为"实践在时间中展开"或者说"实践完全内在于持续时间"[1]。这

---

① ［法］皮埃尔·布迪厄：《实践感》，第 115—116 页。

其中的关键机制在于,"教育实践"并不受制于教育改革行动本身的"限定"。如果说,作为行动的改革遵循的是行政的逻辑,那么作为实践的改革则有自身的逻辑。尽管改革行动停止了,但我们不能因此说教师在改革行动中所建构的思维和养成的德性随之消逝了。杨家基便认识到了这一点:

> 如果项目本身设计得很好,即使局长换了,他不再做这个事情,但是在学校里头它(项目)已经成为一种常态,换了新局长又怎样?学校照常按照项目来运作,它已经成为一种文化,很重要。在管理学校的时候,再也不像以前那样因为局长变化又回到"解放前",回到以前那一套。校长和老师们觉得以前那一套没办法再用下去了,经过这几年他们已经用顺了这个,那这个项目就厉害了。所以从某个意义上来讲,还是看这个项目本身的价值,看它是不是真的能够在学校产生这种作用,这样一来就不会因为局长换了而改变。同时,参与项目的人员都得到了锻炼,有的人在这个项目中成长起来,可以说是成了专家。(L-YJJ)

换一种说法,改革的形式可以在"限定"的制度化时间中终止,但改革的实质能够在实践中通过实践者永不停息的教育行为得以存活,成为吉登斯眼中的"'内在于'人的活动"或"记忆痕迹"①,也可以说是"经验"。这里出现了列维-斯特劳斯所说的"可逆时间"(reversible time),即教育改革中生成的"经验"可以伴随教育实践活动而存在,"固化"在它的产生条件、发生情境和实践者的经验总体之中,实现"再生产"。比如,某教师在教师专业化发展项

---

① [英]安东尼·吉登斯:《社会的构成:结构化理论纲要》,第23页。

目中接受了互动教学方法的训练和实验,这种方法本身及其间生成的经验可能已经建构在他的经验框架之中。

之所以如此,是因为人的实践活动"是作为一种绵延(durée)而发生的,是一种持续不断的行为流"①。构成绵延的行为流的动力主要源自行为者或实践者的"反思性监控",也就是说,"实践的连续性是以反思性为假设前提的,但反过来,实践之所以可能具有反思性,又恰恰是由于它存在连续性,使得实践在时空向度上体现出独特的'类同性'(the same)"②。除了这种理性化、意向性(intentionality)的反思性监控以外,吉登斯认为"行为流持续不断地产生出行动者③意图之外的后果,这些意外后果又可能以某种反馈的方式,形成实践的未被认识到的条件。人类的历史是由人的有意图的活动创造的,但它并不是某种合乎意图的筹划;它总是顽固地躲开人们将其置于自觉意识指引之下的努力"④。一方面,通过反思性监控,已有的记忆或经验会不受时空限制地在特定活动中被实践者有意识地唤醒;另一方面,由于它已经内在于"经验框架",当遇到匹配的条件、情境的刺激时,它会无意识地流露出来。进而,又会融入新的经验和记忆,构成亚里士多德言下的"实践智慧"或者说是杜威冠名的"理智"——它们都产生于人的具体的实践境遇、经验的持续生成与创造的过程,是"关于具体的特殊事物的知识,这种知识不是一种普遍的、可学习的知识,只能靠经验,靠日积月累长期形成的经验,才能形成这种

---

① [英]安东尼·吉登斯:《社会的构成:结构化理论纲要》,第3页。
② 同上书,第2—3页。
③ 原书翻译为"行动者",但我认为它与我所谓的"实践者"是一个意思。因此,考虑到概念的一致性,我暂且将其用"实践者"代替。但此处依然用直接引文的方式引用译著原文。
④ [英]安东尼·吉登斯:《社会的构成:结构化理论纲要》,第25页。

知识"①。

　　根据布迪厄的观点,也可以说教育改革行动固然断裂,但它在教育实践中的效果之一可能是生成了某种习性(habitus),这种习性则成为校长和教师在管理或教学实践中习得的"持久的、可转换的潜在行为倾向系统"②。一旦这种习性养成,那么人们接下来的实践就可以说"是在与作为认知和促动结构系统的习性的关系中形成的"③。习性对于实践者的意义在于可以"确保既往经验的有效存在,这些既往经验以感知、思维和行为图式的形式储存于每个人身上,与各种形式规则和明确的规范相比,能更加可靠地保证实践活动的一致性和它们历时而不变的特性"④。某种意义上,如果没有这种习性的生成,那么教育改革才可以说是真正失败的。习性生成意味着教育实践的活力,教育实践的无限活力源自习性的不断生成。

　　习性"是一个内在规律(lex insita),此规律由相同的历史印入身体,它不但是行为协调的条件,而且是协调行为的条件"⑤。它"继存于现时,并能在按其原则结构化的实践活动中现时化而延续于将来的过去,是外在必然性(不可归结为情势的直接约束)法则借以持续实施的内在法则"⑥。当一项教育改革发生并按照"限定"完成乃至断裂之后,教育实践已经不可能回到改革之前,改革总会在实践者那里留下一点什么东西,这种东西能留下,原因在于它已经融入实践者的行为模式、知识图式或思维体系,成为他的行为的隐秘

---

① 丁立群等:《实践哲学:传统与超越》,北京师范大学出版社,2012 年,第 24 页。
② [法]皮埃尔·布迪厄:《实践感》,第 74 页。
③ 同上书,第 75 页。
④ 同上书,第 76—77 页。
⑤ 同上书,第 84 页。
⑥ 同上书,第 77 页。

或显露的作用因素,推动着实践的延续。"习性是一种无穷的生成能力,能完全自由地(有所限制)生成产品——思想、感知、表述、行为——但这些产品总是受限于习性生成所处的历史和社会条件。"①事实上,习性释放这种能力的时候也是这种历史和社会条件同时存在或被生产出来的时候,在这个意义上,L县的教育改革实践生成的习性便不能在非L县的历史和社会条件中得以生成,而这种条件是与其产生的实践活动共在的,"实践活动趋向于再生产其生成原则之产生条件的内在规则性"②。

值得注意的是,这种习性并非个人所独有。严格说,习性属于教育实践本身,正如布迪厄所说:"实践是实施结果和实施方法、历史实践的客观化产物和身体化产物、结构和习性的辩证所在。"③也就是说,习性属于特定历史条件下的实践共同体,是教育改革实践者的共同记忆痕迹。县域基础教育改革行动不可能只发生在一个学校中或个体教师身上,它是整个县域时空中的基础教育实践。在这个意义上,如同石中英所指出的:"正是由于习性的存在,使得个性迥异、任务不同的教育实践工作者能够产生共同的感知、策略和评价系统,彼此之间有一种'自然的'熟知感和亲密感,比较容易产生心灵的共鸣;也正是由于习性的存在,使得教育实践获得了一种深厚的历史性,从而成为历史性的实践,服从种种历史生成的内在法则。"④因此,可以说一场县域基础教育改革不仅在县域空间获得了延展,并且在县域教育实践的历史时间中得以绵延。

---

① ［法］皮埃尔·布迪厄:《实践感》,第77—78页。
② 同上书,第79页。
③ 同上书,第74页。
④ 石中英:《论教育实践的逻辑》,《教育研究》2006年第1期。

另外,一项改革行动的结果也可能成为一项改革的现实动力,因此,就这两项教育改革行动而言,它们之间仍然存在着某种连续性——前者的"果"在某种意义上成了后者的"因"。比如学校布局调整和教师专业化发展项目,前者产生的最大问题之一是学校集中办学和大量学生寄宿后所面临的学校管理和教师专业化发展的挑战,而这正好构成了后者力图攻破的主要问题。县城一中的副校长黄川山即有如下具体描述:

> 撤点并校以后,我们学生的素质参差不齐,他们自治能力差,自我约束能力也差。他们如果撞在一起的话,有可能会打架,所以这个需要我们学校做很多(工作),除了做民族团结工作,另外还要对他们进行思想教育等。老师的素质也是参差不齐,这个打磨也需要一定的时间。学校也是新建的,一切都可以说是从头来。这些都属于我们这个"撤点并校"的一些难点,基于这样的一个情况,我们县教育主管部门教育局就带领我们全县中小学做了一个项目,名称叫作"教师专业化发展提升",一个是要提升学校的办学水平,第二个是提升教师本身的专业水平。(L-HCS)

同时,借助吉登斯的结构化理论,我们还应该有这样一种认识:两个不同的教育改革行动之间或许还存在着某些"灰色地带"或"共同知识"(mutual knowledge)。它是实践者的"意识无法直接察觉到的。这样的知识绝大多数是实践性的,人们想要在社会生活中'持续'完成各种例行活动,它们也不可或缺"①。比如素质教育改革、新课程改革和学习"杜郎口教学模式",尽管它

---

① [英]安东尼·吉登斯:《社会的构成:结构化理论纲要》,第4页。

们各自表现为独立的行动事件,但是我们很难说在教育实践中三者在关系上完全清晰可分。因为,素质教育已经被"落到了实处,渗透到每一项学校工作和每一个学校成员中"(L-HFG-3);新课程改革尽管被认为是失败的,却同样促使"教师的观念和行为发生了改变"(L-GMH-4),并且促进了下一步的"模仿学习";教师专业化发展项目之后,若是要我给出关于 L 县基础教育改革行动的建议,我会认为地方课程开发与建设应该是他们较为切合的选择。

### 三、小　结

以上论述可能会让人产生这样的疑惑:"断裂"与"绵延"看上去不是矛盾的吗? 既然意义具有绵延性,那么强调行动断裂有何必要呢? 对此,我做出两点回答。首先,尽管在概念上"断裂"和"绵延"显示出一种对立性,但是它们分别被我使用在不同的对象上,表达的东西并不相同。举个或许不太恰当的例子,比如人"吃饭"这个行为,当我说它断裂时(即便没有吃得很满意),其实只是意味着吃饭这个动作终止了,然而这个动作所具有的意义却永远存留在了人的生命运动之中。强调县域基础教育改革行动的断裂性,我是想说明产生这种断裂性的行政逻辑(即"限定"),进而想揭示的根本问题是"限定"中隐含的"事本主义"——它使得教育改革行动成为一项政治任务或行政工作,而不是依据教育实践规律而形成的教育事件。

其次,纵然教育改革行动最终能够转化为教育实践,生成某些意义,凝聚某种习性,但我们并不能因此对改革行动的断裂性事实视而不见。因为这种断裂性造成的一种后果就是"意义"和"习性"本身的残缺性、非连贯性和不稳定性。比如素质教育改革中"教师基本功训练"的戛然而止对很多教师而言难免造成遗憾;教师专业化发展项目中,当实践者取得一定成效并对项目的深化和拓展满怀期待和充满斗志时,教育局局长的突然调离便如同在实践者火热的心灵上泼了一盆凉水,难怪很多教师指责教育改革为"瞎折腾"。因此,如果说意义绵延是一种自然过程,那么行动断裂作为制度性后果则致使意义的绵延缺失了一种决策者、组织者和评价者的自觉维度。至此,给政府或管理者的启发就在于重视教育改革的连续性与稳定性,充分关注实践者的反应以及教育改革行动在教育实践中产生的意义。这种启发将给教育改革的评价者发出一个重要提醒:必须审慎地对教育改革做出"失败"的评价,因为严格来说,就意义绵延而言,每项教育改革都不能说是失败的;不能轻易将一次教育改革评判为"成功",因为成功的标准复杂而难以确立,必须承认,教育改革是一个充满矛盾的实践过程。

# 第六章　县域基础教育改革的发展本质

　　为什么 L 县历史上频繁施行教育改革行动甚至建构了自己的"改革史"？我在前文中解释了这些改革行动的动因、过程和历史逻辑。然而，我还没有对这个"为什么"的根本层面做出回答——为什么改革，且是不断地改革？作为一种人们（政府和教育实践者的合称）有意识的社会行动，我认为行动背后隐藏的思想与价值观念即为根本性原因。如同柯林武德将人类行动的本质视为思想、将人类历史视为思想史一样，我在这里也不妨将教育改革视为由某种价值观念支配的活动，并且这种观念恒常不变、愈发活跃。于是，事情就变成了对教育改革背后的支撑性观念的考察。这种考察至少包括两个方面：一是指出观念的性质，比如它的价值预设；二是指出观念的行动结果，比如正向的、负向的，或者兼而有之。观念在行动者那里是滞后的，它的社会结果是滞后的，我们对观念及其结果的认识也是滞后的，所以往往需要通过观念的结果才能比较清楚地认识观念本身。①当然，这种考察本身必然含有评价或批判的元素。

## 第一节　教育发展：一种支配性观念

　　这里主要分析与呈现县域基础教育改革的观念内涵与特征，本质上是考

_____

　　①　何怀宏：《观念的力量》，《读书》2008 年第 1 期。

察教育改革本身的支配观念,这种观念具有内部统一性,反映的是教育改革的本质旨趣。就中国而言,教育改革的支配性观念作为"大观念"具有"意识形态"(此处仅在功能意义上使用这个概念)的性质——至少通过中央到地方的各级政府以及各大学、学术机构、舆论平台等层面能实现普遍传播和确立,正如何怀宏所说:"观念往往是通过少数,尤其是行动的少数而对多数人发生作用。"①

我们如何才能得知一种改革行动背后的观念? 根据柯林武德的意见,这种行动已经是一种历史事件,所以"只有一种办法可以做到,那就是在他自己的心灵中重新思想它们"。不仅是"重演过去的思想,而且是在他自己的知识结构之中重演它;因此在重演之时,也就批判了它,并形成了他自己对它的价值判断……一切思维都是批判的思维;因此重演过去思想的思想也就是在重演它们之中批判它们"②。然而我并非事件参加者,所以我无法真正做到"重演"教育改革的"思想"。唯有从行动者的话语、政策文本和历史资料中窥探它们,形成我的判断与推论。在这个意义上,首先,我必须充分信任我的访谈对象,"历史学也就是相信某一个别人——当这个人说到他记起了某件事的时候。那个相信的人就是历史学家;而这个被相信的人就被称为他的权威"③。不仅是信任他所描述的事情本身,关键是看他在描述事件时使用了什么样的表达观念的话语以及他对事件结果的最终看法。其次,我必须借助特定历史时期的标志性政治话语(或文本),比如改革开放以来中国政府话语体系中的"关键词",它不仅是教育改革的支配性观念,甚至可能是一个历史时

---

① 何怀宏:《观念的力量》,《读书》2008 年第 1 期。
② [英]R. G. 柯林武德:《历史的观念》,第 244—245 页。
③ 同上书,第 266 页。

期国家各领域总体事物或行动的根本观念。再次,对于相关的历史资料,从实际情况来看,这种历史资料多数时候也具有"政治话语"的属性。

改革开放以来的中国基础教育改革首先是一种政府行动,而后才是实践者的行为。基本逻辑是政府制定改革的方针政策,进而由政府主导推动,最后落实到教育实践层面。改革的根本观念也就是改革的最后行动依据,一般反映在国家领导人、各级政府领导者的相关讲话和改革政策文本中,因为政府需要向人民大众表明这种改革的价值本质和意志,建构普遍性的观念认同和观念力量。

最重要的标志来自改革开放进程中中央政府提出的"发展才是硬道理"思想及其逐渐建立起来的发展观念体系所产生的广泛、深刻、持续的影响力。发展是中国历史实践进程的根本性思想动力,是时代的价值主题、行动法则。十几年前,就有人评论说:"邓小平在认真总结前人积累的正反两方面历史经验和新的实践形成的新鲜经验的基础上,第一次比较系统地创立了正确的发展理论和发展战略。25 年改革开放的实践检验了这一理论的科学性。"邓小平的发展理论"具有鲜明的科学性、实践性和时代性,因而是指导我们实现中国社会主义现代化的科学理论"。"今天党中央提出的科学发展观及其所强调的一些基本观念,都是在邓小平的发展理论指导下,针对当前发展中存在的突出问题,为进一步推动全面、协调和可持续发展而提出来的。"①

改革是为了发展,想要发展则必须改革,这是政府始终坚持的重要信念。"邓小平是我国社会主义改革的总设计师,他倡导改革的出发点就是为了充

---

① 李君如:《从邓小平的发展理论到科学发展观》,《毛泽东邓小平理论研究》2004 年第 8 期。

分发挥社会主义的优越性,加速现代化建设事业的发展,大力发展生产力,逐步改善人民的物质文化生活。"①"改革发展"已是我国改革开放 40 多年历史所生动证明的基本逻辑。中国现代基础教育改革正是在改革开放背景中发生的,也是改革开放本身的重要构成。1978 年,邓小平在全国科学工作大会上就指出:"我们要全面地正确地执行党的教育方针,端正方向,真正搞好教育改革,使教育事业有一个大的发展,大的提高。"②1982 年提出"要抓紧发展教育事业"③。具有纲领性意义的话语来自 1983 年的景山学校题词:"教育要面向现代化,面向世界,面向未来。"④作为一种崭新的中国社会主义教育发展观,"三个面向"构成了改革开放以来中国基础教育改革的根本价值信念。立足当下,我们可以看到新时代国家领导人对"发展观念"的坚定和创新。比如,2018 年习近平在全国教育大会上强调要把教育放在优先发展的重要地位,加快推进教育现代化,建设教育强国,办好人民满意的教育。并在历史基础上概括性、创新性地提出了教育优先发展的"九个坚持"⑤。顾明远认为:"这九个坚持全面充分地阐明了我国教育的性质、办学的方向、发展的道路,以及人才培养、教育发展的历史使命等。这是在总结了中华人民共和国成立以来,改革开放 40 年来,特别是党的十八大以来教育改革实践经验的基础上提出来的,开启了新时代教育发展的新征程,为今后我国教育的发展指明了方向。"⑥

---

① 陈少英、魏海青:《邓小平发展思想与科学发展观》,《毛泽东邓小平理论研究》2004 年第 10 期。

② 邓小平:《邓小平论教育》,中共中央文献研究室编,人民教育出版社,1995 年,第 62 页。

③ 同上书,第 146 页。

④ 同上书,第 149 页。

⑤ 即"坚持党对教育事业的全面领导,坚持把立德树人作为根本任务,坚持优先发展教育事业,坚持社会主义办学方向,坚持扎根中国大地办教育,坚持以人民为中心发展教育,坚持深化教育改革创新,坚持把服务中华民族伟大复兴作为教育的重要使命,坚持把教师队伍建设作为基础工作"。(2018 年 9 月 10 日习近平同志在全国教育大会上的讲话)

⑥ 顾明远:《新时代教育发展的指导思想——学习习近平总书记在全国教育大会上的讲话》,《北京师范大学学报》(社会科学版)2019 年第 1 期。

随着改革开放的开启,我们同样可以在一系列重大教育改革政策文本中看到发展观念的力量。比如 1985 年发布的《中共中央关于教育体制改革的决定》开篇就说:"今后事情成败的一个重要关键在于人才,而要解决人才问题,就必须使教育事业在经济发展的基础上有一个大的发展。"1992 年中国共产党第十四次全国代表大会召开,会议明确提出"必须把教育摆在优先发展的战略地位,努力提高全民族的思想道德和科学文化水平,这是实现我国现代化的根本大计"。1993 年,中共中央、国务院迅即印发《中国教育改革和发展纲要》,"改革和发展"的组合话语无比鲜明。1996 年,教育部出台《全国教育事业"九五"计划和 2010 年发展规划》。1998 年教育部发布的《面向 21 世纪教育振兴行动计划》开宗明义:"为了实现党的十五大所确定的目标与任务,落实科教兴国战略,全面推进教育的改革和发展,提高全民族的素质和创新能力,特制定本行动计划。"1999 年《中共中央 国务院关于深化教育改革全面推进素质教育的决定》中指出:"新中国成立 50 年来特别是改革开放以来,教育事业的改革与发展取得了令人瞩目的巨大成就。但面对新的形势,由于主观和客观等方面的原因,我们的教育观念、教育体制、教育结构、人才培养模式、教育内容和教学方法相对滞后,影响了青少年的全面发展,不能适应提高国民素质的需要。"2001 年《国务院关于基础教育改革与发展的决定》更是鲜明地表达了"改革与发展"的逻辑关联以及发展的紧迫性,其中写道:"进入新世纪,基础教育面临着新的挑战,改革与发展的任务仍十分艰巨","确立基础教育在社会主义现代化建设中的战略地位,坚持基础教育优先发展"。同年,《全国教育事业第十个五年计划》首先就表达了"改革开放以来教育改革与发展取得了历史性的伟大成就","二十多年教育改革与发展所取得的辉煌成就和积累的宝贵经验,为 21 世纪初我国教育事业的改革和发展打下了坚实的基础"。随着历史的前进,发展事实和发展观念一同成了我国教育改革的合法明证,比如《国家中长期教育改革和发展纲要(2010—2020)》的出台。

发展观念并非仅仅由"发展"一词来表达。细微考察各种政策文本,便不难发现发展观念实际上存在一个"概念群",包括"发展""进步""改进""完善""开创新局面"等词语。改革者们始终坚信,改革的本质就是促使教育实践向"好"的方向转变。事实上,如同前文的研究所表明的,教育改革概念本身也是由"发展""创新""改进""面向未来""去除陈旧"等词语来界定的。正是因为政府和人民普遍保持着一种发展的观念或者说进步的观念,改革才能持续地进行。尽管具体改革行动的内容、目标各异,但人们坚信唯有改革才是发展的硬道理;反之,不主动改革则意味着停滞、落后乃至倒退。"发展"已经成为一种行动的信念、普遍的认同和屡见不鲜的日常语词之一。这种信念根深蒂固,以至于人们可以不用思考改革本身的意义。

考察21世纪以来L县政府层面发布的政策文本,可以发现它们实际上多数情况下只是对中央政府、省级政府和市级政府政策的转化与操作,"发展观念"一以贯之。当地每年发布的"教育工作要点"总会出现"扎实做好教育改革和发展的各项工作"这样的话语。在县域政府制定某种改革政策时,总有一个出现在政策文本开头的特定话语表达方式。以《L县人民政府关于基础教育改革与发展的实施意见》(2003)为例,开篇就指出:

> 为贯彻落实《国务院关于基础教育改革与发展的决定》(国发〔2001〕21号)、《自治区人民政府贯彻落实国务院关于基础教育改革与发展的决定的意见》(桂政发〔2001〕92号)、《市人民政府关于基础教育改革与发展

的事实意见》(市政〔2002〕12号)和全国、全区基础教育工作会议精神……
现就大力推进我县基础教育改革和发展提出如下实施意见。

又如县政府在《L县推进义务教育均衡发展自评报告》中便有这样的表述：

> 我县各级党委、政府坚持以邓小平理论和"三个代表"重要思想为指
> 导,深入贯彻落实科学发展观,始终坚持把教育摆在优先发展的战略地
> 位,把加快中小学布局结构调整改革与促进民族地区义务教育均衡发展
> 作为各级党委、政府的重要职责,认真开展调查研究,科学制定实施方
> 案,并仔细对照自治区学校建设标准和义务教育均衡发展评估标准,全
> 力推进民族地区教育均衡发展。

L县政府自己制定的地方性教育政策文件同样如此。比如被当地行政者
视为"行动指南"的《中共L县委会、自治县人民政府关于进一步加快L县民
族教育发展的意见》(2012),其中的"指导思想"即为：

> 以邓小平理论、"三个代表"重要思想为指导,坚持科学发展观,以促
> 进人的全面、和谐发展为根本,以均衡发展、促进公平、提高质量为重点,
> 以办好人民满意的教育为目的,以解放思想、改革创新为动力,坚持以人
> 为本、教育优先发展的原则,着力健全和完善国民教育体系,努力夯实基
> 础、优化结构、提升内涵、提高质量,促进教育全面协调可持续发展。

可以说,发展不仅仅是教育改革的一种价值预设,从某种意义上说,制定

政策、施行改革本身已经成为发展的重要表征。因此,政府发起的教育改革
行动的内部往往也缺少一种反思的品质,他们不会认为改革是什么坏事。改
革是为了发展,发展意味着"人民满意"、消除落后、走向新的局面,这是改革
的根本合法性依据。发展既是行动目标,也是行动本身。发展已经成为人们
潜在的共识和文化心理结构的组成部分。

　　正如查尔斯·比尔德(Charles Beard)在约翰·伯瑞(John Bury)的《进步
的观念》一书的引言中所指出的:"世界在很大程度上由观念支配,既有正确
的观念,也有错误的观念……而今,在过去两百年内对大众化和个人事务产
生影响的那些观念中,任何一个都不会像进步这一观念那样具有更加重大的
意义,也不太可能像进步这一观念对未来产生更大的影响。"①如果说"进步
是一种历史观念,一种人们关于人类社会总体演变趋势、阶段、方向的观
念"②,那么,发展(development)观念则是它的行动转化或具体表达,都指向
"好""幸福""向上""完善"等价值预设。进步观念对人类历史产生的巨大
影响已是事实,发展观念的力量在改革开放以来中国基础教育改革历史进程
中的支配地位同样显而易见。如果说发展观念在改革开放的国家政治话语
中被提出来并作为此后中国历史实践精神的一种大"趋势",那么正如阿格尼
丝·赫勒(Agnes Heller)所指出的那样,这种"趋势一旦被发动,它很快就会
盛行,并将被具体化,因为它会发展出在各种不同情境和环境中保持自己同
一性的能力"③。县域基础教育改革发展观念的形成正是改革开放发展观念
或发展精神的一种具体投射。

---

① [英]约翰·伯瑞:《进步的观念》,范祥焘译,上海三联书店,2005 年,"引言"第 1—2 页。
② 姚军毅:《论进步观念》,中国社会科学出版社,2000 年,第 49—50 页。
③ [匈]阿格尼丝·赫勒:《现代性理论》,李瑞华译,商务印书馆,2005 年,第 95 页。

## 第二节 教育发展观念的三副面孔

发展观念有自身理论逻辑的规定性特征:作为一个现代性概念[①],发展具有"现代性"的丰富意义和多重面向。发展观念通过中国改革开放以来的历史实践获得了自身的历史与空间的规定性。因此,我们唯有同时立足于理论与实践,或许才能充分合理地把握发展观念的特征。在县域基础教育改革这样一种特定的社会行动中,发展观念一方面遵循自身固有的理论内涵,一方面又在行动中呈现出丰富的现实面孔。基于考察,限于篇幅,本节试图讨论县域基础教育改革中教育发展观念的三副面孔。

### 一、经济学面孔

发展观念来自 17 世纪的欧洲,英文是"develop"或"development"。随着概念本身的历史流变,"发展"一词已经形成一种稳定的现代主流用法:发展的本质是现代化,发展观念是现代性概念。这种主流用法正如威廉斯的研究表明的,"Develop 及其相关词类的现代用法中,最有趣的是一些与经济变迁的概念有关的用法"。1878 年后,develop 这个词又与工业有关,"Develop 指'工业'与'贸易经济'过程的用法,在 19 世纪末愈加明显,之后在 20 世纪成为正式的用法。它的反义词可以是简单形式的 undeveloped(未开发的)。然而,它最常见的反义词是 underdeveloped(发展不完全的、低度开发的)这个具有影响力的新词"[②]。

---

① 刘福森:《发展的观念》,《学习与探索》2005 年第 2 期。
② [英]雷蒙·威廉斯:《关键词:文化与社会的词汇》,第 171—172 页。

理论上,发展观念的核心内涵是经由经济学的思维和旨趣所建构的;现实上,发展主要指的就是经济发展。发展观念的这一现代形式与西方资本主义的工业化加速、资本扩张和控制全球市场的意图密不可分。①马克思主义发展观念体系中的一种主要用法可用来揭示和批判这种具有资本主义性质的发展观念。因此,诚如张盾所言,"发展的第一个信条是:发展就意味着经济增长……发展是一个特殊的西方概念和西方目标。它的内涵说到底就是:强行摧毁世界上大多数人民的传统生活方式,代之以一种特殊的近代西方式的经济型生活方式,这种生活方式的根本目标就是通过各种经济活动来获取最大化的物质利益"②。

20世纪初的中国,如同发展概念的反义词"underdeveloped"所指向的那样,处于经济落后、未开发或欠发达的状态。改革开放以发展为根本观念,正是为了改变这种状态,实现国民经济发展和人民物质生活质量的提升。因此,发展的衡量指标便是"国民生产总值或国内生产总值(GDP),在这里发展成为经济增长、成为'美好生活'的同义词,现实中有人往往把'发展是硬道理'理解成'经济增长是硬道理'"③。教育(或教育事业)则是"必须同国民经济发展的要求相适应","国家计委、教育部和各部门,要共同努力,使教育事业的计划成为国民经济计划的一个重要组成部分"④。1985年,邓小平在全国教育工作会议上强调指出:"经济的发展必然会带动教育的发展……从去年十月以来,中央相继作出了三项改革决定。这些改革的总目标是一致的,

---

① [英]雷蒙·威廉斯:《关键词:文化与社会的词汇》,第173—174页。
② 张盾:《马克思的两种"发展"概念及其当代性》,《吉林大学社会科学学报》2006年第3期。
③ 同上。
④ 邓小平:《邓小平论教育》,第70—71页。

都是为了使我国消灭贫穷,走向富强,消灭落后,走向现代化,建设有中国特色的社会主义。"①可以说,中国改革开放塑造的"教育发展"概念的主要价值内涵正是经济学意义上的。纵观改革开放四十年,不难发现,教育发展一般指的是政府教育经费投入的增长、学校物质条件的改善、教师队伍扩大与教师工资增加、免费教育的实行、教育愈加普及等"物质性"层面的东西。

　　L县基础教育改革的历史表明,改革发展的主要指标正是以经济发展概念体系中的"经费""资源""规模""数量""增幅""占比"等词语来表达的。当问及校长们学校发展的情况时,他们首先关心的是学校的占地面积、教师工资水平、教学设备等;政府工作报告、《教育发展报告》或《教育年鉴》中则主要是以一系列数据来说明当地教育事业的发展现状,凸显的是学校规模、生均经费、入学率、资源配备等具体可见的指标。因此,教育发展似乎也可以被称为"教育增长"②。L县21世纪一系列基础教育改革行动背后最根本的价值观念即"教育均衡发展",它的首要内涵正是经济学意义上资源的普遍占有和均衡配置,以及学校硬件设施的标准化建设。这显然完全符合L县"贫困""落后""未开发""不发达"的社会现实。频繁的学校布局调整,本质上也是资源优化利用的经济行为。理论上,人们深谙马克思主义的政治经济学原理,深知发展当然首要是"硬件"或物质基础的发展。经济学意义上的"教育发展"的优先性显然是"优先发展教育"的逻辑的映射。

　　经济学意义上的教育发展是L县基础教育改革"发展观念"的主要方面,也正是在这个意义上,当地人对教育改革带来的实惠深有感触。比较明显的

① 邓小平:《邓小平论教育》,第172页。
② 李轶:《教育增长与教育发展:历史、概念与政策》,《复旦教育论坛》2005年第2期。

事实是实行"以县为主"的基础教育管理体制改革——由于首要针对的是乡镇教育财政的"疲软"问题,因而它直接促成了县域政府逐年增长的教育财政经费、义务教育普及率和教师工资水平的提升。当地人能够清晰地意识到没有学校硬件条件的改善和教师工资待遇的保障,一切实质性的教育改革都难以推进。一些校长和教育行政管理者显然已经认识到现代教育理念必然伴随着相应的现代物质基础与技术条件。他们始终坚信没有"硬件"作为支撑,再好的教育理念和教育价值预设都很难实现。从本质上看,教育实践中人的思维、欲求与实践条件本身、教育理论观念等都是现代性产物,它们之间很大程度上是相伴相生的关系。因而,教育发展观念本身具有的经济学面孔,实际上也可以说是实践者首先被现代性赋予了经济或物质理性的心理特征,它反过来逼促实践本身提供相应的物质条件和消费平台。因此,当政府的教育改革是以"满足实践者的需要"或"为了使得人民满意"为合法性支持并相应地主要突出发展的"经济学指标"时,它本身正是源自实践者。

## 二、 科学—技术面孔

早期,人们时常把"发展"与"evolution"(进化)视作同义,指"某事物根据其内在特质而逐渐发展成形",又与"成长""有机体"等隐喻直接关联,更有"自然性"和"自在性"的意味。[①]现代发展观念则"产生于文艺复兴的人文主义对中世纪的基督教神学历史观的反叛"[②],这个过程中,发展观念逐渐被赋予一种崭新的内涵即"理性"。"发展""进化""进步"等观念几乎是在文艺复兴之后、工业化进程中同时被赋予"理性"的内涵,意指"一个必然或理性

---

① [英]雷蒙·威廉斯:《关键词:文化与社会的词汇》,第 204—206 页。
② 刘福森:《发展的观念》,《学习与探索》2005 年第 2 期。

的发展"①。文艺复兴不仅是理性启蒙的产物,同时也让"理性"成功地植入传统文化,进而实现了传统文化的基因转变——当"发展观念"成功蜕变为现代性或现代理性支配的观念时,它原有的"自然"之维也随之褪去。

某种意义上,人们之所以称发展观念为现代性概念,正是由于发展本身具有的现代理性意蕴。发展意味着人的理性力量的解放——人可以脱离原有神祇和自然的控制,成为自己思想与行为的主人。凭借理性的力量,人们不仅成为自己的主人,同时也成为世界的主人,可以认识和把握自身以外的一切事物,按照自己的需求或欲望实施改造和创新,解决生存与生活面临的一切难题。科学与技术的发展与这种理性力量的启蒙紧密相关,或者说伴生而行。理性力量的启蒙与应用同时极大地推动了科学技术的发展,这意味着人变得愈加自在、自由,同时能够更好地把控万物,以及在面对复杂的生活际遇时变得游刃有余。这个过程中,理性、科学与技术的信念逐渐统一起来并纳入发展的观念,一度成为它的内核所在。"科学发展和机械技术的壮观成就使每个普通人都认识到,随着人类大脑穿透了自然的奥秘,人类对自然的控制力量的增长也将是无限的。这种自古至今都没有中断的明显的物质进步一直是现在流行于世的对进步的普遍信仰的支柱。"②"最突出的发展是技术给生活带来的便利——也就是对自然力量的支配。"③

理性、科学、技术的关系是:一方面,理性代表人类最为本质的力量,理性让人类自由成为可能,进而让科学也成为可能,"没有自由作为不成其为基础的'准始因'(quasi-archē),现代科学(如今我们所知道的科学)发展的动力就

---

① [英]雷蒙·威廉斯:《关键词:文化与社会的词汇》,第 204 页。
② [英]约翰·伯瑞:《进步的观念》,第 226 页。
③ 同上书,第 232 页。

不可能被启动"①。另一方面,"在现代性中只有一种支配性的想象机制(或世界解释),这就是科学"②,"如果科学没有成为支配性的世界解释,技术想象不可能支配现代幻想"③,如果技术意味着人在主客思维支配下的"解决问题",那么它的前提是通过科学发现问题,科学为技术制造出"真理"的话语。最后,"技术想象和思想把真理对应理论提升为唯一支配的真理概念,并因此把科学提升到支配性世界解释的地位"④,也就是说,如果技术没有真正"解决问题"进而为人类的生存与生活生产福利、使人们感觉到更加自由,那么科学的真理性或科学观念的支配地位也就不可能成立,理性的力量同样值得怀疑。然而,"技术的本质肯定不是技术性的。它不存在于机器、事物中。它存在于现代人的思考方式中","技术思维"用海德格尔的观点概括便是"现代人是根据主体/客体来思考的"。⑤从而可以说,技术思维即理性思维,它们以"科学"为支柱获得行为或实践的权威性。

"理性"或"理性化"的概念似乎较为模糊,因而难以成为人们生活与实践的主流话语。我很少看见政府文本中说"实践理性化""行动要理性""坚持理性发展",但"科学行动""科学发展""实践科学化"类似的词语则频频出现。也极少有人说"教育理性发展""教育改革的理性化",却时常有人声称"教育科学发展""教育改革的科学化",等等。然而,这并不代表"理性"的缺场,相反,此时理性已然深入骨髓,科学成为理性的"外套"。科学意味着真理,但科学若是不转化为实用便无异于"形而上学"——这是实践中存在的普

---

① [匈]阿格尼丝·赫勒:《现代性理论》,第 110 页。
② 同上书,第 104 页。
③ 同上书,第 110 页。
④ 同上书,第 104 页。
⑤ 同上。

遍观念。因此,科学的产儿"技术"进一步成为科学的代言,"大行其道"。理性与真理(科学)随之隐遁为幕后的"神话"。对于教育改革行动而言,"如果行动的理性化是适当的行为方式,那么由政府所履行的理性化就是最佳的行为方式,因为据信,政府能够将所有事情都纳入一个统一的、合乎理性的图式"①。这个图式便是以"科学-技术"为名的观念与操作统一的谱系。

"科学-技术"在教育改革行动中不仅是操作意义上的,更是思维与价值意义上的。当人们在发展观念支配下展开行动时,他们是要改造作为"客体"的教育现实。改造行为是一种技术性操作,改造行为的发生则源自科学的信念和技术化的思维。教育改革追求的"教育发展"即教育科学化,换一种更有实践感的表达,亦是使得教育实践变得更易于操作、控制和符合科学的教育标准化。如果说这只是从行动操作意义上而言的,那么它根本的观念力量则体现为使人们变得更加富有科学的精神和技术的思维,进而人们会变得更加坚信改革的力量——"征服"或"主宰"教育。

不得不说,L县基础教育改革与发展历程正是一个从最原初的自然与人文教化逐渐走向制度化、科学-技术化的"发展过程",也就是教育在存在方式上从"自然"走向"技术"的过程。随着人们对科学知识、技术效能的笃信和依赖,以及他们脑中科学与技术思维而不是经验与感性思维的日渐固化,教育改革变得愈加频繁。目前,教育技术(狭义的)作为教育科学发展的一种产物深受政治家、改革者和实践者的喜爱,L县的政治家、改革者们显然已经意识到它的优越性,继而开始谋划更为严密的教育技术模式。在广义教育技术内涵上,学校中

———————

① [美]爱德华·希尔斯(Edward Shils):《论传统》,傅铿、吕乐译,上海人民出版社,2014年,第310页。

的管理行为、规章制度和教学行为的日渐精细化、复杂化和程序化更是彰显着"科学发展"的强大魅力。很多人似乎已经形成这样一种潜在共识:只要方法或技术足够科学,教育将一切皆有可能。教育正日益变得技术化、科学化、理性化。

正如我在"历史"中所描述的那样,L县基础教育是从原初的私学、私塾渐变为当前的"现代教育"模式,也可以说是现代学校教育模式成功取代了 L县早期教育形态。现代教育作为教育改革的"发展目标",正是以"科学"为合理性支撑的。根本上,教育逐渐科学化的过程即为逐渐理性化的过程,也就是逐渐现代化的过程。正如希尔斯所说的那样,"达到理性化理想的那个过程的名称本身就相当重要:人们给它起了'现代化'这一名称"①。这符合中国现代教育发展的宏观诉求,也似乎是全球化浪潮中不可逆的客观的教育发展趋势。因而,政府和很多改革家也没有对这种"现代化"表露过实质性质疑。教育现代化这个观念似乎是"专业化""领导科学化""管理科学化""经济科学化""技术科学化"等组合而成的观念体。教育现代化过程中,这些观念逐渐成为教育改革与发展的主流话语。对于中国广大县域(大部分是农村地区)来说,教师专业化发展、校长领导力、学校规范化管理、资源均衡配置和集约化利用等途径已经获得显著成效,事实与信念都在表明,它们其实是农村教育走向现代化的必由之路。

### 三、 线性时间面孔

现在最为常见的一种观念是:发展意味着进步。换一种说法,发展即"向前"和面向未来。教育发展说到底就是朝着人们思想中假设的"好"(更科

---

① [美]爱德华·希尔斯:《论传统》,第 310 页。

学、更满意、知识增长等)的价值预设"前进"。"向前""面向未来""前进"等进步观念或历史进步论的基本范畴已经深深扎根于中国教育的大地。教育改革者们坚信,以时间推移为基础,他们向往和预期的价值目标将在时间的轨迹上得到实现,与此同时,也就意味着对原有教育状态的超越。不论是何种意义上的教育发展(经济的、政治的,抑或是知识的、科学技术的、精神的),都将显示为一种"更好"或"日臻完善"的状态。

　　某种意义上,在改革行动中时间的推进和发展似乎为同一种东西。这个"时间"就如同亨利·列斐伏尔(Henri Lefebvre)眼中的马克思的"时间"概念,它"具有双重属性:它同时是增长和发展。诞生于这个变化着的世界中的'存在',以一定程度的稳定性增长:它们的某些特性会稳步增长。这些特征是数量上的,因而可以测量。同时,在这些变化过程之外,性质不同的新的特征出现了。增长和发展同时并进"①。这个"时间"(至少是改革者心目中的时间)亦即所谓的"历史时间"。邓京力等学者将其界定为:"主要指的是在西方现代性的形成过程中,通过历史的时间化和时间的历史化之双向运动,最终规制而成的具有中立性、同质性、无限性、单一性、线性发展的一元论特征的时间体系。"②

　　我的考察表明,无限性、单一性和线性发展在教育改革行动的观念体系中始终占据着较为核心的位置。"无限性"意味着教育可以沿着永不停息的时间之流充满无限的发展可能性。只要"未来"没有期限,那么教育发展就会

----

　　①　[法]亨利·列斐伏尔:《马克思的社会学》,谢永康、毛林林译,北京师范大学出版社,2018年,第18页。
　　②　邓京力、李鹏超:《历史时间与厄尔玛斯的"节奏时间"观念》,《史学月刊》2018年第11期。

无限绵延,教育改革也就没有完成时。"单一性"反映为时间演进历程中的
"更替翻新"之维,在此维度中教育发展可以换一种称呼:教育创新。进步论
代表人物安·杜尔阁(Anne Turgot)认为:"人类从本性上就是革新者,总是在
创造新事物","如果有人反对他说,创新可能标志着堕落而不是改进,则杜尔
阁会回到唯理论:既然合理性是人类的本性,既然改造事物使之更坏是不合
理的,那么,人类的创新就不可避免地会趋向于更好而不是更坏。"①"线性发
展"则如同我在上面所说,意味着一种"向前运动","简言之,无论在经济、政
治、教育中,还是在其他方面,他们想到的都是'向前运动'。任何对现状的满
足都会令他们生厌,他们把它叫作平庸。因为他们完全有理由怀疑它是进步
的障碍","进步的范畴仍像以前那样支配着人们的思想,变革一直纯粹是稳
定的进程(tenor)"。②

　　总之,正是教育发展的这种"向前"的面孔使得教育改革的内涵中饱含
"希望"和"进步"意义。若是有人问我在 L 县基础教育改革的实践考察中感
触最深的是什么,我可能会不假思索地告诉他:作为一个西部"贫困""落后"
的县域,当地人一心追求的是超越自我、迈向未来。不论是政治家还是教育
实践者,他们没有人愿意接受"落后于人"的现实状况,同样没有人会说改革
是为了回到过去的样子。"贫困""落后""水平不高"已经成为当地官员和群
众的集体印象(也是事实),因此,人们多数时候只能谋求发展。一个现实有
效的重要方法就是向已经走在"前面"的教育经验学习(或模仿),如"上海经
验""江苏经验""北京海淀经验""山东杜郎口经验"等。此时,尽管这些"经

---

　　① 〔英〕格鲁内尔:《历史哲学:批判的论文》,隗仁莲译,广西师范大学出版社,2003 年,第
54 页。
　　② 同上书,第 110 页。

验"本身都有自身的时间规定和尺度,但是在发展的观念里,它们在相对或比较意义上获得了"先进"的象征。因为"走在前面的"代表着"更好的"或"先进的"。在人们的观念中教育改革的本质是创新与发展,所以这种模仿和经验借鉴本身同样具有创新、发展的属性。

这种学习或模仿的性质在另一种意义上又可以叫作"赶超"。人们默认了这样一种逻辑的天然合理性:"落后者"必须要在与"先进者"的对比中获得"发展"的认同和满足感。同时也意识到,一次教育改革即意味着一次"前进",如果有问题,那只是前进程度的问题。事实证明,在这种不可逆的历史时间中,也就是在"不可逆"本身可能涉及的发展内容、指标中,21世纪L县基础教育改革的成效显著,比如"普九"、"义教均衡"、高考升学率、学校硬件条件的"先进"水平,还包括当地传统少数民族教育在时间之流中与现代科学教育的融合度。必须承认历史时间的线性本质是我们无法逾越的存在,因此线性发展也就具有无可争辩的合理性和规律性。因为随着时间的推移,没有任何东西可以真正停滞不变,正如马克思所指出的那样,历史本质上是运动变化的。

从教育目的的意义上来说,教育改革同样标识着它对于发展人的品格和智力的价值取向。它背后更深一层的观念是人的品格和智力可以无限开发、没有止境,人是一个从幼稚、懵懂、野蛮走向成熟、文明、全面发展的过程,但是达到什么程度才算作"真正的文明人"或"品格健全"的人,至今没有标准。至于智力发展问题,连爱因斯坦、马克思可能也未必达到科学家们想象中的顶尖水平。也就是说,人们的品格抑或智力只能无限期地趋近于某个状态,永远处在发展的时间之流中。如同精神进化论者孔多塞的经典描述:

依据推理并依据事实,自然界对于人类能力的完善化并没有标志出任何限度,人类的完美性实际上乃是无限的;而且这种完美性的进步,今后是不以任何想要扼阻它的力量为转移的;除了自然界把我们投入在其中的这个地球的寿命以外,就没有别的限度。毫无疑问,这种进步所经历的行程可能或快或慢;但是,只要大地在宇宙的体系中仍占有同样的地位,只要这个宇宙体系的普遍规律不会在这个大地上产生一场整个的天翻地覆,或者产生那样一些变化,以致人类在其中不再能保存并运用他们的这些能力或者再也找不到同样的这些资质,那么这种进步就决不会倒退。①

因此,教育的力量也就始终不能达到极致,教育改革必然持之以恒。不仅是品德与智力,当地人还有一种"一代更比一代强"的传统观念。这个"强"指的是整体的生存与生活能力(而不是单一的某个方面),当下的人一定强于自己的祖先,后代人则无疑会超越当下人。教育是促成这种能力的必要途径。相应地,教育自身必须不断改进,教育唯有超越它过去的水平、符合现代的需求、指向未来的现实,才能成就个体、家族和整个县域人群的发展。教育不断改进自我的过程即教育改革。

## 第三节　教育发展的副作用

"副作用"是一个医药学专用词,用以指某药物主要作用之外所产生的不

---

① [法]孔多塞:《人类精神进步史表纲要》,何兆武、何冰译,生活·读书·新知三联书店,1998年,第2—3页。

良效应。或者说是"与主要作用同时产生的继发效应。这种效应不一定是相反的效应,但常是不必要的或毒性的"①。在这里,我尝试把"副作用"与"发展"联系起来,这或许有点让人出乎意料。常识中,人们很少做这样的关联性考察,但这不代表以发展为名义的教育改革完全趋向于正向结果。发展观念支配下的教育改革有其副作用,这是客观的事实,只是很少有人用心去注意它的存在。尽管政府制定的教育改革政策看上去详细而周全,但从来没有哪一项政策文本会像药物使用说明书那样列出某项改革可能产生的"副作用"。正如赵勇指出的那样,重要的不是要消灭"副作用"(事实上也不可能),而是要在观念和行动的前提上对可能出现的"副作用"做出预见、认知和重视,进而最好是采取必要的补救措施。②格鲁内尔则从历史视域中得出结论:"历史进程中的某些变革对整个人类生存来说,可能是(事实上也是)明显而彻底的进步。但是,稍加思索,就可以证明并非如此。一种变革——任何一种变革——在某些方面是向更好的方面变革,但不可能在所有方面都是向更好的方面变革;在有些方面,它不可避免地向更坏的方面变革。历史上的每一项成果都是以一定代价换取的,都会伴随着损失。"③L 县基础教育改革在整体上获得了一种正向发展的状态和趋势,这是历史的主要方面,但同时也显现出一些副作用,值得关注和反思。

## 一、扶贫的教育意义损耗

"扶贫"亦即教育扶贫。教育扶贫是一项国家教育政策,始于 20 世纪末。

---

① 全国科学技术名词审定委员会:《生物化学与分子生物学名词》,科学出版社,2009 年,第 10 页。

② Yong Zhao, "What works may hurt: Side effects in education," *Journal of Educational Change*, No.18(2017), pp.1-19.

③ [英]格鲁内尔:《历史哲学:批判的论文》,第 128 页。

总体上,"教育扶贫被认为是最有效、最直接的精准扶贫,教育扶贫不仅是国家扶贫开发战略的重要任务,也是实现教育公平和社会公正的重要方面","教育扶贫是指针对贫困地区的贫困人口进行教育投入和教育资助服务,使贫困人口掌握脱贫致富的知识和技能,通过提高当地人口的科学文化素质以促进当地的经济和文化发展,并最终摆脱贫困的一种扶贫方式。教育扶贫是智力扶贫的一种,公共教育资源向贫困地区倾斜,也是优化教育资源配置的重要方面"。①理论上,教育扶贫是一种拥有多重价值预设或目的的济贫行动。20世纪末以来,教育扶贫可以说是我国发展贫困地区教育事业、推进社会发展的一项系统工程,涉及面广、时间长、成效显著。正如联合国教科文组织总干事博科娃(Irina Bokova)女士在《反思教育:向"全球共同利益"的理念转变?》中指出的那样:"再也没有比教育更为强大的变革力量。教育将促进人权和尊严,消除贫穷,强化可持续性,为所有人建设更美好的未来。"②政府对此深信不疑。

如果仅在理论层面上讨论,我想我很难真正认识教育扶贫。作为一种行动,只有当它发生了、成为具体的历史实践时,才能真正显现出自身"是什么"。理论和概念只能是一种想象或预设,强调的是逻辑的完整性,但行动本身往往不是理论的映射。严格来说,即便理论来自实践的归纳,也必将存在缺陷,因为作为行动,我们无法掌握全部的行动后果。因此,与其钻到文献中考究有什么样的教育扶贫政策、教育扶贫指的是什么样的问题,还不如直接

---

① 钟慧笑:《教育扶贫是最有效、最直接的精准扶贫——访中国教育学会会长钟秉林》,《中国民族教育》2016年第5期。
② 联合国教科文组织编:《反思教育:向"全球共同利益"的理念转变?》,"序言"第2页。

看一看现实中人们的（理论上，政府是教育扶贫的主体①）具体教育扶贫行动，它既呈现了真正的"是什么"，也传达着行动者关于"教育扶贫"的理解。这让我想起了约翰·怀特（John White）在《再论教育目的》一书中考察"教育目的是什么"时在方法上提供的重要提示："和那些急于去纠缠概念而不能停下来考察自己关于教育目的的内蕴信念的人不同，我则急于——有人也许会说是太急了——把概念的分析置之脑后，而尽早去着手于正题。教育的目的困扰着人们，因为总的说来这于他们的工作和生活是有实际意义的，他们——教师、家长、公民——首先是对孩子应该如何被教育顾虑重重。"②

不过，我仍然要事先在教育扶贫和教育改革的关系上做个简单说明。首先，从教育扶贫是政府发起的一种试图有目的、有计划地改造和发展教育现实境况的行动的角度来说，教育扶贫无疑属于教育改革的范畴。扶贫是行动，发展是行动的目的和根本观念。其次，上述教育扶贫作为一种专项政策与特定行为，可以说是狭义上的教育扶贫。从整个 L 县基础教育改革史的角度来认识教育扶贫时，我认为还可以建构一种更为宽泛的教育扶贫概念，它包含狭义的教育扶贫行动，又不属于某一种专门的政策实践，而是由多种改革政策与行动共同构成的教育扶贫实践史。就 L 县的教育现实而言，它的"教育贫困"意味着经济学意义上的教育"落后"，也意味着现代教育科学与技术标准范围上的"落后"，甚至意味着现代教育评价标准上的"低水平"。正是在这个意义上，改革开放以来 L 县的一系列政府主导的教育改革行动都具有"扶贫"的意义，其中主要的方面当然是长期以来绵延不断的"控辍保

---

① 魏向赤：《关于教育扶贫若干问题的思考》，《教育研究》1997 年第 9 期。
② ［英］约翰·怀特：《再论教育目的》，李永宏等译，教育科学出版社，1997 年，第 7 页。

学"或狭义的教育扶贫,也就是经济学意义上的教育扶贫。

我这里要考察的主要是这种狭义的教育扶贫,重申一遍,它是 L 县教育改革的重要组成部分,至少从政府的角度上来说是这样的。这种行动是 L 县教育行动的常态工作,以至于在我的访谈对象里面,很少有人明确视之为教育改革,但这不影响它作为教育改革的现实性。那么,L 县教育扶贫具体都做些什么呢? 县教育局王梅和梁一进是教育扶贫工作的管理者和行动者,不妨听一听他们对这件事情的具体描述:

> 我:教育扶贫都做些什么呢?
>
> 梁:教育扶贫就是保证贫困儿童不失学,不要因为贫困上不了大学,不要因为贫困上不了初中、小学,这是一个。再就是义务教育保障,学生的吃住、营养餐、寄宿补助费、交通补助费,就是这方面的。另外,学生遇到什么困难,学生有心理问题不来上学,我们就要去动员,做思想工作。帮助他,帮他解决生活上的各种问题、各种困难,这就是扶贫。有些是父母离异的、单亲的,父母又管不了他,所以他就不想读书,那么也得去帮扶他,解决他的实际困难。(L-LYJ)
>
> ……
>
> 我:教育扶贫一般都做些什么?
>
> 王:我们每个人都有 2—3 个扶贫对象,我们要帮他们出谋划策,让他们每人年均纯收入要达到多少,如果达不到,就是我们的责任。他们家(的东西)哪里坏了、谁生病了,要怎么解决、怎么报账,都是我们的事情。孩子不上学,我们要去劝。
>
> 我:教育扶贫要做这么多事情啊?

王：这个是扶贫。国家给我们的指标就是贫困的学生全部要上学，就是"控辍保学"。谁家没钱了，就去扶贫办（专门的扶贫机构），扶贫办要让每一个符合政策的孩子都能享受资助，他们读书不要钱，才能解决后顾之忧，主要是教育扶贫。然后，结对帮扶贫困户，是县里面分给我们每一个干部职工的任务，我们局长有五户，我两户，都要下去，要在 App（专门的扶贫考评软件）上考勤，要发定位，要拍照。

我：现在不仅是政府部门做吧？

王：对。医生也有，还有一部分教师。（L-WM-2）

从 L 县域教育扶贫行动的主体来看，显然它不仅仅是一般理论中认为的政府。值得注意的是，王梅所说的"还有一部分教师"或许只是一种保守说法。我走访了 13 所中小学，事实表明，参加教育扶贫的教师（含校长）远不止"一部分"，可以说是"大部分"。除了县政府直接管辖的县中心小学，乡镇小学的教师基本上"人人有责"，甚至"第一责任人就是教师"（L-WM-2）。县中心小学之所以没有教育扶贫任务，原因很简单：学校没有贫困学生，学生的父母皆为政府机关人员和企业高层，换言之，没有所谓的贫困家庭。这些年，教育扶贫任务被浓缩为"控辍保学"，即不能让学生因贫困而辍学或不能入学。20 世纪末以后，L 县"普九"和"义务均衡"效果显著，至近些年，因贫困不能上学的青少年比例已经降至很低。不过，"控辍保学"的行动也因此变成了当地政府的"攻坚战"——剩下的小部分人恰恰是工作难点，而且县政府明确规定实行"一票否决制"，即在指定期限内"只要一个贫困户家的孩子不读书，那就一票否决全县工作"（Y-YJ），并且影响负责人绩效工资，于是"教育扶贫"成了当地政府和学校最为紧迫的"政治任务"（他们的话语）。

过程性和内容性的东西这里不再详细描述。我想特别说明一个现象,行动中作为既定原因的"贫困"并非人们辍学或不上学的唯一动因。据访谈对象的叙述,青少年"辍学"或"失学"的原因有多方面,比如家庭教育环境、孩子本身不愿意上学、孩子有身体或心理的疾病等。尽管如此,在"扶贫"的名义下,人们很大程度上还是从"经济决定论"的角度认为家庭贫困是根本原因,进而无论是何种情况,一定要确保这些孩子必须上学。为完成这项艰巨的"政治任务",毫不夸张地说,县政府、教育局和学校已是"草木皆兵"。他们千方百计施行"劝学",扶贫已是日常生活与工作的基本构成。对此,梁一进有述:"要么在去扶贫的路上,要么就在扶贫回来的路上。"(L-LYJ)

县城一中副校长黄川山为我讲述了一个他亲身经历的扶贫故事,引人深思:

> 黄:有个例子。有个学生叫黄飞(化名)。我去动员(劝学)过一次,我们学校有几个主任去过几次,校长去过,局长、副局长(教育局)也去过。他属于贫困户。后来我到他家里面还了解到,他的家族本身有精神病史。那天我叫他老爸签字,他还写得出字,说明不傻。然后我就问他黄飞的妈妈的情况,他说她是个"癫子"(精神病患者)。黄飞有个姐姐17岁就嫁人了,也是个精神病患者,嫁过去一个星期人就不见了。直到黄飞,那天我和局长就分析了,他就有一个症状:他不愿意见生人,即使是熟悉的人,他也是选择性地见。我们去劝他,他**死活不想来读书,应该是孤僻症。而且他宁愿干农活,他在家不懒哦! 但他就是不愿来学校。 还有一个**(原因),他家离县城真的好远,远得不得了。他在小学的时候,那天我查过他的档案,在小学的时候就已经很不想去上学。

因为他从家里去学校起码有十多里路，而且是到山脚下才能坐上车，以前还没有通水泥路，可能最多只能通摩托车，真的远。那时候，**每次家里从山上送他到山下去搭车，用一个词，不是"送"过去的，是"推"过去的，说明他不愿去。**

......

现在，我们一共去他家已经有十多次啦，好像就只见过他一次。一到他家，最严重的一次，他都翻瓦（翻墙）出去，不愿见老师啊！我那次去也没见到他。听说，他和寨上的人讲："**我时刻做好准备，如果一听到车子的声音不同、穿的衣服不同的话，马上就跑。**"所以说，我们觉得一个是可能精神病史对他有影响。另外一个，他是真的不愿读书，这个路真的是太远啦！现在虽然通车，但**路途遥远仍然是（不愿读书的）一个重要的因素。**

我：所以我就想，我们一定要劝他来上学吗？他真的愿意待在学校吗？

黄：所以说，他是本身基础差。我还有一个怀疑啊，他人小（个头小），来学校可能会受欺负，也是一个原因。所以那天我和他父亲讲，他说："这有什么办法啊，主要是他不想去上学，他觉得路途太远啦。"主要是这几个方面的因素加在一起。

我：后来怎么办啊？

黄：**现在他还是死活不来啊！**没办法了，那天我们就直接到他家里面去给他报名，也是搞不得（不行）。但是万一上面查下来，这个事情还是不成。但我们真的是没法。我们已经尽力了。难道捆绑他来吗？捆不了。而且他看到老师去，他能从屋檐上面往下跳的哦！不顾一切，"仓皇出逃"。

的的确确是个非常头疼的事情,即使我们下面想了很多办法。

……

但是话又讲回来,即使我们想了好多办法——积分化管理也好,学分化管理也好,老师的各项评比、激励的办法也好,但是对学生个体来讲,如果老师不能深入(理解)他,老师不能走进"学困生"和"思想贫困生"的心扉去,很多问题是解决不了的。因为思想也会贫困的,对吧!思想上的贫困也是很重要的,如果能够解决思想上的贫困,好多事情就好办了。**学习上的贫困解决不了,思想上的贫困也解决不了,那就是贫困中的贫困了。** 像刚才我讲的那个学生黄飞,主要就是思想上的贫困**解决不了**,他就是想:"我就这样了,我这一辈子就这样过了。"然后再加上他本身头脑的问题(疾病),这个问题只能靠医生才能解决哦,我们是没办法的。"解铃还须系铃人",还是要找到那个准确的系铃人。看来他老爸也不是他的解铃人,我们去他家,他老爸也是管不住他。一看到他的家庭(家庭环境),我们副局长就对我讲,**"这个怎么住人啊,说得难听一点,像狗窝一样"**。

我:这样看来,可能还有生活环境的问题。

黄:对!他们周边也有起了大楼房的,不要小看山里人啊,现在路通了以后,很多还是建起了大砖房,他家(黄飞家)旁边也有。他家里就特穷,真的是贫困。这种情况,**就是思想贫困、学习贫困,还有就是生活上的贫困。** 现在,幸好有国家政策,村村通公路,而且有的路比我们国道还好。因此,我们要思考,为什么我们为"控辍保学"下了那么大的力……所以说,有时候该管要管,不然就是放纵。国家本来的做法也是这样——"不让一个孩子掉队，不能少一个"。但是方式方法的话，迁就是不对的。我们不能无穷无尽地迁就他，越是迁就，他就越不重视这个教育和学习，就把它当作儿戏。现在国家对九年义务教育，对孩子的教育保护可以说是到了一个最高的高度了。像其他好多县也是一样难做，难做在哪里呢？不仅是生活贫困啊，还有学习贫困、思想贫困，还有家长不负责任。现在国家那么好的政策，大家为什么不懂得珍惜呢，主要是不懂珍惜。尽管我们学校想尽了办法，做了一系列的事情。（L-HCS）

　　黄川山所说的只是一个特例，类似的案例还有很多，只不过它们的"特殊"之处显得复杂多样。只要稍微注意，我们就不难发现上述的故事中有很多值得思考和分析的现实问题。通过这个故事，我只想强调三点：其一，人们的"贫困"不仅是物质意义上的，如果说物质贫困的诸多案例显示出普遍性，那么思想观念、精神境界、思维品质、家庭教育与文化环境等方面以及这些方面共同构成的个体的生命、生活与文化的样式则显示出若干的具体性和鲜活性。因此，如果仅是物质意义上的教育扶贫显然不够，心理、身体、社会与文化等方面的因素同样需要受到充分重视，具体问题需要具体分析与解决。其二，目前我们的行动习惯是把教育扶贫当作一种经济学行为和政治任务，人们极少认识到教育扶贫的教育性：教育扶贫是"扶智"目的和"育人"方法的统一。也就是说，教育扶贫并不仅以扶贫为手段让学生在学那么简单，考虑到教育扶贫的话语和贫困本身的非单一经济性特点，教育扶贫行动的过程本身应该富有教育的意义——"劝学"亦即教育。遗憾的是，目前的教育扶贫行动显然把"教育"变成了"经济"或"政治"，教师变成了"资助者"或"公务员","教育者"身份和教育方法在教育扶贫行动中遭遇隐遁。在经济学意义上,多年来我们教育扶贫的成绩可谓卓著,L县基础教育辍学率和失学率的逐渐降低便是明证。但是从教育内部的角度来看,教育扶贫也显示出了它的某些副作用。

因而,我想强调的最后也是最重要的一点就是,这种教育扶贫行动在"迁就"(黄川山语)着人们"上学""读书"的同时,也在削损着教育自身的严肃性。如黄川山所讲,很多青少年及其家长因此变得更加不重视教育和学习,相反,他们开始视教育为儿戏,这与新"读书无用论"的出现不无关系。伴随教育扶贫行动,这样一种悖论现象逐渐显现出来:政府和学校的"劝学"工作越是用力、付出越多,家长的教育责任感和家庭教育便愈加式微。学生会认为,是政府"求着"或"逼着"他们上学,所以即便勉强进入学校,仍然不愿意学习,甚至不惜沦为"问题学生";家长则借着教育扶贫,自然地将生活推给政府,将教育推给学校。透过这种种现象,我隐约察觉到一种存在于贫困乡村的社会心理已然露出端倪:很多人在自觉地意识到和认识到政府行为的动机和目的之后,反过来利用这种动机和目的,从而制造出新的矛盾。当自由、平等、公平等价值观念在推动社会进步的时候,随着这些观念的深入人心、人们反思性意识和理性能力的发展,他们反过来以"人权"作为武器寻求"人权"或以"人权"为工具诉求更多的利益。教育扶贫中,很多人即是利用政策本身的福利性与服务性反过来与"教育"本身展开博弈。结果人们更加具有现代公民的理性气质,权利、权益、物质生活水平日益增进;然而,他们同时也逐渐丧失了一种纯粹、质朴的道德品质和天然的教育责任意识与能力。

赫伯特·斯宾塞(Herbert Spencer)在《社会静力学》一书中有过这样的论述:"一切对人类与其生存的外界条件的关系的干涉——用济贫法之类来减

轻后果——只会起到抵消矫正和延长祸害的作用"，"我们在用济贫法鼓励轻率的婚姻这件事中有了充分的证明;济贫法由于解除人们抚养子女的责任而产生的效果，必然也会由于剥夺他们教育子女的责任，而在较小的程度上产生。国家承担的为他的家庭做的事愈多，已婚者的开支也就减少得愈多，受到损害的是未婚的人，于是，结婚的诱惑就变得愈大。不要让任何人认为，对一个工人的子女提供显然免费的教育，在该工人考虑娶妻是否妥当时，是无足轻重的。"①斯宾塞的观点并不完全合理，也不一定可以应用到教育扶贫问题上。但它可以作为一种重要提示，告诉我们不能无视教育扶贫行动中产生的副作用。副作用意识和思维可以作为行动本身的内在构成，以此为基础，行动则会处于不断改进之中。当然，副作用也可以被视作行动过程中产生的新矛盾现象，矛盾运动是事物发展的根本动力，然而关键是行动者必须具备矛盾的意识，进而尽可能认识和把握矛盾，否则，人将成为矛盾的被支配者而非主动者。

## 二、 教育同质化

先来讨论一下 L 县学校布局调整运动。首先，正如我略有提到的，学校布局调整本质上属于经济行为——有限教育资源的集中利用理论上意味着高效。很显然，这非常符合 L 县的地理和经济的现实情况，否则历史不会允许政府一次又一次地做同样的事情。当然，这其中可能涉及政府财政分配的问题，比如:学校集中化和原有学校格局相比哪一种更加耗损财力? 学校集中以后是减少了教育财力耗损，还是政府这样做只是为了降低教育经费占比? 这些都是值得思考的问题。其次，学校布局调整也是政治行为，将过于

---

① ［英］赫伯特·斯宾塞:《社会静力学》，张雄武译，商务印书馆，1996 年，第 169 页。

分散的学校集中起来,形成更为严格的行政等级秩序,比如"政府—中心校"行政制度的构建,这显然更加便于管控和治理,直接目的是学校秩序的重塑。再次,从"办好人民满意的教育"的角度看,学校布局调整很好地迎合了越来越多集中于城镇工作与生活的劳动群体。不过,到底是布局调整倒逼出人们对优质教育资源的需求,还是后者导致了前者,这其中或许隐含着某种因果关系,抑或是相互生成的关系,甚至二者并没有什么直接关联。无论如何,至少政府的行动是基于这样一个假定:人们向往更好的教育物质与技术条件,而在普遍的意义上,乡村的这种条件显然落后于城镇。然而,在具体问题具体分析的意义上,对人们的某些"向往"并非要给予无限度的满足,比如当"向往"的满足损害了主体本身的劳动精神与能力、社会公德、良好的文化传统等价值,同时又加剧了他们的惰性、依赖性、享乐主义和个人主义的时候。

总之,学校布局调整运动主要遵循的是经济的和政治的逻辑,它的"发展取向"乃是效益化和秩序化。可以说,这种取向已经在一定程度上得以实现,并且,如果能够保持稳定性,那么它们将会得到巩固、加强和延续。这种稳定性所指涉的不仅是取向本身及其表现出来的形式,还包括处理它们携带的副作用的思维与能力。因为副作用总是存在,一旦这种副作用受到重视,进而引起一种改造的行动,那么原有副作用本身的意义将有可能转化为新的"发展取向",进而又有新改革行动发生,新改革又产生新的副作用,循环往复。对于最近的一次学校布局调整,吴永凡在叙述完它的行动过程并肯定了它的发展事实之后,也若有所思地表达了行动带来的弊端(这实际上也是在我的引导中产生的反思):

> 话又说回来,作为农村来说,整个农村由于学校的集中,它就有一种

弊端,就是把农村的魂也带走了。学校就是农村的魂,学校就是农村的文化的魂,有了学校,就好像有了文化的主心骨一样。现在,有的是几个村才有一个小学,学校没有了,说不好听一点,假如那个学校总是要升旗,有那么一面国旗在那里,整个农村就好像有个主一样。现在学校没有升旗了,家庭里面不可能升国旗,所以这个确实是不足的地方。……对学生来说,父母还是学生的第一任老师,可能早早离开了父母,对他的成长也不是很好。现在由于很多父母总是在外面打工,他们的孩子与那种跟父母在一起的孩子还是很不一样。父母去打工了,那孩子就跟着爷爷奶奶。但孩子的内心,有的是理解(对父母的理解),有的是不理解,即便理解,他的内心也有种怨恨,说不出的怨恨——"因为你太冠冕堂皇了,你是为了捞钱要养活我们啊,那我怎么能怪你呢"。但是他们内心的真正渴望是能够待在父母的身边。这点从人性来说,假如说他穿吃都好,但是由于没有父母在身边,他的脸上也是没有真正的笑容的,他总是没有那么快乐的。假如说父母都在身边,他就自然是从内心笑出来的,笑得格外甜,格外美。所以,你说是让他享受物质生活,还是让他享受天真活泼、快乐的童年呢?(L-WYF)

吴永凡所讲的"弊端"与当今学术话语中对学校布局调整的批评是较为一致的。文化的和心理的副作用是学校集中化管理之后的必然产物。顺便说一点,就这个问题,很多人喜欢使用一种"农村"和"城镇"的二元对立思维与话语,以此来批评性地指出学校集中城镇办是一种"教育的城市化"行为,认为这导致了"乡村教育价值的失落或凋敝"的严重后果。我非常认同这种批评声音背后饱含的文化情怀和乡土主义,也支持这种观点本身的反思方法与批判精神。但是,我打算放弃对"乡村教育""城市教育"这样概念的使用,因为我无法对它们做出清晰的厘定,事实上,我也尚未发现有谁做到了这一点。至少从目前的事实来看,无论我们从哪个角度(地理、政治、经济或是文化等)出发都无法将这两者有效地区分开来,并且这种区分只能越来越困难。城市也有其缺陷,如同乡村同样有它的缺陷一样,照现在的城市发展的趋势来看,如刘易斯·芒福德(Lewis Mumford)所说:"城市一旦消除了它有史以来的固有缺陷,它将来发挥的作用将会远超过历史上所发挥过的作用。"①芒福德的城市发展史研究同时表明,伴随着城市不断的反思性构造与发展,城市"化力为形,化能量为文化,化死的东西为活的艺术形象,化生物的繁衍为社会创造力"②等主要的积极功能将愈发彰显。在此意义上,我们与其不断地通过思维和话语制造出所谓"乡村教育"和"城市教育"这种模糊空泛的概念及其二元性关系,不如索性放弃它们,回到具体的教育现实当中来,针对具体问题,尽量尝试做一种不受模糊话语牵绊的分析。

农村在空间形态上逐渐转变为城市,旧时的教育形式也随之发生相应转变,这一过程可以称为"教育城市化",在最为普遍的意义上,又可以称为逐渐现代化的过程——它实际上是随着教育基础的城市化或现代化而发生的,比如人口、生产、生活方式、精神习惯。如同杜威所指出的:"大规模的机器生产与分配往往带来同质性,正如它常常会将以往分散的农村人口城市化……就连生活得相对远离人群的农民也在使用机器为一个远方的市场进行生产,如

---

① [美]刘易斯·芒福德:《城市发展史——起源、演变和前景》,宋俊岭、倪文彦译,中国建筑工业出版社,2005年,第6页。

② 同上书,第582页。

此一来,农民的精神习惯往往变得和其他人群的精神习惯一样。"①在这种情况下,教育随之也变成了同质性的城市"化"的样态。但我们不能因此制造出一种"乡村教育"和"城市教育"的概念,并将二者勉强地对立起来。

现代化并不意味着它必然是一种进步,在某种维度上,这个过程可以说是逐渐从一种灵活多样的教育形式逐渐走向统一的教育模式,至少目前来看是这样。如果可以把 L 县基础教育史视作一部学校布局调整改革史的话,那么它亦是一个从多样学校样式走向现代单一学校样式的历史过程。假如我将多样的学校样式视为符合教育自身规律的东西,那么我便可以因此断言学校布局调整产生的单一性学校模式的副作用之一在于它同时造成了一种"教育内伤"。这里,我不想陷入孰优孰劣或哪一种更符合教育规律、人的本性的循环论证之中。从 L 县的历史与现实来看,可以简单地说:尽管单一的现代学校模式有它的"好",然而当它取缔了异质性,成为同质性存在并拥有支配地位的时候,它同时也就丢失了异质性存在的"好"。"支配"地位的具体表象就是学校空间形态、办学形式、教学方法、时间划分、教育取向与评价的模式化、标准化或科学化。当然,最为显著的就是以"分数、成绩"为统一标准的评价方式。尽管 L 县通过"艺术教育"等形式来弥补标准化学校教育模式的缺陷,然而,我的所有访谈对象都近乎一致地向我传达了这样的讯息:教育质量的最终评判指标乃是学生的考试成绩和升学率。

教师专业化发展项目针对的问题是当地人所谓的"千校一面",足见学校同质化已然令当地人产生了反感。他们认为,每个学校都显示出一副相似的

---

① ［美］约翰·杜威:《杜威全集·晚期著作》(第五卷),孙有中、战晓峰、查敏译,华东师范大学出版社,2015 年,第 100 页。

面孔,那是一种教育缺乏活力的表现。因此,该项目的首要目标是打造各个学校的"特色",如"幸福教育""快乐教育""礼仪教育""养成教育""绿色教育"等。所谓学校特色,指的就是每所学校有自己的一个特别的主题(一定是区别于其他学校),然后学校围绕这个主题建构本校管理与教学的行动框架,生成主题和构建行动框架的方法与逻辑由项目专家决定。通过这个项目,校长和教师的研究意识、教育观念会有一定转变,学校管理与教学会更有秩序,学校主题会成为师生心目中的"校本文化",校本文化认同初步形成。从结果上看,毫无疑问这是一种发展现象或事实,同时也是当地人集体建构的"发展感"。然而,发展的副作用同它自身一样是一同被生产出来的。学校愈是依赖固定行动框架、特定行为模式,校长或教师个体的创造力愈是不能获得发挥。言及于此,我脑中已然浮现出校长孙芳在描述教师专业化发展项目带来的管理效益时脸上洋溢出的自信和满足,但我对此有所顾虑,她说:

> 有了一个计划后,**全校就是一盘棋**。整个学校,包括食堂管理、生活老师的管理,都围绕着学校这个发展计划,一盘棋。**万变不离其宗**,我们所有的学校活动,无论是教学的,还是食堂的、生活的、老师的……都围绕学校计划这个中心来做。哪怕是我们学校的一个末梢,都是围绕着这个中心在做。每个学期开学之前,我就会把每周的工作全部安排完,所以校长不在也没关系,反正所有人都按照计划开展工作。这是我们最有成效的。(L-SF-1)

行动的逻辑化、模式化固然意味着井然有序、高效管理和结果的可预见性和确定性,省力而节时,但这同时又是对人本身的限制。如果一个鲜活的人总是依赖既定的框架思考与行事,那此人无异于机器;如果教育行为变成固定模式或程式,那么教育本身的活力也将随之丧失大半。假如我们还承认教师需要创造力以及教育是生命的实践的话,这两个假定就不应被质疑为过于夸大其实。事实上,无论是校长还是教师,为了培养学生的创新精神和行动活力,他们必须充分考虑如何建构具有"生成创造力"性质的师生关系,进而他们自身也必须具有创造精神并在教育实践中展示创造力。然而,这一切都源自实践本身的不确定性和挑战性。假如学校陷入机械的循环,教育服膺于管理,行动划定清晰的边界,一切依循确定的轨迹,那么创造力就会失去它应有的广阔空间,这就相当于把"创造力"等同于小鸟关进了特制的笼子。

从 L 县基础教育改革史本身就是现代教育形成与发展史的角度来讲,当下的学校教育模式(包含其动力机制,如科学与技术)不仅是当地社会安定和谐的象征,同时也是促进社会文明(在社会秩序化的意义上)的重要工具。更多的人可以接受学校教育也是一个重要的进步事实。然而,如果说学校教育的本体价值和工具价值都源自学校本身的逐渐制度化和科学化的话,那么,恰恰是这种严密的制度和科学规范的力量使得教育这件事情变得愈加狭窄、缺乏灵性和张力,这就好比自然流淌的溪流被逐渐引入一条人工运河一般。制度与科学技术的合谋产生程式化的行动逻辑,进而生产高度同质性产品,这可以说是现代学校教育的核心特质之一——如同杜威描述的那样:"教育如同商业,我们比过去更注重包装的美观,更注重给产品贴上诱人的标签。两者事先都做了准备,但丝毫不关注个人的消化吸收能力","我们努力推广全民教育,这种努力虽值得称赞,却让我们更加重视思想现成品和它们的机械转移。高大的教学楼以及大班授课的方式让管理与教学变得机械化,各个年龄段的学生似乎都缺少时间去进行独立的、有创造性的思想活动。因为教师要向那么多的'潜在顾客'传授那么多的地理知识、历史知识、文学知识、科学知识以及艺术知识,一个由系统化的规模生产所构成的链带系统便由此产生"。①

一开始,教育本身与人的生活、生产实践如影随形,但自从教育被人们逐渐从生活生产中抽离出来并成为独立的制度化学校教育之后,它就逐渐失去了原有的"自然性"。学校教育已经成为现代社会和现代人生活中不可或缺的存在方式之一,获得了一种新的"自然性"——在人们不把它视为外在于生活的东西的意义上,作为人化的自然,它是高度规范化、美化和技术化的社会产物。它也不断尝试用科学的方式尽可能照顾人的个性并培养人的创造精神与能力,但是它本身的制度和技术力量及其塑造的同化力量如同一种强加于每一个鲜活生命的外力,它"不仅导致了精神统一,还往往抑制精神独立。这些力量虽然不会扼杀创新能力,却将创新能力变成了一个必须去故意实现的目标、一种需要去孜孜不倦培养的能力,而在过去,创新能力只是社会条件的一个副产品"②,因为在过去,教育直接与社会相连,人们总要适应或改造它亲历的自然、社会,这需要即时的独立能力。

我不是在否定学校教育本身,或是将"现代"与"过去"、旧教育与新教育、学校教育与自然教育等人为地对立起来;也不是进行一种浪漫主义式的教育怀旧;更不认为除了学校再无教育。如同我曾在一篇文章中指出的:学校只是教育场域的一种,人类生活与社会中各种具有教育力量的"关系空间"同样是值得珍视的教育场域。③我只是在强调,现代学校教育模式在不断获得存在合法性、实现自身内在价值和工具价值的同时,其副作用不容忽视。我

---

① [美]约翰·杜威:《杜威全集·晚期著作》(第五卷),第 101 页。
② 同上书,第 100 页。
③ 刘远杰:《场域概念的教育学建构》,《教育学报》2018 年第 6 期。

相信这种副作用是现代教育改革与发展的普遍性特征,然而对于 L 县域,我更想特别指出现代学校教育模式的形成与发展过程对各个少数民族原生性教育形式的逐渐取缔所产生的危险——如果这些逐渐消失的教育形式象征着族群文化、特定的教育意义、人与自然的关系样式等的消失,我甚至不妨大胆预测,随着单一化演变,教育将走向自我枯萎。在这个意义上,我很认同张斌贤对教育进步主义作出的批判性反思:"人类教育的历史果真如进步教育史观所断言的那样,是教育在一种近乎宿命般的规律作用下,朝着一个同样宿命般的美好目标坚定向前的过程吗?"如今教育的种种问题,"不禁使我们反思,迄今为止的教育历史究竟是如进步教育史观所坚信的那样,是教育自身不断发展和日趋完善的过程,是教育本质不断呈现的过程,还是教育本性不断丧失、不断被遗忘的过程?""按照我的观点,迄今为止的教育历史,就其本质而言,是教育本性在实践中不断消解、不断丧失,在认识上不断狭窄、混乱的过程,是教育日益远离其真正本性的过程。"[①]

### 三、 教育传统的消逝

当然,如果我进一步追问什么是教育的本性,也不容易得到满意的答案。关于这个问题,历史已经给出长长的答卷,上面写满了各式各样的"本性"——因为人们在回答这个问题的时候总是受到文化、经验、方法、价值观等方面的限制。与其执着于讨论"本性"概念,不如转而思考"传统"。事实上,当我们在说"教育失去本性"的时候,除了认为教育有个形而上学的唯一"本性"之外,还存在另一种假定,那就是这种"本性"即教育传

---

① 张斌贤:《教育历史:本性迷失的过程——对教育发展的"另类"观察》,载《张斌贤教育史研究文集》,中华书局,2014 年,第 64—71 页。

统——它被认为是值得珍视的历史存在。在"传统"意义上理解"本性"的一个方法合理性在于它自身的历史唯物主义性质。也就是说如果教育有"本性",那么这种本性只能依附于"历史"亦即特定时空中人的教育实践的历史本体性传统。同时也可以说教育的"本性"是丰富的,因为它赖以存在的时空因人及其实践而具有异质性。L县基础教育的"本性"或"传统"体现为L县基础教育实践的历史:其一,这个"历史"的内涵和外延是逐渐丰富的,历史不断将现实的教育经验纳入自身,而后又转变为现实,循环往复,如此,学校教育本身便如同滚雪球一样越滚越大;其二,这个"历史"又不局限于学校教育实践,它还包括家庭教育、原生性民族教育(如表征人与自然和谐关系的图腾、某种具有民族认同意义的文化仪式)、劳动教育(劳动实践中的经验传递)、社会教育(人的交往实践的伦理教化)等;其三,这个"历史"乃是"小"历史和"大"历史的融合,L县教育传统发生于L县域,但它同时也是中国教育传统的内在组成部分。

因此,当我说L县基础教育改革在发展观念支配下逐渐构建起一种现代学校教育模式的垄断地位时,这种发展的副作用就正好体现为上述三种"历史传统"的消解。理论上,传统本身具有绵延性,它可以作为经验、习性内化为实践者的心理结构,通过人的行为融入新的经验,因此,我们似乎不必为传统的"存活"问题感到担忧。但是,如果我们在"发展"中忘记或漠视这种绵延性,那么发展本身潜藏的那种对传统的破坏力便会如同脱缰野马难以控制,要知道马儿并不懂得自律。如果不考虑发展的副作用,教育改革可能会让教育发展背上不可磨灭的历史罪名,其中最大的罪名极有可能是它使得教育变得如同一条狭窄幽深的隧道——届时,人们只知道学校即教育、教育即学校。然而,如同伊丽莎白·劳伦斯(Elizabeth Laurence)所言:"学校和教育,这两者不是相同相等的东西。教育犹如人类一样古老,但是学校却是比较新的事物。"①有一种办法是尝试将传统纳入发展,只不过"发展"和"传统"本就是一对矛盾体,将二者凑在一起难免会别扭。当然,我们可以在概念演化的意义上赋予"发展"一种"传统"的意义维度。正如我在分析教育改革概念时指出的那样:教育改革不仅以"发展"为取向,也可以具有"守护"或"恢复"的取向。

县域基础教育根本上源于当地人民的生活与劳动实践。广义上,这个基础教育就是人们处理人与自然、人与人、人与自我这三个基本关系类型的历史过程,在这个过程中青少年的伦理道德、心智能力等逐渐获得发育与成长。所谓教育传统(一个具有褒义性质的词),也就是人们在处理这三种基本关系时不断积淀的道德能力、心智结构和知识图式。所谓知识,不仅是常识中普遍认为的学科知识,还可以将它"广泛地理解为通过学习获得的信息、理解、技能、价值观和态度。知识本身与创造及再生产知识的文化、社会、环境和体制背景密不可分"②。不论是道德、智慧还是知识,它们既是集体性的,同时也是个体化的。"学习可以理解为获得这种知识的过程。学习既是过程,也是这个过程的结果;既是手段,也是目的;既是个人行为,也是集体努力。"③学习不仅仅是制度化学习,严格说学习是人的生存与生活的基本能力,它可以发生在任何上述的关系类型中,因而也发生在各种生活境遇和实践活动中。L县教育传统也是该地区文化与社会的传统,教育的过程正是人

---

① [英]伊丽莎白·劳伦斯:《现代教育的起源和发展》,纪晓林译,北京语言学院出版社,1992年,序第3页。
② 联合国教科文组织编:《反思教育:向"全球共同利益"的理念转变?》,第8页。
③ 同上书,第9页。

的"文化"与"人化"的同步生产过程。如同当地侗族人民的山歌既是侗族文化的构成——一种伦理价值与自然观念的意义表征,同时也是化育族群认同、滋润心灵和促进人与自然、人与社会和谐共生的教化方式。

简言之,教育改革与发展的副作用体现在"认识"和"事实"两个方面。认识方面即我们关于教育的理解,当我们把教育狭义地理解为现代教育和学校教育时,它的副作用就表现为一种教育认识论偏见。当我们只专注于学校教育模式的线性发展时,它的副作用就是人为压制当地教育传统的生命活力。希尔斯在《论传统》一书中说:"没有传统,人类便不能生存,即使他们司空见惯地不满于他们的传统。"①对这句话稍加改动,也可以说没有教育传统,教育发展便抽离了当地时空规范,变得飘忽不定。我们可以理性化地指责教育传统不涉及"知识"与"科学",而只属于经验的范畴,指责这些经验作为伦理规范、共同体规则压制了人的个性解放。然而,相较于经验,科学知识只是人类创造出来的文化的一小部分而已。如果这种经验代表人在处理上述三种关系类型时达成的"自然约定"或"规则",那么我们"与自身社会的过去割裂,就如同与现今割裂一样,都会使个人和社会失去秩序"②。因此,正如希尔斯所言,"抛弃传统应该看成是新事业的一种代价,保留传统应算作是新事业的一种收益……传统应该被当作是价值生活的必要构成部分……认为人类可以没有传统而生存,或只消仅仅按照眼前利益、一时冲动、即兴理智和最新的科学知识而生存,同样是对真理的歪曲。不管这种错误的动机有多么高尚,也无论这种错误如何有助于带来什么样的利

① [美]爱德华·希尔斯:《论传统》,第346页。
② 同上书,第352页。

益,它毕竟是错误的"①。

可以说,教育改革永远是在具体的历史中进行的,这种历史永远是创新与发展的前提。如果说每个时期或每一代人所进行的教育改革都是在创造一种新的历史、满足着新的需求,那么正如恩格斯致约瑟夫·布洛赫的信中写到的那样,必须承认:"我们自己创造着我们的历史,但是第一,我们是在十分确定的前提和条件下创造的。其中经济的前提和条件归根到底是决定性的。但是政治等的前提和条件,甚至那些萦回于人们头脑中的传统,也起着一定的作用,虽然不是决定性的作用。"②恩格斯充分肯定了作为传统的历史在人类不断演化革新的实践进程中的基础性作用。教育改革中,无论是教育条件的创新(物质的、政治的,或是体制的、组织的),还是教育实质的发展(通过教师观念、品格、能力与智慧等力量的改造、提升所实现的教育力生成),严格来说,它们都是一种传统的创造性转化。教育实践中不存在绝对的"创新",即便是信奉一种相当新颖的理念与科学,那也并不意味着"这种创新倡导者的所有观点都与过去实行了决裂","即使我们承认,每一代人都要修改前辈传递下来的信仰和行为范型,我们还必然会发现,大量的信仰过去被拥护,现在仍然被拥护,许多行为范型过去被奉行,现在仍然被奉行,而且,这些信仰和模式与近期出现的范型相互并存",我们必须承认"在各个前后相继的历史时刻,现存和传递下来的观念决定了其新的拥护者尚未成形的心理倾向,并赋予它们形式和实质",虽然"个人具有的特征当然存在于现时现地,但是他们的大多数特征都是传统的最新状态,这个传统从过去到现在已走过

---

① ［美］爱德华·希尔斯:《论传统》,第 355 页。
② 《马克思恩格斯选集》(第 4 卷),第 604—605 页。

了各种不同的阶段,经历了不同程度的修改"。①

习近平特别强调:"不忘历史才能开辟未来,善于继承才能善于创新。"②历史构成改革创新的根本尺度。无论何时何地,若我们的教育改革脱离了历史、忘记了历史,则这样的改革注定不会取得成功,甚至会给教育本身带来灾难。21 世纪以来,伴随着全球化趋势下的社会急速变迁、信息技术日新月异、人们对新事物的迷恋与追求日益高涨,"创新发展"成为时代主题,这促使我们的教育改革行动变得愈加频繁、广泛和深化。然而,它的一个直接副作用却是教育实践中出现了普遍的"改革疲劳"现象,实践者不断发出"少一点折腾"的呼声。新事物、新观念、新技术的不断涌现对原有教育秩序、价值观念与认识等造成了巨大冲击,学校变得异常"热闹"。关键在于,当一种新的传统和秩序尚未经由实践检验而被确立,另一种"创新"便又开始搅动波澜未静的学校之场。于是,我们不得不去反思教育改革的创新与发展的限度,并寻求一种历史辩证法:当下或时代需求固然重要,它反映实践进步的必然性,实践革新亦是必然,但我们必须警惕一种当下的短视、时代的偏见和对"新事物"的盲目迷恋。这是由教育实践的本质特征即"育人性"决定的——"育人"是长期的实践,人的成长是漫长的进程。人是历史中的人,他需要稳定的教育生态、良好的教育秩序和相对确定的价值标准。对于现实的人,"我们需要去理解的,不是属于自己的时刻的人,不是被我们感受时处在某个特定时点的人,也不是像我们一样受一时的需要和激情所影响的人,而是处在贯穿时间的整体性当中的人"③。教育实践的一种惯性在于它是人的历史时

---

① [美]爱德华·希尔斯:《论传统》,第 42—46 页。
② 习近平:《习近平谈治国理政》(第 2 卷),外文出版社,2017 年,第 313 页。
③ [法]涂尔干:《教育思想的演进》,第 23—24 页。

间、文化时间与社会时间在教育活动中的积淀,表征一种教育规律。假如这种惯性遭遇人为的破坏或中断,那么人们便难以在教育实践与人的成长之间寻求一种真正稳定的积极关联,进而无法客观合理地认识和理解教育活动。

如果忘记历史或忘记传统而陷入对"创新"的无限迷恋,没有认识到"现在无非是过去的进一步推演,一旦与过去割裂开,就将丧失大部分的意义"①,如果只顾着现在,而"全然不顾自身正是源出于过去,构成了过去的延续。有些过去的特征,原本可以成为也应该成为现在与未来的标准特征,就这样消失了"②,那也就相当于忘却了自己而致使自己"毫无保留地投向我们时代的激情与偏见"③。然而当前我们的教育改革中的一个现象却恰恰是,现代社会的文化与价值以及现代西方的诸多新主张、新观念被人们奉为圭臬,"他者"的经验成了本地教育改革的标准。人们忽略了"尽管如此,真实的情况却是,根据这一标准算是我们缺乏的东西,并不比我们已经拥有的东西更为根本,甚至还有所不及"④。这种根本性的东西正是传统,它们很大程度上是形成社会规范和社会内聚力的主要力量。因此,在传统作为积极性存在的意义上,希尔斯指出:"传统常常是理性的、道德的和认知的行为'不言而喻的成分',甚至也是情感的'不言而喻的成分'。"⑤在这个意义上,当教育改革在追求发展、创新和走向未来的时候,还需要时常保持对改革本身的反思态度,处理好创新与传承的关系,把握改革的力量尺度。这种"反思"不仅应成为教育改革本身的方法与态度,还应成为教育改革的哲学。

---

① ［法］涂尔干:《教育思想的演进》,第 27 页。
② 同上书,第 25 页。
③ 同上书,第 24 页。
④ 同上书,第 28 页。
⑤ ［美］爱德华·希尔斯:《论传统》,第 35 页。

## 四、小结：警惕教育改革的发展主义

教育改革以发展观念为支撑，追求发展，这是改革本身固有的合法性，是历史的逻辑，毋庸置疑。但是，当发展成为一种缺乏反思性、历史与空间尺度的发展，那它所支配的教育改革行动的副作用将会在无形中加剧，甚至如张斌贤所认为的那样会使教育失去本性，走向教育的反面。就县域基础教育改革而言，如果人们一味追赶、比较、模仿"他者"的标准与经验，那么代价必然是逐渐丧失自我、走向同质。如果一味追求经济学与科学技术意义上的发展，牺牲的便是教育自身的文化性、社会性与自然性，导致经济意义对教育意义的稀释和技术操控对日常教化的消解。我将这种发展称为教育的发展主义。我们对这种发展主义的批判在于，对教育发展观念受经济发展观念支配现实的批判，对线性发展观的批判和对科学技术主义的批判。这种批判提醒我们在教育改革过程中应自始至终思考这样一些基本问题：应该确立何种发展价值，它的依据、现实合法性是什么，实现价值的方法是什么，这种价值的实现会产生什么样的副作用，进而如何平衡二者，等等。要对这些问题进行回答，在方法上无一不需要立足当地历史、文化、教育传统和现实社会、经济等多方面条件，尤其需要充分关注当地人的"教育需求"，但同时又不能盲目地"按需求行事"。须知，对这种"需求"本身的合目的性与合规律性做批判性研究也很有必要，假如通过这种研究能发现什么问题进而又以教育的方法实现对"需求"本身的改进，那将会事半功倍。

# 第七章　空间视域中的县域
## 基础教育改革方法与价值取向

发展主义观念支配下的教育改革将教育发展安置在线性时间轴上,并在上面刻满经济学的、科学技术的和数学统计的标准化刻度,以此来标识教育改革的成效,同时向教育改革尤其是代表"落后"或"贫困"区域的教育改革宣告:发展之道在于马不停蹄地向着"发达"或"先进"效仿和追赶。显然,无论是教育改革行动事实还是教育改革的观念与认识,都已经深陷一种"时间理性"的控制——它意味着教育已经悄然滑入线性、单一的现代性理念与秩序。人们要么因为盲目而对此浑然不知,要么出于理性而声称它为一种必然的规律性运动。如同有学者所指出的那样,"'进步''进化''革命''变革''改革''创造''创新'等后期现代性观念都体现了时间图式的将来维度","'时间'由此意味着'竞争的冲动'"。①可以发现,县域教育改革行动正不知不觉地驶入现代性发展航道,并且一度在"落后"和"贫困"的标签化印象中堂而皇之地树立起这种"将来维度"和"竞争赶超"的合法性。于是,吉登斯言下的这种现象便出现了:"到目前为止,时间上的领先这个因素一直对空间上的优越性产生着决定性的影响。"②这个时间作为一种绝对时间或普遍历史

① 杨大春:《当代性与空间思维转向》,浙江社会科学,2018年第7期。
② [英]安东尼·吉登斯:《社会的构成:结构化理论纲要》,第124页。

时间是对"自己的时间"的取缔,进而也是对与这种"自己的时间"互为依存的空间性的压抑。本章中,我将在话语、思维和价值上同时转向"空间",立足县域的多重空间性,探寻县域基础教育改革的空间方法与空间价值尺度及其统一。这在表面上是对时间理性和发展主义的破除,实质上是表明县域基础教育改革应以激发地方教育活力为根本目的,它的核心是"地方性":"生于斯,长于斯"(费孝通语),关键是"服务于斯,改造于斯"。

## 第一节　县域的空间性解释

对于中国人(至少是生长于中国境内的中国人)而言,"县"不会是一个陌生的字眼。年少时,从进入学校那天起,老师便要求登记我们的出生地或籍贯。同时,在家长的教导和周围人的影响下,我们也时常不忘家乡。随着年岁增长和人生阅历与足迹范围的逐渐扩大,"籍贯"或"家庭住址"愈加显得重要,它意味着"我是谁""我从哪里来"。进而,我们对自己归属的县域越来越刻骨铭心。我们对自己的村庄和乡镇的记忆、想象可能都要远大于县,然而我们也会轻易发现,一旦进入大学或职场,"县"就成了我们身份来源的最后标记,比如"籍贯"一般不要求写到"村庄"。

"县"到底指什么,意味着什么? 不得不首先承认,"县"是很大一部分中国人生存与生活的重要地域,"某县人"(当然还有国家、民族、乡镇、村庄等)是我们出生之后的一个重要身份认证。因此,县也就是我们心灵牵系、情感寄托的一种对象,尽管在依恋程度上它或许不如家庭、村庄那般强烈有力。美国人文地理学者段义孚(Yi-fu Tuan)将这种依恋感或情感寄托的现象称为"恋地情节"(topophilia,也译为"爱的地理""亲地方性""空间癖""乡土爱"

"场所爱""地方与地方之爱""乡土情"等,是段义孚 1974 年提出的术语①),"人类对地方之爱"是一种持久和难以表达的情感,"因为那个地方是他的家园和记忆储存之地,也是生计的来源"②。"恋地情节是关联着特定地方的一种情况。"③就此而言,凡是地球人都有生发这种情感的可能性,因为人总是生存、生活于特定地方。不过,这种情感往往只有当主体离开特定地方的时候才会被距离感所激活,就好像只有当我们离开家以后才会想念家庭的温暖和母亲做的饭菜一样。

县域在最直观的意义上是一个特定的地理空间。游子返乡时若没有通过所熟悉的地界标志物,那么他不会认为自己已经抵达家乡。这种"地界"反映为人在认知程度上由远及近、逐渐增强,县、乡镇、村庄层层推进。一旦进入家乡地域,他便可能喃喃自语:"这是我的地盘。"这或许就是人文地理学、政治地理学中所谓的"地方感"——"'理所当然'世界中的一个基本要素","地方确实是世界上大多数存在的一个基本方面……对个人和对人的群体来说,地方都是安全感和身份认同的源泉","地方感经常被理解成包含个人或群体及其(本土的或借居的)居住区域(包括他们的住房)之间的感情纽带"。④这种地方感一方面是情感归属与心理认同的反映,如约翰·布林克霍夫·杰克逊(John Brinckerhoff Jackson)所认为的:"归属和认同定义了个体和群体的身份和在浩瀚宇宙之中与茫茫大地上的定位,使漂泊的人们找到归

① 〔美〕段义孚:《空间与地方:经验的视角》,王志标译,中国人民大学出版社,2017 年,"脚注"第 5 页。
② 〔美〕段义孚:《恋地情节》,志丞、刘苏译,商务印书馆,2018 年,第 135—136 页。
③ 同上书,第 168 页。
④ 〔英〕R. J. 约翰斯顿(R. J. Johnston):《哲学与人文地理学》,蔡运龙、江涛译,商务印书馆,2000 年,第 127—128 页。

宿,使不安的心灵终归安宁。"①另一方面,它也意味着一种权力意识。政治地理学认为,人或许与其他动物一样会给自己的活动范围划定表征权力的空间界限,如是,在特定空间范围内便有一种"我的地盘我做主"的权力意识或者叫"领土意识"。如同约翰斯顿所指出的:"与地方感的概念以及个人和群体的空间构建联系在一起的,是领土性(territoriality)概念。对此的理解,通常是以和地方感完全一样的方式作出的——'该理论认为动物、个人和群体都认同并保卫各种空间范围内的领土'。"②

这种地方感或领土感在我考察的 L 县域中有明显表现,一个典型的例证就是人们会自觉地产生"自我保护"意识。当我这个外来者试图了解当地教育改革情况时,当地人会首先顾虑"会不会不利于我们县"。当然,这种"反应"多数时候发生在知识分子或官员身上。段义孚说:"现代国家作为一个拥有边界线的庞大空间,很难让人直观地去体验到它,对于个体来说,国家真实性取决于这个人有什么样的知识水平。"③我认为这种情况也适用于县域。不过,无论他们的情感态度是封闭还是开放、保守还是积极,县作为当地人自我认同的空间象征是客观存在的。"我们县"的话语和心理倾向属于自然流露——"由于个体是作为群体的成员而存在的,所以所有的人都在不同程度上懂得分辨'我们'和'他们'之间的区别、身边的人和疏远的人之间的区别、自己的地盘和外族领地的区别"④。在这个意义上,"县"是一种属于"当地人"的心理或情感空间,如果说"县"有什么边界的话,心理边界便是它的隐

---

① [美]约翰·布林克霍夫·杰克逊:《发现乡土景观》,俞孔坚等译,商务印书馆,2016 年,"译序"第 iv 页。
② [英]R. J. 约翰斯顿:《哲学与人文地理学》,第 129 页。
③ [美]段义孚:《恋地情节》,第 149 页。
④ 同上书,第 43 页。

蔽形式,它体现出"县"的社会意义,反映在当地人的话语实践中,比如"我是X县人""我的家乡为X县""我们县的教育"等。

社会学家齐美尔(Georg Simmel)指出了这种心理空间的客观性——"并非空间①,而是它的各个部分的由心灵方面实现的划分和概括,具有社会的意义","各种历史空间形态尤其要求种种心灵的功能,空间从根本上讲只不过是心灵的一种活动,只不过是人类把本身不结合在一起的各种感官意向结合为一些统一的观点的方式"②。正如他在说明"国家空间"时所指出的:"一个这么大、这么多平方公里的地理范围并不构成一个大的国家,而是各种心理学的力量才建立一个国家,它们从一个统治的中心点出发,在政治上把这样一个区域的居民聚合团结在一起。"③根据此意,我们不妨可以将"县域"视为当地人心理力量的构建,因为"县域"实质上只不过是"国家"的缩影。作为当地人自我认同的产物,地方感、领土感抑或心理空间的"界限"一面意味着归属与权利、权益,另一面则具有排他性的警戒功能,以此凸显出某种"县域"划分的社会后果。如齐美尔所说,"一个社会的形态与某一个特定的土地面积融合在一起,或者可以说休戚与共,它在同样程度上具有一个惟一性或者排他性的特征,这种特征以别的方式是不能同样达到的","显示群体与土地关系的近或者远、排他性或多样性,往往是群体结构的根基和象征"。④

然而,恋地情节也好,心理空间也罢,它们都不是纯粹的主观产物。尽管

---

① 指物质空间。(笔者注)
② [德]齐美尔:《社会是如何可能的:齐美尔社会学文选》,林荣远编译,广西师范大学出版社,2002年,第291—292页。
③ 同上书,第291页。
④ 同上书,第294、297页。

"县"所指涉的"域"作为地理空间先于"县"这个符号而存在,但是唯有当"县"成为特定地理空间的符号象征之后,"县"才能内化为当地人的心理图式或依恋对象。"县"没有出现之前,这片土地上或许已经有人类生活,但是他们的主观世界里不会先验地具有一个"县"。很可能这些人也构成群体性或族群性,存在某种心理空间形式,但它不会是"县",可能是其他的什么东西,比如族群文化仪式空间、劳动圈地。严格来说,"县"首先是人为构建的象征物,进而成为具有身份塑造功能的文化或政治符号。

回到"县"本身,需要明确的是,"政治"性是它的原初意义。我们说"县"体现的是人为的构建,所谓"人为"指的就是中央政府之为。比如L县,在它成为"县"之前,这片群山环绕、沟壑纵横的地理空间只不过是由苗、瑶、侗、壮、汉等民族聚居的地域,他们分而居之,生活与生产劳动的地域范围狭窄,部落组织及其对应的"圈地"是他们除了家庭之外最为原始和直接的归属。在他们入住之前,这片地域只不过是一派荒无人烟的自然景象。"县"的设立使得这些毗邻且相互区分的人们获得一种新的共同性——"L县人"——政治身份,同时也是社会共同体,与"非L县人"构成更大范围的区别。说到这里,不妨先了解一下恩格斯在《家庭、私有制和国家的起源》中关于"国家本质"的一段经典论述:

> 国家是社会在一定发展阶段上的产物;国家是承认:这个社会陷入了不可解决的自我矛盾,分裂为不可调和的对立面而又无力摆脱这些对立面。而为了使这些对立面,这些经济利益互相冲突的阶级,不致在无谓的斗争中把自己和社会消灭,就需要有一种表面上凌驾于社会之上的力量,这种力量应当缓和冲突,把冲突保持在"秩序"的范围之内;这种从

社会中产生但又自居于社会之上并且日益同社会相异化的力量，就是国家。

　　国家和旧的氏族组织不同的地方，第一点就是它按地区来划分它的国民……因此，按地区来划分就被作为出发点，并允许公民在他们居住的地方实现他们的公共权利和义务，不管他们属于哪一氏族或哪一部落。这种按照居住地组织国民的办法是一切国家共同的。①

　　恩格斯所说的"一切国家"显然包括中国在内，我在前面提到过"县域"是"国家"的缩影，言下之意即"县"是国家权力的产物，同时也是国家权力的空间化象征。"县"的最早形式是秦王朝制定的"郡县制"，这也是中国最早的行政地域划分。正如有研究所指出的："作为上层建筑的行政区划，发端于春秋战国时期县的建制的出现，是在原始社会以氏族为基础的部落制度和以血缘为基础的分封制之后，实现由分人而治到划地而治的重要转变。而秦代实行的郡县制，标志着中国行政区划制度的正式确立，它的出现标志着国家进入地域统治。"②它关系着"国家的政权建设、行政效率、经济发展、民族团结、人民生活、环境整治和国土合理开发利用等一系列问题"③。本质上，县是国家对广袤国土及生存于其上的亿万人民实行空间管控与治理的行政手段。这种空间划分同时意味着国民、地域的划分，进而在基本意义上，县域空间本身就成为当地国民生活与生产的秩序规定——既是一种积极的对权利的捍卫，也是一种消极的约束。在这里，我们似乎发现了列斐伏尔关于"空间

―――――――――

① 《马克思恩格斯文集》（第4卷），第189—190页。
② 王开泳、陈田：《行政区划研究的地理学支撑与展望》，《地理学报》2018年第4期。
③ 同上。

是政治性的"的论断的现实案例——

　　以历史性的或者自然性的因素为出发点,人们对空间进行了政治性的加工、塑造。空间是政治性的、意识形态性的。它是一种完全充斥着意识形态的表现。空间的意识形态是存在的。为什么? 因为这个似乎是均质性的空间,这个在它的客观性中,在它纯粹的形式中,又显得似乎是由某个政治集团(bloc)造成的空间,就像我们所观察到的那样,是一种社会的产物。①

但是,县域行政区域的划定首先是以特定地理环境为前提的。也就是说,要实现县域政治化的前提是"县域"成为事先存在的物质实体——地域(如山、河、森林、草地等)及其之上生活着的人民。很大程度上,"不同等级政区的行政边界基本上是按照自然山体、大江大河的走向等地理要素确定的,需要地理学的地域分异规律做基础支撑"②。行政区域是地理区域的一种,也有严格的幅员与地理边界。③这便是列斐伏尔指出的自然的政治化。④县域的形成也依据特定"经济及文化状态,民族、人口分布,历史传统,军事防御,国家发展战略等"⑤, 因此,它同时也是一个具有明确权力界线、经济和社会秩序的综合空间类型。

---

① [法]亨利·列斐伏尔:《空间与政治》,李春译,上海人民出版社,2015年,第37页。
② 王开泳、陈田:《行政区划研究的地理学支撑与展望》,《地理学报》2018年第4期。
③ 周振鹤:《行政区划史研究的基本概念与学术用语刍议》,《复旦学报》(社会科学版)2001年第3期。
④ [法]亨利·列斐伏尔:《空间与政治》,第39—41页。
⑤ 宋月红:《行政区划与当代中国行政区域、区域行政类型分析》,《北京大学学报》(哲学社会科学版)1999年第4期。

县域是一种地理区域,但此"地理"绝不是纯粹的自然地理。事实上,人类足迹踏过的地方便不存在纯粹的自然,况且"县"是对已经存在明显的人类分布和经济生产活动的人类居住区域的划定,进而也是对已经形成的特定社会与文化现象的重构。根据列斐伏尔的意思,我们可以将"县"看作一种中央政府战略规划中的"空间生产"——"空间不是观念的产物,它主要是政治经济的产物,是被生产之物……空间是政治工具,'国家利用空间以确保对地方的控制,确保严格的层级、总体的一致性以及各部分的区隔'"①。"县域"即一种空间类型,是政府权力作用的社会空间的构建,通过这种空间重构,"物体、群体、个人也同样存在于实际的、被社会化了的空间中。这就预先减少了现象世界的混乱"②,因此也可以认为,"空间乃是一种秩序——既是一种客观的秩序,也是一种主观的秩序"③。根据冯雷的观点,这种空间秩序就体现为文化、行为和物质三个维度的秩序化。县域本身即是如此,作为行政区划,县域的成立一开始就意味着化解各种冲突、文化融合、社会和谐、经济资源统一管理、政治稳定、教化清明,或者"最好理解为一种社会秩序的空间化( the spatialisation of social order)"④。

不过县域空间生产的根本性"产物"却并非仅是事物表象的井然有序和经济、自然资源的配置公允,也不完全体现为人们在行为上符合法度法规。因为这些完全可以凭借权力的强制得以实现,而且它们往往体现在一些具体事物和日常生活实践中,具有个人的"私我"性。它的根本性在于当地人逐渐

① 汪民安:《空间生产的政治经济学》,《国外理论动态》2006 年第 1 期。
② [法]亨利·列斐伏尔:《空间与政治》,第 21 页。
③ 冯雷:《理解空间:20 世纪空间观念的激变》,中央编译出版社,2017 年,"导言"第 15 页。
④ 刘怀玉:《历史唯物主义的空间化解释:以列斐伏尔为个案》,《河北学刊》2005 年第 3 期。

形成的县域社会认同心理与文化情感,亦即一种"公我"或"我们"的社会价值观念的建构,它表征一种县域社会的内聚力或向心力①,使得县域的利益、道德法制、文化传统成为当地人自觉维护的统一尺度。换句话说,县域空间的构建其实是无形中建构了一种县域社会共同体,按照斐迪南·滕尼斯(Ferdinand Tonnies)的说法,即经由地缘的统一性逐渐发展成的精神共同体,尽管这种共同体不是那么"纯粹"地表现为"意志完善的统一体"或根源于"与生俱有的无意识的生命的相互关系"——就像血缘关系那样,"最为依赖共同的和相同的活动,最纯洁地表现出真正的帮助、相互支持和相互提携"。②然而,县域空间中的当地人至少一定程度地形成了邻里、乡里,关键是他们比较一致地形成这样的心理默契:"县"是"我们"共同依托的行政单位、共同生活的地理范围。进而,通过密切的社会关联就容易建立起必然的"当地社会",这种关联产生于行政机构、商业中心、学校场所等特定场所中的日常交往以及人们对县域公共制度与文化传统的认同。

某种意义上,使这种"县域社会"形成的动力机制正是被吉登斯称为"制度聚合"(clustering of institutions)的东西。简单说,制度聚合正是通过制度形成的社会聚合,这显然符合"县域"的政治经济学本性。就像吉登斯描述的那样,县域社会同样具有一般"社会"具有的特征:"社会系统与某一具体场所或地域之间的结合";"存在某些对合法占据一定场所提出权利诉求的规范性要素";根本上说,"社会成员内部普遍存在某种情感,认为他们之间拥有某种

① Henri Lefebvre, *The Production of Space*, Translated by Donald Nicholson-Smith, Oxford UK & Cambridge USA:Blackwell, 1991, p.33.
② [德]斐迪南·滕尼斯:《共同体与社会:纯粹社会学的基本概念》,林荣远译,北京大学出版社,2010 年,第 48—53 页。

共同的身份或认同(identity),无论这种情感是以何种方式被表述或揭示出来的。这种情感既可以体现在实践意识里,也会体现在话语意识中,而且并不预设社会成员之间存在某种'价值共识'"。①

县域作为一种空间,是一种完整的空间形式,具有多重空间意义。"空间就是这样随着历史的动荡,而不断地被意义的机缘所填充",因为"它是社会和实践的产物,是历史的产物"。②我们不能因为强调它的空间政治性而忘记了它作为地理环境的客观性,也不能把这种地理环境的物质性同依附于它的人文空间僵化地割裂开来。所谓心理空间,指的是有实在对象物的心理现象。空间的政治生产性不仅表明作为空间形式的"县"是一种被建构出来的政治符号,象征政治工具,同时,县域又是权力运作的特定场域,它能生产当地人的政治感和权力意识。必须承认,尽管我们一般性地认为地理空间的自然性与人文性(或社会性)已经难以区分开来,"世界各地的人们都渴望把自然界和人类世界融合成统一的系统"③,并且这已经成为事实。但是,我们仍然应该自觉地意识到自然界有它独立性的一面,无论历史如何演进,只要人类还生存于地球之上,人文地理便会永远依附于自然地理。即便到了太空,人类依然需要大气,生活材料不会从大脑中直接生产出来。

一切人文与社会现象都是人类与自然环境交互作用的产物,也就是人类生活与生产活动的结果,这已是被马克思历史唯物主义证明了的客观事实。县域空间的政治-工具化、社会-心理化正是建立在这一客观事实基础上的。如果说特定地理空间及其之上的人类生活生产活动创造特定的历史,那么这

① ［英］安东尼·吉登斯:《社会的构成:结构化理论纲要》,第156—157页。
② 汪民安:《空间生产的政治经济学》,《国外理论动态》2006年第1期。
③ ［美］段义孚:《恋地情节》,第24页。

种历史无疑具有地方性。无论县域边界如何划定,有多么丰富的意义,县域空间的实质都是"当地人"在"当地"生活与生产的结果。因此也可以说每一个县域"作为环境、文化和其他特性的集合体,表现为个别的现象;对它的解释只能从内部进行"①。反过来说,人们创造出当地历史的同时,也就生存于这个历史之上,"当地人"只能恰当地生存于当地社会、文化、经济、政治、教育等共同充盈着的县域空间之中,不断创造自我。在此意义上,可以说"人是其社会的环境的产物","人的多样性如果存在(根据理性人,这是不存在的),也不过是社会的多样性"②,抑或地方历史的多样性——此时,"时间变得依附于空间,历史本身受到了一种领土的'精神'"③。县域空间化的本质是对特定自然地理环境之上的人类活动及其产物进行秩序化整合,使它们处在一个更加符合人类历史运动规律和政府治理的状态之下。县域本身是一种政治空间生产的结果,县域作为空间又具有多重意义上的生产性。

美国地理学家爱德华·W. 苏贾(Edward W. Soja)在批判了空间性的地理—物质主义、社会—心理本位、客观唯心主义以及政治经济主义后,进而追随马克思主义的历史唯物主义方法论强调一种社会—空间的辩证法。他指出:

假若空间性是各种社会关系和社会结构的结果/具体化,又是手段/预先假定,即空间性是各种社会关系和社会结构的物质所指,那么社会生活必须被视为既能形成空间,又偶然于空间,既是空间性的生产者,又

---

① [英]R. J. 约翰斯顿:《哲学与人文地理学》,第 214 页。
② 同上书,第 204 页。
③ [美]爱德华·W. 苏贾:《后现代地理学:重申批判社会理论中的空间》,王文斌译,商务印书馆,2004 年,第 132 页。

是空间性的产物。这种双向关系界定了——或者也许是重新界定了——一种社会—空间的辩证关系。这种关系是一种空间—时间辩证关系的一部分，与此同时，又是地理和历史社会生产两者之间的一种紧张而又充满矛盾的互动关系。在此，我们重述一下人们熟知的马克思的权威看法并进行必要的重构：我们创造了我们自己的历史和地理，但并不是我们所喜爱的历史和地理，而是在直接遇到的、直接给予的以及直接传送于在过去所生产的历史地理的境况下创造了历史和地理。①

马克思的这个权威观点中本来没有提到"地理"，只不过苏贾、列斐伏尔等人显然发现了蕴藏在马克思历史观念中的"唯物主义精神"，也就是历史与地理关系的辩证法。马克思的原话是："人们自己创造自己的历史，但是他们并不是随心所欲地创造，并不是在他们自己选定的条件下创造，而是在直接碰到的、既定的、从过去承续下来的条件下创造。一切已死的先辈们的传统，像梦魇一样纠缠着活人的头脑。"②"历史不外是各个世代的依次交替。每一代都利用以前各代遗留下来的材料、资金和生产力；由于这个缘故，每一代一方面在完全改变了的环境下继续从事所继承的活动，另一方面又通过完全改变了的活动来变更旧的环境。"③马克思这里所讲的"历史"本身就包含了"人地关系"，否则就不存在所谓的"环境"改变。当然，这个"历史"必然也就是具体的历史，是具体时空中的人类实践活动创造的历史，而非普遍形式的历史或黑格尔式的"观念的历史"。于是，我们不妨得出结论：县域空间虽然在

① ［美］爱德华·W. 苏贾：《后现代地理学：重申批判社会理论中的空间》，第 196 页。
② 《马克思恩格斯文集》（第 2 卷），第 470—471 页。
③ 《马克思恩格斯选集》（第 1 卷），第 168 页。

产生的意义上作为"政治化产物"具有普遍性,而在实质上,县域空间是历史性的、地方性的。这种"历史性"或"地方性"表现为自然环境及其之上一切人化物的时空性限定,进而也是人本身的时空限定。在暂时不考虑县域空间与更大范围空间的关系的意义上,这种"结论"是合理的,这也就是说,县域空间的"自足性"无疑是成立的。显然,教育作为人类实践活动,不论它以何种形式出现,同样发生在特定的时空框架中。比如县域中具体的人,以及具体的地理与人文环境。

然而,县域空间的"地方感"或"个性"只有当空间界限消失的时候才能显现,比如县域与县域之间在地理空间、行政权力、主体的认同心理、日常社会关系等方面的边界。县域空间内部是由多层次、多样性的"子空间"构成的复杂空间格局,它们在"质"的层面都反映为非常具体的人及其活动,换言之,秩序化和整合性的县域空间本身是由它自身内部的异质性空间、丰富的人类实践活动及其产物来充实的。

## 第二节 县域基础教育改革方法的空间视角

县域基础教育改革首先就表现为一种空间实践,即"县域空间"中的基础教育改革行动,前者是后者的载体和限定。唯有在这个意义上才能够真正形成一种关于县域基础教育改革的合理认识。换言之,如果不立足"县域空间",那么我所讨论的县域基础教育改革事实上就没有必要加上"县域"一词。本节,我打算在"空间"的视域上分析县域基础教育改革的方法问题,包括三个议题:一是作为历史事实的县域基础教育改革本身所蕴含的方法合理性;二是县域基础教育改革中存在的"空间问题";三是破除这些空间问题的空间方法。这实际上也是在回应前文中指出的"行政断裂""发展主义"等问题。

## 一、 县域基础教育改革的空间合法性

"县"作为一种中央政府实行边疆治理、区域治理和地方治理时的重要行政区划,它的巨大功能已经被悠久的历史所证明。"县"是空间政治化的产物,它本原的性质即"工具性"——它是中央政府用以实行地方治理的手段,或者说它是中央政府的"下级"机构,县的第一性质即行政性,首要功能即政治功能。因此,县最基本的职能便是完成上级机构指示或政令要求的一切行政任务,否则,县就没有存在的必要,当然也就不会拥有自身漫长的历史。

因此,中国基础教育改革作为国家战略,当它经由中央政府发起并以政令的形式要求各级行政单位予以实行完成的时候,看上去就是一件顺其自然的事情,这也就是人们时常所谓的"自上而下"的教育改革逻辑。关于这种"自上而下",它在政治学或行政学意义上的普遍合法性是显而易见的。历史表明,不论是资本主义国家还是社会主义国家,不论是"西方"还是"东方",严格的行政等级次序无疑都是本国政治与社会秩序的基本保障。我们假定社会安定和谐代表的是人类生活"好的"或"良善"的一面,它是人的本性中关于安全、幸福的诉求,我相信没有人会认为这种国家行政格局不值得拥有。如果有人主张说要废弃它们,那是对人类生活的一种不负责任。至少,可以毫不夸张地说,县域行政机构乃是中国基层社会秩序建设不可替代的基石,进而也是中国基础教育改革行动的关键力量。

我们完全可以想象,如果县级政府没有它自身存在的功能优势和历史地位,那么它不会产生和得到延续。就好比一个建筑被区隔出不同的功能板块,一座房子被住户分为卧室、厨房、客厅、书房一样,每一个部分都有它预先设定的功能属性。县级政府最大的优势莫过于它与乡村地域之间的直接作

用关系。要知道,乡村不仅是中国地域空间的主要构成,同时正如很多文化学者所认为的那样,乡村还是中华文化传统的发源地和储存室。县域区划的形成与发展必然建立于严格的科学论证和现实历史条件的前提之上。县域行政区划就如同中国行政格局的"黄金分割点",意味着政府的空间治理达到了一个恰切的"度"。在整个中国行政格局中,正如中国社会科学院折晓叶研究员的研究所表明的,县级政府有着自身独特的优势:

> 就分权特点来看,县域不仅是具体落实上级任务、从事实际管理的一级政府,而且是一级权能完整、具有资源(特别是土地)经营权和相对独立治理权的政府。较上级政府如地区级政府、省级政府或国家职能部门,其有着更加独立自主治理的具体职责……从城乡统筹治理的角度看,县(市)较上级的省市和其下的乡镇都更具有稳定性和可操作性。可以说,城镇化、城乡统筹和一体化战略赋予县(市)级政府前所未有的独特权能和运作空间……就其多样性而言,县域的差异不仅表现在经济样貌上,还表现在其地域资源、人文资源和地方文化等深层结构上,这使得县级政府与基层社会的联系更加直接和密切,可以灵活地以制度安排的多样性来适应区域差异;而省、地市政府在治理上难以形成统一的特点,所以它们主要定位在宏观层面的管理。就综合性而言,县级政府与其下的乡镇一级政府相比,行政结构更完整,管辖权限更大,可以完成乡镇不可能承接和完成的统合治理任务。[①]

---

① 折晓叶:《县域政府治理模式的新变化》,《中国社会科学》2014 年第 1 期。

基于上述这些特点或优势,我们就不难想像 20 世纪末为什么中央政府在实施中国教育体制机制改革管理时将"基础教育"管理权交给了"地方",并明确提出实行"以县为主"的基础教育管理体制。这其实正是充分发挥了上述县域空间优势。

考察中,我发现县域基础教育改革行动者亦能明显意识到和认识到"县域"教育改革的合理性。这一点,高明海、韩丰谷有生动叙述:

　　高:你做这个"县域"是对的,因为什么? 我们一个地方,比如说我们整个桂林市每一个县,它的差异性就很大,为什么存在这么大的差异,对吧? 同样的资源配置,资源投入,为什么产生这么大的产出差异? 问题的根源在什么地方? 这些是值得研究的问题。

　　韩:基础教育在县这一级是最关键的,市级的作用对我们县级可能不是很大,他们说的话我们基本上不听(笑)。

　　高:对的,这个就到点子上了。

　　韩:它拿我们也没办法,它也拿不出办法。(笑)它是个"半拉子"①的东西,(高:你说我不听嘛也听)听是表面上,实际上我就不按它的做。

　　我:这点很重要。

　　韩:因为县这一级在教育资源分配的时候是恰到好处的,市级就没有办法来分配、来协调教育资源,就是这个问题。而且它"盘子太大"②,

---

① 方言的完整说法是"半拉子工程",指事情做到一半的状态,或者"不上不下"的悬着的状态。总之,这种状态就是"不落地",没有具体的实施办法,没有执行具体的操作。
② 意思是市级政府的管理空间范围大。

顾不了那么多,"微观"它也难深入,"中观"它也没有这个能力。我们不听,它就没办法,它没有约束力,我们的"人"又不归它管。①

高:所以县这一级发挥的作用就最大,最明显。

韩:中央国务院那个(基础教育)"收归县管"的决策是最英明的。基础教育放在乡一级肯定不行,乡一级力量弱,效率很低,而且麻烦很多。要是教师调动,还要跟乡长协商,他不同意,就没有办法。

高:那就完了。

我:所以说,市里力量偏宏观,乡镇是力量太小。

韩:乡镇没办法,资源太少,调动不起来。中间的县这一层那就恰到好处。所以那个"黄金分割法"刚刚在那个分割线那里。(笑)

高:各个县的差异太大了,全都不一样。

韩:市里面没办法制定政策,区里面省里面可以根据国家政策制定政策。省里面的很多政策出来以后,市里面基本上没有政策,很少,它主要就是转发政策。人力资源的调配,市里面也是鞭长莫及,它没办法调动资源。关键是县里面的教育局局长不是由它任命,是县里自己任命。它管不了我们,也没办法给我们出政策,没办法给出具体指导。

我:指导没有、政策没有、资源没有?

韩:指导很难到位,不是它不做,它也想做,但它很难做到位。十几个县,怎么指导? 指导也是不到位的。不是它不想指导,而且资源也不能调动。调动不了资源,关键是这个问题。

高:没有约束力的。

---

① 县一级有自己独立的人事制度。

韩:所以刚才我是说实话,说得生动一点,它就是"怕"①我们不听,就是这个意思。

高:它出一个《通知》让我们去开会,也没有差旅费补助,我们不去,它一点办法也没有。但是县里面通知所有的乡镇开会,那都要来,没有谁敢不来,县里面是直接管的。

韩:所以它(市)的权限不到位,是在"空中"的——上不着天,下不着地,"上"不能制定政策,"下"调动不了资源。

我:我去查阅档案的时候,就发现大部分文件基本上是县里面和局里面制定的,或是省里面转发,很少看到市里面直接下发的文(政策文件)。

韩:它基本不"下文"。

韩:我是搞行政的,我都知道,市里面我们基本不听。我们不一定花很多精力去对付它。因为它是个空中楼阁,它是个"半拉子",说白了,就是不能制定政策、不能调动资源。(L-HFG-4,L-GMH-5)

尽管上述对话中高、韩二人的某些观点我并不完全赞同,比如县级政府对待市级政府的消极态度。然而,不可否认的是,县域行政在当地基础教育管理和国家有关基础教育改革与发展的政策落实方面有其特殊的功能性地位。理论上和实践上都足以表明,如果没有县域行政空间,中央层面的宏大政策就难以落实到乡村基层,尤其是中国的广大贫困、边远山区。合理的县域划定极其有利于相应社会空间中资源的优化配置和利用,更能实现改革与发展的"因地制宜"。正是在这个意义上,当很多人在偏激地驳斥"自上而

———————

① "怕"指的是担心、顾虑。

下"的改革逻辑时,我却要为这种逻辑做出辩护。不过,这也并不意味着"自上而下"没有问题,不是说问题不在于逻辑本身,而是需要对其实际效应予以反思。毕竟,正如高明海所说:一项中央政府制定的教育改革政策逐级传到县级政府,再到"我们手上时,可能就只剩下那么一点点味道了"(L-GMH-5)。

还有一种县域基础教育改革模式,它不是"自上而下"逻辑的产物,如"教师专业化发展项目"就具有很大程度的自发性和自组织性。之所以能构成一种"县域行动",关键也在于"县域"的可操作性,比如它在人事权力范围、资源调配的力量、县域教育规模的大小等方面都能提供一种最优的支持。杨家基不仅是教师专业化发展项目的首席专家,同时也是广西壮族自治区内多次市级基础教育改革和其他县域基础教育改革相关项目中的核心专家成员。他专门对"市域"和"县域"范围的教育改革行动做了简要比较,认为:

(二者)肯定有区别,毕竟市的面很大。但是原理上都差不多,都要建立一种网络,市域有市域的,县域有县域的,这样才行。就是要分层来设定支持模式,比如市域有它的支持模式,县域同样如此。但重心应该是放在县域里头,市域的效果都没有那么好,县域可以进行量身定制,每个县域不一样,所以一定要放在县里头。

县域肯定好操作一些,县域毕竟比较独立,范围相对收拢一点。市域就宽泛一点,因为会考虑到不同县的挺大的差异性。包括财政,包括这个重视程度、起点,这些差异大,它就要求市里面统筹的行政力度要很强才行,要不然就会产生参差不齐,进度也很难统一。所以重点和关键都在县域层面,每个县都可以由县里面独立灵活地把控。(L-YJJ)

　　这就是说,不论是何种情形——"自上而下"抑或区域性的"项目制",县域层次的基础教育改革的根本合法性都在于它能够契合实际情况高效地利用有限资源,发挥县域行政权力凝聚而独立的特性,形成一种最佳的改革秩序。只不过,"自上而下"逻辑隐藏着一种固有缺陷:随着"中央"到"地方"的空间转换,空间距离容易稀释政策本身的力量和内涵。正如地理学研究所表明的那样:"两地之间的距离越大,它们之间的相互作用就越小……任何革新,包括信息和思想,在其传播方面都会由于距离的摩擦而具有空间倾向性。于是又发展成一个普遍假设:一个人离一个信息的源地越远,他或她了解这个信息的可能性就越小。或者是这个信息到达他或她那里就越迟。"①当然,这不仅是地理空间距离之远和自然时间的流逝所致,而是政策在逐渐转发的过程中,其本身隐含着各级政府的重视程度、支持力度和解释与观念的复杂变化,这些因素所产生的影响是不可忽略的客观存在。

　　这种影响当然也有积极的一面,比如政策本身可以经由空间转换本身的检验而不断获得合法性。但是,上述消极的面向往往占据主导。因此,就容易产生一种悖论现象:县级政府的关键职能在于落实中央政策,然而政策抵达县域时或许已经发生了变化,最后,教育改革行动落在人们心目中的印象或呈现在人们面前的结局就是"失败"。然而,县域自身很难对上述若干因素做出干预或控制。因此,关键问题在于县域政府和改革行动者必须结合自身的实际情况对政策做出科学严谨的解读,而它的前提是县域空间中行政力量和实践力量的凝聚。

　　县域空间具有市域、省域等所难以达到的心理、情感和价值的内聚力和

---

　　① ［英］R. J. 约翰斯顿:《哲学与人文地理学》,第 57 页。

社会空间的严密结构性,因而县域基础教育改革的另一个重要优势便在于它更容易形成一种作为文化现象的教育惯性或教育环境——当地人较为容易达成的一种一致的、稳定的教育观念与认知,也是县域教育改革行动心理倾向性和价值凝聚力的体现,又被韩丰谷、高明海称为"教育传统"。这种文化现象的存在是使县域基础教育改革行动实现秩序化、高效性和统一性的根本性支持,尽管它也存在弊端,比如容易导致封闭循环、缺乏远见和创造性。

考察中我还得知,市级行政机构基础教育改革行动主要集中在市中心城区,城区之外的广泛地域则主要是县域行动的范围。这样一来就形成了多个县域教育改革与市中心城区教育改革的空间格局。这种现象表明,唯有县域层次的基础教育改革才能真正直面广大农村地区。至少,我们可以根据县域空间内部成分的主要构成是农村这一客观事实而从理论上肯定县域行动最具有农村教育的价值观照力和行动力。

## 二、 县域基础教育空间的区隔与分层

空间构建的本质是社会秩序化和权力、资源与意义的内聚,"分界"是空间的最基本表征,或者如齐美尔所言:"界限不是一种具有种种社会学作用的空间的事实,而是一种形成空间形式的社会学的事实。"[1]没有力量内聚和外延边界就不存在空间。空间构建的合法性正在于借助这种本质而形成特定高效的空间实践与生产,就此而言,政府的战略性空间政治化和农民在山野中开垦农场区域并没有多大区别。空间同时也存在另一个固有的鲜明特征,即空间区隔性,换一种说法是空间的封闭性或排他性。"区隔"与"封闭"话语本身带有否定性价值判断,因此也可以说这意味着空间构建本身具有的

---

① ［德］齐美尔:《社会是如何可能的:齐美尔社会学文选》,第 301 页。

弊端。

　　所谓空间区隔性,我主要用来指策略性的空间构建与区分,在县域内表现为政府有意识地进行权力和资源的区分性聚合,塑造差异化的功能性区域。这种空间区分的实质是地方政府意图通过内部权力与资源自主运作而实现县域社会的发展,它的直接结果是形成一种县域内各种空间类型的“中心”与“边缘”的区域格局。吉登斯认为:“中心与边缘的区别经常与时间上的持久性联系在一起。那些占据中心的人也已经‘确立’了自身对资源的控制权,使他们得以维持自身与那些处于边缘区域的人的分化。已经确立自身地位的人或局内人(the established)可以采取多种形式的社会封闭,借以维持他们与其他人之间的距离,其他人实际上是被看作低下的人或者说局外人(outsider)。”①尽管我不赞成完全挪用西方学者基于资本主义社会批判得出的结论以及使用“低下的人”这样的术语,但是吉登斯、列斐伏尔等人所揭示的“空间分化”现象并非西方偶有。严格地说,随着资本主义的全球化扩张,当资本以城市空间生产为途径实现对全球社会的控制时,空间分化早已是全球性的普遍现象。

　　学校是典型的空间类型,亦即教育空间。我的考察表明,县域内教育空间区隔或分化现象属于典型的“中心”和“边缘”空间格局的表现。这里,我们可以首先从两个空间框架来看:一是县城区域内部;二是县城区域与乡镇、村之间。拿 L 县来说,从第一个框架来看,以县城内部两所小学为例——一所处于“老城区”(也代表时间的持久性)也就是县域各类行政机构集中分布的区域,称为“县中心校”(县政府直管),另一所处在县城边缘地域,即所谓

———————
① ［英］安东尼·吉登斯:《社会的构成:结构化理论纲要》,第 124 页。

的"城郊",称为"镇小"。根据我了解到的信息,这两所学校有这样几个显著区别:一是学生家庭背景,前者主要是富商、政府机关或"公务员"家庭;后者主要是城郊居民和城镇随迁子女。使用"主要"一词是为了避免绝对化的表达,但事实上,二者生源的阶层区分已趋近于绝对化。因此,第二个区别就在于学生是否在学校住宿,前者显然不实行寄宿,因为他们绝大多数来自县城,后者则多数寄宿于学校,他们要么来自周边乡村(离家远),要么是随父母进城(父母外出务工)。第三个区别与前两者有密切关联,那就是教师是否被安排扶贫工作,由于生源家庭背景的鲜明对比,这种区别便显而易见。根本上说,两所学校在政府财政支持力度(比如镇政府财力明显小于县政府财力)和家庭教育成本负担水平上的差距极其明显,进而它们的教育资源及象征的教育权力也就呈现明显分化,这种分化的实质即"贫困阶层"和"贵族阶层"的教育空间区隔。

"区别"不同于"区分"与"区隔",前者更偏向用于表达自然差异,是一个中立性话语,后两者主要用来表达一种历史和政府策略性地形成的差异,政治经济学、社会学领域常有"阶层分化"或"阶层区隔"的表述。县城教育空间分化的产生最初似乎跟地理空间因素有关,比如县城原住居民肯定首先选择让孩子就读离家最近的学校。然而,这种分化与政府决策、人们空间分化观念的形成更有深刻关联,比如政府为了"集中力量办大事"或打造"典型学校""名牌学校",往往选择建立并发展一种"中心校"——在权力、资源等方面给予倾向性扶持。中心校的确立同时意味着"边缘校"的诞生,"边缘"不仅是地理位置意义上的,关键是它在政策战略框架和人们观念中的"被边缘化"。一旦当地人逐渐形成"中心"与"边缘"的二元观念,随之便会产生这样的价值选择与行为现象:农民或贫困阶层自然是"有自知之明"地选择与自身身份、财力地位相称的边缘学校，反之，"公务员"或"富商"则无论如何不愿意让孩子离开中心区域。"好"学校和"差"学校镶嵌于城市空间的中心与边缘，久而久之，它们逐渐成为人们心中的刻板印象和鲜明的权力、意义和资源区分的符号象征。然而，另一种糟糕的情形是学校空间也随之走向主观与客观的自我封闭与相互排斥，至多是偶然在政府安排下会有较少的交集，比如观摩课、研讨会等类似的县域教育行动。在校长的叙述中，我发现他们极易显露如下心理屏障：中心校不承认可以在边缘校获得什么东西；边缘校则以"学情"差异（对方是"好学生"，本校是"差生"）为由认为与中心校的交往益处不大，实则是自卑心理在作祟。

从教育实践本身而言，学校空间的区隔化和排他性使得学校教育实践只能在自制的空间边界内部运作，它不仅与社会区隔开来，同时也与其他学校区隔开来。学校成了"产生纪律权力（disciplinary power）的'容器'"，"学校生活的封闭性使那些被'囚禁'在其中的人们彼此之间的序列性接触有可能以严格协调的方式进行。孩子在学校度过的这段时间，无论在空间上，还是在时间上，都被严格地封锁起来，避免受到外面那些有可能打扰孩子的接触的影响"，这"无疑有利于通过例行化的方式，对各项任务进行具体的安排和调配"。[1]"学校的封闭性，以及它在时间和空间上与周围场所进行的活动之间明确的分野，也都防止了外部力量对学校的监督性控制。"[2]我不想过多讨论学校空间内部运作的情况及其利弊，值得多说几句的是，学校空间的这种自我封闭性及其固化的运作方式实质上是教育自身在强化一种社会分层，也就

---

① ［英］安东尼·吉登斯：《社会的构成：结构化理论纲要》，第 128 页。
② 同上书，第 131 页。

是说,教育在严格遵循权力和资本逻辑运作的过程中使得教育空间成为权力与资本再生产的"帮凶",这个过程同时也是教育失去批判力量的过程,正如阿普尔所说:"如果学校的功能是完全固定而只能投射在其之外的经济关系的话,那么在教育领域之内也就没什么作为了。"①由于中心校是"好的""官员的""贵族的"象征,学校的运作高度依赖于权力和资本,同时又必须全力为每一位父母心中的"心肝"负起人身安全和成绩提升的艰巨任务,因此,学校内部空间与时间上的纪律性更为严格,学校"围墙"更高,排外意识更明显,学校封闭性更强。相较而言,边缘学校的封闭性则弱了很多,这从我这个陌生人要进入两所学校时的差异情形(如我在"田野历程及其关键因素"中所述)便可以直接反映出来。学校空间的封闭性程度似乎与学生家长的教育态度有重要关系,因为边缘学校学生的家长多数为农民或进城务工人员,他们对教育并未抱持过高期待,对孩子是否升学或考高分不太在意,也不如中心校的家长那般对孩子的安全问题过度紧张。可以发现,尽管边缘学校的"硬件"不如中心校的优越,但学生显得更加"放肆",纪律性的强弱之分显而易见,要知道纪律意味着控制、秩序和安全。某种意义上,家长的态度以及学校是否高度依赖于经济与权力资本很大程度上决定着学校空间的封闭性程度,学校内部空间的纪律性同时也反映出校园文化氛围的活跃性。很多社会学研究也同时表明,这种空间区隔与分层还容易造成对"边缘学校"中学生教育期望、社会行为、认知能力等方面的消极影响。②

---

① [美]迈克尔·W. 阿普尔:《教育与权力》(第二版),曲囡囡等译,华东师范大学出版社,2008年,第71页。

② Wu Yuxiao & Huang Chao, "School Socioeconomic Segregation and Educational Expectations of Students in China's Junior High Schools," *Social Sciences in China*, No.3(2017), pp.112-126.

从第二个框架也就是县域内城区与乡镇、村庄的空间关系来看,我们同样可以发现一种城乡之间的教育空间区隔与分层格局。不过,我首先要从一个重要的事实说起:乡村地域中学校教育空间的大量消失。现代学校教育改革运动与发展如我在前文已经提到的那样,是一个逐渐"城市化"的进程——乡村学校大量减少,教育资源、学生大量向城市聚集。正如有学者所认为的,这也是一个逐渐镀上"金钱属性"的进程①,马克思在《德意志意识形态中》也早已指出:"城市已经表明了人口、生产工具、资本、享受和需求的集中这一事实;而在乡村则是完全相反的情况:隔绝和分散。"②这个进程本身是伴随着人口和经济的都市化运动而产生的,表面上是政府"资源调配"所致,实则是资本逻辑控制下城市空间"发展"对乡村空间的"抽取"和挤压。村庄的人口逐渐减少,学校自然随之减少,学校进而成为乡村地域的稀缺性空间资源;农村人口大量进城,加剧了县城中心区域的阶层分化,学校同样成为城市稀缺的教育空间资源。所幸的是,政府在学校空间格局重塑的过程中已经逐渐意识到乡村学校消失所产生的文化、社会与政治方面的副作用,保留和重建乡村小规模学校成为新时期教育改革的一个重要取向,本质上即为学校空间在乡村地域中的意义再生产。同时,随着教育越来越依靠经济资本和现代技术,乡村地区的学校变得更加不具备现代合理性——因为它相较于"资源充足"的城市而言,已无法满足被"现代性"塑造出来的人的现代需求或"高质量需求"。因此,政府已经在多方面着力于化解由此带来的教育不平衡发展和教育不公平现象。

---

① 李强:《社会分层与社会空间领域的公平、公正》,《中国人民大学学报》2012年第1期。
② 《马克思恩格斯选集》(第1卷),第184页。

然而让人遗憾的是,由于政府和主流的教育评价机制所秉持的"发展主义"及其思维始终占据着支配地位,以至于对资本逻辑所导致的城乡教育差距进行化解的尝试难以发挥实质性效力。于是,我们就会发现:县城和乡镇、村庄的学校似乎都变得越来越"好",它们之间的"发展差距"却并未因此有所减小。反之,"县城—乡镇—村庄"三级教育空间格局的阶层分化性特征似乎变得更加明朗起来。如同吉登斯所指出的:"城市确立了各种资源(特别是各种管理性资源)的集中化,这促成了比部落体制中常见的范围更广泛的时空伸延。尽管具体来说,阶级分化社会的区域化十分复杂,但总是围绕城乡之间的联系而形成的,这些联系相互依赖,又彼此对立。"①情形似乎转化成了这样:从县城向乡村延伸出去形成了"自上而下"的行政管理梯度,政府行政效力逐渐减弱,这不仅意味着行政管控或治理随着空间距离造成的区隔而显得力不从心,关键是意味着教育资源配置力度的逐级弱化。一个典型的例子是教师分配问题,我的考察表明:县教育局在分配教师时的例行方式是优先满足县城,次之是乡镇,最后才到村庄;村庄和乡镇的"好老师"可以"向上"流动,反之不然;县城的"名师"或"优秀教师"以"扶贫""支教"的身份"下去"指导和历练是常态机制,反过来则鲜有乡村教师可登县城的"大雅之堂"。尽管县域基础教育改革在不断追求均衡发展,但是它始终未能脱离资源集中效应和权力分化的现实逻辑,资本与权力的合谋使"教育资源"不断聚拢在县城中心,致使它成为人们争夺优质教育资源的主要"战场"。②因此,即便均衡发展的水平有了历史性提升,但县域内中心校与边缘校、县城学校和

---

① [英]安东尼·吉登斯:《社会的构成:结构化理论纲要》,第136页。

② Wu Yuxiao & Huang Chao, "School Socioeconomic Segregation and Educational Expectations of Students in China's Junior High Schools," *Social Sciences in China*, No.3(2017), pp.112 -126.

乡镇学校之间不平衡发展的客观事实却迟迟难以消除,甚至更加隐蔽而深重。

事实上,城乡教育空间分层与县城中心区域内部的学校分层反映的是同样一种核心逻辑,那就是资本控制下的教育发展主义——考试成绩代表教育质量提升、学校硬件标准化、教育技术的现代化等,关键是需要借助这些"基础数据"来完成"政绩工程",尺度就是比较、赶超和树立"典型"。要实现这样的"发展",教育空间的政治化生产或重构是政府的战略性规划之一,也就是让"空间"成为发展的工具,然而"工具性的空间,首先进行的是一种普遍化的隔离,这就是群体的、功能的和地点的隔离"①。难怪列斐伏尔等学者在批判阶层分化、城市化问题时把那些"由'发展'导致的复杂关系问题统称为人与空间的矛盾问题、空间问题、空间生产问题"②,这其中关键问题即是城市化趋向中的同质性"发展"对异质性教育空间的消灭、教育空间阶层分化的形成。列斐伏尔指出:"很长时间以来,人们都在区别不同方向的增长——人口的、经济的、技术的——伴随着社会质量的发展……然而,数量在成问题时和在危机过后被自由处理时才会带来质量,也就是在关键点和关口之后!"③列氏的这个说法也极为符合当前县域基础教育"发展主义"的核心特征:人们将教育发展错误地等同于教育增长。然而,这种增长充其量只能作为教育发展的一个方面。在某种意义上,教育增长甚至构成了教育发展的对立面,比如学校大班额现象与因材施教的矛盾,技术依赖与人际伦理、情感教

---

① [法]亨利·列斐伏尔:《空间与政治》,第118页。
② 陈忠:《空间批判与发展伦理——空间与伦理的双向建构及"空间乌托邦"的历史超越》,《学术月刊》2010年第1期。
③ [法]亨利·列斐伏尔:《空间与政治》,第102页。

化的矛盾。

最后,我们还可以从县域空间的"外部"来考察一种空间区隔性:县域之间和县域行政与"上级"行政之间的区隔。如果说"县域"首先是作为一种行政学或政治学概念的话,那么这种区隔的主要特征就表现为县域行政力量的"边界效应"——县域行政权力及其管理效能以县域空间为界。县域本身就象征着一种行政力量的辐射范围,县域空间本质上就是国家行政权力划分的产物,它的物质基础是地理区域界分,这自然就形成了县域之间的行政权力空间区隔。这种区隔对县域基础教育改革而言,最大的优点是秩序可控性和内部改革力量的充分凝聚;其最明显的缺点则是容易产生一种地方社会与行政共谋关系作用下的权力封闭——常被人诟病为"基层政治",一方面体现为特定县域社会中行政权力的单一运行逻辑,一方面体现为外界无法知晓的权力关系结构。这或许就是很多研究者普遍性畏难于"基层研究"的现实原因,我在考察过程中就明显感受到了这种逻辑与关系结构的"内在"严密性。这种"基层政治"现象对县域基础教育改革具有一种隐蔽的约束力,即不得不考虑政绩提升和既得利益群体。某种程度上,可以说这是县域内教育空间分层的重要推力。行政区隔也意味着行政排斥,主要表现为县域与县域之间缺乏行政上的交往和合作,它们各行其是,各自为政,仅仅是为着自己的"一亩三分地"。当然,这或许与发展主义也有着某种关联,因为发展主义的行动特征是"竞争"和"赶超"。

县域行政与上级行政之间同样具有区隔性。在县域基础教育改革行动中的表现就是:上级主要以命令、督导与评价者的身份出现,县域则是政令执行者。不过,这种监督和评价只是"形式性"的——评阅有关行动的上报材料(一般是关于方法与结果的文字、数据和图表的说明),组织官员与专家去行动现场做一次过程性考察、终结性考察,或者再组织一次甚至几次相关评审会。事实上,用这种"形式"并不能真正了解教育改革行动本身的真实运作及其效果,因为它缺乏参与性,也缺乏持续、系统和深入的考察与研究。还有一个关键问题在于,县域行政为了表现"政绩"、凸显本县的"发展"进而获取上级的良好评价,只选择呈现符合评价标准的好的一面,并且这"一面"本身也并不必然是真实情况。同时,教育改革的根本效应发生在教育实践中,体现为人的心智、情感与道德、行为方式和人际关系等方面的变化,这些往往是"看不见"的方面。但是上级评价者通常只评价那些"看得见"的发展指标。于是,县域与它的上级之间总是隔着一张始终不破的"膜",这似乎也是行动者与评价者之间所固有的矛盾。

### 三、 走向空间联合

我们需要考虑如何破除空间的区隔与分层,这不仅构成了县域基础教育改革的一项重要内容,更是实施任何一项县域基础教育改革所需要的方法。这样做并不是要消除"空间",而是要在遵循空间客观性的基础上实现空间联合。根据上面的内容,至少包括三个方面:一是县城区域中的学校共同体构建;二是城乡学校之间相互作用关系的形成;三是县域及其外部空间之间的教育改革行动联合。假如这些方面存在一种共同的价值特征,我愿意称之为"空间正义":"也就是一种符合伦理精神的空间形态与空间关系",它意味着县域内不同主体能够"相对平等、动态地享有空间权利,相对自由地进行空间生产和空间消费",它"在本质上产生于集体行动,没有多元的空间性集体行动就没有空间正义"。[①]"作为共享的正义原则倡导人们互利合作,打破零和

---

① 陈忠:《空间辩证法、空间正义与集体行动的逻辑》,《哲学动态》2010 年第 6 期。

博弈的束缚"①。

上文中我只列举了县城中的小学说明教育空间的区隔现象,事实上,初中之间、中小学之间也存在区隔现象,只不过它们不是以"中心"与"边缘"的形式表现出来的。比如初中之间主要体现为相互缺乏交往,不构成分层格局;中小学之间则属于"空间分段"的隔离,也就是说它们在教育实践行动上缺乏经验连续性,这是由时间"先后"造成的空间落差。尽管表现不同,但我认为破除这些区隔与分层的核心方法必然在于形成真正的"学校对话",因为从本质上讲,这属于教育实践的空间"关系"问题,教育关乎伦理与德性。

"对话"一词首先就表明学校作为"对话者"是一种"主体",主体之间是一种平等的关系,对话的内容涵括学校实践的多个方面,如管理、课程、教学、教研、评价等。平等的对话意味着相互性和互补性,而非单方面的支配或主导,后者的典型表现就是"好学校"为"差学校"做"指导"或传授经验;平等的对话意味着对话双方在"人格"上是独立平等的,即对话者之间在伦理上的彼此尊重与承认;平等的对话还意味着对话者之间的信任关系,它们必须表现出谦逊、真诚的态度,正如保罗·弗莱雷(Paulo Freire)所认为的那样:"能够把对话建立在爱、谦逊和信任基础之上,对话就变成了一种水平关系,对话者之间的互相信任是逻辑的必然结果。"②谦逊、真诚和信任的逻辑结果是学校全面的自我开放,因此,实质性的和系统性的对话是这种对话的根本要义,这是对那种形式化、碎片化和"保留性"对话的批判,而后者已经构成当下的主流。我们可以时常看到任何几所学校开展的"交流"或"联盟"活动,但只要稍微观

① 臧峰宇:《马克思正义论的实践逻辑》,《哲学研究》2019年第2期。
② [巴西]保罗·弗莱雷:《被压迫者教育学》(修订本),顾建新等译,华东师范大学出版社,2014年,第57页。

察(即便不参与其中)便会轻易发现,这种活动只属于表象的"热闹"或"走马观花",成果是结集成的视频、相册、海报或文字档案。必须指出,这样的活动并没有深入教育的实质,也就是在教育与教研的实践中形成行动、思维与观念的对话;他们的目的并不在此,或者说没有目的,为活动而活动——完成一项例行任务;再者便是活动如同昙花开放那般短暂,如果不能持久持续,不如将其叫作"参观"与"游玩"。这不是完全对它加以否定,而是说它只能作为学校对话的初级形态,因为这至少意味着学校之间"围墙"破裂的开始。

然而,如果对话主体没有对教育与学校本身形成正确的认识并达成"县域教育"价值观念的共识的话,要实现实质性的对话并展现出真诚的态度将是一件非常困难的事情。一般情况下,关于学校区隔与分层的形成与固化,我们可以追究到经济关系、县域社会阶层化、政府的绩效主义与制度等问题上。(政治经济学、社会学等一向如此。)但我在这里更想突出另一种东西——"教育"眼光和话语中的大众教育价值观念的陈腐。要害就体现为他们不约而同地把学校教育视为自身利益的一部分或进而实现某种私欲的手段,无论是政府官员、家长还是教师,关注的焦点即为升学率和考试成绩。家长一心想让孩子上"优质学校",政府选择战略性地以优质资源"扶持"优质学校,学校则极力发挥有限的教育资源实现自我保存与发展。尽管在教育GDP增长和教育均衡发展的背景下,各学校教育资源都逐渐得到扩充,然而,这并不能阻止人们把自己学校的教育资源仅仅看成"自己的"而不是可以分享的或公共的。显然,教育公共资源在转化为各学校教育资源的时候,它的性质发生了变化:公共变成了"私有",亦即特定的学校空间权力所独立支配的对象,尽管它在校内可以实现"共享",却未能在更大范围的县域社会空间中实现它应有的公共价值。

　　但是,如果人们关于"教育资源"的认识仅仅停留在经济学或物质的层面,那么同样很难发展出实质性的学校对话。学校作为一种教育实践活动的场所,它的"教育资源"根本上体现在"教育实践"本身的内涵中,此实践正表现为实践者之间的关系以及实践者的教育智慧与方法。因此,唯有教师(以及校长)之间实现真诚的、互信的和持续的思想交流和行动上的合作,才能算是在真正意义上破除了学校之间的区隔。这必然要求教师们摒弃偏见和保守主义,保持开放态度和自我批判的精神,只有这样才能发现"他者"的优点并正视、反思自身的缺陷。关键是,在这一过程中,人们会逐渐养成一种"大教育观"——起码源自对整个县域社会空间的关切,也就是自觉意识到每个学校的学生都应该是自己的学生,学校应该为整个社会服务。

　　因此,"对话"的本质就是通过强化学校教育的公共性品质而变革学校之间"各自为政"的局面,从而也就是在塑造教师作为知识分子的身份,以及学校作为社会公开空间的教育性质。诚如吉鲁所说:"把教师定义为知识分子,把学校定义为民主公共空间的必要性在今天仍然存在。"①事实上,这同时也是在恢复"公立教育"为公共服务的高尚传统。②我把学校比作像人一样的"空间主体",是想表明"对话"并非个体的行为,尽管最终"对话"是通过人来完成的。个体实践者之间自愿的、自主性的对话合作非常必要,它充分地表达了个体的能动性和创造性。但这显然远远不够。理想的情况应该是学校之间形成制度的、资源的和文化的联合共享,也就是说,唯有权力与资本的壁垒被打破,才意味着一种真正的学校对话与合作的到来。学校联

────────────

　　① [美]亨利·A. 吉鲁:《教育与公共价值的危机:驳斥新自由主义对教师、学生和公立教育的攻击》,吴万伟译,中国人民大学出版社,2016 年,第 6 页。
　　② 同上书,第 1 页。

合不仅仅是县域基础教育改革的重要内容,这种联合一旦形成便可以瞬间转变为它的方法。学校力量的凝聚开发出教育改革与发展更为强大的内部动力,它可以被视作县域教育自主革新的力量源泉——如果对话意味着打破作为旧秩序的学校空间形态,那么因此而产生的新秩序建构将在不断的对话中始终成为教育革新的议题,因为它标志着挑战和机遇的无限生产。

学校联合不仅仅是学校自身的事情,政府必须为此提供足够的、持续的力量支持。事实已经表明,仅凭市场逻辑支配下的民办学校、私立学校决然不可能实现"义务教育"的目的。既然如此,政府就应该充分考虑学校空间的公共性,进而在政府系统的价值定位上尽可能使一切教育资源为全县人民服务、为县域社会主义社会服务;反过来,政府同样应该充分考虑、尽可能开发一切有利于发展教育公共价值品质的县域空间资源。一旦这两种价值定位被确立为县域政府行动战略的方向,相较于此,关于它们的具体行动策略或技术就显得没那么重要了,原因是政府官员的执行力向来不弱,还有来自学校内部的智慧力量的汇合。因此,事实上,这就不仅破除了学校之间的区隔,同时还在政府、学校和社会三者之间实现了力量的交互与共生。

从主体角度来看,学校联合必然也不仅仅是教育者、管理者和技术提供者之间的"对话"。严格说,实现这种联合的核心意义在于学习者也就是"学生"学习空间的延伸。如果说,县城任何一所学校同时成为独立的教育空间资源或教育资源的空间,那么在理论上,真正的学校联合便意味着二者的学生可以共同享受其中的教育资源——不论这种资源是"硬件的"还是"软件的"。有研究表明,根据计算结果,如果达到学校的阶层整合(即完全消除阶层分割),大约45%的学生需要变换他们的学校。①这里不妨大胆地把"私立学校"包含在内,不过,这样做的理论假设是:仅限于它的校长或董事会是社会主义国家的公民同时也是县域共同体的一员,并且具有崇高的爱国情怀、公共精神和共同体情感。这种"理论"一旦转化为现实,无疑会伤及那些"优势人群"的心理优越感、资源独享传统和固化的权力关系结构,破除了个别学校的区隔性文化标签。然而,若这些"优势人群"一开始就成为学校联合的积极支持者,那便不会产生这样的"伤害"或者说伤痛微不足道。实际上,若是没有他们的支持,真正的联合也很难达成——因为形成学生之间积极的对话关系是学校联合的内在方面,它意味着学生要养成包容、谦逊、真诚的人格品质以及合作与创造的能力,而这些在很大程度上依赖于家庭教育。

以上所述的"对话"形式及其意义同样可以用到城乡教育空间区隔的化解上面来,因为它们的"问题"是一致的。不过,需要特别补充的一点是县域政府需要持续对"乡村地区"提供倾向性政策,这其中的根本在于转变"教育"观念和对发展主义的副作用做出充分考量与反思。可以肯定,假如没有充分认识到乡村学校之于乡村社会与文化空间的塑造意义,那就很难在行动上对城市和乡村学校一视同仁。县域基础教育改革中,政府或行动者必须形成一种空间思维,也就是在空间的角度上建构城区与乡村基础教育发展的价值定位、资源与方法,因此政府可以合理地生产学校空间,进而促使学校空间实现其应有的教育与文化生产。政府必须努力改变经济逻辑对教育的绝对支配,承认城乡教育各自的独特价值地位,从文化上或伦理上确立"教育无优

---

① Wu Yuxiao & Huang Chao, "School Socioeconomic Segregation and Educational Expectations of Students in China's Junior High Schools," *Social Sciences in China*, No.3(2017), pp.112 - 126.

劣"的观念。政府必须在战略规划中将构建城乡教育共同体作为长期目标，尽管"城市化"似乎已是客观趋势，但我们可以在这种客观趋势中探究一条基于教育尺度的城市化道路。不同于教育城市化的教育被城市"化"，这条道路强调一种通过"教育"判定城市化或根据"教育"的城市化。马克思认为："消灭城乡之间的对立……取决于许多物质前提，而且任何人一看就知道，这个条件单靠意志是不能实现的（这些条件还须详加探讨）。"[①]显然，马克思的这段论述为"经济决定论"以外的可能性留足了空间。单就城乡学校空间区隔的破除而言，意志和文化条件上的努力乃是必不可少的。

　　不过，县域基础教育改革的空间思维要千万警惕将"平等"看作"同样"，否则容易强化既有学校教育模式的同质性。作为基础教育改革的行动者和评价者，政府坚持标准化评价指标是有必要的，否则容易陷入相对主义和虚无主义的陷阱，导致行动效果难以衡量。然而，这样的评价只能代表某些对象的某些方面，而非全部或主导，使用经济学、计量学、数学的方法来评估培养现实的人的教育无疑具有危险性：比如容易抹杀教育本身的伦理本性、历史感和丰富性。"平等"一词应该在伦理和价值的语境中被使用，它完全可以作为理解、尊重、承认等伦理语词的集合。所谓"一视同仁"并不是按照同样的模子去雕塑每一所学校，或者凭着一种或几种"标准"就轻易评判学校的优劣或好坏（与其如此，不如不进行评判），而是努力发现、理解、承认和支持不同区域中学校的"异质性"存在，因为如果不出意外的话，这些学校都生长在属于它的社会、文化、历史和自然的空间中。

　　最后，我想指出一个县域基础教育改革的先天不足，即改革力量的薄弱。

―――――――

　　① 《马克思恩格斯选集》（第 1 卷），第 185 页。

此改革力量,我主要指的是"人力",具体说就是智慧和知识的力量。为何说是"先天不足"?乃在于县域中缺乏具有改革精神与能力的知识分子和教育行政官员,这里也没有专门的学术机构、科研队伍和大学。尽管有成千的中小学教师,但正如弗莱雷所认为的,他们大多数是县域社会中的"沉默者",其变革精神和改革行动力处于"被激活"的潜在状态。"不足"不代表"没有",否则也就不会存在教育改革的历史。"不足"只是表明改革的力量不够强大,其导致的结果是:难以启动自主性教育改革和不能很好地完成"自上而下"的教育改革项目,我考察的县域基础教育改革历史已经生动地证明了这种结果。我的考察也表明,县教育局乃是当地教育改革的主导力量,然而,正如他们跟我坦言的那样,当地教研人员稀缺、能力薄弱,他们多数是当地中小学教师"升职"而来,或者来自当地政府部门之间的职位转换。这些人很难"升职"到上级单位,多半就此直至退休,日常工作时要么疲于应付各种突如其来的行政事务,要么忙于例行化的教研工作。每一次教育改革行动,政府和学校都迫切需要外来"专家"提供知识与技术的支撑,否则他们会显得无所适从。访谈中我能够清晰地感受到,若没有县域之外的力量支撑,当地教育改革恐怕难以开展。

要转变这种"先天不足",理论上讲方法可能有很多。比如当地政府可以考虑在县域中建立某种大学、学术机构和组建教育改革专家队伍,以充当地方教育改革与发展的智库;还可以考虑改革人事制度,不断引进县外高级知识分子和培养既有人力的教育改革精神、勇气和能力,从而实现当地教育人才队伍的更新、发展和扩充。但是,使用这些方法时必须首先考虑政府财政所要面临的巨大压力,以及这些"外地人"的就职意向与生活观念。显然,从历史和现实的情况来看,这些都是县域空间(尤其是贫困地区)无法逾越的屏障。"县域"以乡村地域为主，象征"底层社会"，别说是吸纳和聚集知识精英群体，连本地人民也时刻渴望着走向"发达社会"或都市。段义孚在《空间与地方：经验的视角》一书中描述道：

> 为什么乡村的人，尤其是乡村的年轻人，会离开他们小小的故乡，去往大都市的中心？一个原因在于故乡缺乏空间。在年轻人看来，因为无法提供足够的工作，所以故乡在经济意义上是拥挤的；又因为对行为施加了太多社会约束，所以故乡在心理意义上也是拥挤的。经济领域的机会匮乏和社会领域的自由匮乏使孤立的乡村世界显得狭窄有限。年轻人为了工作、自由和城市的开放空间而放弃了它。年轻人相信，他们在城市里可以不断前进，过上更好的生活。①

段义孚的观点同样可以作为县域基础教育师资力量紧缺的一种解释。"本地"与"外地"、"县域"与"都市"展现着一种双重意义上的空间区隔性，这意味着大都市空间迅速崛起与扩张的过程，也是县域人力空间不断被抽空的过程，都市出现人力膨胀和过剩，乡村则"一人难求"。如果说县域基础教育改革的根本需求在于行动者的教育创造力、批判力和实践智慧，而它们又主要集中表现在青年知识分子群体身上，那么这种群体的式微便直接暴露了县域基础教育改革乏力的现实困境。

因此，我的建议是：县域教育改革与其谋求建立固定的"人力"系统如大学、学术机构，不如竭力突破空间区隔，构建一种县域与县域之外的人力联合

---

① ［美］段义孚：《空间与地方：经验的视角》，第49页。

机制。这种人力联合机制的要义是空间之间的常态联合,不是个别人之间的偶然合作。目前看,有两种主要实现方式。一是县域政府与域外的大学或科研机构构建基础教育改革与发展合作共同体。访谈中,教师和管理者多次言及这样的"迫切诉求"。但是使用这种方式时需要尽量避免或克服它的简化形式——远程网络授课与学习、专家课堂报告和培训等。目前来看,这些简化形式令当地管理者和实践者备感厌倦,原因之一是它容易变质为一次"绩效考核"的任务,并且意义不大。事实上,作为一种具体的社会行动,县域基础教育改革合作共同体必然是行动中的力量聚合,其中的关键在于"行动"。唯有域外的"专家"真正进入县域地理与社会的空间,参与当地教育改革行动的问题诊断、行动实施和结果评价的整个过程,这种"共同体"才算是真正形成。对此,杨家基教授基于多年经验表达了自己的看法:

经过这么多年的"帮扶培训",包括"国培""区培",从我们的观察来看,这些都已经饱和了。现在必须彻底地改变这种培训和干预的方式,需要的就是**"赤脚医生"**,卷紧裤腿,走到基层,走到学校里头。让这些人去帮助他们,**手把手帮他们解决问题才行**。就是要接地气,老是在课堂里头讲那个东西(培训课、做报告、视频授课等),他们都不缺,因为这么多年的"国培""区培",经费其实已经很充足,哪怕就是一个村校的校长,都有机会接触到大牌的专家,都听过专家的课,他不缺北师大、北大的这些课(培训课),缺的就是专家来帮他们解决他们的问题。所以现在必须解决,大量的教授、专家要**往底下去**,就是起码要到省、到市、到县域去。要大量培训培养这些**"赤脚医生"**,让这些人不再高高在上地在大学的教学楼里头、礼堂里头讲课,一定要把这帮人"赶"出去。所有"国培""区培"的经费就应该用在这些人去往乡下的路上、去往县域的吃、住、交通上,这些经费花在这个上面就比把大量的校长、老师送去北京、上海"学习"来得实在。(L-YJJ)

不过,"赤脚医生"或"专家"要实现真正的"接地气",就需要转变"我是专家我做主"的姿态。尽管专家总是被实践者奉为"权威",但专家必须保持必要的"自知之明"。正如甘阳所指出的:"我们今天过分强调学历、学位,实际上是有片面性的。从政治上讲,并不是说你文化程度越高越好,如果没有草根政治,没有群众基础,只有一大批高学历高学位的人指手画脚,有什么用?"①

专家与当地实践者在行动中应是平等关系,因为当地实践者富有与专家的理论知识同等重要的"经验空间"或"地方性知识"(local knowledge),尽管这种"经验空间"不如专家的"理论空间"那般"高级"和专业化。然而,忽略或没有认识到这种经验空间的重要性不仅在伦理上意味着专家对当地人缺乏尊重与理解,还在行动上意味着专家无法真正地"接地气"。"接地气"并不是脚踩大地那么简单,它的根本意义在于专家从心理、情感和价值观念上产生本地认同,把自己视为当地改革行动的主人、需求者和受益者。

第二种实现方式就是县域与域外同级或上级政府之间的行动联合。这种方式旨在破除县域教育改革过程中"上级"与"下级"之间的行政隔离,以及由此产生的"监督"与"过程"、"评估"与"结果"之间的意义错位。它的关键是上级政府要转变既有的碎片化、终结性、只看"硬指标"的评价方式和间

———————

① 甘阳:《通三统》,生活·读书·新知三联书店,2014年,第31—32页。

接性的督导与评价行为模式,甚至可以变监督、评价为参与、扶持。总之,"上级"只有与"下级"共同行事,才能真正全面深入地了解县域基础教育改革的真实过程与效果,共同行事本身不仅意味着行政空间区隔的破除,也有助于增进行政效力和教育改革行动的效力。简单说,这样做可以减少"上下级"之间的"作假"、"虚报"、"隐瞒"和"不信任"、"不了解"等习以为常的行政通病。

通过建立县域之间的改革合作关系来实现经验互鉴与共生发展同样非常重要。若将县域比作家园,县域关系便如同毗邻的家园,尽管它们分别属于独立的居住空间,各自拥有自家的"秘密"和家庭文化,但这并不妨碍它们在某些重要的事情上联合进取、互通有无。基础教育是一项人类社会的公共事业,基础教育改革以发展人、促进社会文明为根本目的,就此而言,不同县域教育改革无疑是异曲同工或殊途同归的。好比两个家园的父母都希望孩子考上大学,那么有什么理由遏制孩子们共同学习、相互帮助呢?我想,除非是父母过于自私或心存妒忌,否则他们便可以让自己的孩子虚心求教于邻居。如果父母顾及乡土情谊和邻里关系,并富有大爱精神,他们还可以教导自己的孩子主动帮助他人。如果这个比喻恰当的话,为了人的自由全面发展、教育与社会的共同进步,县域之间就应该竭诚破除彼此的空间区隔,建立起教育改革与发展的联盟。

## 第三节　县域基础教育改革的空间价值

马克思主义价值理论将人类实践的本质规定为"价值性",认为实践生产价值,价值是实践的产物,"实践是一切价值的根本源泉,也是理解价值问题的根本途径"①。再结合马克思历史唯物主义做进一步思考,便可以说:没有普遍的实践,也就没有普遍的价值;价值蕴藏于具体实践中,具体实践产生具体价值。因此,当我们考察县域基础教育改革这种具有历史和空间限定性的社会实践活动时,便应该从实践本身来思考它的现实价值问题。我认为,县域基础教育改革的价值产生于改革的过程,也表征为它的结果,而行动的主体、对象、内容、载体、条件等是具体的县域空间。因此,县域基础教育改革的价值首先属于产生它的"县域"。也就是说,实践、价值、空间三者是互为本体的关系:实践发生于空间,空间是实践的产物;价值源自实践,实践生成价值。本节主要立足县域空间,从两个方面讨论县域基础教育改革的价值或意义问题,为县域基础教育改革的"发展观念"构建一种空间价值逻辑。

## 一、本土改革者塑造

一般情况下,当我们讨论教育改革的价值时,首先想到的就是在教育改革之外存在着某种作为目标价值的东西。这是非常自然的事情,因为教育改革本身就是一种有目的、有计划、有组织的社会行动。特定价值取向构成了教育改革的核心部分,没有特定的价值目标便不能称为"教育改革"。我把这种"价值"视为教育改革的工具性价值,即以教育改革为方法、途径而达到的价值目标。但是我在此处更强调另一种价值,即教育改革的内在价值。"工具性价值"和"内在价值"这对术语被用以分析一个事物或行动的价值构成已经是学术传统中不足为奇的事情,尽管在事实上它们本是不能人为分开的两样东西。但是为了便于凸显其中的某一方面,这样的分析仍然很有必要。

---

① 马俊峰:《马克思主义价值理论研究》,第53—54页。

教育改革的内在价值指什么呢？目力所及之内，我尚未发现有人对这个问题做过讨论。不过，长期以来教育实践的"过程性意义"和"教育目的"却是一个很有学术意义的话题。比如杜威把教育视为目的与手段的统一，强调的就是教育的目的内在于教育发生的过程，而不是说教育之外还存在某种目的。从价值论角度看，杜威这一观念体现的正是价值与实践的互为本体性。事实上，教育改革作为一种行动或实践，同样具有重要的内在价值。但从目前来看，这显然还没有引起人们足够的关注和重视。我在此特别做出讨论，目的是引起人们的注意。某种意义上，只有当它被注意到的时候，它才是存在的，否则它只能一直处于隐藏的状态——或有或无或弱或强。所谓"注意"，并非肉眼看到或纯粹感知到那么简单，关键是在人们的认知、价值观念和行动上成为一种自觉的对象。当然，一旦它成为人们自觉的对象，它同时就失去了"内在价值"的身份，不过，"身份"转变并不会对它的力量造成任何消极影响，甚至会使其得到强化和发展。

这种内在价值，指的是教育改革行动过程中行动者可能发生的积极变化，比如行动者的专业化成长、批判性思维和能力的训练、变革精神和勇气的养成、行动者之间合作关系的建构等。教育改革的内在价值可能是丰富的和多维的，但我特别要突出"行动者发展"的方面，原因在于县域基础教育改革动力不足的事实体现为当地人改革精神与能力的式微，包括价值取向、智力、思维、方法等行动要素，以及教育改革沦为"任务"和"工具"的事实。它表明，一旦教育改革不是作为一种专门的教育创造性活动，而只是政府管理者和学校教师必须完成的一种"额外"任务，那么他们在这一过程中就成了机械的行动者。这两个原因相互作用、相互生产，以至于它们的存在及其关系使得教育改革的价值性被大大地削弱了。

教育改革必须将行动者作为重要受益者给予考虑,行动者不能被视为完成某一件事情的"工具人",行动者的成长与发展本身就内在于教育改革的必然性价值维度中。那么,我们将会考虑行动者在哪些方面的"受益"呢? 首先,在考虑这些受益方面的时候,必须意识到它和改革行动的效力直接相关。因此,我们可以暂时不考虑为行动者增加物质福利,因为这种福利的价值在于改善其物质生活水平,至多有利于增强他们完成任务的积极性。严格来说,我所谓的"受益"不是指个人利益的获取,使用"受益"这个词,好像是说行动者要在行动中谋取某种"私利",但是并非如此。然而,如果他们在某些方面获得了"私利"却并未对教育改革效力造成破坏,那么这无疑也是一种双赢。比如教师专业化发展项目中,管理者王梅通过"项目"学会了如何做研究、取得了研究成果,它看上去属于个人"私利",却并没有妨碍项目进程及其效果,在这种意义上,它是教育改革的一种增值。

直接相关的方面,唯有从行动当中去寻求。教育改革行动的实质是教育的革新与发展,它要求行动者具备发现问题的能力(如较强的批判性思维、完善的知识结构)和变革创新的勇气与执行力,这些方面才是教育改革行动者真正需要的东西或必备的素质。从根本上说,改革行动者必须具备教育的视野和思维,否则便很难发现"教育问题",或者难以从教育的角度去认识和评判社会现象。不过,这也可能会让人产生疑问:县域教育改革不是按照中央政府的政策实施就可以了吗? 这种疑问背后的假设是:行动者只是"完成任务"的工作者,不需要行动者做什么发挥。然而,我想指出的是,恰恰是这种假设遏制了行动者的发展。事实上,中央政策本身的宏观性和普遍性已经内在地决定了县域行动必须实现"具体问题具体分析",它不是要求"基层"老老实实、原原本本地照搬政策理念,其前提是要求行动者首先学会对县域教育与社会进行充分诊断,进而实事求是、因地制宜地开展行动。因此,行动者不能只成为"完成任务"的木偶,而应成为教育改革的主人。在这个意义上,任何看似"自上而下"的教育改革,其存在方式只能是"自下而上"的,此二者并不是两条平行线或永不交叉的路,而是相互转化的一体性关系。

由此,我将引出一个更为根本性的东西,即通过教育改革塑造教育改革者。它的必要性源自当前教育改革本身的内部危机,以及县域社会的现实危机。就教育改革的内部危机来看,我想指出的是当前教育改革的话语和理论中充斥着很多似是而非的、大而空的概念和二元的、分化的理论思维,它们的存在让行动者无所适从,教育实践被置于摇摆不定、"乱哄哄"的境地。这些概念或理论就包括"素质""素养""核心素养""三维目标""乡村教育""农村教育""教育城镇化"等,相关例子不胜枚举。解除这种危机的办法是当地行动者必须立足县域情况和具体教育实践、教育情境进行教育批判与教育革新。

县域基础教育改革(不论是"任务式"的还是自发性的)必须首先考虑的事情是拥有合格的教育改革者。然而,这样的改革者不是通过某种短期"培训"或"学习"就能"培养"出来的。更重要的是,需要借助教育改革行动本身来塑造教育改革者。看起来,这里似乎出现了某种悖论:教育改革作为改革者的行动与改革者需通过教育改革加以塑造之间的悖论。然而,这种悖论只存在于理论中。事实上,我指出的塑造改革者的情况是这样两种。第一,政府在"任务式"的改革中将行动者视为"改造对象"之一,改革者同时也必须意识到改革行动的自我发展价值,它意味着政府官员或管理者在参与教育改革行动的过程中可能获得可以称为"能力结构"的东西,比如能更加清晰和系统地认识本县基础教育现实、更加具有教育问题敏感性和诊断能力、懂得从教育的角度看待问题、学会对教育进行批判性反思等。第二,立足县域教育与社会的现实危机,培养县域公民的教育批判力和革新意识,它意味着教育改革将成为一种全民行动,公民即教育改革者。它包含两种基本实现方式:县域政府和学校联合起来发起一种以培养公民的教育意识、教育批判力与教育革新意识为目的的教育改革行动;尽可能让广大公民参与到县域基础教育改革行动中,因为他们都是县域教育的利益相关者,同时他们都负有县域教育改革的社会责任,用莱文(Benjamin Levin)在《教育改革——从启动到成果》一书中的话讲,这其实就是"将改革看作政府、教师和公众获得一次学习的机会"①。

　　无论是哪一种方式,其深层意义都在于通过教育改革增强当地人的教育意识,发展当地人对于教育观念与常识的自我批判能力,促使他们更加理性地认识教育价值和当地教育危机,并且学会借助教育的立场和思维来反思当下的社会生活。政府管理者和学校教育者因而可以自觉地抛弃或改造一些带有分化性、偏见性、区分性的话语及其内含的思维方式与价值观念,比如读书无用论、文明社会与野蛮社会的区分、"好"学校和"差"学校的评判、对"差生"或"学困生"的偏见、关于"乡下人"的偏见、只看考试成绩的教育观念、城乡教育二元论思维等。

　　进而,学生(或者说青少年)同样应该成为教育改革者。事实上,学生是教育改革的核心利益相关者,逻辑上,教育改革不能不体现他们的意见和力量。严格来说,任何将学生排斥在外的教育改革行动都经不起伦理和政治的拷问。就伦理而言,这样做其实是对学生主体地位、人格和能力的不尊重,尽

---

① ［加拿大］莱文:《教育改革——从启动到成果》,项贤明、洪成文译,教育科学出版社,2004 年,第 162 页。

管学生有其"幼稚"和"弱小"的一面,但是"大人"们以此为由去漠视他们的能动性,既是一种认知偏见,也是一种伦理歧视。就政治而言,学生作为"公民",有权加入关乎自身成长和自己赖以学习与生活的教育空间、社会空间和文化空间的变革的行列,这与能力强弱无关。此时,能力服从于伦理和政治。然而这并不意味着能力无足轻重。正是因为学生不是天生的改革家,所以才需要通过实践来培养他们相关的能力,使他们成为当下的革新者,成为未来的改革家。这种实践可以是被称为"教育改革"的行动,也可以是发展学生批判性能力和创造力的教育实践。清华大学钱颖一教授认为:"教育改革应该把推动批判性思维与创造性思维教育放在重要位置","批判性思维可分为能力(skillsets)和心智模式(mindsets)两个层次,而创造性思维可看作由知识、好奇心和想象力、价值取向三个因素决定"。[1]吉鲁的批判教育学也可以为我们提供参考——它的"目标是为教育者提供一种途径,塑造条件让学生能够批判性地思考、敢于冒险、反思他们获得的知识与公民和社会责任等义务之间的联系。与此同时,批判教育学鼓励人们承认有效的学习不是像接受商品或现成方法一样被动地接受知识","关注的不仅是教育学生如何思考,而且是教育学生如何承担起个人和社会责任,即作为积极参与公共事务的公民的更大努力的一部分,为自己的行为负责意味着什么"。[2]

## 二、 本土教育景观生产

我在上文中指出,应通过教育改革塑造一种教育改革者:具有对当地社

---

① 钱颖一:《批判性思维与创造性思维教育:理念与实践》,《清华大学教育研究》2018 年第4 期。

② [美]亨利·A. 吉鲁:《教育与公共价值的危机:驳斥新自由主义对教师、学生和公立教育的攻击》,第 66—67 页。

会与教育的危机意识,能批判性地审视教育与社会生活,并对这些"危机"和反思的结果有所行动,不论这种行动是守护性质的还是革新性质的。这其实是在表明一种教育改革的价值本性,即现实的价值关系——教育与自身、教育与人、教育与社会的关系。教育是具体的教育,人是现实的也是历史的人,社会是教育与人同时所属的那个社会。简单讲,县域基础教育改革的对象、过程和价值都具有县域现实性。从教育与社会的关系角度看,县域基础教育改革最基本的价值定位在于通过改革教育来实现对县域社会的改造。因此,教育改革就不能仅仅是要求教育适应(或顺应)自身所处的社会,更为关键的是要善于发现当地社会潜藏的危机(核心是精神与文化的层面),进而展开批判性行动。正如梁漱溟指出的:"教育之事应当一面在事实上不离开社会,而一面在精神上要领导社会。"①因而,县域基础教育改革的基本使命是通过教育的方法来化解社会的精神与文化危机。

我考察的县域社会存在什么危机吗?实事求是地讲,我并未对此做出深究。但是历史和逻辑都已经证明,人类社会总是处于危机之中,某种意义上,人类社会的进步便是一个不断产生危机和化解危机的进程。这正是马克思主义所揭示的历史的矛盾运动规律和"解释世界与改造世界"的实践哲学。如同卡尔·雅斯贝斯(Karl Jaspers)在《时代的精神状况》一书中所指出的:"生活在根本上是不完善的,并且如我们所知,是不能忍受的,它不断地力图以新的形式来重造生活秩序","我们生活在一种运动、流动和过程之中。变化着的认识造成了生活的变化;反之,变化着的生活也造成了认识者意识的

---

① 梁漱溟:《我心中的苦闷——由本校种种缺憾所感觉得来的》,载马秋帆编《梁漱溟教育论著选》,人民教育出版社,1994年,第19页。

变化。这一运动、流动和过程把我们投入了无休止的征服与创造、丧失与获得的漩涡之中。我们在其中痛苦地旋转,大半是屈服于潮流的力量,只能偶尔在有限的范围内尽自己的努力"。①

雅斯贝斯揭示了时代的各种危机,如机器对人和世界的统治——"它迫使一切事物、一切人都为它服务,它消灭任何它不能容纳的东西。人看来就要被它消化掉,成为达到某一目的的纯粹手段,成为没有目的或意义的东西"②;家庭教育的衰败——"公共教育不是被看作至多是家庭教育的补充,而是被认为比后者更重要,它的最终目的逐渐显露:要把孩子们从他们的双亲那里拖走,使他们可以成为只属于社会的孩子"③;人性的滑坡——"本质的人性降格为通常的人性,降格为作为功能化的肉体存在的生命力,降格为凡庸琐屑的享乐。劳动和快乐的分离使生活丧失了其可能的严肃性;公共生活变成单纯的娱乐;私人生活则成为刺激与厌倦之间的交替,以及对新奇事物不断地渴求,而新奇事物是层出不穷的,但又迅速被遗忘。没有前后连续的持久性,有的只是消遣"④;等等。如果说县域社会没有完全脱离时代的潮流或孤绝于国家、世界,那么雅斯贝斯所指出的问题同样是县域社会的问题,只是不同社会危机表现的形式和程度强弱有别。而在现实中,我们也能够感受到这些危机的存在,除非我们丧失了生活感受力,不是社会人,抑或是自欺欺人。总之,人类和社会处于时代危机之中:"世界正在经历一场极大的变化,以往几千年中的任何巨大变化都无法与之相比。我们时代的精神状况包

---

① [德]卡尔·雅斯贝斯:《时代的精神状况》,王德峰译,上海译文出版社,2013 年,第 47 页、"导言"第 2—3 页。

② 同上书,第 61 页。

③ 同上书,第 34 页。

④ 同上书,第 21 页。

含着巨大的危险,也包含着巨大的可能性。如果我们不能胜任我们所面临的任务,那么,这种精神状况就预示着人类的失败。"①当然,我们可以批判性地思考和追问雅斯贝斯的话语是否言过其实,或者是否符合县域社会的现实境况,但是我想,这样做或许不会比将这种"批判性"放置于现实社会中的考察更富有意义。发展当地人的自我批判和危机意识,对于他们而言应该是一件更值得做的事情,而这无疑是当地教育改革必须肩负的使命。

尽管我没有对县域社会做专门性的"危机"考察,然而我坚信,在说服力上,当地"智者"的切身经验是可以和科学考察相媲美的。由此,我们也不妨看看韩丰谷这位退休教育局局长和乡土"老教师"对当地社会状况的反思性描述(为便于区分,我按大意进行摘录):

1. 国家这么大,一个标杆、一把尺子、一个方法肯定不行。那就需要教师的积极性,要有一种情怀。但是,我们对教师的尊重,特别是管理者对教师的尊重,非常不够。现在很多的教育管理者就是个"官",教师就是个"兵",他们是一种行政关系,这个绝对不行。教育管理者对教师一定要尊敬,不要命令太多。这是一种无奈的感觉。

2. 我:您在这里几十年,县里面的变化情况您能够大概回忆一下吗?

韩:变化倒是很大,建设变化就很大——根本找不出原来老县城的样子,全部改了。学校的面貌、硬件确实发生了非常大的变化,每个乡、每个村镇都通了公路,这个变化确实大。经济上的变化我们接触比较少一点,生活肯定比以前好,衣食住行各方面变化很大。比如说农村里面

---

① [德]卡尔·雅斯贝斯:《时代的精神状况》,"导言"第24页。

那种小汽车、小型面包车现在很普遍,摩托车每家都有,城市里面的电视、冰箱、电脑这些都到农村去了,这个变化也很大,这个是很好的。现在最担忧的,就是人的思想变化,说实在的,就是**人情味越来越淡,钱的味道就越来越浓,那种淳朴的观念变淡了**。人的观念变化也是很大的,但是它更多是负面的东西,就是说有一点"拜物教",就是只看钱。 这个也没办法,社会就这样发展。

……

我:所以经济发展跟教育发展的关系也说不清楚。

韩:这个问题我觉得是最要害的问题。经济发展到现在,教育怎么样和它能够匹配起来? 有的时候经济走得太快,教育硬件设施也走得很快。**最难的就是教育的内涵的东西,就是教师和民众对教育的认识滑坡。** 到现在,我是说整个是这样过来的。但是最近,经济发展到现在这个阶段的时候,实际上就是"向钱看"的问题,只要向钱看,**老师的地位肯定就会下降。** 谁富裕谁就是老板,就是老大,就被人高看,教师没有钱,自然就不被看得起,这个都是普遍存在的。这个东西如果不解决,老师肯定就很难发挥他的积极性,**最深层的问题是老师的积极性没有了,教育情怀也没有了。** 教育又是一个艺术(行为),这个艺术的东西,如果没有情怀,怎么做得好? 矛盾就在这个地方。

我:看来经济发展和教育发展还是有矛盾的。

韩:这个矛盾就是观念上的矛盾,**社会心态的矛盾。** (L-HFG-3)

3. 对于网络游戏,我也经常发表意见,这个涉及整个民族,这个问题太大了,这不是一个好兆头。不光是年轻人,是整个社会,整个民族,没有一个"是非观念",没有上进精神,都是打打杀杀,一个是享乐,也就是

感官刺激,第二个就是丛林法则,争强好胜。(L-HFG-1)

……

（网络）游戏的问题对青少年的危害太大。我们搞教育的人,有教育理念的人,对这个问题确实是非常忧心的,它是真真正正地会改变学生的心理结构的。过去的小孩要不要游戏呢？肯定是要,而且游戏非常重要,但是过去的游戏不让人上瘾。现在的游戏让人上瘾呐！过去的小孩子,比如"丢手绢"这些东西,上瘾了吗？孩子是觉得很好玩,但是不上瘾的嘛！后来为什么游戏上瘾了呢？肯定有很深层的危害在里面,有"鸦片"在里面！(L-HFG-2)

不论是雅斯贝斯揭露的种种普遍性"时代精神危机",还是韩丰谷基于教育情怀批判的"拜物教""金钱至上""民风滑坡""教师沦丧""网络游戏有改变人的心理结构的风险",都需要我们警惕、防范和应对。韩丰谷的话语中实际上隐藏了一种"金钱"是"万恶之源"的逻辑假设,它至少表明经济生活发展中潜伏着"社会心态"恶化的风险。这类似于齐美尔的看法:"金钱成了现代人生活最直接的目标,成了'持续不断的刺激'。从前,宗教虔诚、对上帝的渴望才是人的生活中持续的精神状态,如今,对金钱的渴望成了这种持续的精神状态。"[①]"金钱是所有事物'低俗'的等价物,把个别的、高贵的东西（这恰恰是自由的个性要寻求的）拉到最低的平均水平。"[②]然而,"以为只有资本主义才与金钱的罪恶相干,社会主义就是对这种罪恶的克服,不过是因为哲

---

① ［德］西美尔（即齐美尔）:《金钱、性别、现代生活风格》,刘小枫选编,顾仁明译,学林出版社,2000 年,"导言"第 5 页。

② 同上书,第 6 页。

学眼睛太近视了"①。由此看来,韩丰谷并不是杞人忧天、夸大其词,我们没有理由对他的"切身经验"妄加揣测。

如果说教育必须超越社会,"教育应尽其推进文化改造社会之功"②,或如杜威所说,"教育是社会进步及社会改革的基本方法……坚持学校是社会进步和改革的最基本的和最有效的工具,是每个对教育事业感兴趣的人的任务"③,那么县域基础教育改革是改造当地社会更为基本的方法,因为教育本身也需要通过教育改革进行改造。这种改造的对象首先就是当地公民,它的第一件事情是以教育的方法培养人们的危机意识、批判精神、创造力和实践的勇气。要知道,如果缺乏这些品质或能力,人们及其社会就只能沦为时代的"弃儿",这意味着他们无法真正掌控自己及其社会的命运,那种未经他们的智慧和意志审视过、生产出的东西成了支配他们的"主人"。如同弗莱雷在《被压迫者教育学》中指出的那样:"我们这个技术先进的社会在迅速地使我们中的大多数人变成客体,并在巧妙地把我们塑造成迎合这种社会制度的逻辑的那种人。就已经发生的实际程度来说,我们也是在慢慢地被淹没在一种新的'文化沉默'之中。"④因此,亦如弗莱雷所进一步指出的:"世界上根本不存在中立的教育过程。教育要么充当使年轻一代融入现行制度的必然结果并使他们与之不相背离的手段,要么就变成'自由的实践',也即人借以批判性地和创造性地对待现实并发现如何参与改造世界的途径。"⑤

---

① [德]西美尔:《金钱、性别、现代生活风格》,第7页。
② 梁漱溟:《社会本位的教育系统草案》,载马秋帆编《梁漱溟教育论著选》,第104页。
③ 赵祥麟、王承绪编译:《杜威教育论著选》,华东师范大学出版社,1981年,第11—12页。
④ [巴西]保罗·弗莱雷:《被压迫者教育学》(修订本),"前言"第82页。
⑤ 同上书,"前言"第83页。

　　然而，无论是批判性还是创造性，这些"能力"的养成必然有其前提：人们关于教育的正确认识和理解，进而是他们所坚持的教育信念及其相应的教育实践。关于这个前提，弗莱雷的观点是"摒弃'灌输式'教育，代之以'解放教育'（即'提问式'教育），以唤醒人们对变化世界的批判意识，鼓励人们不断反思自身的生存方式，进而把教师和学生从'驯化教育'中解放出来"，也就是说，"教育即政治，目的是希望通过教育帮助人们认识自己与社会，从政治上来解放自己"。[①]因为"教育"本身就具有"引出"和"变革"的意思——教育学（Pedagogy），意思是"引导孩子"［源自 pais（孩子）和 ago（引导）］。正如 Pedagogy 一词所示，教育本来就具有方向性，而且必须不断变革。[②]弗莱雷深受马克思主义哲学的影响，他显然看到了这样一个事实：人们必须在实践上成为自己的主人，进而才能创造自己的历史，改造自身所处的社会。这种实践又建立在合理的教育基础上，弗莱雷称之为"对话教育"（解放教育）："没有对话，就没有了交流；没有了交流，也就没有真正的教育。"[③]"如果说人类创造了社会现实（在'实践的反向运动中'社会现实又回过头来制约人类，影响人类），那么，改造社会现实是一项历史使命，一项寻求人性的使命"，"而这只有通过实践才能做到：对世界作出反思和行动，以改造这个世界"。[④]弗莱雷的逻辑在于：现实社会必须改造，这依赖于现实社会中的具有批判性实践能力的人→然而现实社会的人恰恰缺乏的是必须的批判性意识与能力，他们是现实社会奴役的对象→因此，关键是人的改变→然而，现实的教育无法

---

① ［巴西］保罗·弗莱雷：《被压迫者教育学》（修订本），"译者序"第 7 页。
② 同上书，"纪念版引言"第 76 页。
③ 同上书，第 59 页。
④ 同上书，第 10—11 页。

达到这样的目的→因此,归根结底是改造教育,构建一种"对话教育"←"对话教育"作为一种实践,同时是改造人、教育和社会的过程,因为它们三者本为一体。

显然,弗莱雷的逻辑与方法对于我们的县域基础教育改革具有重要的启示。比如,使"对话教育"成为打破"知识灌输—应试教育"和教育空间分层的本体论支持;人们因此意识到社会进步依赖于教育,教育是改造社会文化面貌的基本方法,同时认识到"自己"的思想观念、言行举止关乎社会文明,进而"自己"具有创造和改造社会的能力与责任。然而,必须要清楚的是,中国县域教育与社会的现实毕竟迥异于弗莱雷言下的资本主义社会,前者并不具有资本主义社会的深重压迫性,也就不存在所谓的"解放"(至少就目前来看)的紧迫性。我们也需要意识到,县域基础教育改革所要改造的"县域危机"不仅仅是"解决问题"的一面,事实上,"危机"同时也意味着传统的消失。因此,县域基础教育改革的另一个重要价值取向在于发扬和转化当地教育传统。这种教育传统生长于当地自然与社会,因而也可以把它视为县域教育的底色。就 L 县来看,这种"教育底色"主要表现为多元民族教育文化传统和当地人民对于教育的重视(至少在当地人的认识中是如此)。

L 县的民族教育传统体现在他们将各民族的文化艺术形式融入现代学校教育所构建的艺术教育中。尽管当地基础教育的主导仍是学科教育及其应试模式,然而艺术教育却是当地教育管理者和教师们引以为豪的对象。他们不会认为艺术教育能制造成功,可贵的是,他们把艺术教育作为现代学科教育模式的"平衡器",因为在他们看来,艺术和"分数"本身存在着价值冲突。艺术教育活力使得当地基础教育散发着"本土"的味道。高明海认为:

高:不管是实施怎样的教育教学改革,学生能力的提升不仅仅是以分数来呈现的。比如说,像我们县,还有一项工作是做得比较好的,就是我们的艺术教育。我们县的艺术教师的配置我认为是我们12县、6城区中最强的,我们近五六年一直都配有专职的本科艺术类的专业教师。

我:这个还是很难得的。

高:这个很难,在县里面很难。我们县在艺术教育上面有蛮多的亮点,市里面举办很多的活动,我们县都有很好的成绩,也参加了市级区级的很多活动。说到这个地方,就要"扯到"学生的素养问题了。我们一直都认为我们抓艺术可能会在分数上没有呈现出来,但是我们的学生走到大学以后,可能会比较全面。**我们的想法是这样:我们大山里面的孩子走出去不要显得那么"木",他应该有一种灵性,这就是我们坚持艺术教育的一个原因。** 事实上,我们前三届的老局长就提出这种观念了,就是原来我们的韩丰谷局长,他就坚持认为我们县应该"抓"艺术教育,当时就配置了专业的艺术教育人员,这在县级层面是不多的。所以,这几年我们一直坚持认为"推"新课改虽然有难度,艺术教育跟"分数"的提升不是直接成正比,但从我们山里走出去的学生,我们最终了解到,他们在高校并不逊色。(L-GMH-1)

当地人民对教育的重视被韩丰谷视为一种"环境"或"生态",成为当地教育的一种传统:

韩:L县教育生态环境都比较好,像我们讲的是教育环境,讲得时髦的话就是讲生态,不要讲那么时髦的话,我觉得整个L县的教育环境都还是不错。

我:您可以大概描述一下。

韩:这个范围就大一点,教育的环境从传统来说,从各民族的传统来说,比如五个民族里面,侗族对教育的重视程度是比较领先的。L县原来是没有老师的,南蛮之地,L县第一位老师是清朝的时候侗族在湖南"抢"过来的,而且这个老师是一个"瘸腿",是用轿子抬过来的。(当时)侗族的文化接受程度要高于其他的民族,而且侗族喜欢唱歌,唱"侗歌团歌",他们民族的文化,那种艺术的形式是比较浓郁的,他们这个传统蛮好。新中国成立后,他们有一个传统:一个家族或者一个村落,要是有人要到外面读书,不管是不是亲戚,他们都要集体来送这个孩子,这是很好的传统,他们很重视教育。

我:侗族对教育的重视会影响到其他民族吗?

韩:肯定影响啊!第一,读大学的多了、当干部的多了、当村支书的多了,对于其他民族肯定有影响的,这是民族之间的互相影响。在20世纪五六十年代的时候,侗族那边要是谁考上高中,家里困难的话,村落里面的家族就共同出钱来送这个孩子上学。长期这样做,所以人才就相对来说出得比较多一点,对其他民族产生很大的影响。他们对文化很重视,他们侗族的文化艺术也比较偏重于那种文化(重视教育)。第二,从我出生、从我工作以后,我觉得每届政府对教育都很重视,摆得很正。没有哪一届政府不重视教育,甚至在(一九)七几年的时候,L县成为扫盲的一个先进县,全国的先进县,全国的扫盲现场工作会是在平辽(侗族聚居地)召开的。政府把教育的位置摆得很正,这个是属于传统的嘛!
(L-HFG-3)

　　一个县域的教育传统当然不仅仅是指那些制度化的、可见的教育形式，还包括那些看不见的"隐性课程"所焕发的教育力量，比如民族文化艺术本身的文化感染力、民族团结中隐含的道德力量、社会关系中隐含的伦理教化等。它们都是当地教育文化的构成。县域基础教育改革必须同时从积极改革和消极改革两方面展开行动。"积极改革"即发扬或恢复那些值得珍视的县域教育文化传统；"消极改革"指的是发现问题、不足，进而加以改造与革新。"积极改革"和"消极改革"这两个术语是我为了便于分析而使用的，但是二者并没有事实上的分隔，它们都是行动者"危机意识"和"批判性反思"的产物，源自县域社会的现实性。不论是哪一种情况，归根结底，县域基础教育改革的归宿在于创造属于"本县域"的教育景观，体现出中国基础教育改革"因县制宜"的历史唯物主义和辩证唯物主义。

　　因此，当我们思考县域基础教育改革时，这样一种逻辑便浮现出来："县域"意味着什么？"基层""贫困""落后"？ 如果是这样，县域教育改革的价值取向就应该定位于改造它们。县域社会代表着什么？ 地方知识、乡村文明、家园乡土、独特教育文化？ 如果是这样，县域基础教育改革的价值取向就不得不定位于保护和转化创新。无论是改造、保护还是发扬，都依赖于当地人的本土情怀、社会责任感、批判精神、创新能力、勇敢等重要的人性品质。因此，无论其对象是文化、政治、社会，还是人与教育自身，县域基础教育改革的基本价值旨归都在于"县域空间"——发生于此，作用于此，结束于此。

　　我将这种价值旨归称为"本土教育景观"的塑造。"本土"一词英文为"native"，最接近的词源是法文 *natif*、拉丁文 *nativus*（形容词）与中古拉丁文 *nativus*（名词），意思是"天生的、自然的、生于某地的"，它具有非常正面的社会与政治意涵——例如 native land（故乡）、native country（祖国），同时，当它

"用来指涉自己的地方或自己人时,具有非常正面的意涵"①。"本土"和"乡土"(vernacular)颇有渊源,后者源于拉丁语"verna","可以被理解为'本地的',有别于'外地的'"②,也"通常意味着农家、自产和传统"③。费孝通使用"乡土社会"概念来形容中国传统社会特征,"土"即"泥土",乡土社会简单说就是生长于"泥土"之上的社会——"在地方性限制下成了生于斯、死于斯的社会","乡土社会的信用并不是对契约的重视,而是发生于一种行为的规矩熟悉到不假思索时的可靠性",在这种社会中"我们会得到从心所欲而不逾矩的自由"。④然而,"在社会的急速变迁中,在从乡土社会进入现代社会的过程中,我们在乡土社会中所养成的生活方式处处产生了流弊。陌生人所组成的现代社会是无法用乡土社会的风俗来应付的。于是,'土气'成了骂人的词语,'乡'也不再是衣锦荣归的去处了"⑤。不管如何,费孝通所使用的"乡土"主要还是在"乡村"的意义上使用的。本文中,我主要是在"本地"的意义上使用"本土"一词,也就是它在社会、政治以及文化上的正面意涵。不过,"本土"并不排斥"乡土",就县域本土来说,它本身就具有浓厚的"乡土"意味。

"景观"(landscape)一词,我采用杰克逊《发现乡土景观》一书中的定义:"一个由人创造或改造的空间的综合体,是人类存在的基础和背景。"⑥结合我在前文中对县域进行的空间性解释,由于"目前,我们共同认可的是,每种景观都是空间的组合"⑦,可以认为,县域即一种景观(或空间),它可以在不

① [英]雷蒙·威廉斯:《关键词:文化与社会的词汇》,第 365—366 页。
② [美]约翰·布林克霍夫·杰克逊:《发现乡土景观》,"译序"第 i 页。
③ 同上书,第 125 页。
④ 费孝通:《乡土中国》,北京大学出版社,2012 年,第 9—15 页。
⑤ 同上书,第 16 页。
⑥ [美]约翰·布林克霍夫·杰克逊:《发现乡土景观》,第 18 页。
⑦ 同上书,第 24 页。

同意义上得到呈现,如县域政治景观、县域社会景观、县域文化景观、县域教育景观等。拿县域政治景观(或县域政治空间)来说,其"要素包括:墙、边界、高速公路、纪念碑以及公共空间,这些要素在景观中扮演着特定的角色。它们的存在明确了秩序、安全与延续性,赋予市民一种可见的地位。它们时刻提醒着我们的权利和义务,以及我们的历史"①。作为被生产的对象,"空间"或"景观"都标示着自身极为正面的意涵,"事实上我们现在相信:作为景观的一部分,从景观中获得自己的身份认同,是我们存在于世不可或缺的前提,并由此赋予这一词语最严肃的涵义"②。"景观"与"土"密不可分,本土景观、乡土景观代表"一种令人印象深刻的忠于传统习俗的展示,关于解决现实问题的无尽智慧"③。因此,县域景观同时意味着县域"当地"与县域传统。

本土教育景观亦即县域基础教育景观,它意味着一种契合当地现实条件、体现当地人民需求、反映当地教育特征、具有当地教育文化精神的教育状态。"当地"的条件、需求、特征、文化精神等构成这种教育景观"机动性和嬗变性"④的边界。它的核心特征是"本土性",作为一种综合空间类型,它是乡村教育传统和现代城市教育的共存与融合。因此,本土教育景观价值观念的形成就不能延续"城乡二元性"的理论框架。作为县域基础教育改革的空间价值旨归,这种景观将在"县域空间"上得到解释,而不是"乡村空间"抑或"城市空间"。也就是说,尽管县域基础教育具有天然的"乡村教

---

① [美]约翰·布林克霍夫·杰克逊:《发现乡土景观》,第23页。
② 同上书,第208页。
③ 同上书,第214页。
④ 同上书,第213页。

育"属性和乡土传统,但我不认为县域基础教育改革的旨趣是要"回归"于此。再次重申,我强调的是"本土"而非仅仅是"乡土","乡土"只是"本土"的次级意义。

进一步说,本土教育景观的塑造是在县域基础教育改革遵循"历史性"逻辑的基础上提出来的。"历史性"逻辑的意义在于历史地进行教育改革。此"历史"不是普遍性、线性的历史时间概念,正如美国后现代学者厄尔玛斯(Elizabeth Ermarth)所认为的,这是对历史的"历史性"的承认,因为历史也是文化的产物,历史的意义是具体的文化意义。①这种历史性表明,"历史"是与"空间"相互生产、合为一体的概念,因而"历史的"亦即"现实的"。这样做的意义在于,它可以构建出县域教育自身的发展尺度和"节奏感"。理论上,这是对单一线性和普遍化的"发展主义"的反叛;事实上,这是在不断探寻县域基础教育与县域空间性的契合,构建自身的"历史时间"或厄尔玛斯所说的"节奏时间"(rhythmic time)②——它"反对现代的线性时间,其特点在于无本质、无普遍性、无意义、无指向,主要依赖于地方化安排。换言之,'节奏时间'侧重于反映时间的地方性、韵律性,并非是统一规划的,却是一切事物自身内在的一种天然属性",它"通过批判谋求共同基质的历史时间观念,达到解构历史的共同性和统一性的目的"。③

当然,县域的历史与空间并不是孤立于"外界"的,进而,这种景观并不自

---

① Elizabeth Deeds Ermarth, "Beyond History," *Rethinking History*, Vol.5, No.2 (2001), pp.195-215.
② David Carr, "Sequel to History: Postmodernism and the Crisis of Historical Time by Elizabeth Deeds Ermarth," *History and Theory*, Vol.32, No.2(1993), pp.179-187.
③ 邓京力、李鹏超:《历史时间与厄尔玛斯的"节奏时间"观念》,《史学月刊》2018年第11月。

我封闭。反而，它会不断吸取契合当地条件与需求的"他者元素"，这种条件与需求本身也在"他者元素"的作用下不断变化。换言之，县域教育景观也是在各种历史的交互作用中得以成形的。只不过我所要强调的是，无论它的作用力量是什么、源自何处，在结果上它只能意味着一种县域教育景观的塑造——反映为县域空间对一切教育力量及其条件的融汇与凝聚，培育当地人、改进当地社会状态。在表现形式上，县域教育景观既是学校教育、家庭教育、社会教育的共生形态，也是作为一种文化的"教育惯性"——根据高明海的描述，也就是教育理念与教育环境长期积淀而成的东西，如县里面的教育舆论和教育风气，又称为"固有化的思维"。高明海认为，县域基础教育改革的难点正在于营造一种稳定的、积极的教育舆论环境，"只有把环境营造好了，教育才做得好"（L-GMH-1），比如家长、社会、政府的教育观念与教育重视程度。

然而，值得注意的是，本土教育景观并非完全受制于县域的现实逻辑，进而县域基础教育改革更不能仅仅成为"现实"的"应声虫"——因为在某种意义上，"现实的"也代表着迂腐的、陈旧的或需要被改造的存在。如果现实本身就违背了教育实践的逻辑或教育规律，那么围绕这种现实、基于这种现实进行的教育改革便很可能将教育带入歧途。比如，若是教育改革完全受制于经济逻辑、工程理性逻辑、政治逻辑、技术逻辑，它将面临逐渐遮蔽或消解掉教育实践本身的文化性与社会性的危险。一旦教育走上其他逻辑支配的道路，教育自身便沦为工具，丧失掉自主性，这也就意味着教育只能适应政治、经济、技术等的发展取向与要求，教育应有的超越性和批判力量随之钝化。阿普尔就专门针对教育改革受经济逻辑支配的境况做过尖锐批判，主张教育改革要回到历史、社会与文化的现实运动中,换言之,至少要从多重逻辑出发。① 又如,若县域基础教育改革只是一味地迎合"当地人民的需求",却没有事先对这种需求的正当性进行批判性分析,那也就失去了"改革"本身的批判本性。如此,当人们只需要"分数",对教师提出各种不合理诉求之时,教育改革便随之而成为加剧教育内伤的武器;当县域社会广泛流行起"读书无用论"时,政府的正确做法似乎就是鼓励不上学,但这样做只能增加人们变得更为贫困的风险。因此,本土教育景观的生产必须永远是基于现实同时又超越于现实的。

最后,本土教育景观的观念必须对当下流行的教育理论话语与思维中的城市化批判、城乡教育二元论、乡村教育主义、城市教育主义等作出批判性回应,它们都意味着"基于城乡比较的各种思想已经成为现代性神话的核心内容"②。我的观点是:教育直接关乎人的良善品格、高尚精神、健全智力和实践能力的养成,因此,教育改革的核心是在现实中批判性和发展性地建立教育条件(物质的和文化的),进而使它按照自身的规律发挥力量。这种条件可以不受限制,只要它是现实的、有利于增进教育力量的。所谓"本土",既不代表"农村化",也不代表"城市化",而是代表"当地空间性"。它表明,县域基础教育改革的方法论在于根据这种"当地空间性",实现教育改革的空间辩证法——让"当地"成为教育改革与发展的条件,以及让教育成为"当地"发展的基本尺度即当地社会发展的"教育尺度"③。进而,在"发展"的意义上,它

---

① Michael W. Apple, *Teachers and Texts: A Political Economy of Class and Gender Relations in Education*, New York: Routledge and Kegan Paul, 1986, p.178.

② [澳]德波拉·史蒂文森(Deborach Stevenson):《城市与城市文化》,李东航译,北京大学出版社,2015 年,第 15 页。

③ 李政涛:《中国社会发展的"教育尺度"与教育基础》,《教育研究》2012 年第 3 期。

指向的是县域教育,而非某种"乡村教育"或"教育城镇化"。尽管人们已经普遍意识到和揭露出若干方面城市的"恶",但另外一些人同时也指出了乡村的诸多"病症"。我们不应该为凸显某一方而把另一方视为对立面加以驳斥。我们需要做的是反思它们各自之于教育本身的现实利弊,这种"反思"不以它们任何一方为尺度或偏向,重要的是要看教育本身是否遭遇条件和意义的危机。在"本土"的意义上,如果我们坚持要对"教育城市化"进行批判,那么重点也应该是发挥教育的城市化批判功能,它不体现为通过教育实现对城市物质形态的批判,这不是教育的意义范围,教育也无法做到这一步。实质在于,教育对城市化进程中的人们的思维与价值观念的改造和塑造。这不是说反对教育"城市化",或者说教育要回归"乡村",而是教育本身就是一种辩证法,它是从人性、文化、道德等角度去评判城市化的弊端和趋势,在这个过程中,那些属于乡村传统的优劣同样被纳入考量的范围。基础教育改革的根本立场是现实中儿童的人格成长与能力发展,在此意义上,正如叶澜在论述教育改革与儿童发展的关系时所主张的那样:"我不赞同把城市和乡村儿童对立起来,他们所处的环境各有独特性和不可取代之处,都可以成为促进成长的教育资源,各自因环境造成的不同可通过教育得到改变。总之,如果我们忘记了成长的问题,忘记了人要成长为独立自主的人,必须有丰富、强大的精神世界,教育就忘记了自己的根本任务","把儿童发展与教育改革联系起来,是一个时代性的问题。"[1]

---

① 叶澜:《深化儿童发展与学校改革的关系研究》,《中国教育学刊》2018 年第 5 期。

# 结束语

20世纪下半叶以来,教育改革研究经历了几十年的发展,成果卓著。尽管如此,在我目力所及的范围内,仍未发现一种关于教育改革行动研究的理论框架或分析范式。加拿大教育改革研究专家莱文在《教育改革——从启动到成果》一书的结尾部分就坦言:"教育改革文献很少在一个明确的框架下进行。"①事实上,即便是久负盛名的教育变革研究专家富兰也未曾做到,他的教育变革系列丛书展现给读者的更多是一种基于"问题"的分析,给人的印象是似乎不需要什么理论框架。中国教育改革研究兴起于20世纪末,随着教育改革实践步伐的扩展和深入而日渐受到重视,然而在丰富的研究中,我们同样没有发展出一种足以称之为教育改革行动分析框架的东西。在这样的背景下,本研究在方法或技术上显得困难重重。

目前来看,如果不算上那些以"教育改革研究"为名的县域教育改革经验总结或关于教育改革对象的讨论,我还未看到专门的县域基础教育改革行动研究出现,这意味着本研究缺乏可供参考的先例,似乎同时也在昭示着这项研究的巨大的难度系数。因此,研究过程中我便有一种"第一个吃螃蟹"和"摸着石头过河"的深刻体会。然而,这也不代表我完全没有理论准备和逻辑思路,事实上,以往的诸多研究给我提供了丰富的理论资源和思想力量,特别

---

① [加拿大]莱文:《教育改革——从启动到成果》,第195页。

是莱文提出的理论框架对我的研究颇有启发。莱文建构了一种"四要素模式",即将教育改革分为启动、采纳、实施、结果四个要素,每个要素又分别延伸出一个分析框架,以此展开他的教育改革政策国际比较研究。尽管我们的研究问题有所区别,但莱文的分析框架对我的研究有着重要的参考价值,我可以不严格遵循"四要素模式",却可以尝试分析行动的启动、过程与价值观念,这是思维上的学习,而不是观点的套用。实际上,受制于实地考察中各种客观因素的影响,我也很难做到对县域教育改革行动过程的全部要素加以研究,无论是"三要素"还是"四要素",它们都有待于实地考察的验证。

一旦我不是严格遵照某种理论框架行事,而主要是基于实地考察进行归纳分析,就难免陷入一种被动的局面——缺乏理论能动性,考察中发现什么便研究什么。当然,这样做的优点是能够将研究的注意力更好地聚焦到凸显出来的问题之上,局限是它使研究显得"形散"或给人一种"残缺"的印象。所幸的是,我在整体研究逻辑上并未脱离教育改革行动本身,动因、过程、历史逻辑、价值观念等都是县域教育改革行动最为真实而基本的存在,也是我实地考察的结果。这些固然不能反映行动的全貌,但并不影响它们成为改革发生的逻辑要素的事实,以及它们增进政府、教育实践者和其他社会人员对县域基础教育改革的认识的功能。

基础教育改革研究的技术或理论框架需要不断改进,这在任何时候都显得格外重要,也是我后续研究工作将要着重努力的方向。不过我在这里更想指出的是,重新审视基础教育改革研究本身似乎更为迫切,这种迫切性意味着方法论上亟待形成实证精神、历史思维和批判理性;认识论上不断深化关于教育改革研究、教育改革行动与教育实践三者之间的关联性的探究,而这种关联性的核心在于价值关系。中国基础教育改革离不开作为"基层实践"

的县域行动,县域基础教育同时又是中国基础教育改革的"大头"和"难点",这就要求我们深入具体县域开展研究,形成最为真切的理解与解释,找到当地问题、构建当地策略、实现当地价值。

本文最后一章讨论了县域基础教育改革的价值取向问题,我并不是要提供一种普遍有效的价值策略,而是要呈现一种县域基础教育改革价值取向的空间逻辑。我的核心用意在于进行这样一种提醒:教育改革研究需要有一种"空间感"或空间视野。空间具有历史性、文化性、社会性、教育性、地理性等特征,空间的现实性或客观性要求我们充分考虑它作为基础教育改革的条件、限域、方法、对象和价值的必要性。这是一种方法论与价值论上的警示。正因为每个县域空间的现实情况有别,所以县域基础教育改革就应该是"具体"的——体现为对"本县"空间的现实批判与价值建构,同时必须展示出基础教育改革的教育性和社会公共性。这意味着教育改革已经从专门性的学校教育改革行动转变为人们对于自身、教育及其所处社会的批判与创造,这个过程中发生了两种转变——学校教育向社会教育的转变,教育改革作为方法向价值本性的转移。这同时也意味着基础教育改革不再是政府、少数精英或知识分子的专利,而是每一个当地公民的基本责任与义务。

县域基础教育改革应该有这样一个重要目标:把教育从现代学校教育模式中解放出来。它的关键在于转变当地人的教育观念(或教育发展观念),转变后的教育观念至少具备这样的特征:不把升学视为教育的全部,分数高低只能作为教育评价的次要标准;认为知识储备只是儿童社会能力的必要条件,最好将儿童公共道德能力、批判精神和社会责任感的养成奉为教育的真谛,进而不把教育与学校等同,认识到家庭和社会空间皆具有教育力量,教师、家长、官员和社会公众皆身负青少年人格与能力发展的重要责任,他们需要联起手来共同营造一种充满活力的县域教育景观。若政府和大众能把青少年丰富的文化生活、教师的尊严与风尚、学校对于乡村文明与社会道德的积极影响力视为县域社会进步的重要尺度,那么或许便意味着教育观念实现了更为根本性的转变。

学校是主要的基础教育空间的客观事实不容否认,县域基础教育改革的重心仍在"学校",但是,这种改革必须做到充分根据县域的现实条件进行改革。正如布雷钦卡所认为的,我们必须认识到"在特定的环境中追求特定目标的特定手段的有效性的局限"①,换句话说,亦即是根据现实条件制定合理的改革目标。因为如果忽视了这种局限、目标制定不恰当(如过高或过度),就很可能给教育者、受教育者或社会造成伤害,比如"那些提出'过度要求'的教育者常常会拔除受教育者的信心和勇气。不过,受教育者首先遭受的间接伤害是,教育者沉溺于通过不恰当的手段追求虚幻的目标,而忽视和错过了教育上可能的、必要的和合适的手段与目的",抑或是"一方面会带来不必要的财政支出,另一方面主要是由教育原因带来的部分社会成员的性格缺陷"。②

基于县域现实条件的基础教育改革的实质在于形成自身历史与空间的尺度或节奏,建构本土改革话语,这意味着不保守、不跟风、不盲从、不冒进、不赶时髦,改革源自改革者对县域社会与教育的危机诊断、需求分析和规律性认识,一切从实际出发。值得特别提到的是,我们要警惕那种"赶时髦"的风气。某种意义上,赶时髦即发展主义的别名,它是县域教育丧失乡土性和

---

① [德]沃夫冈·布雷钦卡:《教育目的、教育手段和教育成功:教育科学体系引论》,第225页。

② 同上书,第226页。

传统性的重要根源。汉娜·阿伦特(Hannah Arendt)在批判美国现代教育时指出:"不管怎样,关于强尼为什么不会读的问题,或更一般地,为什么美国学校的平均教育水准实际上远远落后于所有欧洲国家平均水准的问题,(不幸地)不单单是因为在这个国家太年轻,还赶不上旧世界的水平,而是相反,因为在这一特殊领域内,这个国家在全世界是最'先进'、最时髦的。"①我想,这种批判同样适用于我国县域基础教育改革——对于教育而言,"先进"或"时髦"并不必然代表"好的"或"善的"。

①　[美]汉娜·阿伦特:《过去与未来之间》,王寅丽、张立立译,译林出版社,2011年,第168页。

# 参考文献

**著　作**

［1］［美］迈克尔·W. 阿普尔：《教育与权力》(第二版)，曲囡囡等译，华东师范大学出版社，2008 年。

［2］［美］理查德·F. 埃尔莫尔：《二十位教育先行者对教育改革的反思》，张建惠译，商务印书馆，2017 年。

［3］［英］丹尼尔·约翰·奥康纳：《教育哲学导论》，宇文利译，中国人民大学出版社，2015 年。

［4］［美］艾尔·巴比：《社会研究方法》(第十一版)，邱泽奇译，华夏出版社，2018 年。

［5］［英］齐格蒙特·鲍曼：《现代性与矛盾性》，邵迎生译，商务印书馆，2013 年。

［6］［美］克里夫·贝克：《优化学校教育：一种价值的观点》，戚万学等译，华东师范大学出版社，2003 年。

［7］［美］霍华德·S. 贝克尔：《社会学家的窍门：当你做研究时你应该想些什么?》，陈振铎译，重庆大学出版社，2017 年。

［8］［荷兰］格特·比斯塔：《教育的美丽风险》，赵康译，北京师范大学出版社，2018 年。

［9］［新西兰］迈克尔·彼得斯：《后结构主义、政治与教育》，邵燕楠译，

北京师范大学出版社,2018 年。

[10] [美]R. 弗里曼·伯茨:《西方教育文化史》,王凤玉译,山东教育出版社,2013 年。

[11] [英]约翰·伯瑞:《进步的观念》,范祥焘译,上海三联书店,2005 年。

[12] [德]O. F. 博尔诺夫:《教育人类学》,李其龙等译,华东师范大学出版社,1999 年。

[13] [法]皮埃尔·布迪厄:《实践感(新编版)》,蒋梓骅译,译林出版社,2012 年。

[14] [德]沃夫冈·布雷钦卡:《教育目的、教育手段和教育成功:教育科学体系引论》,彭正梅译,华东师范大学出版社,2008 年。

[15] [德]沃夫冈·布雷钦卡:《信仰、道德和教育:规范哲学的考察》,彭正梅、张坤译,华东师范大学出版社,2008 年。

[16] [丹麦]曹诗弟:《文化县:从山东邹平的乡村学校看二十世纪的中国》,泥安儒译,山东大学出版社,2005 年。

[17] [挪威]达林:《教育改革的限度》,刘承辉译,重庆出版社,1991 年。

[18] 赵祥麟、王承绪编译:《杜威教育论著选》,华东师范大学出版社,1981 年。

[19] [美]约翰·杜威:《杜威全集·晚期著作》(第五卷),孙有中、战晓峰、查敏译,华东师范大学出版社,2015 年。

[20] [美]约翰·杜威:《杜威全集·中期著作》(第十四卷),罗跃军译,华东师范大学出版社,2012 年。

[21] [美]约翰·杜威:《民主主义与教育》,王承绪译,人民教育出版

社,2001 年。

[22] [美]约翰·杜威:《学校与社会:明日之学校》,赵祥麟等译,人民教育出版社,2004 年。

[23] [美]段义孚:《空间与地方:经验的视角》,王志标译,中国人民大学出版社,2017 年。

[24] [美]段义孚:《恋地情节》,志丞、刘苏译,商务印书馆,2018 年。

[25] [巴西]保罗·弗莱雷:《被压迫者教育学》,顾建新等译,华东师范大学出版社,2014 年。

[26] [法]米歇尔·福柯:《什么是批判》(福柯文选Ⅱ),汪民安编,北京大学出版社,2015 年。

[27] [加拿大]迈克尔·富兰:《变革的力量:深度变革》,中央教育科学研究所、加拿大多伦多国际学院译,教育科学出版社,2004 年。

[28] [加拿大]迈克尔·富兰:《变革的力量:透视教育改革》,中央教育科学研究所、加拿大多伦多国际学院译,教育科学出版社,2004 年。

[29] [加拿大]迈克尔·富兰:《教育变革新意义》(第 3 版),赵中建等译,教育科学出版社,2005 年。

[30] [英]格鲁内尔:《历史哲学:批判的论文》,隗仁莲译,广西师范大学出版社,2003 年。

[31] [德]赫尔巴特:《普通教育学》,李其龙译,人民教育出版社,2015 年。

[32] [以色列]尤瓦尔·赫拉利:《人类简史:从动物到上帝》,林俊宏译,中信出版社,2014 年。

[33] [匈]阿格尼丝·赫勒:《现代性理论》,李瑞华译,商务印书馆,

2005 年。

〔34〕〔德〕胡塞尔:《逻辑研究》(第一卷),倪梁康译,商务印书馆,2017 年。

〔35〕〔英〕约翰·怀特:《再论教育目的》,李永宏等译,教育科学出版社,1997 年。

〔36〕〔英〕安东尼·吉登斯:《社会的构成:结构化理论大纲》,李康、李猛译,生活·读书·新知三联书店,1998 年。

〔37〕〔英〕安东尼·吉登斯:《社会的构成:结构化理论纲要》,李康、李猛译,中国人民大学出版社,2016 年。

〔38〕〔美〕亨利·A. 吉鲁:《教育与公共价值的危机:驳斥新自由主义对教师、学生和公立教育的攻击》,吴万伟译,中国人民大学出版社,2016 年。

〔39〕〔美〕约翰·布林克霍夫·杰克逊:《发现乡土景观》,俞孔坚等译,商务印书馆,2016 年。

〔40〕〔英〕E. H. 卡尔:《历史是什么?》,陈恒译,商务印书馆,2007 年。

〔41〕〔英〕R. G. 柯林武德:《历史的观念》,何兆武、张文杰译,中国社会科学出版社,1986 年。

〔42〕〔法〕奥古斯特·孔德:《论实证精神》,黄建华译,商务印书馆,1996 年。

〔43〕〔法〕孔多塞:《人类精神进步史表纲要》,何兆武、何冰译,生活·读书·新知三联书店,1998 年。

〔44〕〔美〕菲利普·库姆斯:《世界教育危机》,赵宝恒、李环等译,人民教育出版社,2001 年。

〔45〕〔伊朗〕S. 莱斯克、〔罗马尼亚〕G. 威代诺:《2000 年人类发展与教

育变革》,张春光、马习军、李中东译,辽宁大学出版社,1990 年。

[46] [加拿大]莱文:《教育改革——从启动到成果》,项贤明、洪成文译,教育科学出版社,2004 年。

[47] [德]蓝德曼:《哲学人类学》,彭富春译,工人出版社,1988 年。

[48] [英]伊丽莎白·劳伦斯:《现代教育的起源和发展》,纪晓林译,北京语言学院出版社,1992 年。

[49] [法]古斯塔夫·勒庞:《乌合之众:大众心理研究》,冯克利译,广西师范大学出版社,2011 年。

[50] [法]亨利·列斐伏尔:《空间与政治》,李春译,上海人民出版社,2015 年。

[51] [英]罗伯特·罗素:《哲学大纲》,黄翔译,商务印书馆,2017 年。

[52] [美]刘易斯·芒福德:《城市发展史——起源、演变和前景》,宋俊岭、倪文彦译,中国建筑工业出版社,2005 年。

[53] [美]罗伯特·E. 帕克等:《城市:有关城市环境中人类行为研究的建议》,杭苏红译、张国旺校,商务印书馆,2016 年。

[54] [德]齐美尔:《社会是如何可能的:齐美尔社会学文选》,林荣远编译,广西师范大学出版社,2002 年。

[55] [美]赫伯特·施皮格伯格:《现象学运动》,王炳文、张金言译,商务印书馆,1995 年。

[56] [澳]德波拉·史蒂文森:《城市与城市文化》,李东航译,北京大学出版社,2015 年。

[57] [英]赫伯特·斯宾塞:《社会静力学》,张雄武译,商务印书馆,1996 年。

[58] [美]爱德华·W. 苏贾:《后现代地理学:重申批判社会理论中的空间》,王文斌译,商务印书馆,2004 年。

[59] [美]F. W. 泰勒:《科学管理原理》,胡隆昶、冼星海、曹丽顺译,中国社会科学出版社,1984 年。

[60] [德]斐迪南·滕尼斯:《共同体与社会:纯粹社会学的基本概念》,林荣远译,北京大学出版社,2010 年。

[61] [日]藤田英典:《走出教育改革的误区》,张琼华、许敏译,人民教育出版社,2001 年。

[62] [法]涂尔干:《教育思想的演进》,李康译,商务印书馆,2016 年。

[63] [法]涂尔干:《职业伦理与公民道德》,渠敬东译,商务印书馆,2015 年。

[64] [英]雷蒙·威廉斯:《关键词:文化与社会的词汇》,刘建基译,生活·读书·新知三联书店,2016 年。

[65] [奥]维特根斯坦:《哲学研究》,陈嘉映译,商务印书馆,2016 年。

[66] [德]西美尔(即齐美尔):《金钱、性别、现代生活风格》,刘小枫编,顾仁明译,学林出版社,2000 年。

[67] [美]爱德华·希尔斯:《论传统》,傅铿、吕乐译,上海人民出版社,2014 年。

[68] [德]卡尔·雅斯贝斯:《时代的精神状况》,王德峰译,上海译文出版社,2013 年。

[69] [古希腊]亚里士多德:《政治学》,吴寿彭译,商务印书馆,2013 年。

[70] [美]罗伯特·K. 殷:《案例研究:设计与方法》(第 3 版),周海涛等译,重庆大学出版社,2004 年。

［71］［英］R. J. 约翰斯顿：《哲学与人文地理学》，蔡运龙、江涛译，商务印书馆，2000 年。

［72］陈鼓应、赵建伟：《周易今注今译》，商务印书馆，2005 年。

［73］陈江平等：《基础教育改革全书》（共十卷），印刷出版社，1999 年。

［74］陈向明：《质的研究方法与社会科学研究》，教育科学出版社，2000 年。

［75］邓小平：《邓小平论教育》，中共中央文献研究室编，人民教育出版社，1995 年。

［76］丁立群等：《实践哲学：传统与超越》，北京师范大学出版社，2012 年。

［77］董宝良、陈桂生、熊贤君：《中国教育通史·中华民国卷（中）》，北京师范大学出版社，2013 年。

［78］樊红敏：《转型中的县域治理：结构、行为与变革》，中国社会科学出版社，2013 年。

［79］费孝通：《乡土中国》，北京大学出版社，2012 年。

［80］费孝通：《怎样做社会研究》，上海人民出版社，2013 年。

［81］冯雷：《理解空间：20 世纪空间观念的激变》，中央编译出版社，2017 年。

［82］甘阳：《通三统》，生活·读书·新知三联书店，2014 年。

［83］高建华：《民族地区公共政策有效执行研究：以广西 L 县政策执行为例》，中国社会科学出版社，2010 年。

［84］高水红主编：《社会学视角下的中国教育改革》，教育科学出版社，2016 年。

[85] 龚乃传主编:《我国贫困地区农村教育改革的实践与探索:河北省阳原县农村教育综合改革实验与研究》,北京师范大学出版社,1993年。

[86] 广西壮族自治区编辑组:《L县概况》,广西民族出版社,1985年。

[87] 郭福昌、韦鹏飞等主编:《中国教育改革发展简论》,教育科学出版社,1993年。

[88] 郭福昌、吴德刚编著:《教育改革发展论》,河北教育出版社,1996年。

[89] 郭文安、陈东升:《国民素质建构与基础教育改革》,人民教育出版社,2000年。

[90] 黄首晶:《教育改革的认识论反思》,华中师范大学出版社,2007年。

[91] 黄书光:《文化差异与价值整合:百年中国基础教育改革进程中的思想激荡》,教育科学出版社,2011年。

[92] 黄书光:《中国基础教育改革的历史反思与前瞻》,天津教育出版社,2006年。

[93] 黄宇智主编:《现代教育改革论》,汕头大学出版社,1993年。

[94] 金生鈜:《教育研究的逻辑》,教育科学出版社,2015年。

[95] 李玢:《世界教育改革走向》,中国社会科学出版社,1997年。

[96] 李桂林、戚名琇、钱曼倩编:《中国近代教育史资料汇编(普通教育卷)》,上海教育出版社,2007年。

[97] 李洪修:《基础教育改革研究》,吉林大学出版社,2012年。

[98] 李彦福等编:《广西教育史料》,广西人民出版社,1990年。

[99] 李泽厚:《历史本体论·己卯五说》(增订本),生活·读书·新知

三联书店,2008 年。

[100] 李泽厚:《哲学纲要》,北京大学出版社,2011 年。

[101] 李政涛、李云星:《百年中国基础教育改革的方法论探析》,教育科学出版社,2011 年。

[102] 联合国教科文组织编:《反思教育:向"全球共同利益"的理念转变?》,联合国教科文组织总部中文科译、熊建辉校译,教育科学出版社,2017 年。

[103] 梁全进主编:《来自温饱地区的探索与实践:横县、长葛、讷河教育综合改革实验研究成果》,人民教育出版社,1997 年。

[104] 梁漱溟:《人心与人生》,上海人民出版社,2011 年。

[105] 廖其发主编:《新中国教育改革研究》,重庆出版社,1996 年。

[106]《列宁选集》第 2 卷,人民出版社,1960 年。

[107] 刘自成:《教育改革典型案例(一)》,人民教育出版社,2012 年。

[108]《L 县概况》编写组:《L 县概况》,民族出版社,2009 年。

[109] L 县地方志编纂委员会:《L 县志:1988—2005》,中国时代经济出版社,2013 年。

[110] L 县教育局《教育志》编写组编:《L 县教育志》,内部资料,1991 年。

[111] L 县志编纂委员会:《L 县志》,汉语大词典出版社,1992 年。

[112] 马健生:《教育改革动力研究——新制度主义的视角》,吉林人民出版社,2005 年。

[113] 马俊峰:《马克思主义价值理论研究》,北京师范大学出版社,2017 年。

［114］《马克思恩格斯文集》（第 1 卷），人民出版社，2009 年。

［115］《马克思恩格斯文集》（第 2 卷），人民出版社，2009 年。

［116］《马克思恩格斯文集》（第 3 卷），人民出版社，2009 年。

［117］《马克思恩格斯文集》（第 4 卷），人民出版社，2009 年。

［118］《马克思恩格斯选集》（第 1 卷），人民出版社，2012 年。

［119］《马克思恩格斯选集》（第 2 卷），人民出版社，2012 年。

［120］《马克思恩格斯选集》（第 3 卷），人民出版社，2012 年。

［121］《马克思恩格斯选集》（第 4 卷），人民出版社，2012 年。

［122］马维娜：《集体性知识：中国教育改革的社会学解释》，广西师范大学出版社，2011 年。

［123］毛礼锐、沈灌群：《中国教育通史》（第 4 卷），山东教育出版社，1988 年。

［124］毛泽东：《毛泽东文集》（第 2 卷），人民出版社，1993 年。

［125］慕彦瑾、李芳、段晓芳：《当代基础教育改革和发展研究》，四川大学出版社，2012 年。

［126］牛汝辰：《新世纪中国市县全览》，人民日报出版社，2002 年。

［127］钱源伟：《基础教育改革研究》，上海科技教育出版社，2003 年。

［128］人民教育出版社编：《教育改革重要文献选编》，人民教育出版社，1986 年。

［129］石中英：《教育哲学》，北京师范大学出版社，2007 年。

［130］石中英：《知识转型与教育改革》，教育科学出版社，2001 年。

［131］宋洁：《当代中国县级政府能力及其评估的实证研究》，光明日报出版社，2016 年。

［132］孙绵涛:《改革开放以来中国教育改革的规律问题研究》,人民出版社,2012 年。

［133］陶行知:《中国教育改造》,人民出版社,2008 年。

［134］田道勇、张茂聪:《基础教育改革与问题研究》,山东教育出版社,2008 年。

［135］田正平:《中国教育通史·中华民国卷(上)》,北京师范大学出版社,2013 年。

［136］王炳照主编:《中国教育改革 30 年:基础教育卷》,北京师范大学出版社,2009 年。

［137］王策三、孙喜亭、刘硕:《基础教育改革论》,知识产权出版社,2005 年。

［138］王宗敏、张武升等:《教育改革论》,河南教育出版社,1991 年。

［139］邬志辉主编:《当代教育改革:实践与反思》,东北师范大学出版社,2006 年。

［140］吴福生:《教育的出路》,黑龙江教育出版社,1989 年。

［141］吴恒山:《教育改革论》,大连教育学院印刷厂,1999 年。

［142］吴康宁:《教育改革的"中国问题"》,南京师范大学出版社,2015 年。

［143］习近平:《习近平谈治国理政》(第 2 卷),外文出版社,2017 年。

［144］肖蔚云、姜明安:《北京大学法学百科全书·宪法学　行政法学》,北京大学出版社,1999 年。

［145］阎亚军:《中国教育改革的逻辑:对改革开放以来我国基础教育改革的反思》,浙江大学出版社,2016 年。

［146］杨耕：《马克思主义历史观研究》，北京师范大学出版社，2017 年。

［147］姚军毅：《论进步观念》，中国社会科学出版社，2000 年。

［148］叶澜主编：《中国基础教育改革发展研究》，中国人民大学出版社，2009 年。

［149］叶澜等：《基础教育改革与中国教育学理论建设》，经济科学出版社，2009 年。

［150］袁衍喜：《现代教育改革的探索》，人民教育出版社，1987 年。

［151］袁振国：《教育改革论》（新世纪版），江苏教育出版社，2005 年。

［152］张岱年、方克立：《中国文化概论》，北京师范大学出版社，2004 年。

［153］张俊列：《冲突与和合：课程改革的人性逻辑》，陕西师范大学出版社，2015 年。

［154］张荣伟：《当代基础教育改革》，福建教育出版社，2007 年。

［155］张天雪等：《基础教育改革论纲》，重庆大学出版社，2008 年。

［156］中国大百科全书出版社编辑部：《中国大百科全书·教育》，中国大百科全书出版社，1985 年。

［157］周平主编：《当代中国地方政府》，高等教育出版社，2010 年。

［158］周兴国、朱家存、李宜江编著：《基础教育改革研究》，安徽人民出版社，2008 年。

［159］朱方桢：《桂林教育史》，广西师范大学出版社，2015 年。

［160］朱丽：《教育改革代价论》，福建教育出版社，2014 年。

［161］朱永新、马国川：《重启教育改革：中国教育改革十八讲》，生活·读书·新知三联书店，2014 年。

[162] 朱永新等:《教育改革进行时》,山西教育出版社,2015 年。

[163] 朱永新总主编:《中国教育改革大系·教育改革理论卷》,湖北教育出版社,2015 年。

**期刊论文**

[1] [苏]Γ. A. 巴加图里亚:《马克思恩格斯理论遗产中的"生产力"范畴》,李树柏摘译,《哲学译丛》1982 年第 2 期。

[2] [德]温克勒,陈泺翔:《批判教育学的概念》,《华东师范大学学报》(教育科学版)2017 年第 4 期。

[3] "素质教育的概念、内涵及相关理论"课题组:《素质教育的概念、内涵及相关理论》,《教育研究》2006 年第 2 期。

[4] 本刊记者:《谈谈历史唯物主义的方法论问题——访中国人民大学一级教授陈先达》,《马克思主义与现实》2014 年第 6 期。

[5] 白亮、张竞文:《农村学校布局变化三十年的制度原因分析——基于农村基础教育投入管理体制的观察》,《教育发展研究》2014 年第 10 期。

[6] 车文辉:《地理环境与文化生成——云南少数民族生育文化形成与变迁的地理学解释》,《人口研究》2003 年第 6 期。

[7] 陈少英、魏海青:《邓小平发展思想与科学发展观》,《毛泽东邓小平理论研究》2004 年第 10 期。

[8] 陈先达:《历史唯物主义的史学功能——论历史事实·历史现象·历史规律》,《中国社会科学》2011 年第 2 期。

[9] 陈志刚:《历史研究法在教育研究运用中应注意的要求》,《教育科学研究》2013 年第 6 期。

[10] 陈忠:《空间辩证法、空间正义与集体行动的逻辑》,《哲学动态》

2010 年第 6 期。

[11] 陈忠:《空间批判与发展伦理——空间与伦理的双向建构及"空间乌托邦"的历史超越》,《学术月刊》2010 年第 1 期。

[12] 成林:《马克思主义历史进步思想的基础命题和原则立场》,《中国社会科学》2017 年第 5 期。

[13] 程天君:《改革教育改革——从作为政治—经济改革到作为社会—文化改革》,《湖南师范大学教育科学学报》2012 年第 2 期。

[14] 储小平:《马克思的生产力范畴与历史唯物主义》,《哲学研究》1987 年第 3 期。

[15] 崔美虹:《县域教育共同体的文化考察与重构》,《江苏教育研究》2014 年第 1 期。

[16] 邓京力、李鹏超:《历史时间与厄尔玛斯的"节奏时间"观念》,《史学月刊》2018 年第 11 期。

[17] 邓京力:《事实与价值的纠葛——试析历史认知与历史评价的关系问题》,《求是学刊》2004 年第 1 期。

[18] 邓伟志:《"改革学"刍议》,《探索与争鸣》2018 年第 9 期。

[19] 段忠桥:《质疑俞吾金教授关于"实践唯物主义"的两个说法》,《马克思主义与现实》2008 年第 6 期。

[20] 范国睿:《"教育适应市场经济"理论研究述评》,《教育研究》1995 年第 8 期。

[21] 方展画:《对"教育改革"的理性思考》,《教育评论》1987 年第 5 期。

[22] 方展画:《教育改革进程中的困惑与超越》,《教育评论》1989 年第

2 期。

　　〔23〕高书国:《新时代中国教育改革内在逻辑与政策建议》,《国家教育行政学院学报》2018 年第 1 期。

　　〔24〕高伟:《中国教育改革的文化逻辑》,《教育学报》2014 年第 4 期。

　　〔25〕葛金国:《文化视野中的教育改革》,《教育学报》2011 年第 5 期。

　　〔26〕耿曙:《从实证视角理解个案研究:三阶段考察渠文的方法创新》,《社会》2019 年第 1 期。

　　〔27〕顾海良:《中国特色社会主义的历史逻辑和理论逻辑探索》,《教学与研究》2013 年第 10 期。

　　〔28〕顾明远:《新时代教育发展的指导思想——学习习近平总书记在全国教育大会上的讲话》,《北京师范大学学报》(社会科学版)2019 年第 1 期。

　　〔29〕顾明远:《中国基础教育的任务与改革方向》,《当代教师教育》2017 年第 2 期。

　　〔30〕郝德永:《教育改革的合理性追问与警示》,《高等教育研究》2015 年第 11 期。

　　〔31〕郝德永:《教育综合改革的方法论探析》,《教育研究》2018 年第 11 期。

　　〔32〕郝德永:《我国当代教育改革的方法论偏差及症结》,《教育研究与实验》2018 年第 1 期。

　　〔33〕郝德永:《新一轮课程改革:我国基础教育的"长征之旅"》,《课程·教材·教法》2013 年第 2 期。

　　〔34〕何怀宏:《观念的力量》,《读书》2008 年第 1 期。

　　〔35〕何齐宗、周益发:《教育变革的新探索——迈克尔·富兰的教育变

革思想述评》,《教育研究》2009 年第 9 期。

［36］贺菊媛:《教育改革浅论》,《湖南师院学报》(自然科学版)1983 年增刊。

［37］贺来:《超越"现实"的"现实关怀"——马克思哲学如何理解和关注现实?》,《哲学研究》2008 年第 10 期。

［38］侯继迎、倪志安:《实证·总体·实践:历史唯物主义理解三题》,《哲学动态》2018 年第 1 期。

［39］黄济:《从教学论的发展看教育改革》,《江西教育科研》1998 年第 6 期。

［40］黄济:《对"传统教育"和"现代教育"都应实事求是》,《教育理论与实践》1985 年第 2 期。

［41］黄济:《关于教育改革的几点思考》,《教育学报》2005 年第 1 期。

［42］黄济:《新的技术革命和教育改革》,《人民教育》1984 年第 11 期。

［43］黄济:《中国近百年教育思想回眸》,《北京大学教育评论》2003 年第 2 期。

［44］贾慧:《迈克尔·富兰教育变革思想及其启示》,《外国中小学教育》2007 年第 4 期。

［45］姜勇、庞丽娟、洪秀敏:《中国教育改革现实困境的思考——基于"年鉴学派"的理论视角》,《教育发展研究》2014 年第 23 期。

［46］劳凯声:《教育研究的问题意识》,《教育研究》2014 年第 8 期。

［47］李君如:《从邓小平的发展理论到科学发展观》,《毛泽东邓小平理论研究》2004 年第 8 期。

［48］李强:《社会分层与社会空间领域的公平、公正》,《中国人民大学

学报》2012 年第 1 期。

[49] 李清臣、刘现营:《县域基础教育改革与发展的理论和实践——"郸城教育品牌"的行动诠释》,《教育理论与实践》2016 年第 20 期。

[50] 李现平:《中国教育改革的辩证思考》,《北京大学教育评论》2006 年第 1 期。

[51] 李轶:《教育增长与教育发展:历史、概念与政策》,《复旦教育论坛》2005 年第 2 期。

[52] 李政涛:《中国社会发展的"教育尺度"与教育基础》,《教育研究》2012 年第 3 期。

[53] 李政涛:《走向"研究性学校变革实践"》,《教育发展研究》2005 年第 11 期。

[54] 梁忠义:《面向 21 世纪各国教育改革的动向》,《外国教育研究》1995 年第 2 期。

[55] 廖其发:《我国县域教育经费管理体制与机制改革研究》,《西南大学学报》(社会科学版)2015 年第 5 期。

[56] 林丹、柳海民:《渐进改革:当代中国基础教育改革路向的理性选择》,《教育研究》2009 年第 7 期。

[57] 刘福森:《发展的观念》,《学习与探索》2005 年第 2 期。

[58] 刘国艳:《教育改革的多重制度逻辑分析》,《教育研究与实验》2014 年第 4 期。

[59] 刘怀玉:《历史唯物主义的空间化解释:以列斐伏尔为个案》,《河北学刊》2005 年第 3 期。

[60] 刘猛:《论中国教育改革的三重逻辑》,《当代教育科学》2012 年第

4 期。

　　[61] 刘庆昌:《教育改革的正当性之思》,《教育发展研究》2014 年第 21 期。

　　[62] 刘远杰:《场域概念的教育学建构》,《教育学报》2018 年第 6 期。

　　[63] 刘宗碧:《从江占里侗族生育习俗的文化价值理念及其与汉族的比较》,《贵州民族研究》2006 年第 1 期。

　　[64] 柳倩:《从"逻辑"到"意义"的个案研究外推分析——通过与统计调查对比》,《社会学评论》2017 年第 1 期。

　　[65] 龙宝新:《论教育改革的本真逻辑》,《湖南师范大学教育科学学报》2015 年第 4 期。

　　[66] 卢晖临、李雪:《如何走出个案——从个案研究到扩展个案研究》,《中国社会科学》2007 年第 1 期。

　　[67] 马健生、蔡娟:《教育改革是一项社会系统工程——顾明远教育改革观探析》,《教育学报》2018 年第 4 期。

　　[68] 马维娜:《中国教育改革的知识社会学解读》,《北京师范大学学报》(社会科学版)2009 年第 2 期。

　　[69] 倪梁康:《现象学运动的基本意义——纪念现象学运动一百周年》,《中国社会科学》2000 年第 4 期。

　　[70] 彭韬、[德]底特利希·本纳:《现代教育自身逻辑的问题史反思》,《北京大学教育评论》2017 年第 3 期。

　　[71] 钱颖一:《批判性思维与创造性思维教育:理念与实践》,《清华大学教育研究》2018 年第 4 期。

　　[72] 渠敬东:《迈向社会全体的个案研究》,《社会》2019 年第 1 期。

［73］渠敬东：《破除"方法主义"迷信：中国学术自立的出路》，《文化纵横》2016 年第 2 期。

［74］饶浩、何杰等：《新的技术革命与教育改革》（笔谈），《辽宁师大学报》1984 年第 3 期。

［75］容中逵：《基础教育改革的经济逻辑》，《湖南师范大学教育科学学报》2018 年第 3 期。

［76］容中逵：《教育改革的文化逻辑》，《教育研究》2016 年第 6 期。

［77］容中逵：《论基础教育改革的基本精神与路径》，《课程·教材·教法》2015 年第 4 期。

［78］容中逵：《论基础教育改革形成与实施的教育逻辑》，《湖南师范大学教育科学学报》2015 年第 4 期。

［79］邵京：《田野无界——关于人类学田野方法的思考》，《云南民族大学学报》（哲学社会科学版）2011 年第 6 期。

［80］石中英、张夏青：《30 年教育改革的中国经验》，《北京师范大学学报》（社会科学版）2008 年第 5 期。

［81］石中英：《当前基础教育改革的若干认识论问题》，《学科教育》2002 年第 1 期。

［82］石中英：《加强教育改革背景和理念研究——对教育改革的理性反思》，《教育科学研究》2002 年第 1 期。

［83］石中英：《教育改革还是要多一点辩证法》，《北京教育（普教版）》2017 年第 5 期。

［84］石中英：《论教育实践的逻辑》，《教育研究》2006 年第 1 期。

［85］石中英：《师道尊严的历史本意与时代意义》，《当代教师教育》

2017 年第 2 期。

［86］ 石中英:《作为一种教育哲学研究方法的"论辩"》,《清华大学教育研究》2017 年第 5 期。

［87］ 史静寰、郑新蓉、王蓉:《西部贫困地区基础教育发展路径探索——"中英甘肃基础教育合作项目"的启示》,《教育研究》2003 年第 8 期。

［88］ 史燕来:《县域教育督导评估是推进区域教育改革与发展的有效机制——吉林省县域教育督导评估工作调研报告》,《现代教育科学》2006 年第 12 期。

［89］ 宋兵波:《论现代教育改革的社会认识逻辑》,《教育学报》2011 年第 1 期。

［90］ 宋月红:《行政区划与当代中国行政区域、区域行政类型分析》,《北京大学学报》(哲学社会科学版)1999 年第 4 期。

［91］ 孙清化:《对教育改革的两点看法》,《人民教育》1983 年第 8 期。

［92］ 唐汉卫:《论教育改革的逻辑》,《教育研究》2011 年第 10 期。

［93］ 汪民安:《空间生产的政治经济学》,《国外理论动态》2006 年第 1 期。

［94］ 王本陆:《呼唤稳健的基础教育改革》,《教育导刊》2012 年第 10 期。

［95］ 王策三:《恢复全面发展教育的权威——三评"由'应试教育'向素质教育转轨"提法的讨论》,《当代教师教育》2017 年第 1 期。

［96］ 王富伟:《个案研究的意义和限度——基于知识的增长》,《社会学研究》2012 年第 5 期。

［97］ 王开泳、陈田:《行政区划研究的地理学支撑与展望》,《地理学报》

2018 年第 4 期。

［98］王宁:《代表性还是典型性？——个案的属性与个案研究方法的逻辑基础》,《社会学研究》2002 年第 5 期。

［99］王诗宗、杨帆:《基层政策执行中的调适性社会动员:行政控制与多元参与》,《中国社会科学》2018 年第 11 期。

［100］王坦:《现代教育改革的特点和发展趋势》,《教育研究》1997 年第 9 期。

［101］王万俊:《教育改革的研究方法及其特征论析》,《乐山师专学报（社会科学版）》1996 年第 2 期。

［102］王晓升:《"主体"的概念献疑——马克思主义哲学研究中的主客体框架批判》,《华中科技大学学报》(社会科学版)2012 年第 4 期。

［103］王鑫、熊和平:《教育公平为何是个"假问题":价值哲学的视角》,《教育发展研究》2018 年第 24 期。

［104］魏向赤:《关于教育扶贫若干问题的思考》,《教育研究》1997 年第 9 期。

［105］吴康宁:《何种教育理论？如何联系教育实践？——"教育理论联系教育实践"问题再审视》,《南京师大学报》(社会科学版)2019 年第 1 期。

［106］吴康宁:《教育改革成功的基础》,《教育研究》2012 年第 1 期。

［107］吴康宁:《赞同？反对？中立？——再论教育改革的社会基础》,《教育学报》2011 年第 4 期。

［108］吴康宁:《制约中国教育改革的特殊场域》,《教育研究》2008 年第 12 期。

［109］吴康宁:《中国教育改革为什么会这么难》,《华东师范大学学报》

（教育科学版）2010 年第 4 期。

[110] 吴全华：《论教育改革试点的非理性现象》，《全球教育展望》2018 年第 11 期。

[111] 吴晓明：《〈资本论〉方法的当代意义》，《教学与研究》2018 年第 7 期。

[112] 吴晓明：《马克思哲学与当代世界》，《世界哲学》2018 年第 1 期。

[113] 吴晓明：《作为历史科学方法论的历史唯物主义》，《中国社会科学》2008 年第 1 期。

[114] 夏甄陶：《知识的力量》，《哲学研究》2000 年第 3 期。

[115] 向春玲：《汉族与少数民族生育意愿的文化解读——关于汉族与藏族、贵州占里侗族生育行为的比较研究》，《青海民族研究》2003 年第 3 期。

[116] 项贤明：《教育改革中的问题辨析》，《中国教育学刊》2015 年第 1 期。

[117] 薛传会：《论教育改革的合法性逻辑建构及其理路》，《华东师范大学学报》（教育科学版）2015 年第 3 期。

[118] 阎亚军、褚欣维：《从管理到治理：教育局局长与地方教育改革创新》，《教育科学研究》2018 年第 5 期。

[119] 杨彬彬、马玉婕：《"改革开放"概念内涵的演进逻辑研究——纪念改革开放风云激荡的 40 年》，《邓小平研究》2018 年第 3 期。

[120] 杨大春：《当代性与空间思维转向》，《浙江社会科学》2018 年第 7 期。

[121] 杨耕：《论辩证唯物主义、历史唯物主义、实践唯物主义的内涵——基于概念史的考察与审视》，《南京大学学报》（哲学·人文科学·社

会科学)2016 年第 2 期。

［122］杨国荣:《"事"与"史"》,《学术月刊》2019 年第 1 期。

［123］杨国荣:《人与世界关系中的感受》,《社会科学》2018 年第 10 期。

［124］杨聚鹏、苏君阳:《教育改革的本质研究:基于哲学思想的分析》,《教育理论与实践》2013 年第 16 期。

［125］叶澜:《当代中国教育变革的主体及其相互关系》,《教育研究》2006 年第 8 期。

［126］叶澜:《深化儿童发展与学校改革的关系研究》,《中国教育学刊》2018 年第 5 期。

［127］尹文耀:《中国生育率地理波与先进生育文化的区域传播》,《人口研究》2003 年第 2 期。

［128］应星:《质性研究的方法论再反思》,《广西民族大学学报》(哲学社会科学版),2016 年第 4 期。

［129］余清臣:《当代中国教育改革的动力机制分析》,《教育科学研究》2009 年第 10 期。

［130］余清臣:《培育对教育实践的高位目光与普遍视野》,《南京社会科学》2017 年第 2 期。

［131］俞吾金:《历史唯物主义是哲学而不是实证科学——兼答段忠桥教授》,《学术月刊》2009 年第 10 期。

［132］袁银传、郭强:《马克思的研究方法新论》,《哲学研究》2010 年第 10 期。

［133］臧峰宇:《马克思正义论的实践逻辑》,《哲学研究》2019 年第 2 期。

[134] 张斌、吕忠堂:《寻找县域教育改革的"奥卡姆剃刀"——山东省宁阳县推进教育改革的技术路线图分析》,《当代教育科学》2011年第18期。

[135] 张斌贤:《教育历史:本性迷失的过程——对教育发展的"另类"观察》,《清华大学教育研究》2003年第2期。

[136] 张盾:《马克思的两种"发展"概念及其当代性》,《吉林大学社会科学学报》2006年第3期。

[137] 张俊晨:《教育改革必须处理好几个关系》,《学术交流》1985年第1期。

[138] 张乃和:《发生学方法与历史研究》,《史学集刊》2007年第5期。

[139] 张人杰:《现代教育改革论——从一次专家会议谈起》,《外国教育资料》1985年第5期。

[140] 张曙光:《价值论研究:问题与出路》,《华中科技大学学报》(人文社会科学版)2002年第4期。

[141] 张曙光:《人的存在的历史性及其现代境遇(上)——对马克思关于人的存在思想的重新解读》,《学术研究》2005年第1期。

[142] 张廷国、梅景辉:《历史唯物主义是什么意义上的"实证科学"——由俞吾金教授与段忠桥教授之争所想到的》,《学术月刊》2010年第2期。

[143] 张武升:《国外对教育改革理论的研究》,《江西教育科研》1989年第6期。

[144] 张旭东:《"改革开放"概念源流考》,《毛泽东思想研究》2016年第1期。

[145] 张英英、张海东:《论个案研究的代表性问题》,《济南大学学报》

（社会科学版）2018 年第 1 期。

［146］张忠义：《深化教育改革，完善县级教育管理体制——吉林省东丰县教育整体改革设想与实践》，《现代中小学教育》1989 年第 2 期。

［147］折晓叶：《县域政府治理模式的新变化》，《中国社会科学》2014 年第 1 期。

［148］钟慧笑：《教育扶贫是最有效、最直接的精准扶贫——访中国教育学会会长钟秉林》，《中国民族教育》2016 年第 5 期。

［149］钟年：《人类生育、社会控制与文化心理氛围——从民族志材料出发对生育文化的讨论》，《民族研究》2003 年第 3 期。

［150］周文叶、兰璇：《批判教育学与教育改革——美国威斯康星大学阿普尔教授访谈》，《全球教育展望》2010 年第 1 期。

［151］周振鹤：《行政区划史研究的基本概念与学术用语刍议》，《复旦学报》（社会科学版）2001 年第 3 期。

**论文集**

［1］［苏］沙巴耶娃：《论教育起源和学校产生的问题》，载瞿葆奎主编《教育学文集·教育与教育学卷》，人民教育出版社，1993 年。

［2］［美］卡尔·贝克尔：《什么是历史事实?》，载［英］汤因比等著、张文杰编《历史的话语：现代西方历史哲学译文集》，广西师范大学出版社，2002 年。

［3］陈向明：《教育改革中的实践教育学范式探讨——以课例研究为范例》，"教育改革的哲学反思"国际学术研讨会会议论文集，2011 年。

［4］［英］科林武德：《历史哲学的性质和目的》，载［英］汤因比等著、张文杰编《历史的话语：现代西方历史哲学译文集》，广西师范大学出版社，2002 年。

［5］［法］黎成魁：《教育改革》，载瞿葆奎主编、张人杰选编《教育学文集·

法国教育改革卷》,人民教育出版社,1994 年。

[6]［加拿大］珀金:《论教师的作用》,载瞿葆奎主编《教育学文集·教师卷》,人民教育出版社,1991 年。

[7] 金生鈜:《"教育正义"是教育改革的根本立场》,"教育改革的哲学反思"国际学术研讨会会议论文集,2011 年。

[8] 鞠玉翠:《教育改革合理性探寻——罗尔斯反思平衡法的启示》,"教育改革的哲学反思"国际学术研讨会会议论文集,2011 年。

[9] 梁漱溟:《社会本位的教育系统草案》,载马秋帆编《梁漱溟教育论著选》,人民教育出版社,1994 年。

[10] 梁漱溟:《我心中的苦闷——由本校种种缺憾所感觉得来的》,载马秋帆编《梁漱溟教育论著选》,人民教育出版社,1994 年。

[11] 陆有铨:《对教育改革的思考》,"教育改革的哲学反思"国际学术研讨会会议论文集,2011 年。

[12] 许椿生:《简谈历史上教师的作用和地位》,载瞿葆奎主编《教育学文集·教师卷》,人民教育出版社,1991 年。

[13] 张斌贤:《教育历史:本性迷失的过程——对教育发展的"另类"观察》,载《张斌贤教育史研究文集》,中华书局,2014 年。

**学位论文**

[1] 金强:《县级政府教育政策执行力研究》,博士学位论文,西南大学,2016 年。

[2] 李姗泽:《生育文化的田野调查与教育内涵分析——对炎方苗族生育文化的教育人类学解读》,博士学位论文,西南大学,2003 年。

[3] 刘福才:《我国教育改革的制度困境研究》,博士学位论文,北京师范

大学,2012 年。

［4］潘新民:《基础教育改革渐变论》,博士学位论文,北京师范大学,
2010 年。

［5］张济洲:《文化视野中的村落、学校与国家——一个县教育变迁的历史
人类学考察(1904—2006)》,博士学位论文,华东师范大学,2007 年。

［6］郑新蓉:《理性自觉性是现代教育改革运动的重要特征》,博士学位论
文,北京师范大学,1994 年。

**报纸**

［1］顾定海:《教育改革要避免四种倾向》,《联合时报》2014 年 3 月 18 日。

［2］胡卫:《教育改革要打组合拳》,《联合时报》2014 年 2 月 14 日。

［3］刘喜梅:《敢问教育改革路在何方》,《人民政协报》2012 年 3 月 9 日。

［4］柳海民、孙阳春:《基础教育改革的理性诉求》,《光明日报》2005 年
5 月 24 日。

［5］石中英:《教育改革如何坚持文化自信》,《中国教育报》2016 年 10 月
29 日。

［6］石中英:《知识转型与基础教育改革》,《中国教育报》2001 年 10 月
6 日。

［7］邬志辉:《中国农村教育发展报告 2017》,《中国教师报》2017 年 12 月
27 日。

［8］叶澜:《深化基础教育改革三题》,《人民日报》2016 年 5 月 3 日。

［9］曾天山等:《深化教育综合改革势在必行》,《中国教育报》2013 年 1 月
14 日。

**工具书**

［1］《中国方志大辞典》编辑委员会编:《中国方志大辞典》,浙江人民出版社,1988 年。

［2］辞海编辑委员会编:《辞海(中)》,上海辞书出版社,1979 年。

［3］冯天瑜主编:《中华文化辞典》,武汉大学出版社,2001 年。

［4］顾明远主编:《教育大辞典》(增订合编本)(上),上海教育出版社,1998 年。

［5］汉语大词典编辑委员会、汉语大词典编纂处编写,罗竹风主编:《汉语大词典》(五),汉语大词典出版社,1990 年。

［6］罗国杰总主编:《中国伦理学百科全书·伦理学原理卷》,吉林人民出版社,1993 年。

［7］全国科学技术名词审定委员会:《生物化学与分子生物学名词》,科学出版社,2009 年。

［8］吴泽炎等编纂,商务印书馆编辑部编:《辞源》(修订本)(四),商务印书馆,1983 年。

［9］张焕庭:《教育辞典》,江苏教育出版社,1989 年。

［10］郑天挺、吴泽、杨志玖主编:《中国历史大辞典》(上下卷),上海辞书出版社,2000 年。

**英文文献**

［1］ David Carr, "Sequel to History: Postmodernism and the Crisis of Historical Time by Elizabeth Deeds Ermarth," *History and Theory*, Vol.32, No.2, 1993.

［2］ Eckberg, Julie, *The destination school—the content of it and the process of getting there: A grounded theory study of the school-change process framed by a*

*Vygotskian view*, University of Arkansas at Little Rock, 2015.

[3] Elizabeth Deeds Ermarth, "Beyond History," *Rethinking History*, Vol.5, No.2, 2001.

[4] Henri Lefebvre, *The Production of Space*, Translated by Donald Nicholson-Smith, Oxford UK & Cambridge USA: Blackwell, 1991.

[5] Michael W. Apple, *Teachers and Texts: A Political Economy of Class and Gender Relations in Education*, New York: Routledge and Kegan Paul, 1986.

[6] Wu Yuxiao & Huang Chao, "School Socioeconomic Segregation and Educational Expectations of Students in China's Junior High Schools," *Social Sciences in China*, No.3, 2017.

[7] Yong Zhao, "What works may hurt: Side effects in education," *Journal of Educational Change*, No.18, 2017.

# 附　录

## 附录1：改革开放以来中国基础教育改革主要政策文件汇总表

| 序号 | 文　件　名 | 发文单位 | 时间（年） |
|---|---|---|---|
| 1 | 中共中央关于教育体制改革的决定 | 国务院 | 1985 |
| 2 | 国家教育委员会、财政部关于农村基础教育管理体制改革若干问题的意见 | 国家教委、财政部 | 1987 |
| 3 | 国家教委1990年工作要点 | 国家教委 | 1990 |
| 4 | 中国教育改革和发展纲要 | 国务院 | 1993 |
| 5 | 中共中央关于进一步加强和改进学校德育工作的若干意见 | — | 1994 |
| 6 | 国务院关于《中国教育改革和发展纲要》的实施意见 | 国务院 | 1994 |
| 7 | 全国教育事业"九五"计划和2010年发展规划 | 国家教委 | 1996 |
| 8 | 面向21世纪教育振兴行动计划 | 教育部 | 1998 |
| 9 | 中共中央　国务院关于深化教育改革全面推进素质教育的决定 | 国务院 | 1999 |
| 10 | 国务院关于基础教育改革与发展的决定 | 国务院 | 2001 |
| 11 | 教育部关于印发《开展基础教育新课程实验推广工作的意见》的通知 | 教育部 | 2001 |
| 12 | 教育部关于印发《基础教育课程改革纲要（试行）》的通知 | 教育部 | 2001 |
| 13 | 教育部关于印发《开展基础教育新课程实验推广工作的意见》的通知 | 教育部 | 2001 |
| 14 | 全国教育事业第十个五年计划 | 教育部 | 2001 |
| 15 | 国家基础教育课程改革实验区名单 | 教育部 | 2001 |

（续表）

| 序号 | 文　件　名 | 发文单位 | 时间（年） |
|---|---|---|---|
| 16 | 义务教育课程设置实验方案 | 教育部 | 2001 |
| 17 | 教育部关于积极推进中小学评价与考试制度改革的通知 | 教育部 | 2002 |
| 18 | 教育部关于印发《全国学校艺术教育发展规划（2001—2010年）的通知》 | 教育部 | 2002 |
| 19 | 国务院关于进一步加强农村教育工作的决定 | 国务院 | 2003 |
| 20 | 教育部关于印发《普通高中课程方案（实验）》和语文等十五个学科课程标准（实验）的通知 | 教育部 | 2003 |
| 21 | 2003—2007年教育振兴行动计划 | 教育部 | 2004 |
| 22 | 国务院关于深化农村义务教育经费保障机制改革的通知 | 国务院 | 2005 |
| 23 | 教育部关于实事求是地做好农村中小学布局调整工作的通知 | 教育部 | 2006 |
| 24 | 国家中长期教育改革和发展规划纲要（2010—2020年） | 国家中长期教育改革和发展规划纲要工作小组办公室 | 2010 |
| 25 | 国务院办公厅关于开展国家教育体制改革试点的通知 | 国务院 | 2010 |
| 26 | 全国教育人才发展中长期规划（2010—2020年） | 教育部 | 2011 |
| 27 | 中共中央关于深化文化体制改革、推动社会主义文化大发展大繁荣若干重大问题的决定 | — | 2011 |
| 28 | 国务院办公厅关于规范农村义务教育学校布局调整的意见 | 国务院 | 2012 |
| 29 | 国务院关于深入推进义务教育均衡发展的意见 | 国务院 | 2012 |
| 30 | 县域义务教育均衡发展督导评估暂行办法 | 教育部 | 2012 |
| 31 | 教育部　国家发展改革委　财政部关于全面改善贫困地区义务教育薄弱学校基本办学条件的意见 | 教育部国家发展改革委、财政部 | 2013 |
| 32 | 中共中央关于全面深化改革若干重大问题的决定 | — | 2013 |

（续表）

| 序号 | 文　件　名 | 发文单位 | 时间（年） |
|---|---|---|---|
| 33 | 国家贫困地区儿童发展规划（2014—2020 年） | 国务院 | 2014 |
| 34 | 《教育规划纲要》贯彻落实情况总体评估报告（摘要） | 教育部 | 2015 |
| 35 | 国务院办公厅关于印发乡村教师支持计划（2015—2020 年）的通知 | 国务院 | 2015 |
| 36 | 国务院关于加快发展民族教育的决定 | 国务院 | 2015 |
| 37 | 国务院关于进一步完善城乡义务教育经费保障机制的通知 | 国务院 | 2015 |
| 38 | 国务院办公厅关于加快中西部教育发展的指导意见 | 国务院 | 2016 |
| 39 | 国务院关于统筹推进县域内城乡义务教育一体化改革发展的若干意见 | 国务院 | 2016 |
| 40 | 国家教育事业发展"十三五"规划 | 国务院 | 2017 |
| 41 | 中共中央办公厅　国务院办公厅印发《关于深化教育体制机制改革的意见》 | 中共中央、国务院 | 2017 |
| 42 | 国务院办公厅关于全面加强乡村小规模学校和乡镇寄宿制学校建设的指导意见 | 国务院 | 2018 |
| 43 | 中共中央　国务院关于全面深化新时代教师队伍建设改革的意见 | 国务院 | 2018 |

## 附录 2：改革开放以来 L 县基础教育改革主要政策文件汇总表（接收①）

| 序号 | 文　件　名 | 文件来源 | 时间（年） |
|---|---|---|---|
| 1 | 中共广西壮族自治区委员会广西壮族自治区人民政府关于教育发展与改革的决定 | 省（区）政府 | 1991 |
| 2 | 桂林市教育委员会关于小学生学业成绩实行等级制评定的意见（试行） | 市教育局 | 2000 |
| 3 | 关于转发教育部关于在小学减轻学生过重负担的紧急通知 | 省（区）政府 | 2000 |
| 4 | 关于印发《关于切实减轻中小学生课业负担的十项规定》的紧急通知 | 省（区）教育厅 | 2000 |
| 5 | 关于印发《广西壮族自治区中小学常规管理规定》的通知 | 省（区）教育厅 | 2000 |
| 6 | 广西壮族自治区人民政府贯彻落实国务院关于基础教育改革与发展的决定的意见 | 省（区）政府 | 2001 |
| 7 | 关于认真学习贯彻全国基础教育工作会议精神和《国务院关于基础教育改革与发展的决定》的通知 | 省（区）教育厅 | 2001 |
| 8 | 关于转发教育部《关于印发〈基础教育课程改革纲要（试行）〉的通知》的通知 | 省（区）教育厅 | 2001 |
| 9 | 广西壮族自治区人民政府贯彻落实国务院关于深化改革加快发展民族教育的决定的意见 | 省（区）政府 | 2003 |
| 10 | 广西壮族自治区人民政府关于印发广西壮族自治区民族教育事业 2003 年至 2007 年发展规划的通知 | 省（区）政府 | 2003 |
| 11 | 关于公布 2004 年自治区基础教育课程改革实验区名单的通知 | 省（区）教育厅 | 2004 |
| 12 | 关于召开 2004 年全区基础教育课程改革实验推广暨经验交流会议的预通知 | 省（区）教育厅 | 2004 |
| 13 | 桂林市教育局关于公布广西基础教育地方课程设置及课时安排的通知 | 市教育局 | 2004 |

---

① 指的是 L 县教育局接收到的来自上级单位下发或转发的政策文件。

（续表）

| 序号 | 文 件 名 | 文件来源 | 时间（年） |
|---|---|---|---|
| 14 | 关于认真做好我区义务教育课程改革工作的通知 | 省（区）教育厅 | 2005 |
| 15 | 桂林市教育局转发教育部关于印发普通中小学校和中等职业学校贯彻学校艺术教育工作规程评估方案（试行）的通知 | 市教育局 | 2005 |
| 16 | 桂林市教育局关于印发桂林市 2005 年初中毕业学业考试与高中招生制度改革方案的通知 | 市教育局 | 2005 |
| 17 | 关于转发《教育部办公厅关于实事求是地做好农村中小学布局调整工作的通知》的通知 | 市教育局 | 2006 |
| 18 | 桂林市教育局转发自治区教育厅关于开展基础教育课程改革评估调研的通知 | 市教育局 | 2006 |
| 19 | 桂林市教育局关于桂林市 2006 年秋季学期初中物理、初中数学、初中体育、小学美术、初中美术改用人教版实验教材的通知 | 市教育局 | 2006 |
| 20 | 关于转发《教育部关于当前加强中小学管理规范办学行为的指导意见》的通知 | 市教育局 | 2009 |
| 21 | 关于印发广西农村教师素质提升行动计划（2010—2012 年）的通知 | 省（区）教育厅 | 2010 |
| 22 | 中共广西壮族自治区委员会 广西壮族自治区人民政府关于贯彻落实全国教育工作会议精神和国家中长期教育改革和发展规划纲要（2010—2020 年）的实施意见 | 省（区）政府 | 2010 |
| 23 | 广西壮族自治区人民政府关于印发广西教育发展重点工程和体制改革试点总体方案（2010—2012 年）的通知 | 省（区）政府 | 2010 |
| 24 | 关于启动实施"基础教育教师素质提升综合改革实验项目"的通知 | 省（区）教育厅 | 2010 |
| 25 | 关于我区义务教育学校实施绩效工资工作有关问题的通知 | 省（区）人社 | 2010 |
| 26 | 关于召开广西中小学教师专业化发展项目（L 县）启动会暨开展项目行政管理人员培训的通知 | 省（区）教育厅 | 2012 |
| 27 | 关于开展广西中小学教师专业发展项目（L 县）特色学校建设方案暨 SDP 文本答辩会的通知 | 省（区）教育厅 | 2012 |

（续表）

| 序号 | 文 件 名 | 文件来源 | 时间<br>（年） |
|---|---|---|---|
| 28 | 关于在 L 县开展"广西中小学教师专业发展项目"第一批项目学校文化表征培训暨第二批项目学校启动培训的通知 | 省（区）教育厅 | 2013 |
| 29 | 关于印发广西中小学教师专业发展试点项目管理办法的通知 | 省（区）教育厅 | 2013 |
| 30 | 关于启动实施广西中小学教师专业发展试点项目的通知 | 省（区）教育厅 | 2013 |
| 31 | 关于开展 L 县 2013 年上学期"学校发展与特色建设"项目技术工作审评会的通知 | 省（区）教育厅 | 2013 |
| 32 | 关于举行 L 县第二批项目学校的学校发展计划文本答辩会的通知 | 省（区）教育厅 | 2013 |
| 33 | 关于开展"广西中小学教师专业发展"项目终结评估的通知 | 省（区）教育厅 | 2015 |
| 34 | 关于开展 L 县"广西中小学教师专业发展"项目产出—终结验收专家实地评估工作的通知 | 省（区）教育厅 | 2016 |

### 附录 3：改革开放以来 L 县基础教育改革主要政策文件汇总表（发出①）

| 序号 | 文　件　名 | 文件来源 | 时间（年） |
|---|---|---|---|
| 1 | L 县人民政府关于试行县乡（镇）、村三级教育管理暂行规定 | 县政府 | 1985 |
| 2 | L 县人民政府关于普及初等教育的试行决定 | 县政府 | 1985 |
| 3 | L 县关于加强中小学管理的若干暂行规定 | 县教育局 | 1999 |
| 4 | L 县教育局关于转发《广西中小学校常规管理规定》的通知 | 县教育局 | 2000 |
| 5 | 加大力度　深化改革　不断提高"两基"水平 | 县政府 | 2000 |
| 6 | L 县人民政府关于建立"两基"达标后年检复查制度的通知 | 县政府 | 2000 |
| 7 | L 县 2001—2010 年教育事业发展规划 | 县教育局 | 2000 |
| 8 | L 县教育局关于印发《L 县教育局 2000 年工作要点》的通知 | 县教育局 | 2000 |
| 9 | L 县教育局关于印发《L 县中小学教师教学质量评价方案（试行）》的通知 | 县教育局 | 2001 |
| 10 | L 县教育局关于转发区教育厅《关于印发〈2001—2002 年度中小学课程计划调整意见〉的通知》的通知 | 县教育局 | 2001 |
| 11 | L 县委办公室 L 县人民政府办公室关于加强和改进中小学德育工作的意见 | 县政府 | 2001 |
| 12 | L 县教育局关于对 L 县十二届人民代表大会三次会议第 44 号代表建议的答复（这是关于 1997—1998 县"两基"公款欠账情况的建议的答复） | 县教育局 | 2001 |
| 13 | 关于印发《L 县贯彻落实〈全国学校艺术教育发展规划（2001 年—2010 年）〉的实施意见》的通知 | 县教育局 | 2001 |
| 14 | 关于印发《2002 年工作要点》的通知 | 县教育局 | 2002 |
| 15 | 中共 L 县委办公室 L 县人民政府办公室关于印发《L 县迎接省、市"两基"复查工作方案》的通知 | 县政府 | 2002 |

① 指的是以 L 县政府、L 县教育局为主体制定、发布或出台、呈递的政策文件。

（续表）

| 序号 | 文 件 名 | 文件来源 | 时间（年） |
|---|---|---|---|
| 16 | 印发《关于建立 L 县素质教育工作联席会议制度的方案》的通知 | | 2002 |
| 17 | 关于印发《L 县教育科技局 2003 年工作要点》的通知 | 县教育局 | 2003 |
| 18 | L 县人民政府关于基础教育改革与发展的实施意见 | 县政府 | 2003 |
| 19 | L 县教育科技局关于印发 2004 年工作要点的通知 | 县教育局 | 2004 |
| 20 | L 县人民政府办公室关于印发 L 县普及实验教学工作方案的通知 | 县政府 | 2004 |
| 21 | L 县基础教育课程改革培训方案 | 县教育局 | 2004 |
| 22 | L 县人民政府办公室关于印发 L 县基础教育课程改革实验工作方案的通知 | 县政府 | 2004 |
| 23 | L 县教育局关于印发新课程下的教师评价框架内容（试行）的通知 | 县教育局 | 2006 |
| 24 | 关于做好迎接省、市基础教育课程改革评估调研工作的通知 | 县教育局 | 2006 |
| 25 | L 县基础教育课程改革实验自评自查总结报告 | 县教育局 | 2006 |
| 26 | L 县教育局关于印发 2007 年工作要点的通知 | 县教育局 | 2007 |
| 27 | L 县人民政府关于表彰十佳教师 十佳班主任的决定 | 县政府 | 2007 |
| 28 | L 县教育局"学习杜朗口教学模式，推进 L 县课程改革"实施方案 | 县教育局 | 2008 |
| 29 | 关于举行"学习杜郎口，我们怎么做"教育论坛的通知 | 县教育局 | 2008 |
| 30 | L 县 2009 年教育工作责任状 | 县教育局 | 2009 |
| 31 | L 县 2009 年各乡镇人民政府教育管理目标责任状 | 县教育局 | 2009 |
| 32 | 深入学习和实践科学发展观进一步提高 L 县高中教育质量的调研报告 | 县教育局 | 2009 |
| 33 | L 县"两基"巩固提高工作自查报告 | 县教育局 | 2010 |
| 34 | L 县中小学学习杜郎口教学改革基本要求（试行） | 县教育局 | 2010 |

（续表）

| 序号 | 文 件 名 | 文件来源 | 时间<br>（年） |
|---|---|---|---|
| 35 | L县学习杜郎口"实验带头人培养对象"课堂教学竞赛活动方案 | 县教育局 | 2010 |
| 36 | 关于印发2011年工作要点的通知 | 县教育局 | 2011 |
| 37 | L县中小学学校布局工作方案的通知 | 县教育局 | 2011 |
| 38 | L县中小学"体育、艺术2+1"项目实施方案 | 县教育局 | 2011 |
| 39 | 中小学素质教育提升工程实施方案的通知 | 县教育局 | 2012 |
| 40 | L县"十二五"中小学教师培养规划 | 县教育局 | 2012 |
| 41 | L县人民政府关于表彰2012年"魅力教师"的通知 | 县政府 | 2012 |
| 42 | 义务教育阶段进城务工子女就学管理办法 | 县教育局 | 2012 |
| 43 | L县人民政府关于表彰2011年度全县教育系统先进集体的决定 | 县政府 | 2012 |
| 44 | 关于参加"教师专业化发展项目"产出一暑期培训的通知 | 县教育局 | 2012 |
| 45 | L县中小学教师素质与学校质量综合发展项目合作协议书 | 县教育局 | 2012 |
| 46 | L县教育局启动区级中小学教师专业化发展项目暨行政管理人员培训会小结 | 县教育局 | 2012 |
| 47 | 关于对2012年度教育工作目标管理工作及校长绩效考评情况的通报 | 县教育局 | 2013 |
| 48 | L县人民政府办公室关于2012年度教育工作目标考评结果的通报 | 县政府 | 2013 |
| 49 | L县2013年上学期"学校发展与特色建设"项目技术工作评审会安排 | 县教育局 | 2013 |
| 50 | L县产出一中期评估工作方案 | 县教育局 | 2013 |
| 51 | L县人民政府关于加强教师队伍建设的通知 | 县政府 | 2012 |
| 52 | L县教育局关于印发2013年安全卫生工作计划的通知 | 县教育局 | 2013 |
| 53 | 关于印发L县教育局2013年工作要点的通知 | 县教育局 | 2013 |

（续表）

| 序号 | 文 件 名 | 文件来源 | 时间（年） |
|---|---|---|---|
| 54 | 关于印发《L县乡镇中心校深入所辖校点工作制度（试行）》的通知 | 县教育局 | 2013 |
| 55 | 关于成立特色学校建设项目县级专家指导小组和建立乡镇学校"手拉手"制度的通知 | 县教育局 | 2013 |
| 56 | 关于成立特色学校建设项目县级专家指导小组的通知 | 县教育局 | 2013 |
| 57 | 关于调整迎接国家对我县义务教育均衡发展评估验收工作方案的通知 | 县教育局 | 2013 |
| 58 | 关于印发L县教育局2014年绩效考评实施方案的通知 | 县教育局 | 2014 |
| 59 | 关于印发2015年教育工作目标管理责任考核评价内容的通知 | 县教育局 | 2015 |
| 60 | 关于印发L县教育局2015年中小学德育工作计划的通知 | 县教育局 | 2015 |
| 61 | L县教育局关于印发2015年教育系统师德教育工作方案的通知 | 县教育局 | 2015 |
| 62 | L县教育局关于做好2014—2015学年度L县优秀教师 优秀班主任 优秀教育工作者评选表彰工作的通知 | 县教育局 | 2015 |
| 63 | L县教育局关于设立撤销教学点的通知 | 县教育局 | 2015 |
| 64 | 关于印发L县迎接"中小学教师专业发展项目"终结评估准备工作方案的通知 | 县教育局 | 2015 |
| 65 | L县教育局关于印发教育系统推进城乡综合环境整治工作方案的通知 | 县教育局 | 2015 |
| 66 | L县镇小学教师考核评价方案（讨论稿）非统考科目2015秋 | 县教育局 | 2015 |
| 67 | L县镇小学教师考核评价方案（讨论稿）统考科目2015秋 | 县教育局 | 2015 |
| 68 | L县教育局关于进一步加强控辍保学工作实施方案的通知 | 县教育局 | 2016 |

（续表）

| 序号 | 文　件　名 | 文件来源 | 时间（年） |
|---|---|---|---|
| 69 | L 县教育局关于进一步落实中小学校课程计划的通知 | 县教育局 | 2017 |
| 70 | L 县教育局关于印发 2017 年教育工作要点的通知 | 县教育局 | 2017 |
| 71 | L 县教育局关于印发 2017 年初中毕业生综合素质评价方案的通知 | 县教育局 | 2017 |
| 72 | L 县教育局关于印发中小学民族班管理细则的通知 | 县教育局 | 2017 |
| 73 | L 县中小学教师教学常规管理规定（修订） | 县教育局 | 2017 |
| 74 | 县教育局 2017 教育岗位年终考核表（高中、校点、义教、幼儿园、职教） | 县教育局 | 2017 |
| 75 | L 县教育局关于印发《2018 年教育工作要点》的通知 | 县教育局 | 2018 |
| 76 | L 县人民政府办公室关于做好 2018 年义务教育招生入学工作的通知 | 县政府 | 2018 |
| 77 | L 县人民政府办公室关于印发《L 县推进义务教育学区制管理改革工作的实施方案》的通知 | 县政府 | 2018 |
| 78 | L 县人民政府办公室关于印发 L 县 2018 年春季学期控辍保学工作实施方案的通知 | 县政府 | 2018 |
| 79 | L 县人民政府关于开展课改实验的请示 | 县政府 | 2004 |
| 80 | L 县人民政府关于请求对我县"实验教学普及县"工作进行评估验收的请示 | 县政府 | 2004 |
| 81 | 关于请求拨款解决课程改革培训经费的请示 | 县教育局 | 2004 |
| 82 | 关于要求安排资金解决争取教育项目费用的请示 | 县教育局 | 2006 |
| 83 | 关于对 2006 年县财政追加教育经费 250 万元的使用安排的请示 | 县教育局 | 2006 |
| 84 | L 县教育局关于召开全县教育工作大会的请示 | 县教育局 | 2006 |
| 85 | 关于要求解决因调整学校住宿费收费标准造成学校公用经费缺口资金的请示 | 县教育局 | 2007 |
| 86 | 关于请求扶助教师专业化发展项目培训经费的请示 | 县教育局 | 2013 |
| 87 | 关于呈报 L 县 2014 年中小学教学质量奖励暂行方案的请示 | 县教育局 | 2014 |

（续表）

| 序号 | 文 件 名 | 文件来源 | 时间（年） |
|---|---|---|---|
| 88 | 关于申请执行 2014 年中小学教学质量奖的请示 | 县教育局 | 2014 |
| 89 | 关于呈报 L 县 2015 年中小学教学质量奖励暂行方案的请示 | 县教育局 | 2015 |
| 90 | L 县教育局关于申请执行 2015 年中小学教学质量奖的请示 | 县教育局 | 2015 |
| 91 | 关于呈报 L 县 2016 年中小学教学质量奖励暂行方案的请示 | 县教育局 | 2016 |

# 后 记

写这篇简短后记,我主要是想做几点必要说明,以便读者对本书多一些了解。

首先,本书是我的博士学位论文,实际完成于 2019 年。书中所使用的田野资料,均来自 2018—2019 年间的几次调查。研究工作是几年前的事,书稿算是尘封了几载。几年来,我并未对书稿做加工改动,出版之际,回头再看,当中实有诸多措辞、个别观点值得再斟酌、完善,只能留待读者评论和指正。当然,在某种意义上,我实际也是想保留下写作过程中的那分原初气息和话语,特别是那些离田野现场最近的感知、心境与情愫。或者也可以说,是想存下一分最初的学术真实。

其次,作为一名教育基本理论和教育哲学研究者,我一直深信导师石中英教授的教诲:教育哲学要研究教育实践中的真问题,不能在概念之间、理论之间周旋打转。教育哲学是对教育实践中的支配性观念进行的寻根究底的反思性活动。[①] 正是基于这样的认识,在导师的指导下,我选择了一个边远山区小县作为研究对象,试图透过一个县域个案,探析中国教育改革在县域层面的发生逻辑问题。坦率地说,本书远未做到"寻根究底",似乎也未能真正抵达"支配性观念"的层次,"反思性"也不见得彻底。事实上,我已尽可能采

---

① 石中英:《作为一种教育哲学研究方法的"论辩"》,《清华大学教育研究》2017 年第 5 期。

集和分析各类一手资料,力图接近教育改革实践本身,寻觅那个隐藏的"逻辑"。

再次,就在我完成此项研究工作之后的几年里,学界关注县域教育的研究者越来越多,县域教育问题已近乎成为我国教育学术的热点和教育舆论的焦点。这是个好现象,表明"下沉式"或"深入底层式"的研究越来越受到欢迎和重视,也表明越来越多的人开始关注或关心中国基层社会的教育现状。其中,《县中的孩子:中国县域教育生态》(林小英,2023 年)、《县中:中国县域教育田野透视》(杨华,2024 年)、《中国县域学校分布与空间探析》(司洪昌,2024 年)等著作,均是兼具科学性、反思性和深厚教育情怀的佳作。遗憾的是,本书未能及时借鉴和吸收。而幸运的是,这些研究给了我很多启发,成为我开展后续研究的重要动力。

最后,我想对为此书的成稿与出版给予关怀、指导和帮助的人,表达诚挚的谢意和敬意。

感恩导师石中英教授。感恩导师孙杰远教授。感谢郑新蓉教授、袁桂林教授(已故)、马健生教授、冯建军教授、朱晓宏教授、苏君阳教授、余清臣教授、班建武教授、袁磊教授、叶蓓蓓教授、杨茂庆教授。感谢调研县域的相关政府部门领导和学校的校长、老师、同学。感谢广西师范大学出版社的支持。感谢我的家人、朋友、学友,特别感谢我的妻子韦丽银博士。

2024 年 10 月 30 日(凌晨)

北京牡丹园东里